C언어

C PROGRAMMING

만들면서 배우는

천인국 지음

```
if (aliens[i].show == 0) continue;
aliens[i].rect.x += aliens[i].dx;
```

생능출판

저자 소개

천인국

1983년 서울대학교 전자공학과 공학사
1985년 KAIST 전기및전자공학과 공학석사
1993년 KAIST 전기및전자공학과 공학박사
1985~1988년 삼성전자 종합연구소 주임 연구원
1993년~현재 순천향대학교 컴퓨터공학과 교수
2005년 캐나다 UBC 방문 교수
E-mail: chunik@sch.ac.kr

만들면서 배우는 C언어

초판인쇄 2023년 7월 31일
초판발행 2023년 8월 10일

지은이 천인국
펴낸이 김승기, 김민수
펴낸곳 (주)생능출판사 / **주소** 경기도 파주시 광인사길 143
출판사 등록일 2005년 1월 21일 / **신고번호** 제406-2005-000002호
대표전화 (031)955-0761 / **팩스** (031)955-0768
홈페이지 www.booksr.co.kr

책임편집 이종무 / **편집** 신성민, 유제훈 / **디자인** 유준범
마케팅 최복락, 심수경, 차종필, 백수정, 송성환, 최태웅, 명하나, 김민정
인쇄 / 제본 상지사

ISBN 979-11-92932-29-3 93000
정가 30,000원

본 연구는 2021년 과학기술정보통신부 및 정보통신기획평가원의 SW중심대학사업의 연구결과로 수행되었음(2021-0-01399)

머리말

C언어는 현재에도 1, 2위를 다투는 중요하고 인기 있는 언어이다. C언어를 통하여 학습자들은 컴퓨터의 작동 방식에 대하여 깊이 이해하게 될 것이다. 이 책은 C 프로그래밍에 대한 체계적인 학습과 실습을 위해 만들어졌다. 또한, 이 책은 C언어를 처음 접하는 독자들을 대상으로 하며, C언어의 기본 개념과 문법을 이해하고 실습을 통해 실력을 향상시킬 수 있도록 구성하였다. 이 책의 특징은 다음과 같다.

- 실습 중심의 학습: 이론적인 내용을 최소화하고, 대부분의 학습 시간을 실제 코딩 실습에 할애했다. 장마다 Lab 코드와 함께 독자가 직접 실습을 진행할 수 있는 문제가 제공된다. 또 코딩 테스트에 자주 나오는 문제들도 수록하였다.
- SDL을 활용한 기말 프로젝트: C언어 학습의 마지막에는 SDL(Simple DirectMedia Layer)을 활용한 기말 프로젝트가 제공된다. 이를 통해 독자는 C언어의 다양한 개념과 기술을 활용하여 작은 게임 또는 그래픽 애플리케이션을 개발할 수 있다.
- 그림을 통한 설명: 이 책은 다양한 그림을 활용하여 C언어의 개념과 작동 원리를 명확하게 설명한다. 그림을 통한 시각적인 학습을 통해 독자는 이해하기 쉽고 즐겁게 학습할 수 있다.

본 책은 독자들이 C 프로그래밍에 자신감을 가지고 실력을 향상시킬 수 있도록 지원하고자 한다. 이론과 실습의 조화로 구성된 콘텐츠와 그림을 통한 명확한 설명은 C언어 학습을 더욱 효과적이고 흥미로운 경험으로 만들어줄 것이다. 각 장의 실습과 기말 프로젝트를 완료하면, 독자들은 C언어를 사용하여 작은 프로그램을 개발할 수 있는 능력을 갖추게 될 것이다. 이 책을 통해 C 프로그래밍의 기초를 확실히 다지고, 창의적인 프로그래밍 프로젝트에 도전할 수 있을 것이다.

마지막으로 출판을 적극적으로 지원해 주시는 생능출판사와 많은 조언을 해주시는 심규연 박사님께 심심한 감사를 표한다. 학습자들이 이 책을 통하여 조금이라도 즐겁게 C언어를 학습할 수 있다면 필자에게는 큰 보람이 될 것이다.

2023년 7월
저자 천인국

강의 계획

C 프로그래밍 교육은 다양한 전공의 학생들을 대상으로 한다. 이 책은 1학기 분량 강의의 경우, 1학기를 16주로 가정하여 다음과 같은 강의 진행을 생각할 수 있다.

주	해당 chapter	학습 주제
1	1장	기초 사항
2	2장	변수와 입출력
3	3장	자료형
4	4장	수식과 연산자
5	5장	조건문
6	6장	반복문
7	7장	배열
8	중간 고사	중간 평가, 프로젝트 제안서 발표
9	8장	함수
10	9장	포인터
11	10장	문자열
12	11장	구조체, 공용체, 열거형
13	12장	파일 입출력
14	13장	동적 메모리
15	14, 15장	전처리기와 분할 컴파일, SDL을 이용한 게임 작성
16	기말 고사	기말 평가, 프로젝트 결과 보고서 발표

책의 특징

그림을 통한 개념 전달

중요한 프로그래밍 개념과 원리를 그림을 이용하여 한눈에 쉽게 이해하도록 친절하게 설명하였다.

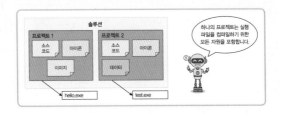

다양한 학습 도구 사용

참고 사항이나 주의 사항, 참고하면 좋은 TIP 등을 적절하게 배치하여 흥미있는 학습이 될 수 있도록 자세하게 설명하였다.

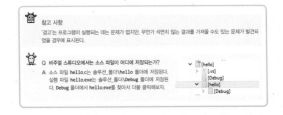

중간점검

각 절에 등장하는 기본 개념과 용어에 대해 복습하기 위하여 단답형 문항으로 이루어진 퀴즈를 두었다.

연습문제

연습문제는 프로그램의 분석이나 부분 프로그램을 작성하는 것으로 구성되어 있다.

8 다음 코드에서 잘못된 부분을 지적해보자.

```
import stdio.h

def main(void):
    print('Hello World!')
    return 0
```

프로그래밍 문제

학습자들이 프로그램의 설계와 구현을 연습할 수 있도록 다양한 프로그래밍 문제를 제공하였다.

| 난이도 ★   주제 printf() 함수 이해 |

2 다음과 같이 사용자로부터 상품의 가격과 개수를 받아서 총 가격을 출력하는 프로그램을 작성하라. 제품의 가격은 price라는 변수에 저장되어 있다고 가정한다.

실행결과
```
상품 가격을 입력하시오(원): 10000
개수를 입력하시오: 3
총 가격은 30000원입니다.
```

HINT int price; 문장으로 price 변수를 선언한다.

Lab, Solution, Coding Test

앞서 학습한 내용을 바탕으로 Lab에서 실생활에 적용할 수 있는 프로그램을 작성해 보고 Solution에서 직접 자신의 답과 비교해볼 수 있도록 구성하였다. 또한, Coding Test에서 추가로 실습할 수 있도록 하였다.

Lab   16진수로 하드웨어 제어하기

아두이노와 같은 하드웨어 제어 프로그램에서 8개의 핀에 LED들이 연결되어 있고 이들 8개의 LED들은 8개의 비트로 제어한다고 가정하자. 특정 비트에 1을 넣어주면 해당되는 LED가 빛난다고 가정하자. 예를 들어서 첫 번째 LED를 빛나게 하려면 다음과 같은 비트 패턴을 16진수로 하드웨어에 쓰면 된다.

| 1 | 0 | 0 | 0 | 0 | 0 | 0 | 0 |

차례

CHAPTER 14 전처리기와 분할 컴파일

CHAPTER 15 SDL을 이용한 게임 작성

1

기초사항

## CHAPTER 1

기초사항

1. 컴퓨터가 이해하는 언어

프로그램은 컴퓨터에게 특정한 작업을 지시하는 문서라고 할 수 있다. 컴퓨터에게 작업을 지시하려면 어떤 언어를 사용해야 할까? 어떤 언어를 사용해야 컴퓨터가 작업 지시를 이해할 수 있을까? 최근에 ChatGPT처럼 자연어를 어느 정도 이해하는 챗봇도 등장하였지만, ChatGPT도 가끔 잘못된 대답을 하는 경우도 많다. 아직도 컴퓨터에 정확하게 작업을 지시하려면 프로그램을 작성하여야 한다.

그림 1.1 컴퓨터는 한글로 된 작업 지시서는 이해하지 못하지만, 기계어로 된 작업 지시서는 이해할 수 있다

컴퓨터가 정확하게 알아듣는 언어는 한 가지이다. 즉 0과 1로 구성된 "001101110001010..."과 같은 이진수로 된 **기계어**(machine language)이다. 컴퓨터가 내부적으로 이진수를 사용하는 이유는 정보를 전기 신호로 저장할 때, 편리하기 때문이다. 컴퓨터 내부의 전자 회로는 주로 두 가지 상태, 즉 "꺼짐" 또는 "켜짐"을 표현할 수 있다. 이러한 상태를 0과 1로 구분할 수 있으며, 이는 전기 신호를 전달하고 처리하는 데에 필요한 회로를 단순하게 만들어준다. 이를 이용하여 컴퓨터에서 숫자, 문자, 이미지, 동영상 등의 모든 데이터를 0과 1의 이진수 형태로 표현할 수 있다. 또한, 이진수를 사용하면 논리 연산을 쉽게 처리할 수 있기 때문에 컴퓨터 내부에서 논리 회로를 구현할 때 이진수를 사용하는 것이 자연스럽다. 1950년대에 등장한 컴퓨터들은 기계어로 프로그래밍되었다.

그림 1.2 1940년대에는 프로그래밍 언어가 없었고 전선을 연결해서 프로그래밍하였다

그러나 이러한 이진수 코드를 작성하는 것은 매우 어렵고 오류가 발생하기 쉬우므로, 좀 더 편리한 언어가 필요했고, 사람들은 인간의 언어에 근접한 프로그래밍 언어를 만들었다. 이들 프로그래밍 언어들은 기계어와 인간이 사용하는 자연어 사이의 중간쯤에 위치한다. 인간이 프로그래밍 언어를 배워서 프로그램을 작성하면 **컴파일러(compiler)**라고 하는 소프트웨어가 프로그램을 기계어로 바꾸어 준다. 이것은 영어를 말하는 사람과 한국어를 말하는 사람이 중간에 통역을 두고 이야기하는 것과 비슷하다. 비록 최근에 ChatGPT가 놀라운 능력을 보여주고 있지만, 아직도 자연어를 이용하여 작업을 정확하게 기술하는 것은 상당히 어렵다. 따라서 중간에 통역의 역할을 하는 프로그래밍 언어를 두고 작업을 지시하는 것이다. C언어도 이러한 프로그래밍 언어의 일종이다.

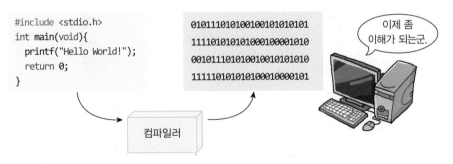

그림 1.3 컴파일러는 프로그램을 기계어로 변환한다

참고: 컴퓨터는 왜 10진수가 아닌 2진수를 사용하는가?

2진수의 각 자릿수는 0 아니면 1이다. 0은 스위치가 열린 상태(OFF)로 표현할 수 있고 1은 스위치가 닫힌 상태(ON)로 표현할 수 있다. 스위치를 이용하면 0과 1을 쉽게 나타낼 수 있다. 따라서 2진수는 하드웨어로 구현하기가 쉽다. 컴퓨터에서는 내부적으로는 모든 것을 2진수 형태로 표현하여 처리한다.

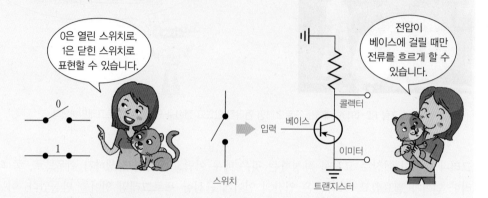

2진법은 숫자를 표현하는 데도 사용되지만, 컴퓨터 안에서 덧셈과 같은 연산을 수행하는 회로를 구현하는 데도 이용된다. 0과 1만을 이용하여 여러 가지 계산을 하는 수학의 분야를 부울 대수(bool algebra)라고 한다. 이 부울 대수를 이용하면 몇 개의 스위치를 모아서 논리 회로(logic circuit)를 만들어서 각종 연산을 하는 회로를 만들 수 있다.

 중간점검

1. 컴퓨터가 바로 이해할 수 있는 언어는 _____이다.
2. 컴파일러가 하는 일은 무엇인가?
3. 컴퓨터가 내부적으로 사용하는 진법은 _____진법이다.

2. C언어

C언어는 1972년에 AT&T 벨 연구소에서 데니스 리치(Dennis Ritchie)와 켄 톰슨(Ken Thompson)에 의해 개발되었다. 이들은 UNIX 운영체제의 개발을 위해 새로운 프로그래밍 언어를 필요로 하였다. 이전에 사용되던 B 언어를 기반으로 C언어를 개발하였다. C언어는 B 언어의 장점을 살리면서도 더욱 강력하고 유용한 기능을 추가하였다.

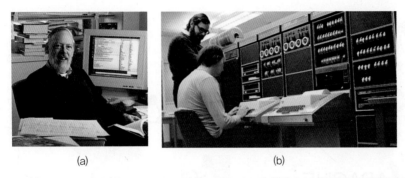

(a)   (b)

그림 1.4 (a) Dennis Ritchie (b) Ken Thomson과 Dennis Ritchie가 함께 UNIX 운영체제를 개발하던 모습

C언어의 가장 큰 특징 중 하나는 시스템 프로그래밍에 적합하다는 것이다. C언어는 저급 언어와 고급 언어의 장점을 모두 가지고 있어서, 메모리와 하드웨어를 직접 조작하면서도 복잡한 애플리케이션을 쉽게 작성할 수 있다. 이러한 특징은 UNIX 운영체제를 비롯한 많은 운영체제 및 시스템 소프트웨어 개발에서 C언어가 널리 사용되는 이유 중 하나이다.

C언어는 매우 단순하고 간결한 문법을 가지고 있으며, 이는 프로그램을 이해하기 쉽게 만든다. 또한 C언어는 매우 효율적으로 실행될 수 있는 기계어 코드로 컴파일되므로, 속도와 메모리 사용량이 중요한 시스템 프로그래밍이나 게임 라이브러리 개발에 많이 사용된다.

C언어의 용도

C언어의 인기와 성공은 이후에 다른 프로그래밍 언어들에 큰 영향을 미치게 되었으며, 현재에도 C언어는 시스템 프로그래밍뿐만 아니라 게임 개발, 임베디드 시스템, 인공지능 등 다양한 분야에서 널리 사용되고 있다.

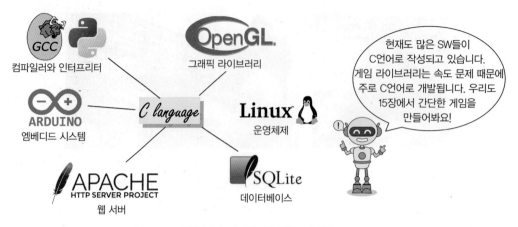

그림 1.5 현재 C언어로 개발된 SW들

 중간점검

1. 이번 절에서 새롭게 등장한 용어들의 의미를 인터넷이나 ChatGPT를 이용하여서 찾아보자.

"기계어", "운영체제", "임베디드 프로그램", "시스템 프로그래밍", "컴파일러"

3. 프로그램 개발 과정

프로그램의 개발 단계를 좀 더 자세하게 살펴보자. 당연하지만 컴퓨터가 있어야 하고 몇 가지의 소프트웨어가 설치되어야 한다.

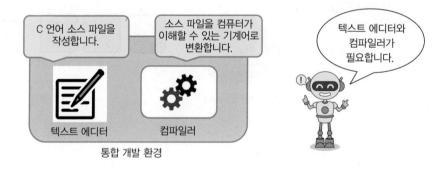

우리는 텍스트 에디터와 컴파일러가 통합된 비주얼 스튜디오를 사용할 예정이다. 전체적인 과정은 다음과 같다.

❶ 텍스트 에디터로 C언어 프로그램을 작성하여 파일로 저장한다.

텍스트 에디터로 작성된 프로그램을 소스 프로그램이라고 하고 이것을 확장자가 ".c"인 파일로 저장한 것을 소스 파일(source file)이라고 한다.

문장의 끝에 ;을 붙여야지.

hello.c

❷ 소스 파일을 컴파일한다.

컴파일러(compiler)는 소스 파일을 분석하여 컴퓨터에서 실행이 가능하도록 기계어로 변환한다. 컴파일러는 소스 파일의 문장을 분석하여 문법에 맞도록 작성되었는지를 체크한다. 만약 오류가 발견되면 사용자에게 오류를 통보하고 프로그래머는 소스 작성 단계로 되돌아가서 소스 파일을 수정하여야 한다.

소스 코드   실행 가능한 코드

hello.exe

❸ 프로그램을 실행한다.

컴파일이 성공적으로 수행되면 실행 가능한 파일이 만들어진다. 예를 들어서 소스 파일이 hello.c였다면 hello.exe 파일이 생성된다. 이 실행 파일을 가리키는 아이콘을 더블클릭하거나 통합 개발 환경 안에서 실행 메뉴를 선택하면 프로그램이 실행된다.

실행하려면 [실행] 메뉴를 선택하면 돼.

4. 비주얼 스튜디오 설치

프로그램을 제작하려면 어떠한 도구가 필요할까? 먼저 소스 파일을 만드는 데는 텍스트 에디터가 필요하다. 메모장과 같은 에디터도 사용할 수 있다. 또 소스 파일을 컴파일하여서 실행 파일로 만들려면 컴파일러가 필요하다. 컴파일러는 비용을 지불하고 구입하여야 하지만, 입문자들을 위한 컴파일러는 무료로 제공된다. 대표적인 컴파일러가 바로 우리가 사용하려고 하는 비주얼 스튜디오이다. 또 오류를 찾아내는 데 필요한 디버거가 있다.

예전에는 에디터, 컴파일러, 디버거 등이 별도의 분리된 프로그램이었다. 따라서 프로그래머들은 매번 여러 개의 프로그램을 순서대로 수행시켜야 했다. 개발자들은 **통합 개발 환경**(IDE: Integrated Development Environment)과 같은 소프트웨어 도구들이 등장하면서 더욱 간편하고 효율적으로 프로그램을 작성할 수 있게 되었다. 통합 개발 환경은 프로그램 개발에 필요한 기능인 에디팅, 컴파일, 실행, 디버깅 기능을 하나의 프로그램 안에 모두 넣어서 프로그램 개발을 쉽게 해주는 도구를 의미한다.

통합 개발 환경

통합 개발 환경이란 에디터, 컴파일러, 디버거를 하나로 합친 프로그램입니다.

통합 개발 환경은 에디터, 컴파일러, 디버거를 하나로 합친 프로그램이다.

비주얼 스튜디오

윈도즈에서의 대표적인 통합 개발 도구는 마이크로소프트사의 **비주얼 스튜디오**(Visual Studio)이다. 비주얼 스튜디오는 마이크로소프트사가 윈도즈 운영체제에서 응용 프로그램을 제작하기 위해 제공하는 통합 개발 환경이다. 비주얼 스튜디오는 윈도즈 상에서 동작하는 거의 모든 형태의 프로그램을 제작할 수 있는 강력한 도구이며, 실제로 윈도즈에서 실행되는 데스크톱 애플리케이션(예를 들면, 워드, 엑셀 등)과 웹 애플리케이션들이 비주얼 스튜디오로 작성되고 있다. 최근의 비주얼 스튜디오는 하나의 틀 안에서 C, C++, C#, 자바스크립트, 파이썬, 비주얼 베이직, HTML&CSS 언어로 프로그램을 개발할 수 있도록 변모하고 있다. 따라서 사용법을 한 번만 학습해두면 두고두고(거의 평생) 사용할 수 있다. 이미 30년 넘게 사용되어 온 도구이고 절대 없어지지 않을 거 같으니 안심하여도 된다.

우리가 주로 작성할 프로그램은 콘솔(console) 형태의 아주 간단한 프로그램이다. 콘솔 프로그램은 콘솔 창을 이용하여 텍스트 형태로 입력과 출력을 하는 간단한 프로그램을 의미한다. 주로 문자 입출력만이 가능하며, 윈도우나 그래픽은 거의 없다. 하지만 너무 실망할 필요는 없다. C언어만 잘 학습하면 차후에 얼마든지 화려한 프로그램을 작성할 수 있다. 그리고 항상 중요한 것은 화려한 외양보다 그 내용이다.

비주얼 스튜디오 버전

마이크로소프트에서는 사용자의 용도에 맞추어서 몇 가지의 비주얼 스튜디오 버전을 제공하고 있다.

- 커뮤니티(Visual Studio Community) 버전: "기업 외 응용 프로그램 빌드 개발자를 위한 완벽한 기능의 확장 가능한 무료 도구"라고 설명되어 있다.
- 프로페셔널(Visual Studio Professional) 버전: "개별 개발자 또는 소규모 팀을 위한 전문적인 개발자 도구 및 서비스"라고 설명되어 있다.

- 엔터프라이즈(Visual Studio Enterprise) 버전: "고급 테스트 및 DevOps를 포함해서 어떠한 크기나 복잡한 프로젝트까지 개발, 팀을 위한 고급 기능이 포함된 엔터프라이즈급 솔루션"이라고 설명되어 있다.

누구나 엔터프라이즈 버전을 사용하고 싶겠지만, 가격도 만만치 않고 설치에도 많은 시간이 걸린다. 학생이나 입문자는 커뮤니티 버전으로 충분하다.

 참고: C 통합 개발 도구

C 프로그램을 개발하는 개발 도구에는 비주얼 스튜디오만 있는 것은 아니다. 전 세계적으로 많이 사용되는 C IDE들은 다음과 같다.
- **Eclipse**: Eclipse는 Java IDE로 유명하지만, C/C ++ IDE 및 PHP IDE도 지원한다. 언어 지원 및 기타 기능을 기본 패키지에 쉽게 결합할 수 있다.
- **Xcode**: 애플 컴퓨터가 지원하는 개발 도구이다.
- **CLion**: CLion은 윈도우, 리눅스에서 C/C++로 개발하기 위한 IDE이다.
- **Code::Blocks**: GCC 컴파일러(무척 유명하다)를 사용하는 무료 C, C++, Fortran IDE이다.

 참고: GCC 컴파일러

gcc는 GNU Compiler Collection의 약어로, C, C++, Objective-C 등 다양한 프로그래밍 언어를 컴파일할 수 있는 공개 소스 컴파일러이다. GNU 프로젝트의 일환으로 리처드 스톨만이 개발하면서 현재의 형태로 발전하였다. gcc는 다양한 운영체제에서 사용할 수 있으며, 대부분의 유닉스 계열 운영체제에서는 사실상의 표준 컴파일러로 기본적으로 설치되어 있다.

비주얼 스튜디오 설치

(1) 웹 사이트 https://www.visualstudio.com/ko에 접속하면 다음과 같은 화면이 나타난다. [Community]를 선택하면 다운로드 화면이 등장한다.

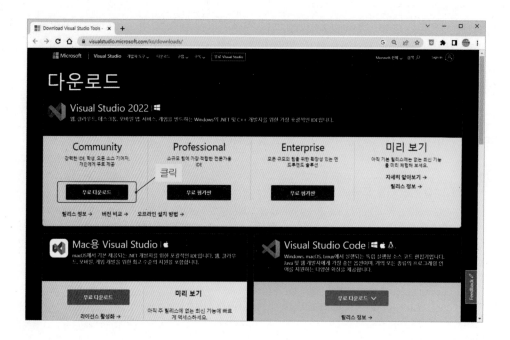

(2) 다운로드 받은 파일을 클릭하여서 파일을 실행한다.

(3) 다음과 같은 화면에 나오면 [계속]을 누른다.

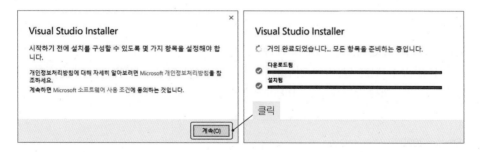

(4) 다음 화면에서는 자신이 사용할 프로그래밍 언어와 개발 환경을 선택할 수 있다. 우리는 [C++를 사용한 데스크톱 개발]만을 선택한다. 나중에 필요하면 다른 프로그래밍 언어는 추가 설치가 가능하다.

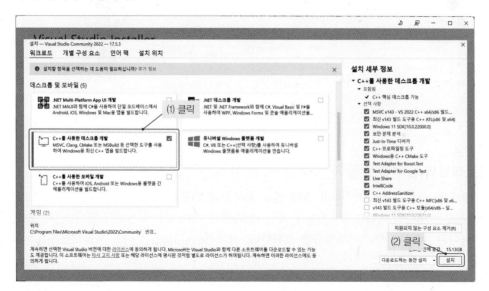

(5) 설치에 상당한 시간이 걸린다. 설치가 완료되면 설치 프로그램을 종료한다.

 참고: C가 아니고 C++ 개발 환경을 설치하는 이유

C++은 C언어를 완벽하게 포함하고 있다. C++ 언어는 C언어의 상위 집합(super set)이라고 불린다. 최근의 컴파일러는 모두 C언어와 C++ 언어를 동시에 지원한다. C++ 컴파일러도 C언어 프로그램을 개발하는 데 전혀 문제가 없다. C++ 프로그램을 개발할 때도 비주얼 스튜디오로 할 수 있다.

5. 첫 번째 프로그램 작성하기

윈도우의 [시작] 버튼을 누르고 [Visual Studio 2022]를 찾아서 실행한다. 처음 시작할 때는 로그인 화면이 나타날 수 있다. 마이크로소프트 계정이 있다면 로그인하면 된다. 없다면 [나중에 로그인] 버튼을 누른다(한 달 안에 가입해야 한다). 이어서 다음과 같은 화면이 등장한다. "코드를 사용하지 않고 계속(W)"을 클릭한다.

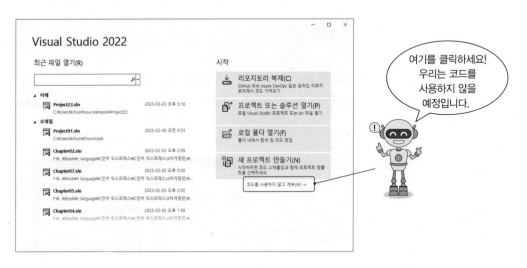

프로젝트와 솔루션 만들기

본격적으로 프로그램을 작성하기 전에 먼저 솔루션과 프로젝트를 작성하여야 한다. 프로젝트 (project)는 하나의 애플리케이션(실행 파일)을 만들기 위한 모든 파일의 집합이다. 즉 소스 코드, 아이콘, 이미지, 데이터 파일들을 포함한다. 솔루션(solution)은 여러 프로젝트들을 가지고 있는 컨테이너이다.

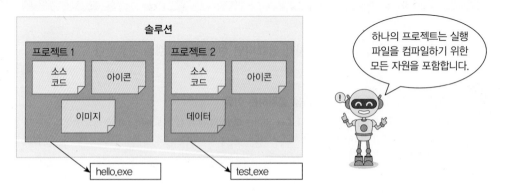

솔루션을 생성하고 프로젝트를 생성하는 것이 올바른 순서이지만, 새로운 프로젝트를 만들면 자동으로 솔루션이 생성된다. 따라서 솔루션을 먼저 생성할 필요는 없다.

(1) [파일] → [새로 만들기] → [프로젝트] 메뉴를 선택하여 새로운 프로젝트를 생성한다.

(2) 대화 상자에서 "빈 프로젝트"를 선택한다.

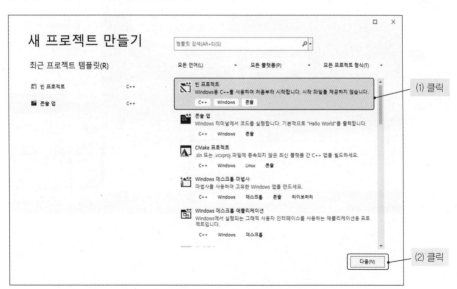

(3) 다음 대화 상자에서 프로젝트의 이름을 입력한다.

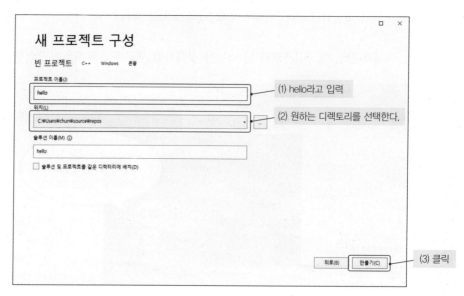

(4) 다음과 같은 화면이 등장한다.

소스 파일 작성

앞에서 프로젝트를 생성하였다. 이제 프로젝트 안에 소스 파일을 추가해 보자.

(1) 화면 오른쪽의 솔루션 탐색기의 [소스 파일] 폴더 위에서 마우스 오른쪽 버튼을 누르고 [추가] → [새 항목]을 선택한다.

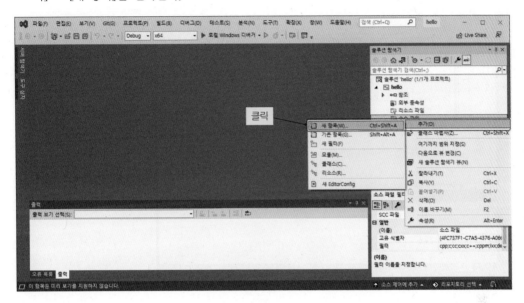

(2) 설치된 템플릿 중에서 [C++ 파일(.cpp)]을 선택하고 파일 이름 hello.c를 입력한다. 반드시 .c 확장자를 붙여야 한다. 확장자를 붙이지 않으면 hello.cpp가 된다.

(3) [추가] 버튼을 누르면 다음과 같이 소스를 편집할 수 있는 창이 나타난다. 오른쪽 상단에 있는 솔루션 탐색기에 보면 솔루션 hello 아래에 프로젝트 hello가 있음을 알 수 있다. 프로젝트 hello 아래에는 리소스 파일, 소스 파일, 외부 종속성, 참조, 헤더 파일 폴더가 보인다. 우리가 추가한 hello.c는 소스 파일 폴더에 들어 있다. hello.c 파일을 더블 클릭하면 hello.c가 열리면서 에디터가 실행되어 왼쪽 화면에서 소스 코드를 입력할 수 있다.

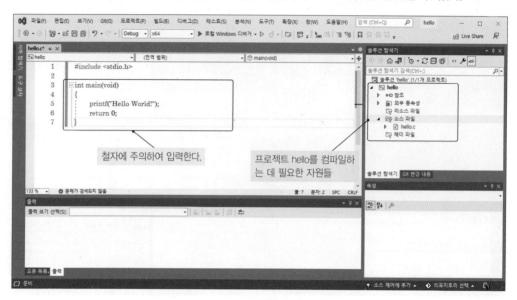

이 상태에서 왼쪽 윈도우에다가 소스를 입력하면 된다. 다음의 소스를 주의하여서 그대로 입력하여 보자. 소스 코드를 입력할 때는 흔히 한두 글자는 틀리기 쉽다. 그러나 한 글자만 틀려도 프로그램은 컴파일되지 않는다. 따라서 다음 그림을 참조하여 보이는 그대로 입력하도록 하자.

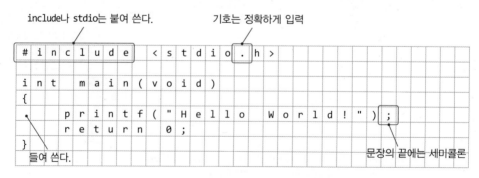

그림 1.6 소스 코드를 위와 같이 입력하여야 한다

소스 코드를 입력할 때 주의하여야 할 사항을 살펴보자.

- C에서는 대문자와 소문자를 구별한다. 따라서 대문자와 소문자를 정확하게 구별하여 입력 하도록 하여야 한다. 즉 main과 Main은 서로 다르다.
- 주어진 소스 코드를 입력할 때 한 글자라도 틀리지 않게 철자에 주의하여야 한다. 하나의 기호만 틀려도 실행이 불가능하다. stdio.h라고 해야 할 것을 stdio,h로 입력하면 안 된다. 컴퓨터는 믿을 수 없을 만큼 단순하다.
- 소스 코드에서의 각 명령어 문장은 세미콜론(;) 기호로 끝나야 한다. ; 기호는 명령어를 종료하는 마침표 역할을 한다.
- 각 문장과 문장 사이에는 공백이 있어도 된다. 또한 문장은 들여 쓸 수 있다. 그러나 일단 은 주어진 대로 입력하도록 하자.

화면을 캡처한 그림에서도 알 수 있지만, 단어들이 파란색, 붉은색, 검정색으로 나타난다. 만약 자신이 입력한 단어가 앞의 그림의 색상과 다른 경우에는 다시 한 번 확인하여야 한다. 완전히 100% 동일한 경우만 올바르게 컴파일된다.

참고: 자동 들여쓰기

자동으로 들여쓰기하려면, 원하는 소스 영역을 마우스로 선택하고 [편집] → [고급] → [선택 영역 서식]을 클릭한다.

Q 비주얼 스튜디오를 사용하여 프로그램을 작성하는 경우에 반드시 비주얼 스튜디오에서 지원되는 에디터만을 이용해야 되는가?

A 다른 에디터를 사용해도 된다. 단, 에디터를 사용하여 파일을 저장할 때 파일의 확장자가 c로 끝나야 된다. 확장자가 c인 파일은 프로젝트의 [소스 파일]이라고 되어 있는 부분에 추가할 수 있다. [소스 파일] 위치에서 마우스 오른쪽 버튼을 누르고 [추가]→[기존 항목] 메뉴를 선택하면 삽입시킬 파일을 물어본다.

컴파일과 링크

소스 코드를 다 입력하였으면 컴파일과 링크를 하여 실행 파일을 만들어보자. 컴파일과 링크를 하여서 완전한 실행 파일을 생성하는 것을 흔히 **빌드(build)**라고 한다. 변경된 소스 파일은 빌드 전에 자동으로 저장된다. 우리가 입력한 프로그램을 빌드하려면 [빌드] 메뉴의 [솔루션 빌드]를 선택하면 된다.

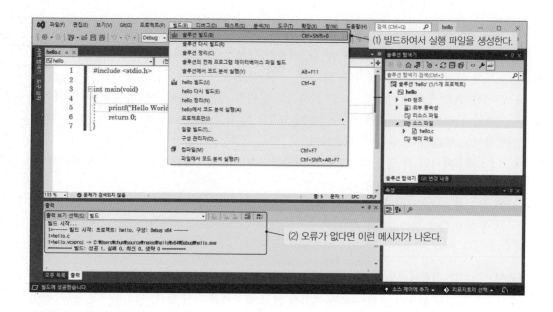

(1) 빌드하여서 실행 파일을 생성한다.

(2) 오류가 없다면 이런 메시지가 나온다.

위의 화면은 컴파일과 링크 과정에서 오류와 경고의 숫자가 0이라는 것을 나타낸다. 만약 여러분이 입력하는 과정에서 철자를 잘못 입력하게 되면 오류와 경고가 0이 아닐 수가 있다. 이 경우에는 입력한 소스 코드를 다시 한 번 교과서와 비교해 보면서 오류를 수정한 다음, 빌드를 다시 하여야 한다.

프로그램 실행

지금까지 작성한 프로그램을 실행시키려면 [디버그] → [디버깅하지 않고 시작] 메뉴 항목을 선택한다. 만약 오류가 없다면 다음과 같은 콘솔 창이 뜨고 여기에 "Hello World!"가 출력된다. 이 상태에서 아무 키나 누르면 프로그램이 종료되고 다시 비주얼 스튜디오로 되돌아간다.

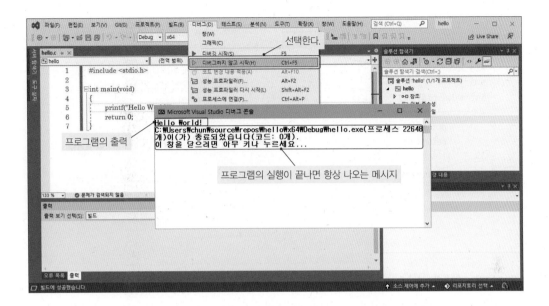

위의 실행 화면에서 "이 창을 닫으려면 아무 키나 누르세요..."는 프로그램의 출력이 아니고 계속 진행하려면 아무 키나 누르라는 안내 메시지이다. 이 메시지는 프로그램을 실행시켰을 때 항상 나오는 메시지이다. "Hello World!"가 예제 프로그램의 출력이 된다. 위와 같은 화면이 나오면 프로그램이 성공적으로 실행된 것이다.

참고

빌드할 때 [Ctrl]+[Shift]+B를 입력하여도 된다. 실행시킬 때는 [Ctrl]+F5를 선택하여도 된다. 실행하기 전에 소스가 변경되었다면 자동으로 빌드한다.

6. "Hello World!" 프로그램 설명

앞 절에서 입력하고 실행해 보았던 코드를 한 줄씩 간단히 살펴보자.

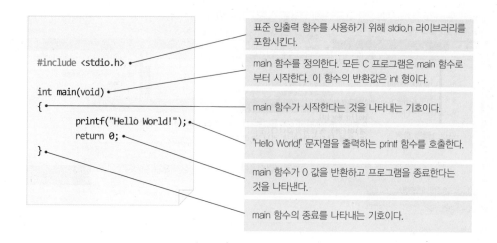

표준 입출력 함수를 사용하기 위해 stdio.h 라이브러리를 포함시킨다.

main 함수를 정의한다. 모든 C 프로그램은 main 함수로부터 시작한다. 이 함수의 반환값은 int 형이다.

main 함수가 시작한다는 것을 나타내는 기호이다.

"Hello World!" 문자열을 출력하는 printf 함수를 호출한다.

main 함수가 0 값을 반환하고 프로그램을 종료한다는 것을 나타낸다.

main 함수의 종료를 나타내는 기호이다.

#include ⟨stdio.h⟩

#으로 시작하는 문장은 전처리기 지시자이다. **전처리기(preprocessor)**는 보통 본격적으로 컴파일하기 전에 사전 작업을 하는 컴파일러의 일부분이다. #include는 소스 코드 안에 특정 파일을 포함시키라고 지시하는 명령어이다. stdio.h와 같은 파일들은 **헤더 파일(header file)**이라고 불리며, 컴파일에 필요한 정보들이 저장되어 있다. stdio.h라는 파일은 입출력 함수에 대한 정보를 가지고 있는 헤더 파일이다. 헤더 파일들은 일반적으로 h 확장자를 가지고 있다.

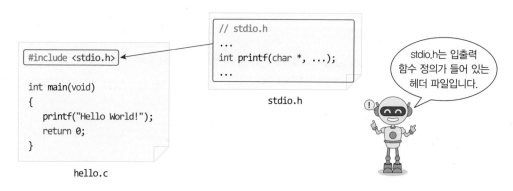

그림 1.7 헤더 파일이 #include 위치에 삽입된다

줄바꿈 및 들여쓰기

hello.c의 2번째 줄은 비어 있는데 이는 프로그램을 보기 쉽게 하기 위하여 의도적으로 빈 줄을 둔 것이다. 문장과 문장 사이에는 얼마든지 빈 줄을 둘 수 있다. 빈 줄은 프로그램의 실행 결과에는 아무런 영향을 끼치지 않는다. 여기서 잠깐 **들여쓰기(indentation)**에 대하여 설명을 하고 지나가자. 들여쓰기는 소스 코드의 가독성을 높이기 위하여 같은 수준에 있는 문장들을

몇 자 안으로 들여보내거나 적당한 공백 문자를 삽입하는 것이다. 들여쓰기를 잘 하면 소스 읽기가 아주 편해진다. 반면에 들여쓰기를 하지 않으면 실행되기는 하지만, 사람이 읽기에 불편한 프로그램이 된다.

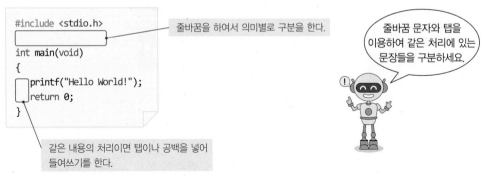

그림 1.8 줄바꿈 및 들여쓰기

함수

프로그램은 컴퓨터에 작업을 지시하는 문서이다. 그렇다면 작업을 지시하는 문장들은 어디에 들어가게 될까? 다음과 같은 공간 안에 작업을 지시하는 문장들을 넣으면 된다.

위의 문장은 main() 함수를 정의하는 문장이다. **함수(function)**란 특정한 작업을 수행하는 코드의 집합이다. 함수는 우리가 작성할 수도 있고 아니면 외부에서 우리에게 제공할 수도 있다. 함수는 입력이 주어지면 출력을 만들어내는 블랙박스와 같다.

입력

함수

출력

함수는 입력과
출력을 가지는
블랙박스와 같습니다.

그림 1.9 함수

함수의 시작과 끝은 { 과 }로 나타낸다. { 과 } 사이에 함수의 몸체 부분이 들어간다. main() 함수의 몸체에는 작업을 지시하는 문장들이 들어간다. 예를 들어, 우리의 첫 번째 프로그램에서는 화면에 "Hello World!"를 출력하는 문장이 들어가 있다.

```
int main(void)
{
        printf("Hello World!");
        return 0;
}
```

화면에 "Hello World!"를 출력하는
문장이다.

main() 함수가 종료하면서 값을
반환하는 문장이다.

하나의 C 프로그램은 여러 개의 함수들로 이루어진다. 그러나 우리는 당분간 main() 함수만을 사용할 것이다. C언어에서 main() 함수는 특별한 의미가 있다. 왜냐하면 모든 C 프로그램은 main()에서 시작하기 때문이다. 따라서 모든 C 프로그램에는 반드시 하나의 main() 함수가 있어야 한다. main() 함수는 여러 개 정의하면 안 된다.

문장

프로그램에서 작업을 지시하는 한 줄을 **문장**(statement)이라고 한다. 명령어 문장이라고도 한다. 프로그램이 어떻게 동작하느냐는 어떤 문장이 함수 안에 포함되느냐에 달려 있다. 문장을 이용하여 화면에 값들을 출력할 수도 있고 수학적인 계산을 할 수도 있다. 현재는 화면에 출력하는 문장만 있다. 인간이 작문할 때 문장의 끝에는 마침표를 찍듯이 프로그램의 문장 끝에는 반드시 ;(세미콜론)을 찍어야 한다. 문장들은 기본적으로 처음부터 차례대로 실행된다. 즉, 우리의 예제에서는 먼저 printf("Hello World!"); 문장이 먼저 실행되고 다음에 return 0; 문장이 실행된다.

```
int main(void)
{
        printf("Hello World!");
        return 0;
}
```

순차적으로
실행됩니다.

printf("Hello World!"); 문장은 printf() 함수를 호출하여 콘솔 화면에 텍스트 "Hello World!"를 출력하는 문장이다. 함수를 호출한다고 하는 것은 이미 작성되어 있는 함수를 사용한다는 뜻이다. printf() 함수는 컴파일러가 우리에게 제공하는 함수로서 콘솔 화면에 텍스트나 데이터 값들을 출력할 때 사용하는 라이브러리 함수이다. printf() 함수는 따옴표 사이에 있는 문자들을 그대로 화면에 출력한다. 따옴표로 둘러싸인 텍스트를 **문자열(string)**이라고 한다. 예제 프로그램에서 "Hello World"가 바로 문자열이다.

return은 함수가 작업을 끝내고 작업의 결과를 반환할 때 사용된다. return 0; 문장이 실행되면 main() 함수는 작업을 끝내고 외부로 0 값을 반환한다. 여기서 외부라고 하는 것은 이 프로그램을 실행시킨 윈도우 10과 같은 운영체제를 가리킨다. 보통 0의 값은 프로그램이 정상적으로 종료했음을 나타낸다.

주석

프로그램에는 주석을 추가할 수 있다. **주석(comment)**은 프로그램에 대한 설명이다. 주석은 /*으로 시작하여서 */로 끝난다. /와 *은 반드시 붙여야 한다.

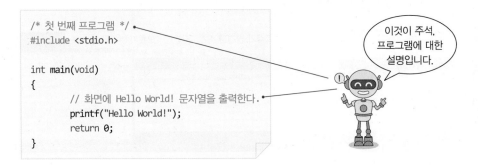

```
/* 첫 번째 프로그램 */
#include <stdio.h>

int main(void)
{
        // 화면에 Hello World! 문자열을 출력한다.
        printf("Hello World!");
        return 0;
}
```

이것이 주석,
프로그램에 대한
설명입니다.

한 줄 전체를 주석 처리하려면 //을 사용한다. 주석은 컴파일러에 의하여 무시되기 때문에 프로그램의 동작에는 전혀 영향을 끼치지 않는다. 주석은 한 줄 또는 여러 줄이 될 수 있다. 그렇다면 도대체 주석은 어디에 필요한 것인가? 주석은 컴퓨터를 위한 것이 아니고 프로그램을 읽는 사람을 위한 것이다. 주석은 프로그램의 가독성을 높인다. 주석에는 프로그램의 구조와 동작을 설명해주는 문장들이 들어간다. 작성자, 작성 목적, 작성 일자, 코드 설명 등이 주석에 포함된다. 좋은 주석은 코드를 그대로 설명하지 않는 것이라고 한다. 또한, 좋은 주석은 코드를 작성한 의도를 명확히 나타내는 주석이다. 주석은 프로그래머가 무엇을 하려는지를 보다 높은 수준에서 설명하여야 한다.

중간점검

1. #include 문은 어떤 동작을 하는가?
2. 모든 문장의 끝에 있어야 하는 기호는?
3. 주석이 하는 역할은 무엇인가?

실수할 수도 있다!

우리가 코드를 입력할 때 실수할 수 있다. 프로그램에서는 한 글자만 잘못되어도 실행할 수 없다. 예를 들어서, 여러분이 다음과 같은 문장을 입력할 때, 세미콜론(;) 하나만 생략하여도 다음과 같은 오류가 발생한다.

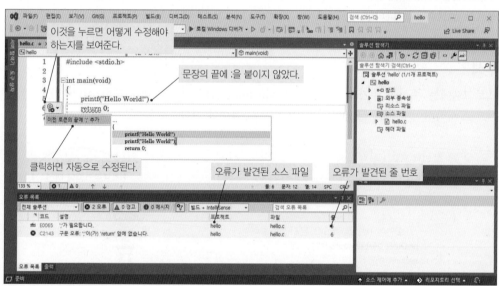

오류 메시지를 보면 return 앞에 ;이 없다고 되어 있다. 이러한 오류를 **문법적인 오류**(syntax error)라고 한다. 인간 같으면 세미콜론(;) 하나가 생략되었다고 금방 알아차려서 세미콜론을 자동으로 추가하여 실행할 수도 있겠지만, 컴퓨터는 자의적으로 그렇게 하지 않는다. 하지만 우리가 ChatGPT에서 보고 있듯이 컴퓨터도 상당한 지능을 갖추고 있다. 따라서 컴퓨터도 따옴표가 생략되었다는 것쯤은 알고 있다(컴퓨터를 너무 우습게 보면 안 된다!). 화면에 빨간색으로 밑줄을 긋는 것을 보면 알 수 있다. 하지만 오류를 수정하는 방법이 하나가 아니고 여러 개인 경우에는, 컴파일러가 프로그래머가 의도한 바를 알 수 없기 때문에, 컴파일러는 자동으로 오류를 수정하지 않는다. 대신에, 컴퓨터는 프로그래머한테 오류 메시지를 보여주고 프로그래머로 하여금 고치게 하는 것이다. 최신의 IDE들은 여러 가지 제안을 보여주고 프로그래머가 그 중에서 하나를 선택하도록 한다. 비주얼 스튜디오 2022도 이 기능을 최근 강화시키고 있다. 오류가 발생한 코드를 클릭하면 왼쪽에 전구 모양의 아이콘이 등장하고 이 아이콘을 클릭하면 여러 제안을 보여준다. 제안 중에서 하나를 선택하면 자동으로 수정해준다. 하지만 다른 IDE에 비해서는 아주 미약한 편이다(제안이 나타나지 않는 경우가 더 많다).

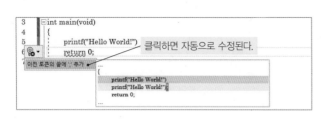

C언어에서는 여러 가지 형태의 기호를 많이 사용한다. C언어에서는 소괄호, 중괄호, 대괄호, 쉼표 등이 아주 많이 사용된다. 이들 기호를 입력할 때는 마지막 한 글자까지 정확하게 입력하여야 한다. 비주얼 스튜디오에서는 코드의 색상이 적절하게 변경되면서 오류를 찾는 데 도움을 준다. 오류가 발생하였다고 겁먹으면 안 된다. 오류 메시지를 보고 적절하게 수정할 수 있으면 되는 것이다.

참고
'경고'는 프로그램이 실행되는 데는 문제가 없지만, 무언가 석연치 않은 결과를 가져올 수도 있는 문제가 발견되었을 경우에 표시된다.

Q 비주얼 스튜디오에서는 소스 파일이 어디에 저장되는가?

A 소스 파일 hello.c는 솔루션_폴더\hello 폴더에 저장된다. 실행 파일 hello.exe는 솔루션_폴더\Debug 폴더에 저장된다. Debug 폴더에서 hello.exe를 찾아서 더블 클릭해보자.

Q 만약 여러분이 게임 프로그램을 작성하였다고 가정하자. 프로그램을 판매하여 이익을 얻으려고 한다. 그런 경우에 여러분은 소스 파일, 오브젝트 파일, 실행 파일 중에서 어떤 파일을 구매자한테 주어야 할까?

A 정답은 실행 파일이다. 실행 파일은 독립적인 파일이다. 즉, 다른 파일들이 없어도 독립적으로 수행될 수 있다. 구매자들은 실행 파일만 있으면 얼마든지 실행이 가능하다. 또한 C 컴파일러도 필요 없다. 만약 소스 파일을 구매자한테 준다면 구매자가 소스를 변경하여 다른 게임을 만들 수 있기 때문에 조심하여야 한다. 업체들이 소스 파일을 공개하지 않는 것은 이런 이유 때문이다.

 중간점검

1. 새로운 프로젝트를 생성하고 프로젝트에 소스 파일을 추가하는 메뉴는 무엇인가?
2. 프로젝트에 속하는 소스 파일을 컴파일하여 실행하는 메뉴는 무엇인가?
3. C언어에서는 대문자와 소문자를 구별하는가?

7. 화면 출력

화면 출력은 어떤 프로그램에서도 중요하다. 결과를 출력하지 않는 프로그램은 어디에 쓸 것인가? 요즘은 GUI(그래픽 사용자 인터페이스)를 사용하는 것이 대세지만, 이렇게 하려면 복잡한 과정을 거쳐야 한다. C언어는 전통적으로 콘솔 화면에 텍스트를 출력하는 기능을 기본으로 제공한다. 바로 printf()이다. printf()는 출력을 담당하는 라이브러리 함수이다. 라이브러리 함수란 컴파일러를 프로그래머가 사용할 수 있도록 기본적으로 제공하는 함수들을 의미한다. 라이브러리에 있는 함수들은 누구든지 사용할 수 있다.

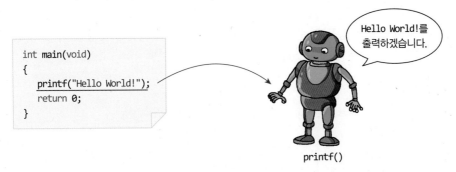

그림 1.10 라이브러리 함수는 컴파일러가 프로그래머한테 제공하는 함수들이다

즉, 우리가 다음과 같은 문장을 작성하면 컴퓨터는 따옴표 안의 텍스트를 화면에 출력하는 것이다.

```
int main(void)
{
    printf("Hello World!");
    return 0;
}
```

그림 1.11 printf() 함수

라이브러리에는 많은 함수들이 기본으로 제공되고 있는데 그중에서 printf()는 콘솔 화면에 출력하기 위한 함수이다.

 참고

printf()에서 f는 **formatted**를 의미한다. 즉, 형식(**format**)을 지정하는 출력 함수라는 의미이다. printf() 함수는 프린트에프라고 읽으면 된다.

줄바꿈 기호

우리의 첫 번째 프로그램은 화면에 문자열을 출력하는 아주 간단한 프로그램이었다. 이것을 약간만 확장시켜 보자. 다음과 같이 한 줄이 아닌 두 줄로 출력하려면 어떻게 하여야 할까?

```
Hello World!
from ChulSoo
```

우리는 printf("…");에 있는 따옴표 안의 텍스트가 화면에 출력되었을 것을 알고 있다. main() 함수 안에 들어 있는 문장들은 순차적으로 수행된다. 따라서 비슷한 문장을 하나 더 만들어서 추가하면 원하는 결과를 얻을 수 있을 것이다.

```
hello1.c

/* 첫 번째 프로그램의 응용 */
#include <stdio.h>

int main(void)
{                                순차적으로 실행된다.
    printf("Hello World!");
    printf("from ChulSoo");

    return 0;
}
```

실행결과

```
Hello World!from ChulSoo
```

하지만 실행 결과는 우리가 원하는 것과 약간 다르다. "Hello World!"를 출력한 후에 다음 줄에 "from ChulSoo"를 출력하려면 화면에서 줄을 바꾸어 주어야 한다. 줄을 바꿀 때는 엔터 키를 치는 것이 아니고 줄을 바꾸라는 특별한 문자를 보내야 한다. "\n"은 줄바꿈(newline)을 의미하고 화면의 커서를 다음 줄의 시작 위치로 옮긴다. 여기서 커서라고 하는 것은 마우스의 커서가 아니고 명령 프롬프트 창과 같은 콘솔 화면에서의 커서를 의미한다.

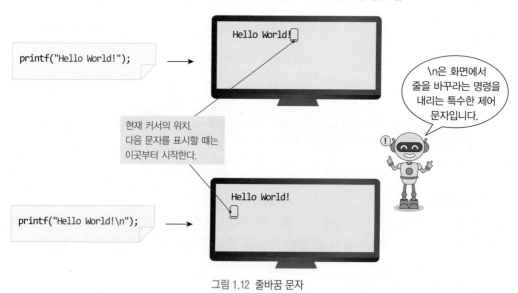

그림 1.12 줄바꿈 문자

따라서 줄바꿈 문자를 이용하여서 앞의 프로그램을 다시 작성해보면 다음과 같다.

```c
/* 첫 번째 프로그램의 응용 */
#include <stdio.h>

int main(void)
{
    printf("Hello World!\n");
    printf("from ChulSoo\n");

    return 0;
}
```

줄바꿈 문자

실행결과

```
Hello World!
from ChulSoo
```

중간점검

1. 줄바꿈 문자인 "\n"이 하는 역할은 무엇인가?
2. main() 함수 안의 문장들은 어떤 순서대로 실행되는가?
3. 구구단 중에서 9단을 출력하는 프로그램을 작성해보자.

Lab 피라미드를 출력해 보자

| 난이도 ★   주제 출력 함수 printf() |

프로그램은 작업 지시서와 같다고 하였다. 이번 실습에서는 다음과 같은 피라미드 패턴을 출력하는 프로그램을 작성해보자.

```
*
* *
* * *
* * * *
* * * * *
```

*을 먼저 출력하고 줄을 바꾼 후에 * *을 출력합니다.

HINT   프로그램의 기본 구조는 순차 구조이다. 즉, 프로그램 안의 문장들을 순차적으로 위에서 아래로 실행한다. *을 출력하는 문장을 맨 위에 놓고 이어서 * *을 출력하는 문장을 놓으면 된다. 또 위의 출력 형태를 보면 *을 출력한 후에 줄을 바꾸어야 한다. C 프로그램에서 줄을 바꾸려면 엔터키를 치는 것이 아니라 printf("*\n")과 같이 \n이라는 특수한 기호를 넣어주어야 한다.

pyramid.c

```c
#include <stdio.h>

int main(void)
{
    printf("*\n");
    printf("* *\n");
    printf("* * *\n");
    printf("* * * *\n");
    printf("* * * * *\n");

    return 0;
}
```

 도전문제

1. 다음과 같이 출력하도록 위의 코드를 수정해보자.

실행결과

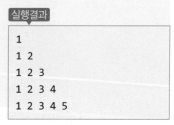
```
1
1 2
1 2 3
1 2 3 4
1 2 3 4 5
```

8. 알고리즘이란?

이제 우리는 프로그램이 컴퓨터 안에서 무슨 역할을 하는지도 알았고 고급 프로그래밍 언어를 사용하면 더 쉽게 프로그램을 작성할 수 있다는 것도 알았다. 그러면 프로그래밍 언어의 규칙만 학습하면 프로그램을 작성할 수 있는 것일까? 즉 프로그래밍 언어를 어떻게 사용하는지만 배우면 프

로그램을 작성할 수 있는 것일까? 요리로 예를 들어보자. 요리를 만들기 위해서 오븐을 준비하였다. 그리고 오븐을 어떻게 사용하는지도 배웠다. 자, 그러면 음식 재료만 있으면 누구나 요리를 할 수 있는 것일까?

한 가지 아주 중요한 것이 빠져 있다. 오븐의 사용법을 안다고 해서 누구나 요리를 만들 수 있는 것은 아니다. "어떻게 요리를 만들 것인가?"가 빠져 있다. 즉 요리를 만드는 절차가 빠져 있는 것이다. 컴퓨터도 마찬가지이다. 컴퓨터에 명령을 내리는 프로그래밍 언어만 안다고 해서 누구나 프로그램을 작성할 수 있는 것은 아니다. 주어진 문제를 어떤 절차에 따라서 해결할 것인가가 빠져 있으면 프로그램을 작성할 수 없다. 문제를 해결하는 절차(또는 방법)가 바로 알고리즘이다.

이 책에서는 물론 어려운 알고리즘은 등장하지 않는다. 본격적인 알고리즘은 자료 구조 또는 알고리즘 과목에서 학습하게 될 것이다. 하지만 아무리 간단한 프로그램이라도 어떤 절차에 따라서 주어진 문제를 해결할 것인지를 생각해보아야 한다. 여기서는 알고리즘에 대하여 간단히 살펴보자.

알고리즘이란?

어떤 문제가 주어져 있고 이것을 컴퓨터로 해결하려고 한다고 가정하자. 제일 먼저 해야 할 일은 문제를 해결할 수 있는 방법을 고안하는 것이다. 예를 들면, 전화번호부에서 특정한 사람(박철수라고 가정하자)의 전화번호를 찾는 문제를 생각하여 보자. 한 가지 방법은 전화번호부의 첫 페이지부터 시작하여 한 장씩 넘기면서 박철수를 찾는 것이다. 이 방법은 엄청난 시간이 걸리는 방법이고 보통 이런 식으로 찾는 사람은 거의 없다. 또 하나의 방법은 전화번호부의 이름들이 정렬되어 있음을 이용하는 방법이다.

전화번호부의 중간 정도를 펼쳐서 거기에 있는 이름과 박철수를 비교하여 앞부분으로 가던지 뒷부분으로 간다. 이러한 과정을 박철수란 이름을 찾을 때까지 되풀이한다. 이러한 방법은 프로그래밍 언어와는 무관하다. 즉 C언어를 사용하든, 파이썬을 사용하든 사용되는 방법은 동일하다.

이렇게 문제를 풀기 위하여 컴퓨터가 수행하여야 할 단계적인 절차를 기술한 것을 **알고리즘** (algorithm)이라고 한다. 알고리즘을 프로그래밍 언어로 구현하면 프로그램이 된다. 알고리즘은 흔히 요리법(recipe)에 비유된다. 여러분은 아마 요리를 요리법에 따라 만들어 본 적이 있을 것이다. 예를 들어, 빵을 만드는 알고리즘은 다음과 같다.

① 빈 그릇을 준비한다.
② 이스트를 밀가루, 우유에 넣고 저어준다.
③ 버터, 설탕, 계란을 추가로 넣고 섞는다.
④ 따뜻한 곳에 놓아두어 발효시킨다.
⑤ 170~180도의 오븐에서 굽는다.

그림 1.13 알고리즘은 요리법과 같다

빵을 만들 때도 순서가 잘못되면 빵이 만들어지지 않는다. 빵을 만드는 방법은 영어, 독일어, 프랑스어로도 정확하게 표현할 수 있듯이 알고리즘은 어떤 프로그래밍 언어로도 동일하게 표현할 수 있다. 같은 빵을 만드는 방법도 여러 가지가 존재할 수 있듯이 하나의 문제에 대하여 알고리즘은 여러 개가 존재할 수 있다. 이 경우 프로그래머는 가장 효율적인 알고리즘을 선택하여 구현하여야 할 것이다.

알고리즘의 예

간단한 예를 들어서 알고리즘을 설명하여 보자. 많이 사용되는 예제가 1부터 10까지의 합을 구하는 문제이다. 다음과 같이 몇 가지의 방법을 생각할 수 있다. 각각의 방법은 하나의 알고리즘이 된다.

① 1부터 10까지의 숫자를 직접 하나씩 더한다.

   $1 + 2 + 3 + \ldots + 10 = 55$

② 두 수의 합이 10이 되도록 숫자들을 그룹핑하여 그룹의 개수에 10을 곱하고 남은 숫자 5를 더한다.

$$
\begin{aligned}
(0 + 10) &= 10 \\
(1 + 9) &= 10 \\
(2 + 8) &= 10 \\
(3 + 7) &= 10 \\
(4 + 6) &= 10 \\
5
\end{aligned}
$$

$$\boxed{10 * 5 = 50} \quad \boxed{+} \quad \boxed{5} \quad \boxed{=} \quad \boxed{55}$$

③ 공식을 이용하여 계산할 수도 있다.

   $10*(1+10)/2=55$

알고리즘의 기술

프로그램을 잘 짜는 사람은 컴퓨터 앞에 앉기 전에 컴퓨터를 이용하여 문제를 어떻게 해결할 것인가를 충분히 생각한다. 즉, 문제를 푸는 알고리즘을 먼저 생각하여야 한다. 프로그래밍 작업이 주어지면 흔히 급한 마음에 컴퓨터 앞에 앉아서 키

컴퓨터 앞에 바로 앉지 말고 알고리즘을 구상하여야 합니다.

보드로 입력부터 시작하지만, 이런 식으로 하면 짜임새 있고 효율적인 프로그램을 작성할 수 없다. 먼저 책상 앞에 앉아서 연필로 문제를 해결하는 방법부터 고민해야 한다. 즉, 알고리즘의 설계부터 하여야 한다. 먼저 알고리즘을 연필로 노트에 먼저 적어보는 것이다(물론 컴퓨터의 워드프로세서를 이용하여도 된다).

일반적으로 알고리즘은 컴퓨터 프로그램 작성을 위한 출발점이다. 알고리즘을 기술하는 데는 다음과 같은 2가지의 방법이 있다.

- 순서도(flowchart): 도형과 화살표를 이용하여 알고리즘을 기술하는 것이다.
- 의사 코드(pseudo-code): 명령어를 한글이나 영어로 한 줄씩 적는 것이다.

다음 그림은 2차 방정식의 근을 구하는 알고리즘으로 왼쪽이 순서도이며, 오른쪽이 의사코드이다.

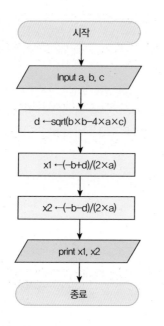

- Step 1: input a, b, c
- Step 2: d ←sqrt(b×b−4×a×c)
- Step 3: x1 ←(−b+d)/(2×a)
- Step 4: x2 ←(−b−d)/(2×a)
- Step 5: print x1, x2

순서도

순서도는 플로우차트(flowchart) 또는 흐름도라고도 하며, 알고리즘에서의 작업 순서를 그림으로 표현하는 방법이다. 알고리즘을 작성할 때는 순서도를 통해 자신의 논리를 가시화하는 것이 좋다. 순서도는 단순한 기하학적 기호를 사용한다. 즉 처리는 직사각형으로, 판단은 마름모꼴, 입출력 처리는 사다리꼴 기호로 표시한다. 순서도에는 많은 기호가 있으나 우리는 다음과 같은 기호만을 사용해도 충분하다.

표 1.1 순서도 작성에 사용되는 기호

기호	의미
→	화살표는 알고리즘이 진행하는 방향을 나타낸다.
⬭	수행의 시작(start), 종료(end)
▭	처리(process)를 나타낸다. 예를 들어서 변수 x에 1을 더하는 연산이 여기에 해당된다.
◇	판단(decision)을 나타낸다. yes/no 질문이나 true/false 검사가 여기에 해당된다. 일반적으로 이 도형에서 나가는 2개의 화살표가 있다.
▱	입력(input)이나 출력(output)을 나타낸다. 예를 들어서 변수에 저장된 값을 화면에 출력하는 연산이 여기에 해당된다.

학교 홈페이지에 로그인하는 알고리즘을 순서도로 표시해보자.

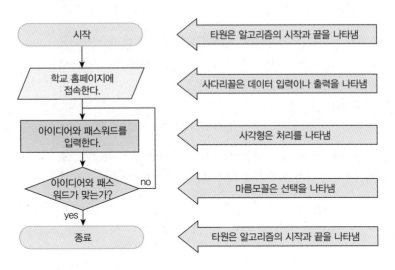

순서도 프로그램

순서도를 그리는 많은 프로그램이 있다. 간단한 순서도는 파워포인트로도 가능하다. 무료 프로그램으로는 Draw.io와 GitMind가 유명하다. 다음은 Draw.io 프로그램이다.

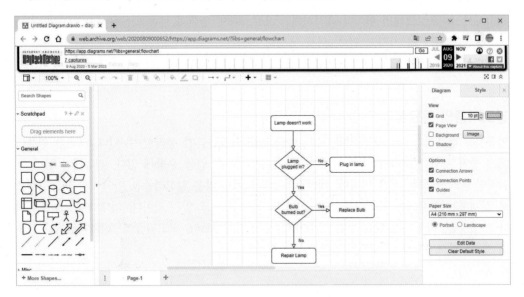

의사 코드

의사 코드(pseudo code)는 자연어보다는 더 체계적이고 프로그래밍 언어보다는 덜 엄격한 언어로서 알고리즘의 표현에 주로 사용되는 코드를 말한다. 의사 코드는 흔히 알고리즘을 기술하는 데 선호되는 표기법이다.

알고리즘은 문제를 해결하는 절차이다. 알고리즘은 순서에 따라 실행되어야 하는 단계(step)들로 이루어져 있다. 알고리즘을 기술하는 데는 앞에서 살펴본 순서도를 사용할 수 있다. 하지만 알고리즘이 복잡해지면 그림을 그려서 알고리즘을 나타내는 것도 상당히 번거롭게 된다. 이러한 경우에는 프로그래밍 언어와 비슷하지만, 문법적인 제약이 없는 의사 코드(pseudo code)를 사용하는 것이 좋다. "의사(pseudo)"란 유사하다는 의미이다. 유사 코드라고도 한다.

예를 들어서 학생 10명의 성적을 입력받아서 평균을 계산하는 알고리즘을 의사 코드로 표현하면 다음과 같다. 아직 우리가 학습하지 않은 while 구문을 사용하고 있다.

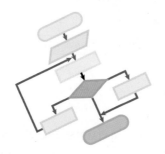

```
total ← 0
counter ← 1
while counter <= 10
        input grade
        total <- total + grade
        counter ← counter + 1
average ← total / 10
print average
```

의사 코드는 프로그래밍 언어와 유사하지만 프로그래밍 언어의 문법을 사용하지 않으며, 간단한 명령어 집합만을 가지고 있다. 의사 코드의 장점은 프로그래밍 언어보다 이해하기 쉽고 알고리즘의 핵심적인 부분을 언어-독립적으로 기술할 수 있다는 점이다.

알고리즘의 중요성

인공지능 컴퓨터가 아니라면 컴퓨터는 주어진 알고리즘만큼만 동작할 수 있다. 우리가 컴퓨터에게 좋지 못한 알고리즘을 주는 경우에는 나쁜 결과를 얻을 수밖에 없다. 컴퓨터가 항상 논리적인 동작만 하는 것은 아니다. 개발자가 논리적이지 않은 알고리즘을 만들어서 프로그램으로 실행하는 경우에는 컴퓨터가 비논리적으로 동작할 수도 있는 것이다. 이때까지 스마트폰이나 가전제품, 자동차가 많은 오류를 일으킨 것을 생각해보라. 알고리즘에 오류가 없어야 컴퓨터 프로그램도 논리적인 오류가 없이 동작하게 된다.

알고리즘이 정확하지 않으면 프로그램이 논리적인 오류를 가지게 됩니다.

알고리즘을 만드는 방법

초보 프로그래머가 어떻게 하면 알고리즘을 만들 수 있을까? 알고리즘은 만드는 것은 상당히 어려운 일이다. 물론 문제가 간단하면 쉽게 만들 수 있지만, 일반적으로 현실에 부딪치는 문제들은 쉽지 않다. 알고리즘은 해결하려는 문제에 따라서 다양한 복잡도를 가진다. 어떤 문제는 단순해서 알고리즘을 바로 생각할 수 있는 경우도 있고 문제가 복잡한 경우에는 보다 신중하게 구상하여야 한다. 전산학에서는 '자료 구조'와 '알고리즘' 분야에서 알고리즘을 본격적으로 학습하게 된다. 우선은 알고리즘을 너무 어렵게 생각하지 말고 다음의 간단한 지침만을 염두에 두고 개발하여 보자.

> 문제를 한 번에 해결하려고 하지 말고 더 작은 크기의 문제들로 분해한다. 문제가 충분히 작아질 때까지 계속해서 분해한다.

하나의 예로 집안을 청소하는 알고리즘을 구상해보자. 집안을 청소하는 문제를 더 작은 문제로 분해하여 보면 다음과 같이 될 것이다.

> ① 방을 청소한다.
> ② 거실을 청소한다.
> ③ 부엌을 청소한다.

다시 방을 청소한다는 문제를 다시 분해하여 보면 다음과 같이 될 수 있다.

> ① 환기를 시킨다.
> ② 물건들을 정리한다.
> ③ 진공청소기를 돌린다.
> ④ 걸레질을 한다.

| 환기 | 물건 정리 | 진공청소기 | 걸레질 |

컴퓨터에서는 CPU가 바로 실행할 수 있을 정도까지 분해하여야 한다. 보다 자세한 예제는 차후에 등장할 것이다.

 중간점검

1. 친구에게 전화를 거는 알고리즘을 만들어 보라.
2. 세탁기를 이용하여서 세탁을 하는 알고리즘을 만들어 보라.

 참고: 알고리즘 설계 방법

다양한 알고리즘 설계 방법이 있지만, 주요한 방법들은 다음과 같다.

- **브루트 포스(Brute Force):** 브루트 포스는 가장 직관적이고 간단한 방법으로, 가능한 모든 경우의 수를 일일이 시도하여 정답을 찾는 방법이다. 하지만 경우의 수가 매우 많을 경우에는 효율성이 떨어질 수 있다.
- **그리디(Greedy):** 그리디 알고리즘은 각 단계에서 가장 최적의 선택을 하는 방법으로 진행하며, 최종적으로 전체 문제에 대한 최적해를 찾아내는 방법이다. 그러나 그리디 알고리즘이 항상 최적해를 보장하지는 않을 수 있으며, 반례가 존재할 수 있다.
- **분할 정복(Divide and Conquer):** 분할 정복은 큰 문제를 작은 부분 문제로 나누어 해결하고, 그 결과를 결합하여 전체 문제를 해결하는 방법이다.
- **동적 계획법(Dynamic Programming):** 동적 계획법은 큰 문제를 작은 하위 문제들로 나누어 해결하면서 중복되는 계산을 피하는 방법이다. 작은 부분 문제들의 해결 방법을 기록하고, 이를 활용하여 큰 문제의 해결에 사용한다.

| 난이도 ★★   주제 알고리즘 작성 |

다음은 사용자로부터 2개의 정수를 받아서 큰 수를 출력하는 순서도이다.

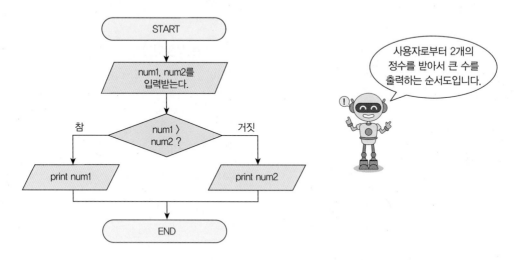

이 순서도를 참조하여서 사용자에게 3개의 정수를 받은 후에 가장 큰 수를 출력하는 문제를
순서도로 만들어보자.

 도전문제

1. 선형 탐색 알고리즘을 순서도로 기술해 보자. 선형 탐색은 주어진 리스트에서 특정한 값을 찾는 알고리즘이
   다. 리스트의 처음부터 끝까지 차례대로 요소를 검사하여 찾고자 하는 값을 찾을 때까지 반복한다.

1 컴퓨터가 내부적으로 사용하는 진법은?

① 2진법　　　　　② 8진법　　　　　③ 10진법　　　　　④ 16진법

2 C언어로 작성된 프로그램을 기계어로 변환하는 도구는 무엇인가?

① 링커　　　　　② 컴파일러　　　　　③ 에디터　　　　　④ 디버거

3 다음 중에서 C언어를 개발한 사람은 누구인가?

① Dennis Ritchie　　　　　　② 귀도 반 로섬(Guido van Rossum)

③ Niklaus Wirth　　　　　　④ Bjarne Stroustrup

4 다음 중 잘못된 주석을 모두 고르시오.

① /* coment */　　　　　　② /* coment //

③ / * coment */　　　　　　④ // coment

5 문제를 해결하는 절차를 시각적으로 표현한 것은 무엇인가?

① 구조도　　　　　② 순서도　　　　　③ 의사 코드　　　　　④ 설명도

6 알고리즘을 기술할 수 있는 방법을 모두 고르시오.

① 순서도　　　　　② 의사 코드　　　　　③ 자연어　　　　　④ 디버깅

7 순서도(flowchart)에서 처리를 나타내는 기호는?

①　②　③　④

8 다음 코드에서 잘못된 부분을 지적해보자.

```
import stdio.h

def main(void):
    print('Hello World!')
    return 0
```

9 두 개의 컵에 우유와 주스가 각각 담겨 있다. 우유와 주스를 교환하기 위한 알고리즘을 고안해 보자. 사용 가능한 세 번째 컵이 있다고 가정한다.

10 햄버거 가게에서 햄버거를 주문하는 알고리즘을 순서도로 작성해보자. 주문하려는 버거의 종류를 물어본 후에 감자튀김을 원하는지 물어본다. 이어서 음료를 원하는지도 물어본다. 주문이 끝나면 결제한다.

11 사용자로부터 하나의 숫자를 입력받고, 주어진 숫자가 소수인지 아닌지를 판별하는 알고리즘을 순서도로 표현해 보자.

12 사용자가 입력한 숫자의 팩토리얼 값을 계산하는 알고리즘을 순서도로 표현해 보자. 팩토리얼은 다음과 같이 계산된다.

$$n! = n * (n-1) * (n-2) * \dots * 1$$

| 난이도 ★ 주제 출력 함수 printf() |

13 다음과 같이 출력하는 프로그램을 작성하여 보자.

> 학과: 컴퓨터공학과
> 학번: 20230001
> 성명: 홍길동

HINT '\n'을 사용하면 줄을 바꿀 수 있다. printf("이름: 홍길동\n");과 같다.

14 다음과 같이 고양이 모양으로 출력하는 프로그램을 작성하여 보자. 이것을 보통 아스키 아트라고 부른다.

```
/\_/\
( o.o )
 > ^ <
```

15 다음 프로그램의 실행 결과를 예측하시오.

```c
#include <stdio.h>
int main(void)
{
    printf("HELLO\nWORLD\nI'M A NEW PROGRAMMER");
    return 0;
}
```

CHAPTER **2**

변수와 입출력

▷ 변수의 개념을 이해할 수 있다.
▷ 자료형의 개념을 이해할 수 있다.
▷ 화면에 변수의 값을 출력할 수 있다.
▷ 사용자로부터 입력을 받을 수 있다.

변수와 입출력

1. 이번 장에서 만들 프로그램

앞에서 출력문만 존재하는 아주 간단한 프로그램을 살펴보았다. 그러나 일반적인 프로그램은 외부로부터 데이터를 받아서 데이터를 처리한 후에 결과를 화면에 출력한다. 이번 장에서는 이러한 일반적인 구조를 가지는 프로그램을 난이도 순으로 학습하여 보자.

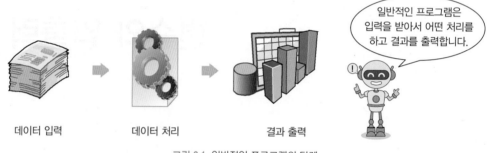

데이터 입력   데이터 처리   결과 출력

그림 2.1 일반적인 프로그램의 단계

(1) 2개의 정수 100과 200을 변수 x, y에 저장하고, x+y 연산을 한 후에, 결과를 화면에 출력하는 프로그램을 작성한다. 이 프로그램에서는 정수를 메모리에 저장하기 위하여 변수라는 새로운 개념을 도입한다.

```
100과 200의 합은 300입니다.
```

(2) 사용자로부터 두 개의 정수를 입력 받아서 덧셈 연산을 실행한 후에, 연산 결과를 화면에 출력하는 프로그램을 작성해 본다. 입력을 담당하는 scanf() 함수를 살펴본다.

```
첫 번째 정수를 입력하시오: 100
두 번째 정수를 입력하시오: 200
100과 200의 합은 300입니다.
```

(3) 월급에서 필요한 비용을 제하고 남는 돈을 계산해보자.

```
월급을 입력하시오: 3000000
한 달에 며칠이나 출근하나요(일): 20
하루 교통비를 입력하시오: 12000
하루 식비를 입력하시오: 20000
하루 용돈을 입력하시오: 50000

저축액: 1360000
```

2. 변수

변수의 개념을 설명하기 위하여 정수 100과 200을 변수에 저장한 후에 다시 꺼내서 덧셈 연산을 하고 결과를 화면에 출력하는 다음 프로그램을 살펴보자.

add1.c

```c
#include <stdio.h>

int main(void)
{
    int x;                       // 첫 번째 정수를 저장할 변수
    int y;                       // 두 번째 정수를 저장할 변수
    int sum;                     // 2개의 정수의 합을 저장할 변수

    x = 100;                     // 변수에 100을 저장한다.
    y = 200;                     // 변수에 200을 저장한다.
    sum = x + y;                 // 변수 2개를 더하여 sum에 저장한다.
    printf("두 수의 합= %d \n", sum); // sum의 값을 10진수 형태로 출력

    return 0;                    // 0을 외부로 반환
}
```

실행결과

```
두 수의 합 = 300
```

변수 선언

변수(variable)는 다음과 같이 선언된다. 자료형(변수에 저장되는 데이터의 종류)과 변수의 이름(해당 변수를 구분하기 위하여)을 적어준다.

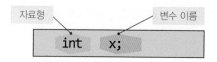

변수 선언이란 컴파일러에게 지금부터 이러 이러한 변수를 사용하겠다고 미리 말을 해두는 것이다. 또 어떤 종류의 데이터가 그 변수에 저장되는지도 컴파일러에게 미리 알리는 것이다. 파이썬에서는 변수를 선언하지 않고서도 사용할 수 있지만, C언어는 그렇지 않다. 변수를 사용하기 전에 반드시 변수의 자료형과 이름을 알려주어야 한다.

그림 2.2 변수들은 사용되기 전에 미리 선언되어야 한다. 선언한다는 것은 컴파일러에게 미리 변수들을 소개하는 것과 같다

2개의 정수를 더하는 프로그램에서는 x, y, sum과 같은 변수들이 필요하다. x, y, sum이 변수 이름이고, int는 변수가 저장하는 자료형이 정수라는 것을 나타낸다.

```
int x;        // 첫 번째 정수를 저장하는 변수
int y;        // 두 번째 정수를 저장하는 변수
int sum;      // 두 정수의 합을 저장하는 변수
```

한 줄에 int x, y, sum;과 같이 3개의 변수를 모두 선언하여도 된다.

```
int x, y, sum;
```

변수를 선언하는 것도 하나의 문장이므로 반드시 세미콜론으로 끝나야 한다. 변수는 선언되면 메모리의 공간이 확보되며, 이 공간에 이름이 매겨지게 된다. 아직까지 값은 저장되지 않았다. 즉 [그림 2.3]과 같은 상태이다.

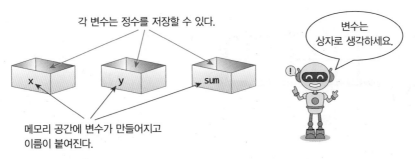

각 변수는 정수를 저장할 수 있다.

x   y   sum

메모리 공간에 변수가 만들어지고
이름이 붙여진다.

변수는
상자로 생각하세요.

그림 2.3 변수를 선언하면 메모리 공간에 값들을 저장할 수 있는 상자가 만들어진다고 볼 수 있다

변수는 왜 필요한가?

사용자로부터 정수 2개를 받아서 더하는 프로그램을 생각하자. 사용자로부터 정수를 받으면 프로그램은 이 정수를 어딘가에 저장하여야 한다. 정수를 저장하는 공간이 바로 변수이다. 변수를 요리에 비유하여 이야기하면 그릇이라고 할 수 있다. 요리는 여러 가지 재료를 이용하여 만들어진다. 외부에서 음식 재료를 받으면 어딘가에 놓아야 한다. 재료들을 그릇에 놓아야 다음에 사용할 수 있는 것이다. 프로그램도 마찬가지이다. 어떤 처리를 하려면 먼저 입력되는 데이터들을 어딘가에 저장해야 하는 것이다.

변수의 값

그릇=변수

요리에서 변수는
그릇에 해당합니다.

그림 2.4 프로그램에서의 변수는 요리에서의 그릇과 같다. 그릇에 음식 재료들이 담기듯이 변수에는 데이터들이 저장된다

변수는 어디에 만들어질까?

변수는 컴퓨터 안의 메모리 공간에 만들어진다. 상자와 상자를 구분하기 위해서는 각각의 상자에 이름을 붙이는 것이 편리하다. 각각의 변수들도 자신만의 이름을 가지고 있다. 우리는 이 이름을 사용하여 변수들을 구분한다.

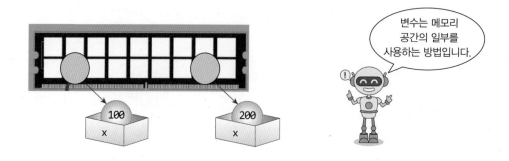

자료형

자료형(data type)이란 변수가 저장할 데이터의 종류(타입)이다. 자료형에는 정수형, 부동소수점형, 문자형이 있다. 정수형은 12나 −35 같은 정수를 나타내는 자료형으로 정수의 범위에 따라 short, int, long, long long으로 나누어진다. 부동소수점형은 소수점을 가지는 실수값을 나타내며, 실수의 범위에 따라 float와 double, long double로 나누어진다. 문자형은 하나의 문자를 나타내는 자료형으로 char 뿐이다.

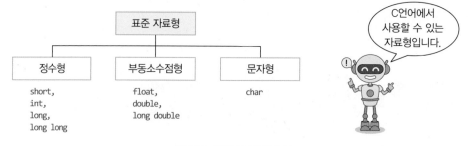

그림 2.5 표준 자료형의 종류

상자도 여러 가지 크기가 있는 것처럼 변수에도 담을 수 있는 데이터에 따라 여러 가지 종류가 있다. 예를 들면, 정수를 저장할 수 있는 변수도 있고, 실수나 문자를 저장할 수 있는 변수도 있다. 작은 상자에 큰 물건을 넣을 수 없는 것처럼 변수도 큰 값을 작은 상자에 저장할 수는 없다.

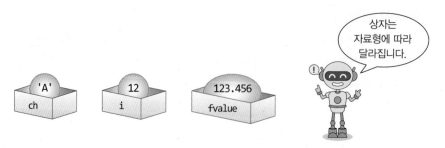

그림 2.6 변수에도 저장할 수 있는 데이터의 종류나 범위에 따라 여러 가지 종류가 있다

변수 초기화

변수가 선언되면 변수의 값은 아직 정의되지 않은 상태가 된다. 변수를 선언과 동시에 값을 넣는 방법은 변수 이름 뒤에 =를 붙이고 초깃값을 적어 넣으면 된다. 이것을 변수의 초기화(initialization)라고 한다.

자료형   변수 이름   초기값

```
int   x = 100;
```

Q 만약 변수를 초기화시키지 않으면 어떤 값이 변수에 들어 있나요?

A 변수가 어디서 선언되느냐에 따라서 달라지지만, 일반적으로 초기화되지 않은 변수에는 쓰레기값이 들어가게 된다. 쓰레기값이란 아무 의미 없는 값을 말한다.

참고: 변수는 어디에 만들어질까?

변수는 물리적으로 컴퓨터의 어디에 만들어지는 것일까? 변수는 메모리(memory)에 만들어진다. 우리는 프로그램 안에서 변수를 만들고 변수에 이름을 부여한 다음, 변수 이름을 사용하여 메모리 공간을 사용하게 된다. 만약 변수를 이용하지 않으면 메모리의 주소를 가지고 데이터를 저장하여야 할 것이다. "300번지에 정수 20을 저장하라."와 같이 주소를 이용하여 메모리를 사용하는 것은 가능한 방법이지만, 인간에게는 상당히 불편한 방법이다. 변수라는 개념을 사용할 수 있기 때문에 특별한 경우를 제외하고는 우리는 메모리를 주소로 접근할 필요가 없다.

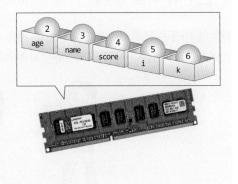

참고: 정적 타입 vs 동적 타입

정적 타입과 동적 타입은 컴퓨터 프로그래밍 언어에서 변수의 타입에 대한 두 가지 접근 방식이다. 정적 타입은 컴파일 시간에 변수의 타입이 결정되는 언어를 말한다. 각 변수의 타입은 코드에서 명시적으로 선언되어야 하며, 컴파일러는 변수에서 수행되는 모든 작업이 선언된 타입에 대해 유효한지 확인한다. 이렇게 하면 개발 프로세스 초기에 오류를 포착하고 성능을 향상시킬 수 있지만, 코드 작성에 더 많은 노력이 필요할 수도 있다.

반면에 동적 타입은 변수의 타입이 실행시간에 결정되는 언어를 말한다. 변수는 코드에서 선언된 특정 타입을 가질 필요가 없으며, 타입은 프로그램 실행 중에 변경될 수 있다. 이렇게 하면 코딩이 더 빠르고 쉬워질 수 있지만, 실행 시간에 타입 검사가 필요하기 때문에 오류가 더 많이 발생하고 성능이 저하될 수 있다.

일반적으로 정적 타입 언어는 대규모 소프트웨어 개발에 더 많이 사용되는 반면, 동적 유형 언어는 종종 스크립팅 및 빠른 프로토타이핑에 사용된다. 정적으로 타입이 지정된 언어로는 C, C++, Java를 들 수 있으며, 동적 타입 언어의 예로는 파이썬, 자바스크립트, 루비가 있다.

3. 변수의 이름 짓기

변수의 이름은 프로그래머가 마음대로 지을 수 있지만, 몇 가지의 규칙을 지켜야 한다. '홍길동', '김영희' 등의 이름이 사람을 식별하듯이 변수의 이름은 변수와 변수들을 식별하는 역할을 한다.

그림 2.7 변수의 이름은 변수를 식별한다

변수의 이름은 다음과 같은 규칙에 따라 만들어야 한다.

- 알파벳 문자와 숫자, 밑줄 문자 _로 이루어진다.
- 이름의 중간에 공백이 들어가면 안 된다.
- 첫 번째 문자는 반드시 알파벳 또는 밑줄 문자 _이여야 한다. 따라서 이름은 숫자로 시작할수 없다.
- 대문자와 소문자를 구별하여 서로 다른 것으로 취급한다. 따라서 변수 index와 Index, INDEX는 모두 서로 다른 변수이다.
- C언어에서 사용하고 있는 키워드와 똑같은 이름은 허용되지 않는다.

다음과 같은 것들은 유효한 식별자이다.

```
sum                    // 영문 알파벳 문자로 시작
_count                 // 밑줄 문자로 시작할 수 있다.
number_of_pictures     // 중간에 밑줄 문자를 넣을 수 있다.
King3                  // 맨 처음이 아니라면 숫자도 넣을 수 있다.
```

다음과 같은 것들은 유효하지 않은 식별자이다.

```
2nd_base(x)            // 숫자로 시작할 수 없다.
money#                 // #과 같은 기호는 사용할 수 없다.
double                 // double은 C언어의 키워드이다.
```

변수의 이름은 원하는 만큼 길게 할 수 있다. 그러나 일반적으로 컴파일러는 처음 63개의 문자만을 사용하여 구별한다. 컴파일러에 따라서는 처음 31개의 문자만을 사용할 수 있는 경우도 있다. 따라서 변수의 이름을 필요 이상으로 길게 하지 않아야 한다.

키워드

키워드(keyword)는 C언어에서 고유한 의미를 가지고 있는 특별한 단어이다. 키워드는 예약어(reserved words)라고도 한다. 키워드는 사용자가 다시 정의하거나 사용하는 것이 금지되어 있다. 따라서 키워드는 식별자로서 사용할 수 없다.

auto	double	int	struct
break	else	long	switch
case	enum	register	typedef
char	extern	return	union
const	float	short	unsigned
continue	for	signed	void
default	goto	sizeof	volatile
do	if	static	while

팁

최근에는 한글 이름의 변수도 사용할 수 있다. 예를 들어서 다음과 같은 문장도 가능하다.

```
int 합계=0;
```

팁: 좋은 변수 이름

변수의 이름을 짓는 것은 상당히 중요한 작업 중의 하나이므로 신중하며 시간을 투자해야 한다. 변수의 이름을 지을 때는 변수의 역할을 가장 잘 설명하는 이름을 지어야 한다. 좋은 변수 이름은 전체 프로그램을 읽기 쉽게 만든다. 하지만 반대로 즉흥적으로 지은 이름을 사용하게 되면 나중에 프로그램을 읽기가 아주 힘들어진다. 예를 들면 연도와 달, 일을 나타내는데 i, j, k라고 이름을 짓는 것보다 year, month, date라고 하면 프로그램이 읽기 쉬워질 것이다. 영어 단어만을 사용해야 하므로 한영사전을 이용하여 한글을 영문으로 바꾸는 것도 좋은 아이디어이다.

팁: 여러 단어로 된 변수 이름

여러 단어로 되어 있는 변수 이름을 나타내는 데 몇 가지의 방식이 존재한다. 먼저 가장 전통적인 방법은 bank_account처럼 중간에 밑줄 문자를 사용하는 것이다. 두 번째 방법은 BankAccount처럼 단어의 첫 번째 글자를 대문자로 하는 것이다. 어떤 방식을 사용해도 상관없고 다만 일관성 있게 사용하면 된다. 이 책에서는 전통적인 C의 방법을 따라서 밑줄 문자를 사용하여 단어들을 분리하였다.

4. 변수와 연산

변수에 값 저장하기

앞에서는 단순히 변수만을 선언하였다. 즉, 무언가를 저장할 수 있는 상자만을 만든 셈이다. 그렇다면 변수에 값을 저장하는 방법은 무엇일까? C에서는 = 연산자가 변수에 값을 저장한다. 다음과 같이 변수에 값을 저장할 수 있다.

```
x = 100;
```

= 연산자를 **대입 연산자**(assignment operator) 또는 할당 연산자라고 부른다. =의 좌변에는 항상 변수가 위치하고 우변에는 값이 위치한다. = 연산자는 우변의 값을 좌변의 변수에 저장한다.

그림 2.8 = 연산자는 변수에 값을 저장하는 연산자이다

변수에는 = 기호를 이용하여 값을 저장할 수 있고 변수의 값은 몇 번이든지 변경이 가능하다.

```
int value;
value = 10;
value = 20;
```

변수에는 다른 변수의 값도 대입할 수 있다.

```
int x = 10;
int y = 20;
y = x;     // y는 100| 된다.
```

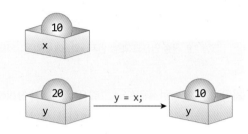

산술 연산

컴퓨터는 기본적으로 계산을 하는 기계이다. 따라서 프로그램 안에서 산술 연산을 할 수 있다는 것은 아주 당연한 일이다. 산술 연산을 하려면 먼저 산술 연산을 수행하는 연산자들을 알아야 한다. 산술 연산자는 일반적으로 수학에서 사용하는 연산 기호와 유사하다. [표 2.1]에서 산술 연산자들을 요약하였다.

표 2.1 산술 연산자의 요약

연산	연산자	C 수식	수학에서의 기호
덧셈	+	x + y	x + y
뺄셈	–	x – y	x – y
곱셈	*	x * y	xy
나눗셈	/	x / y	x/y 또는 $\frac{x}{y}$ 또는 x ÷ y
나머지	%	x % y	x mod y

사칙 연산자들은 이항 연산자라고 부르는데 두 개의 피연산자를 가지기 때문이다. 예제 프로그램 코드를 보면 다음과 같다.

```
sum = x + y;
```

변수 x에 들어있는 정수와 변수 y에 들어있는 정수를 더해서 변수 sum에 대입하였다. 여기서 +가 연산자이고 피연산자는 x와 y이다. 덧셈의 결과는 대입 연산자인 =을 통하여 변수 sum에

저장된다. = 기호는 앞에서 설명한 바와 같이 수학에서의 의미인 좌변과 우변이 같다는 의미가
아니라, 우변을 좌변에 대입하는 대입 연산자이다.

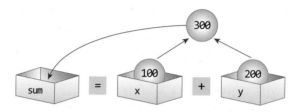

그림 2.9 산술 연산의 과정: 먼저 x와 y에서 값을 가져와서 덧셈 연산이 수행되고 그 결괏값이 sum에 저장된다

지금까지 설명한 내용을 그림을 통하여 정리하여 보자. [그림 2.10]은 각 문장이 실행되었을
때, 컴퓨터 메모리 안에 어떤 변화가 생기는 지를 정리한 것이다.

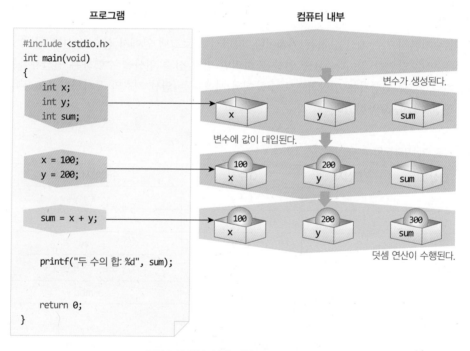

그림 2.10 변수 선언, 대입 연산, 산술 연산

 중간점검

1. 함수의 중간에서 변수를 선언할 수 있는가?
2. int형 변수 x와 y를 한 줄에 선언하고 1과 0으로 각각 초기화하라.
3. 변수 a와 변수 b의 곱을 변수 product에 저장하는 문장을 작성하여 보자.
4. 변수 a를 변수 b로 나눈 값을 변수 quotient에 저장하는 문장을 작성하여 보자.

Lab 고양이와 강아지를 교환해 보자

고양이가 박스 a에 들어 있고, 강아지가 박스 b에 들어 있다고 하자. 하나의 박스에는 하나의 동물만 들어갈 수 있다. 고양이를 박스 b로 보내고 강아지를 박스 a로 보내려면 어떤 문장들이 필요할까? 강아지와 고양이를 바닥에 놓아서는 안 된다. 반드시 박스 안에 있어야 한다. 우리는 여분의 박스를 사용할 수 있다.

물론 눈치를 챘겠지만, 여기서 박스는 변수를 의미한다. 고양이를 정수 1로 표시하고 강아지를 정수 2로 나타내자.

```
int a = 1;
int b = 2;
int tmp;
```

다음과 같이 여분의 변수 tmp를 사용하면 고양이와 강아지를 변경할 수 있다.

```
tmp = a;
a = b;
b = tmp;
```

 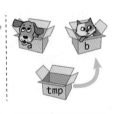

| tmp = a; | a = b; | b = tmp; |

도전문제

1. 왜 다음과 같이 하면 안 될까?
   ```
   a = b;
   b = a;
   ```

Lab 사칙 연산

변수 x와 y에 20과 10을 저장하고 x+y, x-y, x*y, x/y를 계산하여 변수에 저장하고 이들 변수를 화면에 출력하는 프로그램을 작성해보자.

```
두 수의 합: 30
두 수의 차: 10
두 수의 곱: 200
두 수의 몫: 2
```

변수 sum, diff, mul, div를 선언하고 다음과 같이 값을 저장해본다. 주석도 붙여보자.

```c
sum = x + y;      // 변수 sum에 (x+y)의 결과를 저장
diff = x - y;     // 변수 diff에 (x-y)의 결과를 저장
mul = x * y;      // 변수 mul에 (x*y)의 결과를 저장
div = x / y;      // 변수 div에 (x/y)의 결과를 저장
```

calulation.c

```c
// 정수 간의 가감승제를 계산하는 프로그램
#include <stdio.h>

int main(void)
{
    int x;          // 첫 번째 정수를 저장할 변수
    int y;          // 두 번째 정수를 저장할 변수
    int sum, diff, mul, div;   // 두 정수 간의 연산의 결과를 저장하는 변수

    x = 20;         // 변수 x에 20을 저장
    y = 10;         // 변수 y에 10을 저장

    sum = x + y;    // 변수 sum에 (x+y)의 결과를 저장
    diff = x - y;   // 변수 diff에 (x-y)의 결과를 저장
    mul = x * y;    // 변수 mul에 (x*y)의 결과를 저장
    div = x / y;    // 변수 div에 (x/y)의 결과를 저장

    printf("두 수의 합: %d \n", sum);  // 변수 sum의 값을 화면에 출력
    printf("두 수의 차: %d \n", diff); // 변수 diff의 값을 화면에 출력
    printf("두 수의 곱: %d \n", mul);  // 변수 mul의 값을 화면에 출력
    printf("두 수의 몫: %d \n", div);  // 변수 div의 값을 화면에 출력

    return 0;
}
```

5. printf()로 변수값 출력하기

언어는 입력과 출력을 위하여 라이브러리 함수를 제공한다. 라이브러리 함수란 컴파일러가 프로그래머가 사용할 수 있도록 제공하는 함수들이다.

그림 2.11 라이브러리 함수는 컴파일러가 프로그래머에게 제공하는 함수들이다

많은 함수들이 기본으로 제공되고 있는데 그중에서 printf()는 모니터에 출력을 하기 위한 표준 출력 함수이고, scanf()는 키보드에서의 입력을 위한 표준 입력 함수이다. 만약 입출력을 위한 라이브러리 함수가 제공되지 않는다면 프로그래머들은 입출력을 위한 코드를 직접 작성하여야 할 것이다. 이는 번거로운 일이고 아주 불편할 것이다. printf()와 scanf()를 사용하면 형식화된 입출력이 가능하다.

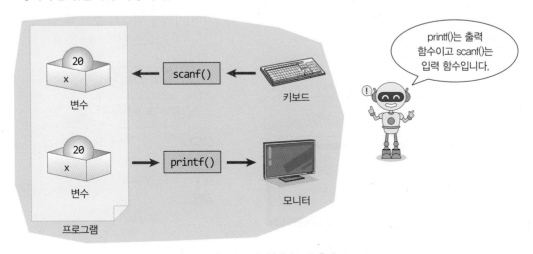

그림 2.12 표준 입력과 표준 출력

printf()는 문자열을 출력할 수 있을 뿐 아니라 특정한 형식을 지정하여 상수나 변수의 값을 출력하는 기능도 가지고 있다. 만약 변수 sum이 가지고 있는 값을 printf() 함수를 이용하여

출력하려면 다음과 같이 하면 된다.

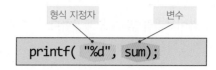

여기서 "%d"는 %d를 화면에 출력하라는 의미가 아니고 정수 형식으로 변수의 값을 출력하라는 의미이다. 변수 sum의 값이 %d의 위치에서 정수형으로 출력된다. 형식 지정자에는 다음과 같은 것들이 있다.

표 2.2 형식 지정자의 종류

형식 지정자	의미	형태
%d	정수 형태로 출력	100
%f, %lf	실수 형태로 출력	3.141592
%c	문자 형태로 출력	A
%s	문자열 형태로 출력	Hello

형식 지정자와 변수들은 1개 이상일 수 있고 중간에 문자열이 있을 수 있다. 이 경우에는 형식 지정자와 변수들이 다음과 같이 대응된다. 즉, 형식 지정자의 자리에 변수의 값이 대치되어서 출력된다고 생각하면 된다.

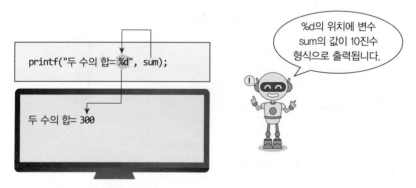

그림 2.13 printf()에서의 형식 지정자. 변수 sum의 값이 300이라고 가정하였다

여기서 주의할 점은 형식 지정자와 변수의 자료형은 반드시 일치하여야 한다는 점이다. 정수형 변수는 %d로 출력하여야 하고 부동소수점형 변수는 %f나 %lf로 출력하여야 한다. 부동소수

점형이란 실수값을 저장할 수 있는 자료형이다. 자료형은 3장에서 자세히 다루게 된다. 부동소수점 형에는 float형와 double형이 있다. float형의 값은 %f를 사용하여 출력하고, double형의 값은 %lf를 이용하여 출력한다.

필드폭(width)과 정밀도(precision)

printf()를 사용하여 출력할 때, 데이터가 출력되는 필드의 크기를 지정할 수 있다. 필드폭은 %와 형식 지정자 사이에 들어간다. 예를 들면, %10d라고 하면 필드폭은 10문자 크기가 된다. 만약 필드폭이 출력되는 데이터보다 크면 데이터는 필드 안에서 오른쪽 정렬되어서 출력된다. 만약 데이터가 필드보다 크면 필드폭은 자동으로 넓어지게 된다.

출력 문장	출력 결과	설명
printf("%10d", 123);	1 2 3	폭은 10, 우측 정렬
printf("%-10d", 123);	1 2 3	폭은 10, 좌측 정렬

%f나 %lf를 사용하여 실수를 출력할 때, %10.3이라고 하면 전체의 필드폭은 10이고 그중에서 소수점 이하 자릿수가 3이라는 의미가 된다. 필드폭을 지정하지 않고 .3이라고도 할 수 있다. 이 경우에는 소수점 이하 자릿수만 지정하게 된다. 만약 정밀도를 지정하지 않으면 소수점 이하는 반올림되어서 6자리로 출력된다.

출력 문장	출력 결과	설명
printf("%f", 1.23456789);	1 . 2 3 4 5 6 8	소숫점 이하 6자리
printf("%10.3f", 1.23456789);	1 . 2 3 5	소숫점 이하 3자리
printf("%-10.3f", 1.23456789);	1 . 2 3 5	좌측 정렬
printf("%.3f", 1.23456789);	1 . 2 3 5	소숫점 이하 자리만 표시

예제

정수의 합을 계산하는 프로그램에서 다음과 같이 출력해보자. 즉 변수 x, y, sum의 값을 동시에 출력한다. printf()의 형식 지정자를 적절하게 사용한다.

```
100과 200의 합은 300입니다.
```

```
add1.c
```

```c
#include <stdio.h>

int main(void)
{
    int x = 100;        // 변수 x를 100으로 초기화한다.
    int y = 200;        // 변수 y를 200으로 초기화한다.
    int sum;            // 2개의 정수의 합을 저장할 변수

    sum = x + y;        // 변수 2개를 더하여 sum에 저장한다.
    printf("%d과 %d의 합은 %d입니다.\n", x, y, sum);

    return 0;           // 0을 반환한다.
}
```

 중간점검

1. `printf()`에서 변수의 값을 실수 형태로 출력할 때 사용하는 형식 지정자는 무엇인가?
2. `printf()`를 사용하여서 정수형 변수 k의 값을 출력하는 문장을 작성하여 보자.

6. 사용자로부터 입력받기

이번에는 고정된 정수를 더하는 것이 아니라, 사용자로부터 2개의 정수를 받아서 더해보자. 이번 절의 목표는 다음과 같은 프로그램을 작성하여 실행하는 것이다.

실행 결과

첫 번째 숫자를 입력하시오: 100
두 번째 숫자를 입력하시오: 200
100과 200의 합은 300입니다.

이번에는 사용자로부터 정수를 받아 봅시다.

사용자로부터 값은 어떻게 받아야 할까? 사용자로부터 정수를 입력받기 위해서 scanf()라는 라이브러리 함수가 준비되어 있다.

scanf() 함수

scanf() 함수는 키보드로부터 입력된 데이터를 지정된 형식으로 변환하여 변수에 저장하는 라이브러리 함수이다. scanf() 함수의 사용 방법은 printf() 함수와 아주 유사하다. 사용자로부터 정수를 받아서 변수 x에 저장하는 문장은 다음과 같다.

첫 번째 인수인 "%d"는 형식 지정자로서 어떤 유형의 데이터를 받을 것인지를 지정한다. "%d"는 정수 형태로 받겠다는 것을 의미한다. printf()에서의 형식 지정자와 그 의미가 같다. 두 번째 인수인 &x는 입력을 받을 변수의 주소를 나타낸다.

변수 이름 앞에 &(앰퍼샌드) 기호가 있음을 유의하여야 한다. 변수는 메모리에 생성되고 각각의 변수는 주소를 가지고 있다. 변수 이름 앞에 &를 붙이면 변수의 주소를 의미한다. 예를 들어서 &x라고 쓰면 이것은 변수 x의 주소이다. scanf()는 printf()와 달리 변수에 값을 저장하여야 하기 때문에, 변수의 주소를 알아야 한다. 우리가 인터넷 쇼핑몰에서 제품을 구입하고, 집으로 배달시키려면 쇼핑몰에 우리의 주소를 가르쳐 주어야 하는 것과 비슷하다. scanf() 함수가 키보드에서 정수를 입력받은 다음, 이것을 변수에 저장하려면 변수의 주소가 있어야 하는 것이다.

그림 2.14 사용자로부터 데이터를 받아서 변수에 저장하기 위해서는 scanf()가 변수의 주소를 알아야 한다

scanf()가 호출되면 컴퓨터는 사용자가 숫자 입력을 마칠 때까지 기다리게 된다. 사용자가 정수를 입력하고 엔터키를 누르면 비로소 정수가 변수에 저장되어서 scanf() 호출이 끝나게 된

다. 앞의 프로그램에서는 두 개의 정수를 사용자로부터 받는데 거의 같은 동작을 되풀이한다. 다만 정수가 저장되는 변수만 달라진다. scanf()의 형식 지정자는 대부분이 printf()와 같다. 예를 들어, float형의 실수를 입력 받으려면 형식 지정자로 %f를 사용해야 한다.

```
float ratio = 0.0;
scanf("%f", &ratio);
```

만약 한 번에 여러 개의 입력값을 한꺼번에 입력 받으려면 다음과 같이 하면 된다. 여기서도 printf()와 마찬가지로 형식 지정자과 변수의 자료형은 일치하여야 한다.

여기서 형식 지정자가 문자인 경우를 제외하면 scanf()는 모든 여백을 건너뛴다. 즉 스페이스나 탭, 줄바꿈은 무시한다.

비주얼 스튜디오 2022에서의 scanf() 함수 오류

비주얼 스튜디오 2022에서 scanf() 함수를 사용하면 다음과 같은, 골치 아픈 오류가 발생한다.

오류를 읽어보면 scanf()는 안전하지 않으니, scanf_s()를 대신 사용하라는 오류이다. 사실 scanf()는 약간 위험한 함수이다. 변수의 주소를 받아서 변수에 값을 저장하는 함수라서 잘못된 주소가 전달되면 엉뚱한 곳에 값을 저장할 수 있다. scanf_s()와 같이 기존의 함수에 _s를 붙이는 안전한 함수들은 2011년도에 발표된 C11의 선택적인 표준(Annex K)이다. 하지만 선택적인 표준이기 때문에 비주얼 스튜디오를 제외하고, 다른 컴파일러에서는 아직도 활발히 도입되지 않고 있다(현장 적용 보고서에서는 '그다지 유익하지 않은' 것으로 평가되었다. 다음 표준에서 삭제가 권고되었다). 따라서 이 문제에 대하여 많은 시간 고민한 결과, 다음과 같이 소스 코드의 맨 첫 부분에 _CRT_SECURE_NO_WARNINGS를 정의하고 기존의 함수들을 그대로 사용하기로 하였다. 이 점 많은 양해 부탁드린다. _CRT_SECURE_NO_WARNINGS 정의는 반드시 stdio.h 헤더 파일을 포함하는 문장 위에 있어야 한다.

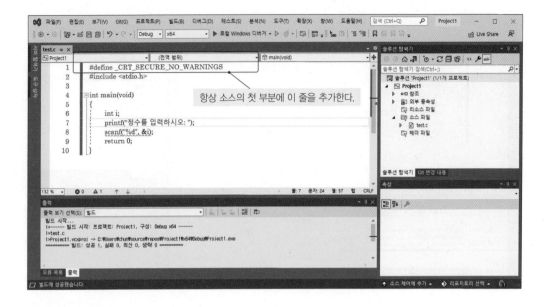

우리의 프로그램을 완성해보자.

add2.c

```c
// 비주얼 스튜디오 사용자라면 다음 문장이 필요하다.
#define _CRT_SECURE_NO_WARNINGS
#include <stdio.h>

int main(void)
{
    int x;                              // 첫 번째 정수를 저장할 변수
    int y;                              // 두 번째 정수를 저장할 변수
    int sum;                            // 2개의 정수의 합을 저장할 변수

    printf("첫 번째 숫자를 입력하시오:");   // 입력 안내 메시지 출력
    scanf("%d", &x);                    // 하나의 정수를 받아서 x에 저장

    printf("두 번째 숫자를 입력하시오:");   // 입력 안내 메시지 출력
    scanf("%d", &y);                    // 하나의 정수를 받아서 y에 저장

    sum = x + y;                        // 변수 2개를 더한다.
    printf("%d와 %d의 합은 %d입니다.\n", sum); // x, y, sum의 값을 정수 형태로 출력

    return 0;                           // 0을 외부로 반환
}
```

첫 번째 숫자를 입력하시오: 100
두 번째 숫자를 입력하시오: 200
100과 200의 합은 300입니다.

참고

또 다른 방법으로는 [프로젝트]->[속성(P)]를 선택하고 대화 상자에서 다음과 같이 SDL 검사를 "아니요"로
설정해도 된다.

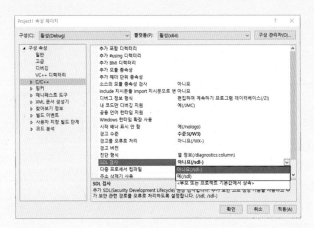

프로젝트의 SDL
검사를 "아니요"로
설정해도 됩니다.

Q printf(), scanf()는 라이브러리 함수이다. C 컴파일러는 많은 라이브러리 함수를 제공한다고 하였다. 그
러면 프로그래머는 어떤 라이브러리 함수들이 제공되는지는 어떻게 알 수 있는가?

A C에서 제공하는 라이브러리들은 표준화되어 있다. 따라서 이 책에서 사용하는 함수들은 어떤 C 컴파일러에
서도 사용이 가능한 것들이다. 지원되는 라이브러리들의 목록은 컴파일러의 HELP 파일에서도 찾을 수 있고
인터넷 검색도 가능하다. 라이브러리에서 제공하는 함수들은 최대한 활용하는 편이 좋다.

Q scanf() 대신에 그냥 scanf_s()를 사용하면 안 되는가?

A 물론 된다. 간단한 입출력은 단순히 scanf()를 scanf_s()로 바꿔도 된다. 즉 scanf_s("%d", &n);과
같이 작성하면 된다. 이것이 더 간단한 방법일 수 있다. 하지만 뒤에서 나오는 복잡한 입력에서는 scanf_
s("%s", name, sizeof(name));과 같이 변수의 크기를 같이 넘겨야 한다. 문자열 복사 함수인 strcpy()
에서도 문제가 발생한다. 물론 이것이 더 안전한 방법이지만, 아직 국제적으로 의견이 통일되지 않은 것 같
다. 메모리 오류가 수정되고 나면 더 이상 안전한 함수가 필요하지 않고, 또 항상 메모리 경계를 검사하기
때문에 성능을 낮추며, 가장 큰 이유는 기존의 코드와의 호환성이다("Field Experience With Annex K
— Bounds Checking Interfaces" 보고서 참조). 따라서 우리는 일단 _CRT_SECURE_NO_WARNINGS 방
법을 기본으로 하고, scanf_s()로 쉽게 바꿀 수 있으면 이렇게 하는 것도 좋다.

Lab 사칙 연산

| 난이도 ★★   주제 입출력 함수 사용 |

우리는 앞에서 고정된 숫자의 사칙 연산 프로그램을 작성한 적이 있다. 이번에는 사용자로부터 2개의 정수를 받아 사칙 연산을 하는 프로그램을 작성해보자. 이번 실습에서는 한 줄에 여러 개의 변수를 선언하는 방법, 한 줄에서 여러 값을 동시에 입력받는 방법들을 알아본다.

실행 결과

```
정수 2개를 입력하시오: 100 200
100 + 200 = 300
100 - 200 = -100
100 * 200 = 20000
100 / 200 = 0
```

int x, y;와 같이 한 줄에서 여러 개의 변수를 선언할 수도 있다. 또 scanf("%d %d", &x, &y)와 같이 한 문장에서 여러 개의 값을 입력받는 것도 가능하다.

calculations.c

```c
#define _CRT_SECURE_NO_WARNINGS
#include <stdio.h>

int main(void)
{
    int x, y;                          // 한 줄에서 여러 개의 변수를 선언할 수도 있다.

    printf("정수 2개를 입력하시오:");    // 입력 안내 메시지 출력
    scanf("%d %d", &x, &y);            // 여러 개의 정수를 받을 수도 있다.

    printf("%d + %d = %d \n", x, y, x + y);    // 덧셈의 값을 출력한다.
    printf("%d - %d = %d \n", x, y, x - y);    // 뺄셈의 값을 출력한다.
    printf("%d * %d = %d \n", x, y, x * y);    // 곱셈의 값을 출력한다.
    printf("%d / %d = %d \n", x, y, x / y);    // 나눗셈의 값을 출력한다.

    return 0;
}
```

7. 오류 수정 및 디버깅

프로그램을 작성하는 과정에서는 많은 오류들이 발생할 수 있다. 오류가 없는 완벽한 프로그램을 만드는 것은 생각보다 아주 어렵다. 여러분들이 구입한 최신의 스마트폰들이 얼마나 많은 오류를 일으켰는지를 생각해보자.

오류를 발생하는 시간에 따라서 나누어보면 다음과 같다.

- 컴파일 시간 오류: 대부분 문법적인 오류
- 실행 시간 오류: 실행되는 도중에 발생하는 오류
- 논리 오류: 논리적으로 잘못되어서 결과가 의도했던 대로 나오지 않는 것

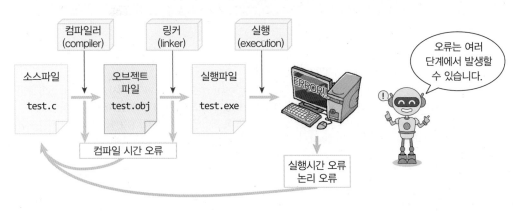

그림 2.15 오류의 종류

오류를 심각성의 정도에 따라서 나누어보면 다음과 같다. 경고의 경우, 수정하지 않아도 문제가 없는 경우가 종종 있지만, 가능하면 경고 메시지도 나타나지 않도록 프로그램을 작성하여야 한다.

- 에러(error): 컴파일, 링크나 실행이 불가능한 심각한 오류

- 경고(warning): 컴파일, 링크는 가능하고 실행도 가능하나 잠재적인 문제를 일으킬 수 있는 경미한 오류

하나의 예로 scanf()를 사용할 때, &x와 같이 변수의 주소를 보내지 않고, x와 같이 변수를 그냥 전달하였다고 하자. 비주얼 스튜디오 2022에서 상당히 자세한 오류와 경고를 보여준다.

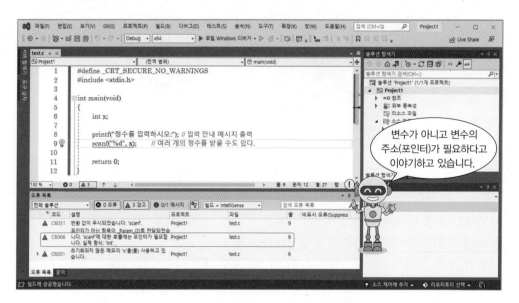

 Q s 경고 메시지를 무시하면 어떤 일이 발생하는가?

A 경고 메시지에 따라 어떤 것은 무시해도 좋은 것들도 있다. 그러나 대부분의 경우, 잘못된 부분이 있기 때문에 발생하는 것이다. 따라서 반드시 경고 메시지가 나오지 않도록 소스를 수정하는 것이 중요하다. 비주얼 스튜디오에서는 경고 메시지의 수준을 설정할 수 있도록 되어 있다. 초보자인 경우에는 경고 메시지의 수준을 낮추어 놓는 것도 좋은 방법이다. 수준을 낮추어 놓으면 아주 사소한 오류도 볼 수 있다.

 중간점검

1. 오류를 심각성의 정도에 따라 분류하여 보자.
2. 작성된 프로그램이 C언어의 문법을 지키지 않았다면 어떤 오류에 속하는가?
3. 작성된 프로그램이 컴파일은 되는데 실행하면 자꾸 비정상적으로 종료된다면 어떤 오류에 속하는가?

Lab 형식 지정자 사용하기

| 난이도 ★★   주제 형식 지정자 |

우리는 아직 본격적으로 자료형에 대하여 학습하지 않았다. 자료형은 3장에서 학습하게 된다. 이번 실습에서는 1개의 문자, 1개의 정수, 1개의 실수를 적절한 형식 지정자를 사용하여 출력해본다. 문자는 'A'와 같이 작은따옴표를 이용하여 표시한다.

> 실행
> 결과

```
A는 문자입니다.
123는 정수입니다.
3.141592는 실수입니다.
```

- -

format.c

```c
#define _CRT_SECURE_NO_WARNINGS
#include <stdio.h>

int main(void)
{
        printf("%c는 문자입니다. \n", 'A');
        printf("%d는 정수입니다. \n", 123);
        printf("%f는 실수입니다. \n", 3.141592);
        return 0;
}
```

 도전문제

1. 3.1415929999를 %f로 출력하면 어떤 값이 나오는가?
   printf("%f는 실수입니다. \n", 3.141592999); // 어떤 값이 출력되는가?
2. 3.141592를 소수점 2번째 자리까지만 출력하여 보자.
3. 3.141592를 %d로 출력하면 어떻게 되는가?
4. 123을 %f로 출력하면 어떻게 되는가?

Lab 체크 디지트

| 난이도 ★★   주제 변수 사용, 정수값 입력 |

체크 디지트(Check Digit)는 일련번호 또는 숫자의 오류 검출과 인증을 위해 사용되는 추가적인 한 자리 숫자이다. 예를 들어, 신용카드 번호에는 체크 디지트가 포함되어 있어, 사용자가 카드 번호를 입력할 때, 체크 디지트를 이용하여 정확한 카드 번호를 입력했는지 확인한다. 가장 간단한 방법은 자리수를 모두 합한 후에 10으로 나눈 나머지를 사용하는 것이다. 예를 들어, 12345이면 (1+2+3+4+5)=15를 10으로 나눈 나머지 5를 체크 디지트로 사용하는 것이다. 나머지 연산자는 % 연산자로 계산한다. 각 자릿수는 공백으로 분리되어서 주어진다고 가정하자. 체크 디지트를 계산하여 출력하는 프로그램을 작성한다.

실행 결과

```
식별 번호를 입력하시오: 1 2 3 4 5
체크 디지트는 5입니다.
```

checkdigit.c

```c
#include <stdio.h>

int main(void)
{
        int n1, n2, n3, n4, n5;
        int sum;

        printf("식별 번호를 입력하세요: ");
        scanf("%d%d%d%d%d", &n1, &n2, &n3, &n4, &n5);
        sum = n1 + n2 + n3 + n4 + n5;

        int check_digit = sum % 10;
        printf("체크 디지트는 %d입니다.", check_digit);

        return 0;
}
```

 도전문제

1. 체크 디지트를 마지막 자리수로 출력해보자.

| 난이도 ★★ 주제 변수 사용, 입력, 출력 |

월급을 받은 후에 각 지출 항목을 입력해보고, 한 달에 얼마나 저축할 수 있는지를 계산하는 프로그램을 작성해보자.

```
월급을 입력하시오: 3000000
한 달에 며칠이나 출근하나요(일): 20
하루 교통비를 입력하시오: 12000
하루 식비를 입력하시오: 20000
하루 용돈을 입력하시오: 50000

저축액: 1360000
```

사용자로부터 월급을 입력받아서 변수에 저장한다. 하루에 필요한 교통비와 식비, 용돈도 물어본다. 남은 월급은 다음과 같이 계산한다.

저축액 = 월급 − 교통비×출근 일수 − 식비×출근 일수 − 하루 용돈×출근 일수

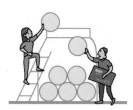

도전문제

1. 수식을 다음과 같이 변경하여 프로그래밍해보자.

저축액 = 월급 − (교통비 + 식비 + 하루 용돈) × 출근 일수

2. 교통비, 식비, 하루 용돈을 한 줄에서 전부 입력받을 수 있을까?

1 보기에 있는 문장들을 올바르게 배치하여서 아래와 같은 출력을 생성하는 프로그램을 작성하시오.

 실행 결과

안녕하세요?
인사드립니다.

보기

```
{
return 0;
printf("인사드립니다. \n");
#include <stdio.h>
int main(void)
printf("안녕하세요? \n");
}
```

2 다음 문장이 콘솔 윈도우에 출력하는 것은 무엇인가?

```
printf("%d * %d = %d \n", 2, 3, 2*3);
```

3 다음 프로그램의 실행 결과를 예측하시오.

```
#include <stdio.h>

int main(void)
{
    int x;
    int y;
    int result;

    x = 3;
    y = 2;
    result = x * y;
    printf("%d \n", result);

    return 0;
}
```

4 3번 문제의 프로그램에 과도하게 주석을 달아보자. /*...*/ 형식과 // 형식을 모두 사용한
다. 주석 처리 후에 오류 없이 컴파일되는지 확인하자.

5 사용자가 10.0을 입력하였을 때, 다음 프로그램의 실행 결과를 예측하시오.

```c
#include <stdio.h>

int main(void)
{
        float radius, area;

        printf("반지름을 입력하세요: ");
        scanf("%f", &radius);

        area = 3.14 * radius * radius;
        printf("원의 면적: %.2f\n", area);

        return 0;
}
```

Programming

| 난이도 ★   주제 printf() 함수 이해 |

1 다음과 같이 출력하는 프로그램을 작성해보자.

```
#     #
#     #
#     #
#######
#     #
#     #
```

| 난이도 ★   주제 printf() 함수 이해 |

2 다음과 같이 사용자로부터 상품의 가격과 개수를 받아서 총 가격을 출력하는 프로그램을 작성하라. 제품의 가격은 price라는 변수에 저장되어 있다고 가정한다.

```
상품 가격을 입력하시오(원): 10000
개수를 입력하시오: 3
총 가격은 30000원입니다.
```

HINT int price; 문장으로 price 변수를 선언한다.

| 난이도 ★   주제 printf() 함수 이해 |

3 사용자의 나이를 받아서 다음과 같이 출력한다. 나이는 변수 age에 저장한다.

```
나이를 입력하시오: 20
내년이면 21살이 되시는군요.
```

HINT printf() 함수를 사용하여 문자열과 (age+1)을 함께 출력한다.

| 난이도 ★   주제 scanf() 함수 이해 |

4 사용자로부터 세 개의 정수를 입력받은 후, 평균값을 계산하여 화면에 출력하는 프로그램을 작성하라.

```
정수를 입력하시오: 10
정수를 입력하시오: 20
정수를 입력하시오: 30

평균은 20입니다.
```

HINT scanf("%d", &x);와 같은 문장으로 정수를 입력받을 수 있다.

5 사용자로부터 정수 3개를 입력받는다. 첫 번째와 두 번째 정수를 합한 후에 이 값을 세번째 정수로 나누어서 결과를 출력하라. 정수 변수만 사용한다.

> 정수 3개를 입력하세요: 2 3 4
> 첫 번째와 두 번째 정수를 합한 후 세 번째 정수로 나눈 결과: 1

CHAPTER

자료형

1. 이번 장에서 만들어 볼 프로그램

자료형(data type)이란 변수가 가질 수 있는 값들의 종류이다. C언어는 엄격한 자료형으로 유명하다. 자료형을 구별하는 것은 귀찮은 작업일 수 있지만, 이러한 특징 때문에 C언어로 작성된 프로그램의 실행 속도는 빠르다.

(1) 정수형에 속하는 자료형들에 대하여 그 크기를 살펴보고, 8진수, 16진수로 출력하는 방법을 살펴보자.

```
정수형 int의 크기는 4입니다.
정수형 long의 크기는 4입니다.
정수형 long long의 크기는 8입니다.

정수를 입력하시오(10진수): 120
120은 10진수로 120, 8진수로 0170, 16진수로 0x78입니다.

정수를 입력하시오(16진수): FF
255은 10진수로 255, 8진수로 0377, 16진수로 0xff입니다.
```

(2) 어떤 투수가 160km/s에 달하는 강속구를 던졌다. 이 공이 홈플레이트에 도달하려면 시간이 얼마나 걸릴까? 홈플레이트는 투수로부터 18.4m 떨어져 있다.

```
강속구가 홈플레이트에 도달하는 데 걸리는 시간: 0.414000초
```

2. 자료형

자료형이란?

자료형(data type)이란 "데이터의 종류"라는 의미이다. 데이터 타입이라고도 한다. C언어에서는 변수를 선언할 때, 반드시 자료형을 명확하게 적어 주어야 한다. 이 점은 변수의 자료형을 적어 주지 않아도 되는 파이썬과는 아주 다르다. C 프로그램에서는 변수가 저장할 숫자의 타입을 컴퓨터에 알려줄 필요가 있다. 단순히 0에서 100까지만 저장하면 되는지, 아주 큰 정수가 필요한지를 알려주어야 한다.

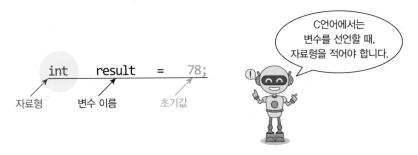

변수에 저장되는 값에는 어떤 종류가 있을까? 컴퓨터에서 처리되는 기초적인 값에는 정수형, 부동소수점형, 문자형이 있다. 정수형으로 선언된 변수는 정수만을 저장할 수 있다. 부동소수점형은 실수만을 저장할 수 있다. 하지만 부동소수점형 변수에 정수를 저장할 수는 없다. 문자형은 하나의 문자만을 저장할 수 있다.

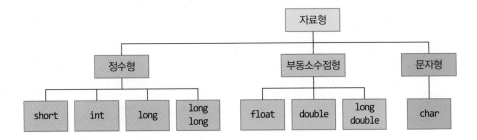

각 자료형은 정해진 비트 개수를 가지고 있다. 비트 개수에 따라서 나타낼 수 있는 수의 범위가 달라진다. 많이 사용되는 자료형이 나타낼 수 있는 범위는 [표 3.1]과 같다. 이것은 컴퓨터 기종에 따라서 달라질 수 있다.

표 3.1 기본 자료형

지료형	키워드	비트 수	범위
정수형	short	16	−32768 ~ 32767
	int	32(CPU에 따라 달라질 수 있음)	−2,147,483,648 ~ 2,147,483,647
	long	32	−2,147,483,648 ~ 2,147,483,647
	long long	64	−9,223,372,036,854,775,807 ~ 9,223,372,036,854,775,807
문자형	char	8	−128 ~ +127
부동소수점형	float	32	1.2E−38 ~ 3.4E+38 (유효 숫자 7자리 정도)
	double long double	64	2.3E−308 ~ 1.7E+308 (유효 숫자 15자리 정도)

자료형의 크기

자료형의 크기를 알아보려면 sizeof 연산자를 사용하면 된다. sizeof는 변수나 자료형의 크기를 바이트 단위로 반환한다.

```c
int x;
printf("변수 x의 크기: %d\n", sizeof(x));      // 변수 x의 크기: 4
printf("char형의 크기: %d\n", sizeof(char));    // char형의 크기: 1
printf("int형의 크기: %d\n", sizeof(int));      // int형의 크기: 4
```

자료형을 사용해보자

다양한 자료형의 변수를 선언해보자.

```c
char c;                                 // 문자형 변수 c 선언
int i;                                  // 정수형 변수 i 선언
double interest_rate;                   // 부동소수점형 변수 interest_rate 선언
```

자료형에 따라서 상자의 크기가 달라집니다.

문자형 변수 c에는 하나의 문자를 저장할 수 있다. 정수형 변수 i에는 정수를 저장할 수 있다. 부동소수점형 변수인 interest_rate에는 실수를 저장할 수 있다. 위의 변수에 값을 저장하여 보자.

```
c = 'a';                // 문자 a를 저장
i = 7;                  // 정수 7을 저장
interest_rate = 0.05;   // 실수 0.05를 저장
```

문자는 'a'와 같이 작은따옴표로 나타낸다. 그냥 a라고 하면 컴파일러는 a를 변수 이름으로 생각한다. 문자 a를 나타내려면 반드시 'a'와 같이 작은따옴표로 감싸야 한다.

다양한 자료형을 사용하는 이유

왜 귀찮게 변수를 선언할 때 자료형을 지정하는 것일까? 왜 이렇게 많은 자료형을 사용할까? 예를 들어서 사용자가 주문한 상품을 상자에 넣어서 인터넷으로 판매하는 회사를 생각해보자. 물건의 크기에 따라 다양한 크기의 상자를 사용하는 것이 바람직할 것이다. 만약 작은 물건을 큰 상자에 넣는다면 낭비가 될 것이고 큰 물건을 작은 상자에 넣으려고 하면 물건이 들어가지 않을 것이다. 변수도 저장하는 값의 종류에 따라 여러 가지 유형을 사용하면 메모리를 절약하고 속도를 빠르게 할 수 있다.

그림 3.1 변수와 데이터의 크기 관계는 상자와 물건의 관계와 유사하다

C언어는 프로그래머에게 많은 권한을 준다. 따라서 프로그래머는 올바른 결정을 내리는 것이 중요하다. 변수의 자료형을 결정하는 것도 중요한 작업 중의 하나이다. 일반적으로 작업에 필요한 최소 크기의 변수를 선택하는 것이 좋다. 예를 들어서 어떤 변수가 정수 1부터 10까지만 변

경된다면 long이나 double이 필요하지 않다. 또 음수 값을 갖지 않을 것이라는 것을 알고 있다면 unsigned 자료형을 선택하는 것이 좋다. 자료형은 선택하는 것은 어떻게 보면 약간 귀찮은 작업이지만, 이것 때문에 C는 매우 가볍고 효율적인 코드를 생성할 수 있다.

참고

일부 프로그래밍 언어(파이썬이나 자바스크립트)에서는 하나의 변수에 모든 타입의 값을 저장할 수도 있다. 하나의 변수에 모든 종류의 값을 저장하려면 필수적으로 객체 개념을 사용하여야 한다. 입문자들에게는 친절하고 편리한 방법이지만, 오류가 발생하기 쉽고 비효율적인 방법이기도 하다. 뭐든 장단점이 있다.

상수

우리는 지금까지 변수에 대해서만 이야기하였다. 하지만 프로그램을 작성하려면 고정된 값도 필요하다. 예를 들어서 사용자로부터 반지름을 받아서 원의 면적을 계산하기 위하여 다음과 같은 문장을 작성하였다고 하자.

```
area = 3.14 * radius * radius;
```

area, radius는 변수이다. 3.14는 어디서 오는 것일까? 3.14는 실행 중에 사용자가 입력하는 값도 아니다. 따라서 3.14도 메모리에 저장되어 있어야 한다. 3.14와 같이 실행 중에 변경되지 않는 값을 **상수**(constant)라고 한다.

그림 3.2 변수와 상수

프로그램에서 값을 저장하는 공간은 변수와 상수로 나눌 수 있다. **변수**(variable)는 한 번 값이 저장되었어도 언제든지 다시 다른 값으로 변경이 가능하다. 반면에 한 번 정해지면 변경할 필요가 없는 값들도 있다. 이런 값들을 **상수**(constant)라고 한다. 상수도 자료형을 가지고 있다. 변수와 아주 흡사하며 다른 점은 실행 도중에 값이 변경되지 않는다는 점뿐이다. 자, 이제부터 각각의 자료형에 대하여 상세히 살펴보자.

3. 정수형

정수형은 가장 기본적인 자료형으로 정수를 저장할 수 있다. 정수형에는 다음과 같은 자료형이 있다.

short	int	long	long long
16비트(2바이트)	32비트(4바이트)	32비트(4바이트)	64비트(8바이트)

정수형 변수는 수학에서처럼 −∞에서 +∞까지 표현하지 못한다. 비트의 개수 때문에 표현하는 수의 범위에 제한이 있다. short형은 정수를 16비트로 저장한다. int형과 long형은 32비트이다. long long형은 최근에 추가된 자료형으로 64비트를 사용하여 정수를 저장한다.

정수형 변수를 정의하여 보면 다음과 같다.

```
short grade;            // short형의 변수를 생성한다.
int count;              // int형의 변수를 생성한다.
long price;             // long형의 변수를 생성한다.
long long distance;     // long long형의 변수를 생성한다.
```

short형이 표현할 수 있는 정수의 범위는 어떻게 계산할 수 있을까? short형은 총 16비트로 값을 표현한다. 각 비트마다 0 또는 1이 올 수 있으므로 총 $2×2×2×...×2=2^{16}$가지의 숫자를 표현할 수 있다. 첫 비트는 부호를 나타낸다. 따라서 한 비트는 제외되어야 하고, −32,768에서 +32,767까지의 정수를 표현할 수 있다.

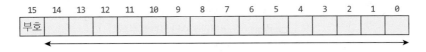

int형과 long형은 약 −21억에서 +21억까지의 정수를 표현할 수 있다. long long형은 64비트를 사용하므로 상당히 큰 정수(9,223,372,036,854,775,807)를 표현할 수 있다.

참고: 비트와 바이트

컴퓨터에서 사용하는 정보의 최소단위를 비트(bit)라고 한다. 컴퓨터에서는 이진수를 사용하고 비트는 이진수의 하나의 자릿수가 되며, 0이거나 1일 수 있다. 8개의 비트가 모인 것이 바이트(byte)이다. 비트는 전자 스위치로 아주 간단하게 구현할 수 있다. 전기가 흐르면 1(on)이라고 생각하고 전기가 흐르지 않으면 0(off)으로 생각하면 되는 것이다.

참고

현재 자기가 사용하는 자료형이 나타낼 수 있는 범위가 얼마인지를 알고 싶으면 `limits.h` 헤더 파일을 참고하면 된다. 여기에는 각 자료형의 최댓값과 최솟값을 기호 상수로 정의해 놓았다. 예를 들어서 `int`형의 최댓값은 `INT_MAX`로, 최소값은 `INT_MIN`으로 알 수 있다.

 Q 그렇다면 다양한 정수 타입 중에서 어떤 정수 타입을 사용하여야 하는가?

A 만약 상당히 큰 값(32,767 이상 또는 -32,767 이하)들을 필요로 한다면 `long`형을 사용하는 것이 좋다. 만약 기억 공간을 줄여야 한다면 `short`형을 사용하는 편이 유리하다. 일반적인 경우에는 `int`형을 사용한다. 만약 음수를 사용하지 않는다면 `unsigned`형을 사용하는 편이 좋다.

unsigned 수식자

unsigned는 변수가 음수가 아닌 값만을 나타낸다는 것을 의미한다. 음수가 제외되면 같은 비트로 더 넓은 범위의 양수를 나타낼 수 있다는 장점이 있다. 예를 들어, 원래의 short형은 -32,768에서 +32,767까지의 정수만을 표현할 수 있었지만, unsigned short형은 0에서 65,535까지의 정수를 나타낼 수 있다.

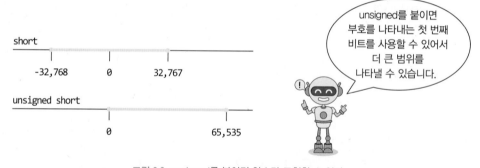

그림 3.3 unsigned를 붙이면 양수만 표현할 수 있다

다음 몇 가지의 예를 보자.

```
unsigned int speed;     // 부호 없는 int형 변수 speed
unsigned speed;         // int를 생략하여도 된다.
```

 참고

unsigned라고 쓰면 unsigned int형을 의미한다. 또한 short형은 short int라고 쓸 수도 있다. 마찬가지로 long형은 long int라고 쓸 수도 있다.

오버플로우

정수형 변수가 나타낼 수 있는 정수의 범위가 제한되어 있으므로 조심해야 할 사항이 있다. 즉 정수형 변수를 이용하여 산술 연산을 하는 경우, 산술 연산의 결과가 해당 자료형이 나타낼 수 있는 범위를 넘어갈 수도 있다. 예를 들어서 다음과 같은 코드를 살펴보자.

overflow.c

```c
#include <stdio.h>

int main(void)
{
    short s_money = 32767;      // 최댓값으로 초기화한다.

    s_money = s_money + 1;
    printf("s_money = %d\n", s_money);

    return 0;
}
```

> 최댓값에 1을 더하면 음수가 됩니다.

실행결과
```
s_money = -32768
```

short형 변수의 최댓값인 +32,767에 1을 더하면 어떻게 될까? 이 경우에는 32,767에서 갑자기 −32,768이 된다. 이런 경우를 오버플로우(overflow)라고 하며, 변수가 나타낼 수 있는 범위를 넘는 숫자를 저장하려고 할 때 발생한다.

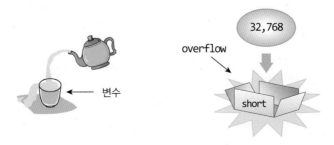

그림 3.4 오버플로우는 변수가 저장할 수 있는 범위를 넘어서는 수를 저장했을 경우에 발생한다

변수의 값이 변수가 저장할 수 있는 한계를 벗어나면 자동차의 주행 거리계처럼 다시 처음으로 돌아가서 시작한다.

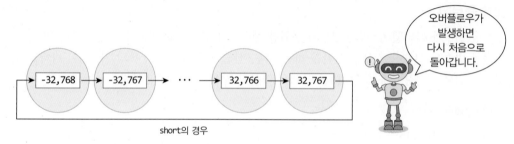

그림 3.5 오버플로우가 발생하면 수도계량기나 자동차의 주행거리계처럼 처음으로 되돌아간다. short형의 경우, 음수부터 시작하므로 음수로 되돌아간다

오버플로우가 발생하더라도 컴파일러는 아무런 경고를 하지 않는다. 따라서 프로그래머가 오버플로우가 일어나지 않도록 주의하여야 한다.

음수는 어떻게 표현될까?

컴퓨터에서는 숫자를 2진수로 표현하며, 양의 정수는 10진수를 2진수로 변환하여 표시하면 된다. 음수는 컴퓨터 내부에서 어떻게 표현될까? 양수 7을 8비트로 표현해보면 00000111이 된다. 음수 −7은 첫 번째 비트(부호 비트)만 0을 1로 바꾸어서 10000111로 표시하는 것일까? 이 방법의 가장 큰 단점은 7 + (−7)을 하면 0이 나와야 하지만, 단순한 이진수 덧셈으로는 이상한 결과가 나온다는 점이다. 또 2개의 0인 +0(00000000)과 −0(10000000)이 생긴다.

컴퓨터에서는 음수를 쉽게 처리하기 위하여 음수를 2의 보수로 나타낸다. 2의 보수는 해당 정수의 1의 보수에 1을 더한 값으로 구할 수 있다. 예를 들어, 8비트 이진수에서 −7을 2의 보수로 나타내는 절차는 다음과 같다.

| 00000111 | ① 먼저, −7의 절댓값인 7을 이진수로 나타낸다. |

| 11111000 | ② 1의 보수를 구한다. 1의 보수는 이진수의 각 비트를 반전시키는 것이다. |

| 11111000 +1 11111001 | ③ 1의 보수에 1을 더한다. |

음수를 2의 보수로 나타내면, 뺄셈 연산 (7−7)을 덧셈 연산 (7+(−7))로 대체할 수 있기 때문에, 하드웨어 회로를 단순화시킬 수 있다.

```
   00000111(+7)
 + 11111001(-7)
1  00000000(0)
```

말풍선: 최상위 비트에서 올라오는 캐리 비트만 무시하면 됩니다.

또 1의 보수에서의 문제였던 양의 0(00000000)과 음의 0(10000000)이 발생하지 않는다. 결론적으로 음의 정수를 2의 보수로 나타내는 방식은 컴퓨터에서 정수를 다루는 데 있어서 효율적이고 중요한 방법이다.

정수형 상수

정수 상수는 12나 100과 같이 프로그램 안에 직접 입력하면 된다. 정수 상수는 기본적으로 int형으로 간주된다. 만약 상수의 자료형을 프로그래머가 지정하고 싶은 경우는 접미사를 붙인다. 123L처럼 정수 상수 뒤에 접미사로 L을 붙이면 123이라는 상수를 long형(32비트)으로 간주한다. U를 붙이면 unsigned형이 된다.

표 3.2 정수 상수

접미사	자료형	예
u 또는 U	unsigned int	123u 또는 123U
l 또는 L	long	123l 또는 123L
ul 또는 UL	unsigned long	123ul 또는 123UL

정수 상수는 10진법뿐만 아니라 8진법이나 16진법으로도 표기가 가능하다. 정수 상수를 8진법으로 표기하려면 앞에 0을 붙이면 된다. 16진법으로 정수 상수를 표기하려면 앞에 0x를 붙이면 된다. 16진법은 0에서 9까지 10개의 숫자와 A, B, C, D, E, F까지의 문자를 추가하여 수를 표현하는 방법이다. 예를 들어서 41719를 16진수로 나타내면 0xA2F7이 된다.

$$0xA2F7_{16} = 10 \times 16^3 + 2 \times 16^2 + 15 \times 16^1 + 7 \times 16^0 = 41719_{10}$$

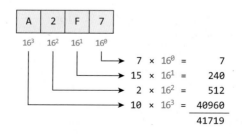

정수를 나타내는 데 A나 B와 같은 문자를 사용하는 것이 처음에는 생소해 보일 것이다. 하지만 하드웨어와 관련하여 비트 조작을 할 때는 10진법보다 16진법이 훨씬 사용하기가 편리하다. 2진수와 16진수는 상당한 관련이 있다. 16진수에서 하나의 자릿수는 4비트에 해당한다. 따라서 0과 1로 되어 있는 데이터를 16진수로 표기하게 되면 알아보기가 쉽다. 여러분도 조금만 연습하면 16진수를 보고 해당하는 비트 패턴을 알 수 있다.

```
0x0f(16진수) <-> 0000 1111(2진수)
```

다음 프로그램은 정수 상수 128을 10진수, 16진수, 8진수로 출력해본 것이다.

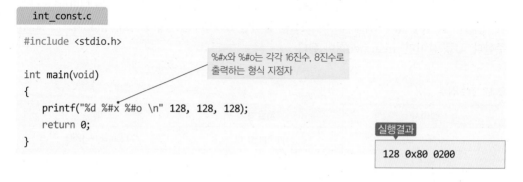

int_const.c

```
#include <stdio.h>

int main(void)
{
    printf("%d %#x %#o \n" 128, 128, 128);
    return 0;
}
```

%#x와 %#o는 각각 16진수, 8진수로 출력하는 형식 지정자

실행결과
```
128 0x80 0200
```

정수형의 값을 출력하거나 입력하려면 형식 지정자로 "%d"를 사용한다. 만약 8진수나 16진수로 정수를 출력하려면 형식 지정자 "%#o"와 "%#x"를 사용한다.

기호 상수(#define 이용)

보통의 상수에는 변수와는 달리 이름이 없다. 이름 없는 상수는 **리터럴 상수**(literal)라고 한다. 그러나 상수에도 이름을 붙일 수 있는 방법이 있다. **기호 상수**(symbolic constant)는 상수를 기호로 표현한 것이다. 예를 들어서 달러 환율 1120을 기호 상수 EXCHANGE_RATE 로 표현해보자.

```
#define    EXCHANGE_RATE    1120
```

보통 #define 문장은 프로그램의 맨 첫 부분에 모여 있다. #define이 들어가는 문장은 전처리기(preprocessor)가 처리한다. 전처리기는 코드에서 EXCHANGE_RATE를 전부 찾아서 1120으로 바꾼다.

기호 상수는 상수 값을 그대로 쓰는 방법(이것을 리터럴 상수라고 한다)에 비하여 몇 가지의 장점을 지닌다. 첫 번째 장점은 기호 상수를 사용하면 프로그램을 읽기가 쉬워진다는 것이다. 아래의 문장 (1)에서는 1120이 무엇을 의미하는지 쉽게 알 수 없다. 그러나 문장 (2)에서는 1120이 환율이라는 것을 쉽게 알 수 있다.

```
won = 1120 * dollar;              // (1) 실제의 값을 사용
won = EXCHANGE_RATE * dollar;     // (2) 기호 상수 사용
```

기호 상수의 두 번째 장점은 프로그램이 동일한 상수를 여러 곳에서 사용하고 있는 경우에, 값을 쉽게 변경할 수 있다는 것이다. 위의 예에서 환율이 1050으로 변경되었다고 가정하자. 만약 숫자를 사용했다면 프로그램에서 그 숫자가 사용된 모든 곳을 찾아서 값을 변경하여야 한다. 그러나 기호 상수를 사용했다면 기호 상수의 정의만 변경하면 된다.

리터럴 상수를 사용하는 경우:
등장하는 모든 곳을 수정하여야 한다.

기호 상수를 사용하는 경우:
기호 상수가 정의된 곳만 수정하면 된다.

그림 3.6 리터럴 상수와 기호 상수의 비교

기호 상수(const 이용)

기호 상수를 만드는 또 하나의 방법이 있다. 변수 선언 앞에 const를 붙이면 상수가 된다. const는 "constant"의 약자로서, 변수의 값이 변경되지 않는다는 의미이다.

```
const int EXCHANGE_RATE = 1120;
```

위의 코드에서 EXCHANGE_RATE는 상수로서 1120을 나타낸다. const로 선언된 변수는 딱한 번만 값을 지정할 수 있다.

입출력 형식 지정자

printf() 함수나 scanf() 함수에서 정수형을 입출력하는 형식 지정자는 다음과 같다.

자료형	형식 지정자	설명
short	%hi	입력할 때는 %hi를 사용하는 것이 좋다. 출력 시에는 %d도 가능하다.
int	%d	
long	%ld	
long long	%lld	특히, 입력할 때는 반드시 %lld를 사용하여야 한다. 출력 시에도 %lld를 사용하여야 한다.

중간점검

1. 정수형에 속하는 자료형을 모두 열거하라.
2. 숫자값을 직접 사용하는 것보다 기호 상수를 사용하는 것의 이점은 무엇인가?
3. 왜 정수를 하나의 타입으로 하지 않고 short, int, long 등의 여러 가지 타입으로 복잡하게 분류하여 사용하는가?
4. 변수가 저장할 수 있는 한계를 넘어서는 값을 저장하면 어떻게 되는가? 구체적인 예로 short형의 변수에 32768을 저장하면 어떻게 되는가?

Lab 정수형 입출력하기

| 난이도 ★★   주제 sizeof() 연산자, 정수형 |

정수형에 속하는 자료형들에 대하여 그 크기를 살펴보고, 8진수, 16진수로 출력하는 방법을 살펴보자.

```
정수형 int의 크기는 4입니다.
정수형 long의 크기는 4입니다.
정수형 long long의 크기는 8입니다.

정수를 입력하시오(10진수): 120
120은 10진수로 120, 8진수로 0170, 16진수로 0x78입니다.

정수를 입력하시오(16진수): FF
255은 10진수로 255, 8진수로 0377, 16진수로 0xff입니다.
```

inttest.c

```c
#define _CRT_SECURE_NO_WARNINGS
#include <stdio.h>

int main(void)
{
        int value;

        printf("정수형 int의 크기는 %zu입니다.\n", sizeof(int));
        printf("정수형 long의 크기는 %zu입니다.\n", sizeof(long));
        printf("정수형 long long의 크기는 %zu입니다.\n", sizeof(long long));

        printf("\n정수를 입력하시오(10진수): ");
        scanf("%d", &value);
        printf("%d은 10진수로 %d, 8진수로 %#o, 16진수로 %#x입니다.\n", value, value, value, value);
        printf("\n정수를 입력하시오(16진수): ");
        scanf("%x", &value);
        printf("%d은 10진수로 %d, 8진수로 %#o, 16진수로 %#x입니다.\n", value, value, value, value);

        return 0;
}
```

%zu는 C99 표준에 도입된 형식 지정자로 size_t 형식을 출력할 때 사용한다. sizeof 연산자가 반환하는 값의 자료형이 size_t이다. 형식 지정자 앞에 #이 붙으면 8진수인 경우에는 앞에 0을 출력하고 16진수인 경우에는 앞에 0x를 출력한다.

| 난이도 ★★   주제 16진수 |

아두이노와 같은 하드웨어 제어 프로그램에서 8개의 핀에 LED들이 연결되어 있고 이들 8개의 LED들은 8개의 비트로 제어한다고 가정하자. 특정 비트에 1을 넣어주면 해당되는 LED가 빛난다고 가정하자. 예를 들어서 첫 번째 LED를 빛나게 하려면 다음과 같은 비트 패턴을 16진수로 하드웨어에 쓰면 된다.

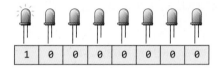

위와 같은 비트 패턴을 16진수로 만들어 보자. 어떻게 하면 되는가?

1번 핀에 연결된 LED만 켜고 나머지 LED들은 끄려고 할 때는 다음과 같은 비트를 출력포트에 써야 한다.

```
ioport = 0x80;
```

16진수로 변경하려면 이진수를 4비트씩 잘라서 0~F까지의 문자로 바꾸면 된다. 1000은 '8'이 되고 0000은 '0'이 된다. 따라서 위의 비트 패턴은 16진수 0x80에 해당한다. C언어에서는 16진수를 나타낼 때 앞에 0x를 붙인다.

 도전문제

1. 마지막 LED만 빛나게 하려면 어떤 값을 **ioport**에 써야 하는가?

4. 부동소수점형

실수는 123.456과 같이 소수점을 가진 수이다. 실수는 매우 큰 수나 매우 작은 수를 다루는 자연과학이나 공학 분야의 프로그램을 작성할 때는 없어서는 안 될 중요한 요소이다. C에서는 부동소수점 방식으로 실수를 표현한다. 부동소수점은 소수점의 위치가 고정되어 있지 않으며, 가수와 지수를 사용하여 실수를 표현한다. 가수는 유효숫자를 나타내며, 지수는 소수점의 위치를 나타낸다.

C에서는 float, double, long double의 3가지의 부동소수점 자료형이 있다. PC에서 double 과 long double은 같다.

그림 3.7 C에서는 float, double, long double형과 같은 부동소수점형을 이용하여 실수를 표현한다

주어진 비트 안에서 지수와 가수를 어떻게 표현하느냐에 대한 여러 가지 규격이 있다. C언어의 부동소수점은 국제적인 표준인 IEEE 754 규격을 사용한다. 예를 들어서 float형은 다음과 같은 IEEE 754 Single-Precision 규격을 사용한다.

double은 다음과 같은 IEEE 754 Double-Precision 규격을 사용한다.

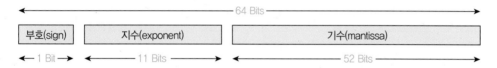

float는 약 6개의 유효 숫자, double은 약 16개의 유효 숫자를 가질 수 있다. 부동소수점형은 비트의 개수가 제한되어 있으므로 정확하게 값을 저장하기가 어려운 경우가 있다.

표 3.3 부동소수점 자료형

자료형	명칭	크기	유효 숫자	범위
float	단일 정밀도 (single-precision)	32비트	6자리	$\pm1.17549\times10^{-38} \sim \pm3.40282\times10^{+38}$
double long double	두 배 정밀도 (double-precision)	64비트	16자리	$\pm2.22507\times10^{-308} \sim \pm1.79769\times10^{+308}$

참고

유효 숫자란 믿을 수 있는 의미 있는 숫자를 말한다. 예를 들어서 2,696을 십의 자리에서 반올림하면 2,700이다. 여기서 2와 7은 의미 있는 숫자이다. 반면에 뒤에 붙은 00은 단순히 자릿수를 나타내는 데 사용된다. 유효 숫자의 개수는 소수점의 위치와는 상관이 없다. 2700을 2.7e3이라고 표현해도 유효 숫자는 역시 2개이다.

참고

부동소수점형은 소수점의 위치가 떠서 움직인다는 의미에서 부동소수점수라고 한다.

부동소수점형 상수

부동소수점형 상수를 표기하는 방법에는 두 가지가 있다. 하나는 소수점 표기법으로 12345.6과 같이 우리에게 친근한 소수점을 이용하여 표현하는 방법이다. 두 번째 방법은 지수 표기법으로 지수를 이용하여 표기하는 방법이다. 즉 12345.6은 1.23456×10^4으로 표기가 가능하고 이것을 C에서는 1.23456e4로 표기한다. 지수 부분은 E나 e를 사용하여 표시한다.

표 3.4 실수 상수의 표기법 비교

소수점 표기법	지수 표기법	의미
123.45	1.2345e2	1.2345×10^2
12345.6	1.23456e4	1.23456×10^4
0.000023	2.3e-5	$2.3e\times10^{-5}$
2000000000	2.0e9	2.0×10^9

여기서 주의할 점은 정수라고 하더라도 2.0처럼 뒤에 소수점을 붙이면 이것은 부동소수점형 상수로서 간주되어 double형이 된다는 점이다. 지수 표기법은 주로 매우 큰 수나 작은 수를 표기하는 데 유용하다.

부동소수점형 상수는 기본적으로 double형으로 간주된다. 만약 double형이 아니고 float형 상수를 만들려면 상수 끝에 f나 F를 붙여주면 된다.

```
3.141592F
```

다음은 유효한 부동소수점형 상수의 예이다.

```
1.          // 소수점만 붙여도 된다.
.28         // 정수부가 없어도 된다.
9.26E3      // 9.26×10³
0.67e-7     // 0.67×10⁻⁷
```

형식 지정자

float형의 값을 출력하거나 입력하려면 형식 지정자로 "%f"를 사용한다. double형의 값을 입출력하려면 "%lf"를 사용한다. 특히 double형의 값을 입력받을 때 "%lf"를 사용하지 않으면 값이 이상하게 저장된다.

```
double radius;
printf("반지름 값을 입력하시오: ");
scanf("%lf", &radius);      // 반드시 "%lf"를 사용하여야 한다.
```

출력할 때 소수점 이하 자릿수를 지정할 수도 있다. 예를 들어서 소수점 2자리까지만 출력하려면 다음과 같은 문장을 사용한다.

```
printf("%.2lf", result);
```

예제 #1

다음의 예제는 유효 숫자 개념을 알아보기 위하여 float형 변수와 double형 변수에 1234567890.12345678901234567890을 대입하여 본다.

floating.c

```
#includ <stdio.h>

int main(void)
{

    float fvalue = 1234567890.12345678901234567890;
    double dvalue = 1234567890.12345678901234567890;
    printf("float형 변수=%.25f\n", fvalue);
    printf("double형 변수=%.25lf\n", dvalue);

    return 0;
}
```

float형은 6개 정도의 유효 숫자를 가질 수 있으므로 8번째 자릿수부터는 정확한 값이 나오지 않는다. 반면에 double형은 15자리 정도의 유효숫자를 가짐을 확인할 수 있다. 형식 지정자 % 앞에 붙은 .25는 소수 부분을 25자리로 출력하라는 의미이다.

실행결과
```
float형 변수=1234567936.0000000000000000000000000
double형 변수=1234567890.1234567165374755859375000
```

참고

부동소수점형의 한계를 알려주는 헤더 파일이 존재한다. 헤더 파일 float.h에 있는 FLT_MIN과 FLT_MAX는 float로 나타낼 수 있는 가장 작은 값과 가장 큰 값을 의미한다. 비슷하게 double형에 대해서도 DBL_MIN과 DBL_MAX가 정의되어 있다.

Q float같은 실수를 int 같은 정수에 넣을 경우, 어떤 일이 발생하는가?

A 컴파일러는 이러한 경우에 경고를 한다. 실수 중에서 소수점 이하는 없어지고 정수 부분만 정수 변수에 대입된다. 12.7이라는 실수를 정수 변수에 대입하면 12만 남는다.

오버플로우와 언더플로우

오버플로우(overflow)는 변수에 대입된 수가 너무 커서 변수가 저장할 수 없는 상황을 의미한다. float형 변수는 약 1×10^{38} 이상을 넘는 수는 저장하지 못한다. 이보다 큰 값을 대입하면 오버플로우가 발생할 것이다. 언더플로우(underflow)는 오버플로우와 반대의 상황이다. 수가 너무 작아서 표현하기가 힘든 상황이 언더플로우이다. 이것을 다음의 프로그램으로 살펴보자.

over_under.c

```
#include <stdio.h>
int main(void)
{
    float x = 1e39;
    float y = 1.23456e-46;
```

```c
        printf("x=%e\n", x);
        printf("y=%e\n", y);
        return 0;
}
```

> 실수의 경우, 오버플로우가 발생하면 컴파일러는 해당 변수에 무한대를 의미하는 특별한 값을 대입하고 printf()는 이 값을 inf라고 출력한다.

실행결과
```
x=inf
y=0.000000e+00
```

출력

출력 보기 선택(S): 빌드

```
1>소스.c
1>D:\Project2\Project2\소스.c(5,1): warning C4056: 부동 소수점 상수 산술 연산에서 오버플로우가 발생했습니다.
1>D:\Project2\Project2\소스.c(6,1): warning C4305: '초기화 중': 'double'에서 'float'(으)로 잘립니다.
1>D:\Project2\Project2\소스.c(5): warning C4756: 상수 산술 연산에서 오버플로우가 발생했습니다.
1>Project2.vcxproj -> D:\Project2\x64\Debug\Project2.exe
1>"Project2.vcxproj" 프로젝트를 빌드했습니다.
========== 빌드: 1 성공, 0 실패, 0 최신 업데이트, 0 건너뛰기 ==========
```

부동소수점형은 부정확할 수도 있다!

다음의 코드를 실행해보자.

float_error1.c

```c
#include <stdio.h>

int main(void)
{
    float value = 0.1;
    printf("%.20f \n", value);   // %.20f는 소수점 이하를 20자리로 출력하라는 의미이다.
    return 0;
}
```

실행결과
```
0.10000000149011611938
```

0.1의 값이 정확하게 출력되지 않는다. 이유는 무엇일까? 이진법으로는 정확하게 나타낼 수 없는 값들이 있기 때문이다. 0.1도 그 중의 하나이다. 십진법으로 예를 들어보자. 십진법에서는 1/3을 정확하게 나타낼 수 없다(0.3333...이 무한히 반복된다). 이진법에서는 0.1이 그렇다. 이 진법에는 아무리 노력해도 0.1을 정확하게 표현하는 것이 불가능하다. 물론 중간에서 반올림하면 얼마든지 실용적으로는 사용이 가능하다.

중간점검

1. 부동소수점형에 속하는 자료형을 모두 열거하라.
2. float형 대신에 double형을 사용하는 이유는 무엇인가?
3. 12.345처럼 소수점이 있는 실수를 int형의 변수에 넣을 경우, 어떤 일이 발생하는가?

| 난이도 ★★★   주제 부동소수점형 변수 선언, 부동 소수점 연산, sqrt() 함수 |

사용자로부터 3개의 실수를 입력받아서 그 수들의 평균과 표준편차를 계산하여 출력하는 프로그램을 작성해보자.

```
3개의 실수를 입력하세요: 1.5 2.7 3.9
평균: 2.70
표준편차: 0.98
```

이 프로그램은 사용자로부터 3개의 실수를 입력받은 후, 입력된 수들의 평균과 표준편차를 계산하여 출력한다. 입력된 3개의 수를 변수에 저장한 후, 평균을 계산하기 위해 실수들의 합을 구하고 3으로 나눈다. 그리고 표준편차를 계산하기 위해 각 수와 평균의 차를 제곱한 값을 합산하여 3으로 나눈 후, 제곱근을 취한다. 마지막으로 평균과 표준편차를 출력한다. 제곱근은 헤더 파일 math.h에 있는 sqrt() 함수를 이용하여 계산한다.

four_real.c

```c
#include <stdio.h>
#include <math.h>

int main(void) {
        double num1, num2, num3;
        double sum = 0.0;
        double mean, variance, std_deviation;

        printf("3개의 실수를 입력하세요: ");
        scanf("%lf %lf %lf", &num1, &num2, &num3);

        sum = num1 + num2 + num3;
        mean = sum / 3;

        variance = (pow(num1 - mean, 2) + pow(num2 - mean, 2) + pow(num3 - mean, 2)) / 3;
        std_deviation = sqrt(variance);

        printf("평균: %.2lf\n", mean);
        printf("표준편차: %.2lf\n", std_deviation);

        return 0;
}
```

| 난이도 ★★ 　주제 부동소수점형 변수 선언, 기호 상수 |

어떤 투수가 160km/s에 달하는 강속구를 던진다. 이 공이 홈플레이트에 도달하려면 시간이 얼마나 걸릴까? 홈플레이트는 투수로부터 18.4m 떨어져 있다.

 실행 결과

강속구가 홈플레이트에 도달하는 데 걸리는 시간: 0.414000초

- 문제를 해결하기 위해서는 먼저 필요한 변수를 생성하여야 한다. 여기서는 공의 속도, 홈플레이트까지의 거리, 도달 시간을 나타내는 변수가 필요하다.
- 변수의 자료형은 모두 부동소수점형이어야 한다. 왜냐하면 이것들은 소수점 이하를 가지고 있기 때문이다.

ball_speed.c

```c
#include <stdio.h>
#define KMH_TO_MS (1000/3600.0)          // km/h를 m/s로 변환하기 위한 상수

int main(void)
{
        double distance = 18.4;          // 단위: m
        double speed = 160 * KMH_TO_MS;  // km/h를 m/s로 변환하여 속도 계산
        double time = distance / speed;  // 시간 계산

        printf("강속구가 홈플레이트에 도달하는 데 걸리는 시간: %f초\n", time);
        return 0;
}
```

 도전문제

1. double을 float로 변경하여서 프로그램을 실행시켜 보자. 결과 차이가 있는가?

| 난이도 ★★ 주제 부동소수점 오차 |

아래의 예제 코드에서는 float 자료형을 사용하여 0.1과 0.2를 더한 값을 출력한다. 하지만, 출력 결과는 예상한 값인 0.3이 아닌 약간의 오차가 있는 값인 0.3000000119가 출력된다.

---

float_error2.c

```c
#include <stdio.h>

int main(void)
{
        float a = 0.1f;
        float b = 0.2f;
        float c = a + b;

        printf("%f + %f = %.10f\n", a, b, c);
        return 0;
}
```

실행결과

```
0.100000 + 0.200000 = 0.3000000119
```

위의 값은 평상시에는 전혀 문제없이 사용할 수 있지만, 우리가 변수 c의 값인 0.3000000119를 0.3과 비교할 때는 문제가 된다. 정확히 일치하지 않기 때문이다. 이때는 변수 c의 값과 0.3 사이의 차이를 계산하여서 차이가 무시할 만하면, 일치한다고 생각하면 된다. 예를 들어서 변수 c에서 0.3을 뺀 (c − 0.3f)를 계산하고, fabs(c − 0.3f)가 0.00001보다 작으면 c는 0.3이라고 생각하는 것이다. fabs()는 math.h에 정의되어 있는 함수로서, 부동소수점수의 절댓값을 계산한다.

참고

간혹 이 오차 때문에 재앙이 발생하기도 한다. 가장 악명 높은 부동소수점 오차 재앙은 1991년 2월 25일 사우디아라비아 다란에서 발생한 패트리어트 미사일 실패로, 패트리어트 미사일이 스커드 미사일을 파괴하지 못하고 그 결과 미군 128명이 사망하거나 부상을 입었다. 원인을 추적해 본 결과, 패트리어트 내부 시간은 0.1초 단위로 기록된다. 우연히도 패트리어트 시스템이 100시간 동안 연속하여 켜 있으면서 이 오차가 누적되어서 결국 0.3433초의 오차가 발생하게 되었다. 따라서 미사일 유도 소프트웨어가 초당 1,500m/s의 속도를 가지는 스커드 미사일의 위치를 잘못 지정하여 타깃 추정이 500m 빗나가서 참극이 발생하였다.

5. 문자형

문자(character)는 한글이나 영어에서의 하나의 글자를 의미한다. 문자는 컴퓨터한테는 그다지 중요한 것이 아니지만, 사람한테는 아주 중요하다. 거의 모든 정보가 문자를 통하여 전달되기 때문이다.

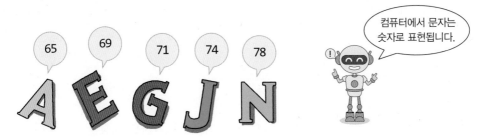

그림 3.8 C에서 문자는 숫자로 표현된다

컴퓨터에서 문자가 어떻게 표현될까? 컴퓨터는 모든 것을 숫자로 표현한다. 문자도 예외가 아니다. 문자도 역시 숫자로 표현한다. 한 가지 예를 들면 'A'는 숫자 65로, 'B'는 66으로 표현한다. 이것을 문자 코드라고 한다. 널리 사용하는 표준적인 문자 코드는 **아스키 코드**(ASCII code)이다. 아스키 코드는 영어의 대소문자, 숫자, 기호들에 대하여 0에서 127 사이의 값들을 부여한다. C언어에서도 아스키 코드를 이용하여 문자를 표현한다. 영문자의 경우, 글자들의 개수가 128개 이하이기 때문에 하나의 글자에 대하여 8비트면 충분하다.

0	NUL	16	DLE	32	SPC	48	0	64	@	80	P	96	`	112	p
1	SOH	17	DC1	33	!	49	1	65	A	81	Q	97	a	113	q
2	STX	18	DC2	34	"	50	2	66	B	82	R	98	b	114	r
3	ETX	19	DC3	35	#	51	3	67	C	83	S	99	c	115	s
4	EOT	20	DC4	36	$	52	4	68	D	84	T	100	d	116	t
5	ENQ	21	NAK	37	%	53	5	69	E	85	U	101	e	117	u
6	ACK	22	SYN	38	&	54	6	70	F	86	V	102	f	118	v
7	BEL	23	ETB	39	'	55	7	71	G	87	W	103	g	119	w
8	BS	24	CAN	40	{	56	8	72	H	88	X	104	h	120	x
9	HT	25	EM	41	}	57	9	73	I	89	Y	105	i	121	y
10	LF	26	SUB	42	=	58	:	74	J	90	Z	106	j	122	z
11	VT	27	ESC	43	+	59	;	75	K	91	[	107	k	123	{
12	FF	28	FS	44	,	60	〈	76	L	92	\	108	l	124		
13	CR	29	GS	45	−	61	=	77	M	93	]	109	m	125	}
14	SO	30	RS	46	.	62	〉	78	N	94	^	110	n	126	~
15	SI	31	US	47	/	63	?	79	O	95	_	111	o	127	DEL

그림 3.9 아스키 코드표

아스키 코드에서 인쇄 가능한 코드는 스페이스 문자부터 시작한다. 스페이스(space) 문자는 32로 표현된다. 느낌표 문자(!)의 코드는 33이다. 이런 식으로 1씩 증가하면서 알파벳 문자들을 차례대로 표현한다. 'A'의 코드는 65이고 'B'는 66이다. 'a'는 97이고 'b'는 98이다.

참고

char형이 내부적으로는 정수를 저장하기 때문에 기술적으로 보면 정수형이라고 말할 수도 있다. 그러나 char 라는 단어가 붙은 것처럼 char형은 문자를 저장하기 위하여 만들어졌기 때문에 이 책에서는 문자형으로 소개하였다.

문자 변수와 문자 상수

문자가 정수로 표현되므로 정수를 저장할 수 있는 자료형은 문자도 저장할 수 있다. 아스키 코드가 0에서 127까지의 숫자만을 이용하므로 8비트로 충분히 표현이 가능하다(8비트이면 2^8(256)까지 나타낼 수 있다). 따라서 char형이 문자를 저장하는 데 주로 사용된다. char형은 8비트 정수를 저장할 수 있다.

```
char code;
```

만약 이 char형의 변수 code에 문자 A를 저장하려면 어떻게 해야 할까? 문자 A는 아스키 코드 65로 표현되므로 code에 65를 대입하면 될 것이다. 하지만 숫자를 대입하는 것보다 더 편리한 방법이 있다. C에서는 문자 A를 표현하려면 작은따옴표(' ')를 사용하여 'A'와 같이 나타낸다.

```
code = 'A';
```

'A'와 같이 작은따옴표로 감싸진 문자를 문자 상수(character constant)라고 한다. 컴파일러는 작은따옴표로 감싸진 문자 상수를 만나면 이것을 아스키 코드로 변환한다. 실제로 code를 십진수 형식으로 출력하여 보면 65가 출력됨을 확인할 수 있다.

참고: 작은따옴표의 의미

파이썬에서 작은따옴표와 큰따옴표는 모두 문자열을 나타내지만, C언어에서는 아주 다르다. C언어에서 작은따옴표는 하나의 문자를 나타내며, 큰따옴표가 문자열을 나타낸다. 이 점 혼동하면 안 된다.

글자를 작은따옴표로
둘러싸면 이 글자의
아스키 코드가 됩니다.

그림 3.10 문자형의 변수에 문자 상수를 대입하면 아스키 코드가 저장된다

char1.c

```c
#include <stdio.h>

int main(void)
{
    char c = 'A';      // 변수 선언

    printf("%c의 아스키 코드= %d\n", c, c);     // 문자와 아스키 코드를 출력
    printf("%c의 아스키 코드= %d\n", c+1, c+1);
    printf("%c의 아스키 코드= %d\n", c+2, c+2);
    return 0;
}
```

실행결과

```
A의 아스키 코드= 65
B의 아스키 코드= 66
C의 아스키 코드= 67
```

위의 결과를 보면 'B'의 아스키 코드는 'A'의 아스키 코드보다 1만큼 많다. 아스키 코드는 문자의 순서에 따라 순차적인 정수로 되어 있다. 이것은 많은 문제에서 응용되는 사실이니 잘 기억해 두자. 예를 들어서 문자 'A'부터 'Z'까지를 정수 0에서 25까지로 바꾸고자 하면 어떻게 하면 될까? 변수 c가 문자를 저장하고 있다면 (c − 'A') 수식으로 문자를 정수로 바꿀 수 있다.

문자는 어떻게 입출력할까? scanf()를 형식 지정자 %c로 호출해도 되고 getchar()라는 전용 함수를 사용해도 된다. 우리는 좀 더 쉬운 getchar() 함수를 사용해 보자. 사용자로부터 문자를 받아서 그 문자의 아스키 코드를 출력하는 프로그램을 작성해보자.

char2.c

```
#include <stdio.h>

int main(void)
{
        char c;        // 변수 선언

        printf("문자를 입력하시오: ");
        c = getchar();
        printf("%c의 아스키 코드 = %d\n", c, c);
        return 0;
}
```

실행결과

```
문자를 입력하시오: A
A의 아스키 코드 = 65
```

경고

만약 문자 상수를 작은따옴표를 쓰지 않고 다음과 같이 기술하면 오류이다.
        char code = A;
컴파일러는 A를 변수 이름으로 생각한다. 작은따옴표를 빠뜨리지 않도록 주의하자.

Q 문자가 정수로 표현된다면 char형의 변수가 문자를 저장하는지, 정수를 저장하는지를 어떻게 구별하나요?

A char형의 변수에 저장된 값을 문자로 해석하면 문자라고 간주된다. 예를 들어서 화면에 출력할 때 %c를 사용하여서 출력하면 변수에 들어 있는 값을 아스키 코드로 해석한다. 반면에 %d를 사용하면 문자가 아니고 정수로 해석한다.

중간점검

1. 컴퓨터에서는 문자를 어떻게 나타내는가?
2. C에서 문자를 가장 잘 표현할 수 있는 자료형은 무엇인가?
3. 컴파일러가 'A'를 만나면 어떻게 처리하는가?

제어 문자

제어 문자들은 인쇄될 수가 없고 주로 콘솔이나 프린터를 제어할 목적으로 이용되는 문자들이다. 예를 들면 화면에 새로운 줄을 만드는 줄바꿈 문자와 화면에 탭을 나타내는 문자, 벨소리를 내는 문자, 백스페이스 문자 등이 제어 문자에 포함된다.

제어 문자들을 프로그램 안에서 표현하는 몇 가지의 방법이 존재한다. 가장 간단한 방법은 그냥 해당 아스키 코드 값을 직접 사용하는 것이다. 예를 들면, 컴퓨터에서 벨소리를 발생시키는 제어 문자는 아스키 코드값이 7이다. 따라서 컴퓨터에서 "삐" 하는 경고 벨소리가 나게 하려면 다음과 같이 하면 된다. 이 방법은 가장 쉬운 방법이지만, 아스키 코드값을 전부 암기하여야 한다.

```
printf("%c", 7);
```

더 쉬운 방법은 없을까? 한 가지 방법은 이스케이프 시퀀스(escape sequence)를 이용해서 표현하는 방법이다. 이스케이프 시퀀스는 역슬래시(\)와 의미를 나타내는 한 글자를 붙여서 만들어진다. 우리가 지금까지 사용하여 왔던 \n 문자가 바로 이스케이프 시퀀스의 대표적인 예이다. \n 문자는 화면에서 새로운 줄을 만드는 제어 문자이다. 이 줄바꿈 문자의 경우 \와 줄바꿈(newline)을 뜻하는 n을 붙여서 \n과 같이 나타낸다. 수평탭의 경우 \와 탭(tab)을 나타내는 t를 붙여서 \t와 같이 나타낸다. 벨소리를 나게 하는 제어 문자는 \a로 나타낸다. 다음 표에서 이스케이프 시퀀스로 표기된 제어 문자들을 정리하였다.

표 3.5 이스케이프 시퀀스

제어 문자 이름	제어문자 표기	값	의미
널문자	\0	0	
경고(bell)	\a	7	"삐" 하는 경고 벨소리 발생
백스페이스(backspace)	\b	8	커서를 현재의 위치에서 한 글자 뒤로 옮긴다.
수평탭(horizontal tab)	\t	9	커서의 위치를 다음 탭 위치로 옮긴다.
줄바꿈(newline)	\n	10	커서를 다음 라인의 시작 위치로 옮긴다.
수직탭(vertical tab)	\v	11	다음 수직 탭 위치로 커서를 이동
폼피드(form feed)	\f	12	주로 프린터에서 강제적으로 다음 페이지로 넘길 때 사용된다.

캐리지 리턴(carriage return)	\r	13	커서를 현재 라인의 시작 위치로 옮긴다.
큰따옴표	\"	34	원래의 큰따옴표 자체
작은따옴표	\'	39	원래의 작은따옴표 자체
역슬래시(back slash)	\\	92	원래의 역슬래시 자체

예를 들어 프로그램에서 경고음을 내려면 다음과 같이 하면 된다.

```
printf("\a");
```

이스케이프 시퀀스는 큰따옴표 문자를 화면에 나타내는 데도 사용된다. C언어에서 큰따옴표는 문자열(문자들이 모인 것)을 표시하는, 특별한 역할을 한다. 그러나 만약 큰따옴표를 화면에 나타내야 할 경우가 있다면, 큰따옴표만의 특별한 역할을 벗어나서 하나의 문자로서의 의미를 가져야 할 것이다. 이때 이스케이프 시퀀스가 사용된다. 특수한 기능을 가진 문자 앞에 역슬래시 \를 위치시키면 특수한 의미가 사라지는 효과가 있다. 다음과 같은 라인을 출력하려면

She said "Hello!"

다음과 같이 하여야 한다.

```
printf("She said, \"Hello!\"\n");
```

참고

특수 문자 표기 방법을 이스케이프 시퀀스라고 부르는 이유는 역슬래시(\)가 다음에 오는 문자의 의미를 본래의 의미에서 탈출하도록 하기 때문이다. \ 다음에 오는 문자는 원래의 의미인 글자가 아닌 특별한 명령을 의미한다.

참고: 정수를 입력받은 후에 문자를 입력받을 때

정수를 입력받은 후에 문자나 문자열을 입력받으면 이상하게 동작하는 것처럼 보인다.

```
scanf("%d", &i);   // 정수 입력
c = getchar();     // 문자 입력
```

위의 코드를 실행하면 우리가 문자를 입력하기도 전에 실행이 끝나버린다. 그 이유는 정수를 입력할 때 엔터키를 눌러야 하는데 이것이 줄바꿈 문자로 바뀌어서 입력 버퍼에 있어서이다.

'1'	'0'	'\n'

예를 들어서 우리가 키보드로 "10 Enter "를 치면 입력 버퍼에는 위와 같이 저장된다. "10"은 정수 10으로 변환되어서 입력 버퍼에서 없어지지만, '\n'은 남아있게 되고, 이어서 getchar()를 호출하면 이것이 우리에게 반환된다. 남아 있는 줄바꿈 문자를 없애려면 getchar()를 한 번 호출해주면 된다.

```
scanf("%d", &i);     // 정수 입력
getchar();           // 줄바꿈 문자를 없앤다.
c = getchar();       // 문자 입력
```

 중간점검

1. C에서 문자를 나타내기 위해 사용하는 코드는?
2. 경고음을 출력하는 제어 문자는 무엇인가?
3. 화면에 '\'을 출력하려면 어떻게 하는가?

Lab 학생의 평균 성적 계산하기

| 난이도 ★★   **주제** 변수의 자료형 선택과 형식지정자 선택 |

학생의 4과목 성적을 받아서 평균 성적을 계산하고 평균 성적을 소수점 2자리까지만 출력하는 프로그램을 작성해보자. 학생의 이름은 알파벳 한 문자이다.

```
이름: a
학번: 1
성적: 60 70 80 90
학생 a(학번: 1)의 평균 성적은 75.00입니다.
```

cal_avg.c

```c
#define _CRT_SECURE_NO_WARNINGS
#include <stdio.h>

int main(void) {
        char name;
        int student_id, score1, score2, score3, score4;
        double average;

        // 사용자로부터 이름, 학번, 4과목 성적 입력 받기
        printf("이름: ");
        name = getchar();
        printf("학번: ");
        scanf("%d", &student_id);
        printf("성적: ");
        scanf("%d %d %d %d", &score1, &score2, &score3, &score4);
        // 평균 성적 계산하기
        average = (score1 + score2 + score3 + score4) / 4.0;
        // 평균 성적 출력하기
        printf("학생 %c(학번: %d)의 평균 성적은 %.2lf입니다.", name, student_id, average);
        return 0;
}
```

| 난이도 ★★   주제 변수의 자료형 선택과 형식지정자 선택 |

이번 장에서 우리는 C에서 제공되는 자료형들에 대하여 학습하였다. 사용자로부터 값들을 받아서 적절한 자료형의 변수에 저장하였다가 그대로 다시 출력하는 프로그램을 작성해보자. 여러분들이 저장해야 하는 정보들은 다음과 같다. 메모리의 공간을 최대한 아껴 쓴다고 가정하자.

* 자동차의 모델('a', 'c', 'e', 's'만 가능하다.)
* 자동차의 승차 인원(최대 100명)
* 자동차의 연비(실수)
* 자동차의 주행거리(최대 200만 km까지 가정한다.)
* 자동차의 가격(최대 100억 원)

실행
결과

```
모델: a
승차 인원: 5
연비(km/1): 12.8
주행거리(km): 100000
가격(원): 20000000

자동차의 모델은 a입니다.
승차인원은 5명입니다.
연비는 12.8km/1입니다.
주행거리 100000km입니다.
가격은 2000만 원입니다.
```

| 난이도 ★★★   주제 변수의 자료형 선택과 형식지정자 선택 |

레고 블럭을 이용하여 달을 실제 크기로 제작하는 데 얼마나 많은 레고 블럭이 필요한지 계산해보자. 문제를 해결하기 위해 다음 데이터를 사용한다.

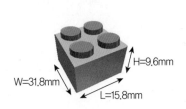

달의 반지름 =1,737km

여기서는 일반적으로 사용되는 레고 블럭을 기준으로 계산한다. 이 블럭의 크기는 약 31.8mm × 15.8mm × 9.6mm이다. 따라서 한 개의 레고 블럭은 약 4823.42mm^{3}의 부피를 차지한다. 순차적 알고리즘을 사용하여 필요한 레고 블럭의 수를 계산한다. 다음과 같은 절차를 거친다.

- 모든 측정을 동일한 단위(예: mm)로 변환해야 한다.
- 달의 부피 = $\dfrac{4.0 * \pi * r^3}{3.0}$
- 레고 블럭의 부피 = W*L*H
- 필요한 블럭의 수 = 달의 부피 / 레고 블럭의 부피

Coding Test　Are we alone?

| 난이도 ★★★　　주제 변수의 자료형 선택과 형식지정자 선택 |

미국의 천체물리학자 프랭크 드레이크(Frank Drake)는 1961년
에 우리 은하 내에서 우리와 교신할 수 있는 외계문명이 얼마나
있을지를 추정해보는 드레이크 방정식을 고안하였다.

$$N = R_* \times f_p \times n_e \times f_l \times f_i \times f_c \times L$$

- R_* = 우리 은하에서 평균 별 형성 속도(약 1년에 1개)
- f_p = 행성을 가지는 항성의 비율(0.2에서 0.5)
- n_e = 행성이 있는 별당 잠재적으로 생명체를 지원할 수 있는 평균 행성 수(1에서 5)
- f_l = 어느 시점에서 실제로 생명을 탄생시키는 행성의 비율(100%=1.0)
- f_i = 지능적인 생명체를 탄생시키는 행성의 비율(100%=1.0)
- f_c = 신호를 우주로 방출하는 기술을 개발한 문명의 비율(0.1에서 0.2)
- L = 그러한 문명이 탐지 가능한 신호를 우주로 방출하는 시간(1,000년에서 100,000,000년)

사용자가 각 파라미터의 값을 입력하면 우리 은하에서 외계 문명의 개수를 출력하는 프로그램
을 작성하라.

1 다음 중, 변수 이름으로 사용할 수 없는 것은?

① _number
② sales_expectation
③ 1st_number
④ logical

2 다음 중 C에서 지원하는 자료형의 이름이 아닌 것은?

① double
② long
③ real
④ float

3 다음의 상수 중에서 올바르지 않은 상수를 모두 지적하라.

① 'abc'
② "A"
③ 0x10
④ .1

4 65000을 저장할 수 있는 자료형으로 가장 메모리를 적게 차지하는 자료형은?

① signed short
② unsigned short
③ long
④ int

5 다음 프로그램의 실행 결과는?

```c
#include <stdio.h>
int main(void)
{
    printf("\a C programming \t class \n");
    return 0;
}
```

6 다음 코드를 컴파일할 때, 컴파일 경고가 발생하는 이유는 무엇일까?

```c
float f;
f = 12.345;
```

7 다음 프로그램의 실행 결과는?

```c
#include <stdio.h>
int main(void)
{
    int x;
    float y;

    y = x = 2.5;
    printf("x=%d y=%f \n", x, y);
    return 0;
}
```

8 정수 18을 이진수로 바꾸면?

① 0001 0011   ② 1001 0010   ③ 0001 0110   ④ 0001 0010

9 다음 프로그램의 실행 결과는?

```c
#include <stdio.h>
int main(void)
{
    int var = 0x10;
    printf("%d", var);
    return 0;
}
```

10 다음 프로그램의 실행 결과는?

```c
#include <stdio.h>
int main(void)
{
    char code = 'B';

    printf("%c\n", code-1);
    printf("%c\n", code+1);
    return 0;
}
```

Programming

| 난이도 ★　　주제 부동소수점형 입출력 |

1 두 개의 double 변수 a, b를 입력받아서 a와 b를 곱한 값을 지수형식으로 출력하는 프로그램을 작성하시오.

```
a: 1e10
b: 2e20

a*b 값은 2.000000e+30입니다.
```

> **HINT** double형은 %lf, 지수 형식은 %le로 입출력할 수 있다. 반드시 l을 붙여야 한다.

| 난이도 ★　　주제 부동소수점형 입출력 |

2 두 개의 float 변수 a, b를 입력받아서 a와 b를 더한 값을 소수점 둘째 자리까지 출력하는 프로그램을 작성하시오.

```
a: 1.0
b: 2.0

a+b 값은 3.00입니다.
```

| 난이도 ★★　　주제 부동소수점형 사용 |

3 사용자로부터 반지름이 주어지면 구의 표면과 부피를 계산하는 프로그램을 작성해보자. 파이는 기호 상수 PI로 정의해서 사용해보자. 소수점 둘째 자리까지 출력한다.

- 구의 표면적 = 4.0 * PI * (radius * radius)
- 구의 부피 = 4.0/3.0 * PI * (radius * radius * radius)

```
반지름: 60.0
구의 표면적: 45238.92
구의 부피: 904778.50
```

| 난이도 ★★　　주제 부동소수점형 사용 |

4 사용자로부터 x의 값을 실수로 입력받아서 다음과 같은 다항식의 값을 계산하는 프로그램을 작성하라. 소수점 둘째 자리까지 출력한다.

$$3x^3 - 7x^2 + 9$$

```
x의 값: 3.9
다항식의 값: 80.49
```

5 사용자로부터 문자를 받아서 아스키 코드로 출력하는 프로그램을 작성하시오.

```
문자를 입력하시오: a
아스키 코드: 97
```

HINT char ch;   ch = getchar()를 사용해보자.

6 사용자에게 받은 문자 3개를 저장하였다가 역순으로 출력해보자. 반복 구문과 배열은
사용하지 않는다.

```
문자를 입력하시오: a b c
문자: c b a
```

HINT 문자형 변수 3개를 선언하여 사용하라. 3개의 문자를 동시에 입력받으려면 scanf("%c %c %c", &a,
&b, &c);을 사용한다.

7 사용자에게 자동차로 움직인 거리(미터)와 소요 시간(시간, 분, 초)을 입력받는다. 자동차의
속도를 km/h로 출력해보자. 기호 상수도 사용해보자. 소수점 둘째 자리까지 출력한다.

```
거리(단위: 미터): 5000
소요 시간(시간, 분, 초): 1 2 10

속도: 4.83 km/h
```

8 면적의 단위인 제곱미터를 평으로 환산하는 프로그램을 작성하시오. 여기서 1평은
$3.3058m^2$이다. 변수들의 자료형은 어떤 것을 선택하는 것이 좋은가? 기호 상수를 이용
하여 1제곱미터당 평을 나타내어라.

```
면적을 제곱미터 단위로 입력하시오: 115
115.00제곱미터는 34.79평입니다.
```

9 다음과 같이 1부터 3까지의 정수와 그 제곱값을 한 줄에 하나씩 출력하는 C 프로그램을
작성하라. 반복문은 사용하지 않는다. \t를 사용해본다.

```
N  |  N*N
_____
1  |  1
2  |  4
3  |  9
```

10 아스키 코드 테이블의 일부를 다음과 같이 출력하는 프로그램을 작성해보자. 반복문은
사용하지 않는다. \t를 사용해본다.

```
문자   |  코드
_____
A  |  66
B  |  67
C  |  68
```

11 16진수 테이블의 일부를 다음과 같이 출력하는 프로그램을 작성해보자. 반복문은 사용
하지 않는다. \t를 사용해본다.

```
16진수  |   10진수
_____
0xFD  |  253
0xFE  |  254
0xFF  |  255
```

12 실수를 다음과 같이 출력하는 프로그램을 작성해보자. 반복문은 사용하지 않는다. \t를
사용해본다.

```
지수 형식    |   소수점 형식
_____
1.000000e+06 |   1000000.0
1.000000e+07 |   10000000.0
1.000000e+08 |   100000000.0
```

CHAPTER **4**

수식과 연산자

▷ 산술 연산자를 이해하고 사용할 수 있다.

▷ 나머지 연산자를 이해하고 사용할 수 있다.

▷ 대입(할당) 연산자와 복합 연산자를 이해하고 사용할 수 있다.

▷ 우선순위의 개념을 이해한다.

▷ 산술 연산과 관련된 응용 프로그램을 작성할 수 있다.

CHAPTER 4 수식과 연산자

1. 이번 장에서 만들 프로그램

C에는 다양한 연산자가 내장되어 있다. 기본적인 사칙 연산인 더하기, 빼기, 곱하기, 나누기 연산자뿐만 아니라 대입(할당), 나머지 연산자도 있다. 이번 장에서 이들 연산자들에 대하여 학습한다. 이 연산자들을 이용하여 실제적인 응용 프로그램을 작성하여 보자.

(1) 자동판매기를 시뮬레이션하는 프로그램을 작성해보자. 자동판매기는 사용자로부터 투입한 돈과 물건 값을 입력받는다. 프로그램은 잔돈을 동전으로 계산하여 출력한다.

```
투입한 돈: 1000
물건 값: 271
거스름돈: 729

100원 동전의 개수: 7
10원 동전의 개수: 3
1원 동전의 개수: 9
```

(2) 연도를 입력받아서 윤년 여부를 출력해보자.

```
연도를 입력하시오: 2012
윤년 여부 = 1
```

(3) 하루에 60km씩 왕복 출근하는 직장인이 얼마나 출근해야 누적 출근 거리가 달까지의 거리가 될까?

```
왕복 출퇴근 거리: 60
달까지의 거리: 383000

8년 9월 2일 후 출퇴근 거리가 달까지의 거리가 됩니다.
```

2. 수식은 어디에나 있다!

컴퓨터의 가장 기초적인 기능은 계산하는 것이다. 우리가 좋아하는 그래픽 장면들이 컴퓨터의 계산 기능을 통하여 만들어진다는 것은 아주 흥미롭다. 예를 들어, 컴퓨터 그래픽에서는 공간 변환 행렬, 벡터, 물리 시뮬레이션, 충돌 감지 및 처리 등에서 수식이 사용된다.

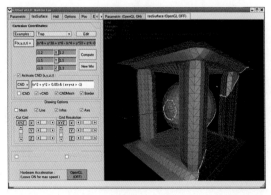

컴퓨터 그래픽에서는 수식을 아주 많이 사용합니다.

출처: 3DSurf generator

C언어는 수식 계산을 위한 풍부한 연산자들을 제공한다. 우리는 이들 연산자들을 이용하여 다양한 수식을 쉽게 작성할 수 있다. 물론 수식 계산은 컴퓨터가 담당하지만, 우리는 올바르게 수식을 작성하는 방법을 알아야 한다. 또 각 연산자들이 정확하게 무엇을 계산하는지도 알아야 한다. C언어의 각종 연산자들은 업계 표준이나 마찬가지이다. 파이썬, 자바, C++와 같은 거의 모든 프로그래밍 언어들은 대부분 C언어와 동일한 연산자들을 제공한다.

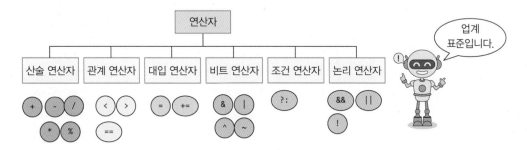

업계 표준입니다.

수식과 연산자

수식(expression)이란 피연산자와 연산자의 조합이라고 할 수 있다. **연산자(operator)**는 어떤 연산을 나타내는 기호를 의미한다. **피연산자(operand)**는 연산의 대상이 되는 것이다. 수식 (5 * 8)에서 5와 8은 피연산자이고 *는 연산자이다. 모든 수식은 값을 갖는다. 예를 들어 수식 (5*8)의 값은 40이다.

그림 4.1 연산자와 피연산자

연산자의 분류

연산자는 기능에 따라 다음과 같이 분류할 수 있다. 피연산자의 수에 따라서 단항, 이항, 삼항 연산자로 나누어지기도 한다.

표 4.1 연산자의 분류

증감 연산자	단항	++ --
대입 연산자	이항	=, +=, -=
산술 연산자	이항	+ - * / %
관계 연산자	이항	> < == != >= <=
논리 연산자	이항	&& || !
비트 연산자	이항	& | ^ ~ << >>
조건 연산자	삼항	?:

C는 상당히 많은 종류의 연산자를 제공하는 데 이런 풍부한 연산자 지원이 C의 큰 장점이기도 하다. 제공하는 연산자가 많다는 것은 그만큼 데이터를 가공할 수 있는 능력이 탁월하다는 뜻이며, 이런 연산자들을 자유자재로 사용할 수 있으면 복잡한 연산을 간단하게 처리할 수 있다.

중간점검

1. 수식(expression)이란 어떻게 정의되는가?
2. 아래의 수식에서 피연산자와 연산자를 구분하여 보라.

    y = 10 + 20;

3. 산술 연산자

산술 연산자는 기본적인 산술 연산인 덧셈, 뺄셈, 곱셈, 나눗셈, 나머지 연산을 실행하는 연산자이다. [표 4.2]에 산술 연산자들을 정리하였다.

표 4.2 산술 연산자의 종류

연산자	기호	사용예	결괏값
덧셈	+	7 + 4	11
뺄셈	–	7 – 4	3
곱셈	*	7 * 4	28
나눗셈	/	7 / 4	1
나머지	%	7 % 4	3

사용자에게서 2개의 정수를 받아서 여러 가지 연산을 한 후에 결과를 출력하는 프로그램을 살펴보자.

arithmetic1.c

```
#define _CRT_SECURE_NO_WARNINGS
#include <stdio.h>

int main(void)
{
    int x, y;

    printf("두 개의 정수를 입력하시오: ");
    scanf("%d %d", &x, &y);               // 2개의 정수를 동시에 입력받는다.

    printf("%d + %d = %d\n", x, y, x + y);
    printf("%d - %d = %d\n", x, y, x - y);
    printf("%d - %d = %d\n", x, y, x * y);
    printf("%d - %d = %d\n", x, y, x / y);
    printf("%d %% %d = %d\n", x, y, x % y); // %을 출력하려면 %%하여야 함

    return 0;
}
```

실행결과
```
두 개의 정수를 입력하시오: 7 4
7 + 4 = 11
7 - 4 = 3
7 * 4 = 28
7 / 4 = 1
7 % 4 = 3
```

여기서 나눗셈 연산에 대하여 주의하여야 한다. 사람한테 7/4를 계산해 보라고 하면 답이 1.75라고 한다. 하지만 컴퓨터에서 정수 계산과 실수 계산은 완전히 다르다. 정수는 이진수로 표현되지만, 실수는 부동소수점 방식으로 표현되기 때문에 연산 하드웨어가 완전히 달라진다. 예를 들어서, 7을 4로 나누면 정수 1이 된다.

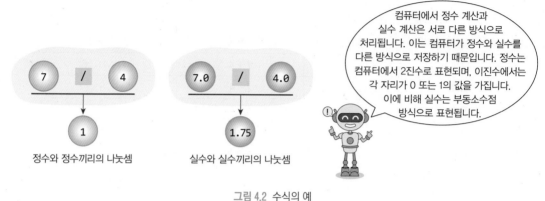

정수와 정수끼리의 나눗셈 　　　 실수와 실수끼리의 나눗셈

컴퓨터에서 정수 계산과 실수 계산은 서로 다른 방식으로 처리됩니다. 이는 컴퓨터가 정수와 실수를 다른 방식으로 저장하기 때문입니다. 정수는 컴퓨터에서 2진수로 표현되며, 이진수에서는 각 자리가 0 또는 1의 값을 가집니다. 이에 비해 실수는 부동소수점 방식으로 표현됩니다.

그림 4.2 수식의 예

만약 피연산자 중에서 하나가 실수이면, 부동소수점 하드웨어를 사용하여 계산하기 때문에 나눗셈 연산의 결과도 실수가 된다. 즉 7.0을 4.0으로 나누면 1.75가 된다. 이번에는 사용자로부터 2개의 실수를 받아서 여러 가지 연산을 한 후에 결과를 출력하는 프로그램을 살펴보자.

arithmetic2.c

```
#define _CRT_SECURE_NO_WARNINGS
#include <stdio.h>

int main(void)
{
        double x, y, result;

        printf("두 개의 실수를 입력하시오: ");
        scanf("%lf %lf", &x, &y);      // double형을 입력 받으려면 %lf를 사용한다.

        printf("%.2lf + %.2lf = %.2lf\n", x, y, x + y);
        printf("%.2lf - %.2lf = %.2lf\n", x, y, x - y);
        printf("%.2lf * %.2lf = %.2lf\n", x, y, x * y);
        printf("%.2lf / %.2lf = %.2lf\n", x, y, x / y);

        return 0;
}
```

실행결과

```
두 개의 실수를 입력하시오: 7.0 4.0
7.00 + 4.00 = 11.00
7.00 - 4.00 = 3.00
7.00 * 4.00 = 28.00
7.00 / 4.00 = 1.75
```

여기서 .2lf 형식지정자는 부동소수점수를 소수점 두 번째 자리까지만 출력하라는 의미이다.

나머지 연산자

나머지 연산자 %는 프로그래밍에서 불가사의하게 많이 사용되는 연산자이다. x%y는 x를 y로 나누어서 남은 나머지를 반환한다. 예를 들어 7%2는 1이다. 7을 2로 나누면 몫은 3이고 나머지는 1이 된다. 정수 나눗셈에서 몫은 7/2와 같이 계산할 수 있고 나머지는 7%2와 같이 계산할 수 있다.

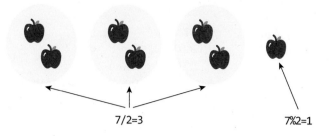

7/2=3   7%2=1

나머지 연산자는 다양한 상황에서 사용될 수 있다. 예를 들어, 어떤 수가 짝수인지 홀수인지 판별할 때, 해당 수를 2로 나눈 나머지로 판별할 수 있다. 만약 나머지가 0이라면 해당 수는 짝수이고, 1이라면 해당 수는 홀수이다.

```
printf("%d", 11 % 2);                  // 1
```

나머지 연산자는 숫자의 자릿수를 추출하는 데에도 사용될 수 있다. 예를 들어, 일의 자리를 추출하려면 10으로 나눈 나머지를 구하면 된다.

```
printf("일의 자릿수: %d", 123 % 10);          // 일의 자릿수: 3
printf("십의 자릿수: %d", (123/10) % 10);      // 십의 자릿수: 2
printf("백의 자릿수: %d", (123/100) % 10);     // 백의 자릿수: 1
```

예제

정수 2개를 입력받아서 몫과 나머지를 계산하는 프로그램을 살펴보자.

```
두 양의 정수를 입력하세요: 17 5
17를 5로 나눈 몫: 3, 나머지: 2
```

실행
결과

```
remainder.c
```
```c
#define _CRT_SECURE_NO_WARNINGS
#include <stdio.h>

int main(void)
{
        int A, B, quotient, remainder;

        printf("두 양의 정수를 입력하세요: ");
        scanf("%d %d", &A, &B);

        quotient = A / B;          // 몫을 계산
        remainder = A % B;         // 나머지를 계산

        printf("%d를 %d로 나눈 몫: %d, 나머지: %d\n", A, B, quotient, remainder);
        return 0;
}
```

증감 연산자

증감 연산자는 ++ 기호나 -- 기호를 사용하여 변수의 값을 1만큼 증가시키거나 감소시키는 연산자이다. ++ 연산자는 변수의 값을 1만큼 증가시킨다. -- 연산자는 변수의 값을 1만큼 감소시킨다.

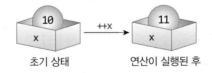

증감 연산자는 피연산자의 앞이나 뒤에 올 수 있는데, 이것에 따라 수식의 값이 달라진다.

표 4.3 증감 연산자의 종류

증감 연산자	차이점
++x	수식의 값은 증가된 x값이다.
x++	수식의 값은 증가되지 않은 x값이다.
--x	수식의 값은 감소된 x값이다.
x--	수식의 값은 감소되지 않은 x값이다.

여기서 주의해야 할 사항은 ++x와 x++의 차이점이다. 만약 변수 x를 증가시킬 목적으로만 증감 연산자를 사용한다면 x++나 ++x는 동일하다. 그러나 증감 연산자를 적용한 후에 그 수식의 값을 사용할 목적이라면 두 가지를 구분하여야 한다. ++x는 문장에서 x의 값을 증가시킨 후에 수식의 값을 계산한다. 수식 ++x의 값은 증가된 x의 값이다. x++는 수식의 값을 계산한 후에 x의 값을 증가시키게 된다. 수식 x++의 값은 증가되기 전의 x값이다.

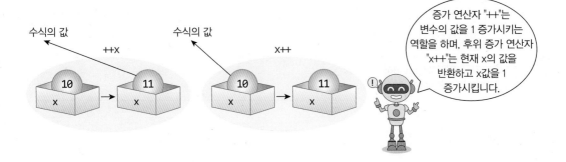

증가 연산자 "++"는 변수의 값을 1 증가시키는 역할을 하며, 후위 증가 연산자 "x++"는 현재 x의 값을 반환하고 x값을 1 증가시킵니다.

```
incdec.c
```

```c
#include <stdio.h>

int main(void)
{
        int x, y, pre, post;
        x = 1;
        y = 1;
        printf("x=%d y=%d\n", x, y);
        pre_x = ++x;        // pre는 2가 된다.
        post_y = y++;       // post는 1이 된다.
        printf("pre_x=%d post_y=%d\n", pre_x, post_y);
        printf("x=%d y=%d\n", x, y);
        return 0;
}
```

실행결과

```
x=1 y=1
pre_x=2 post_y=1
x=2 y=2
```

Lab 자릿수의 합 계산하기

| 난이도 ★★★   주제 나머지 연산, 나눗셈 연산 |

이번에는 주어진 숫자의 자릿수 합을 계산하는 프로그램을 작성해보자. 예를 들어, 숫자 365의 자릿수 합은 3 + 6 + 5 = 14이다. 숫자의 자릿수를 활용하는 문제는 상당히 많다. 따라서 주어진 숫자에서 자릿수를 알아내는 방법을 확실히 알아두자. 우리는 아직 반복문을 학습하지 않았으므로 입력을 3자리 숫자로 제한하자.

```
3자리 숫자를 입력하시오: 365
365의 자릿수 합은 14입니다.
```

digit_sum.c

```c
#include <stdio.h>

int main(void)
{
        int num, value, digit_sum = 0;

        printf("3자리 숫자를 입력하시오: ");
        scanf("%d", &num);
        value = num;

        // 각 자릿수를 분리하여 합산
        digit_sum += num % 10;   // 1의 자리
        num /= 10;
        digit_sum += num % 10;   // 10의 자리
        num /= 10;
        digit_sum += num % 10;   // 100의 자리

        printf("%d의 자릿수 합은 %d입니다.\n", value, digit_sum);
        return 0;
}
```

| 난이도 ★★★ 주제 나머지 연산자 |

철수는 거실의 데코타일을 모두 교체하기로 하였다. 타일의 크기는 정사각형으로 30cm×
30cm이다. 거실의 크기는 320cm×200cm이다. 타일은 절대 부족하면 안 된다. 철수는 몇 개
의 타일을 주문해야 거실의 타일을 가장 경제적으로 교체할 수 있을까?

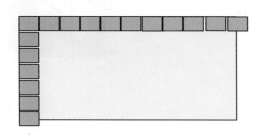

나머지 연산자를
잘 활용해 보세요.

필요한 타일 개수: 77개   실행
결과

여러 가지 방법으로 할 수 있다. 필요한 타일 개수를 구하는 과정에서 나머지 연산자 %를 사
용하여 타일의 일부가 필요한 경우에는 하나 더 추가하도록 하였다. 이번 실습에서는 관계 연
산자 !=을 사용한다. != 연산자는 피연산자가 서로 다르면 1을, 같으면 0을 반환한다. 관계 연
산자는 4.5절을 참조한다.

---

tile.c

```c
#include <stdio.h>

int main(void)
{
        int room_width = 320;     // 거실의 가로 길이(단위: cm)
        int room_height = 200;    // 거실의 세로 길이(단위: cm)
        int tile_size = 30;       // 타일의 한 변의 길이(단위: cm)

        int tiles_needed = (room_width / tile_size + (room_width % tile_size != 0))
                * (room_height / tile_size + (room_height % tile_size != 0));
        printf("필요한 타일 개수: %d개\n", tiles_needed);
        return 0;
}
```

왼쪽과 오른쪽이 같지 않으
면 != 연산자는 1이 된다.
관계 연산자를 참조한다.

| 난이도 ★★★   주제 나머지 연산자 |

자동판매기를 시뮬레이션하는 프로그램을 작성해보자. 자동판매기는 사용자로부터 투입한 돈과 물건 값을 입력받는다. 프로그램은 잔돈을 계산하여 출력한다. 자판기는 동전 100원, 10원, 1원짜리를 가지고 있다고 가정하자.

```
투입한 돈: 1000
물건값: 271
거스름돈: 729

100원 동전의 개수: 7
10원 동전의 개수: 2
1원 동전의 개수: 9
```

거스름돈에서 100원이 몇 개 있는지를 알려면 거스름돈을 100으로 나눈 몫을 계산하면 된다. 남은 돈은 나머지 연산자를 이용하면 알 수 있다.

```c
int coin100s = change / 100;
change = change % 100;
```

이러한 과정을 되풀이하면 된다. 반복문은 사용하지 않는다.

도전문제

1. 유사한 문제로 1,000원이 있고, 사탕의 가격이 300원일 때, 최대로 살 수 있는 사탕의 개수와 구입 후에 남은 돈을 계산할 수 있는가?

Solution 자동판매기 프로그램

```c
#define _CRT_SECURE_NO_WARNINGS
#include <stdio.h>

int main(void)
{
    int money, price, change;

    printf("투입한 돈: ");
    scanf("%d", &money);

    printf("물건값: ");
    scanf("%d", &price);

    change = money - price;
    printf("거스름돈:  %d\n\n", change);

    int coin100s = change / 100;       // 거스름돈에서 100원짜리의 개수 계산
    change = change % 100;             // 거스름돈에서 100원짜리를 내주고 남은 돈

    int coin10s = change / 10;         // 거스름돈에서 10원짜리의 개수 계산
    change = change % 10;              // 거스름돈에서 10원짜리를 내주고 남은 돈

    printf("100원 동전의 개수: %d\n", coin100s);
    printf("10원 동전의 개수: %d\n", coin10s);
    printf("10원 동전의 개수: %d\n", change);

    return 0;
}
```

 도전문제

1. 자판기가 만약 50원짜리 동전도 거슬러 줄 수 있다면 위의 코드를 어떻게 수정하여야 하는가?

4. 대입 연산자

대입 연산자(assignment operator)는 변수에 값을 저장하기 위하여 사용하는 연산자이다. 대입 연산자는 등호(=)로 표시된다. 대입 연산자는 할당 연산자 또는 배정 연산자라고도 한다. 대입 연산자는 왼쪽에 있는 변수에 오른쪽에 있는 수식의 값을 계산하여 저장한다.

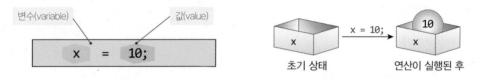

다음의 문장은 수학적으로 보면 아주 잘못된 문장이다. x는 절대 x+1과 같을 수 없다. 그러나 C에서는 가능한 문장이면서 아주 많이 사용되는 문장이다.

```
x = x + 1;
```

위 문장의 의미는 변수 x의 값에 1을 더하여 그 결괏값을 다시 변수 x에 대입하라는 것이다.

대입 연산자는 연속해서 사용될 수 있다. 예를 들어서 변수 x, y, z에 0을 대입하는 문장은 다음과 같이 작성될 수 있다.

```
x = y = z = 0;
```

z = 0이 먼저 실행되고 이 수식의 값인 0이 다시 y에 대입된다. x에도 0이 대입된다.

복합 대입 연산자

C언어에서 대입 연산자는 다른 연산자와 함께 사용할 수도 있다. 예를 들어, 산술 연산자와 함께 사용하여 변수에 값을 더하거나 빼거나 곱할 수 있다. 이것을 복합 대입 연산자라고 한다.

표 4.4 복합 대입 연산자

복합 대입 연산자	의미
x += y	x = x + y
x -= y	x = x - y
x *= y	x = x * y
x /= y	x = x / y
x %= y	x = x % y

복합 대입 연산자는 기존 변수의 값에 새로운 값을 연산하여 다시 할당하는 연산자입니다. 수식을 간략화하여 작성할 수 있습니다.

복합 대입 연산자를 이용하여 몇 가지 연산을 하고 결과를 화면에 출력해보자.

```
comp_op.c
```

```c
#include <stdio.h>

int main(void)
{
    int x = 10, y = 10;
    printf("x = %d    y = %d \n", x, y);

    x += 1;        // x = x + 1
    printf("(x += 1) -> x = %d \n", x);
    y *= 2;        // y = y * 2
    printf("(y *= 2) -> y = %d \n", y);

    return 0;
}
```

실행결과
```
x = 10     y = 10
(x += 1) -> x = 11
(y *= 2) -> y = 20
```

5. 관계 연산자

관계 연산자(relational operator)는 주어진 두 값의 관계를 비교하여 참 또는 거짓을 반환하는 연산자이다. 이러한 연산자는 조건문과 반복문 등의 제어 구조에서 자주 사용된다. 예를 들면 "변수 x가 0과 같은가?", "변수 y가 10보다 더 작은가?" 등을 따지는 데 사용된다. 관계 연산자의 결과는 참(true) 아니면 거짓(false)으로 계산된다. C에서는 [표 4.5]와 같은 6가지의 관계 연산자를 사용한다.

표 4.5 관계 연산자

연산	의미
x == y	x와 y의 값이 같으면 참을 반환한다.
x != y	x와 y의 값이 다르면 참을 반환한다.
x 〉 y	x가 y보다 크면 참을 반환한다.
x 〈 y	x가 y보다 작으면 참을 반환한다.
x 〉= y	x가 y보다 크거나 같으면 참을 반환한다.
x 〈= y	x가 y보다 작거나 같으면 참을 반환한다.

C에서 참과 거짓은 1과 0으로 표시된다. 10 == 10이라는 관계식을 예로 들어보자. 10과 10은 같으므로 이 수식은 참을 의미하는 정숫값 1을 생성한다. 수식 10 == 20은 거짓을 의미하는 정숫값 0을 생성한다.

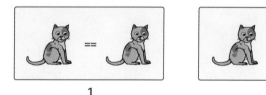

사용자로부터 2개의 정수를 받아서 관계 연산을 수행하고 그 결과를 화면에 출력하는 프로그램을 작성해보자.

relational.c

```c
#define _CRT_SECURE_NO_WARNINGS
#include <stdio.h>

int main(void)
{
    int x, y;

    printf("두 개의 정수를 입력하시오: ");
    scanf("%d %d", &x, &y);

    printf("%d == %d의 결괏값: %d\n", x, y, x == y);
    printf("%d != %d의 결괏값: %d\n", x, y, x != y);
    printf("%d > %d의 결괏값: %d\n", x, y, x > y);
    printf("%d < %d의 결괏값: %d\n", x, y, x < y);
    printf("%d >= %d의 결괏값: %d\n", x, y, x >= y);
    printf("%d <= %d의 결괏값: %d\n", x, y, x <= y);

    return 0;
}
```

실행결과

```
두 개의 정수를 입력하시오: 3 4
3 == 4의 결괏값: 0
3 != 4의 결괏값: 1
3 > 4의 결괏값: 0
3 < 4의 결괏값: 1
3 >= 4의 결괏값: 0
3 <= 4의 결괏값: 1
```

실수를 비교할 때

실수를 == 연산자로 비교하는 경우에는 예상치 못한 결과가 발생할 수 있다. 우리는 3장에서 실수를 컴퓨터의 한정된 개수의 비트를 가지고 표현할 경우, 정밀도 오차가 발생할 수 있음을 알았다. 실수를 비교할 때 == 연산자만을 사용하면 잘못될 수 있다. 다음 코드를 실행해보자.

```c
#include <stdio.h>
#include <math.h>

int main(void)
{
    double a, b;
    a = 1.1+0.1;
    b = 1.2;
    printf("a==b의 결과: %d \n", a == b);
    printf("fabs(a-b)<0.0001의 결과: %d \n", fabs(a-b) < 0.0001);
    return 0;
}
```

실행결과

```
a==b의 결과: 0
fabs(a-b)<0.0001의 결과: 1
```

1.1+0.1의 결괏값이 1.2이지만, 부동소수점 정밀도 오차로 인하여 == 연산자로 1.2와 비교하면 거짓(0)이라고 나온다. 실숫값을 올바르게 비교하려면 fabs(a-b) 〈 0.0001과 같이 비교를 해야 한다. 여기서 fabs()는 실숫값의 절댓값을 구하는 함수이다. 즉, a와 b의 차이를 계산하고, 차이가 작으면 같다고 간주하는 것이다. 0.0001은 절대적인 숫자가 아니다. 다른 사람들은 1e-9를 사용하기도 한다. 소수점 3자리에서 반올림한 후에 비교하여도 좋다.

참고

관계 연산자들은 두 글자로 된 것들이 많다. 이것들은 모두 붙여서 사용해야 한다. 또한 >=를 =>로 잘못 쓰지 않도록 유의해야 한다. 다음은 모두 잘못된 예이다.

    x =< y   // 순서가 바뀌었다.
    x < = y   // 중간에 공백이 있으면 안 된다.
    x << y   // 이것은 관계 연산자가 아니고 비트 이동 연산자이다.

경고

관계 연산자에서 많이 저지르는 실수 중의 하나는 (x == y) 대신에 (x = y)를 사용하는 것이다. 수학적으로는 =가 맞지만 C에서는 =가 대입 연산자로 사용된다는 것을 유념하여야 한다. x = y에서는 x의 값이 변경되고 x == y에서는 x의 값이 변경되지 않는다.

(x = y)   // y의 값을 x에 대입한다. 이 수식의 값은 x의 값이다.
(x == y)   // x와 y가 같으면 1, 다르면 0이 수식의 값이 된다.

중간점검

1. 관계 수식의 결과로 생성될 수 있는 값은 무엇인가?
2. (3 >= 2) + 5의 값은?

Lab 로또 당첨 확률 계산

| 난이도 ★★   주제 관계 연산자 |

새내기 군은 무순위 아파트 1가구 청약에 80만 명이 몰렸다는 뉴스를 들었다. 이것을 로또 당첨 확률과 비교하면 어떤 것이 더 어려울까? 로또 당첨 확률을 직접 계산해보자. 로또에서는 1부터 45까지의 숫자 중에서 6개의 숫자를 선택해야 하므로, 이는 45개의 숫자 중에서 6개를 선택하는 조합의 개수를 계산하는 것과 같다. 6개의 숫자를 선택하는 조합의 개수는 다음과 같이 계산할 수 있다. 우선, 45개의 숫자 중에서 첫 번째 숫자를 선택하면, 남은 44개의 숫자 중에서 두 번째 숫자를 선택할 수 있다. 이후에도 마찬가지로 선택하지 않은 숫자들 중에서 숫자를 선택해 나간다. 따라서 조합의 개수는 다음과 같이 계산된다.

$$\text{조합의 개수} = 45 * 44 * 43 * 42 * 41 * 40$$

하지만 로또에서는 숫자들의 순서가 중요하지 않기 때문에, 숫자들의 순서에 상관없이 같은 숫자들로 이루어진 경우는 한 가지 경우로 간주된다. 따라서 숫자들의 순서로 인한 중복을 제거하기 위해 계산 결과를 다음과 같이 나누어 주어야 한다.

$$\text{조합의 개수} = (45 * 44 * 43 * 42 * 41 * 40) / (6 * 5 * 4 * 3 * 2 * 1)$$

로또 당첨 확률은 이렇게 계산된 조합의 개수에 역수를 취한 값으로 나타낼 수 있다. 즉, 로또 당첨 확률은 "1 / 조합의 개수"로 표현된다.

---

lotto.c

```c
#include <stdio.h>

int main(void)
{
        double p1, p2;

        p1 = 1.0 * (6.0 * 5 * 4 * 3 * 2 * 1) / (45 * 44 * 43 * 42 * 41 * 40);
        p2 = 1.0 / 800000;

        printf("로또 당첨 확률(p1=%.20f) \n", p1);
        printf("아파트 당첨 확률(p2=%.20f) \n", p2);
        printf("p1 < p2 = %d \n", p1 < p2);
        return 0;
}
```

실행결과
```
로또 당첨 확률(p1=0.00000045875186625356)
아파트 당첨 확률(p2=0.00000125000000000000)
p1 < p2 = 1
```

6. 논리 연산자

논리 연산자는 여러 개의 조건을 조합하여 참인지 거짓인지를 따질 때 사용한다. 예를 들어, "비가 오지 않고 휴일이면 테니스를 친다."라는 문장에는 "비가 오지 않는다."라는 조건과 "휴일이다."라는 조건이 동시에 만족되면 테니스를 친다는 의미가 포함되어 있다. C에는 조건들을 다양하게 묶을 수 있는 연산자들이 준비되어 있다.

표 4.6 논리 연산자

연산	의미
x && y	AND 연산, x와 y가 모두 참이면 참, 그렇지 않으면 거짓
x || y	OR 연산, x나 y 중에서 하나만 참이면 참, 모두 거짓이면 거짓
!x	NOT 연산, x가 참이면 거짓, x가 거짓이면 참

(toeic_score >= 500) && (grad_exam >= 60)

어떤 대학교의 졸업 요건이 토익 점수 500점 이상, 졸업 성적 평균 60점 이상인 경우입니다.

그림 4.3 논리 연산자는 조건을 묶을 수 있다

AND와 OR 연산자

AND 연산자인 &&은 두 개의 피연산자가 모두 참일 때만 연산 결과가 참이 된다. 예를 들어서 어떤 대학교에서는 학사 학위를 받으려면 토익 성적이 500점 이상이고 졸업 시험 성적이 평균 60점 이상이어야 한다고 하자.

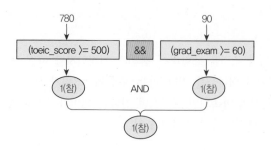

위의 수식에서 toeic_score가 500점 이상이고 grad_exam이 90점 이상인 경우에만 참이 된다. 예를 들어서 toeic_score가 500점 이상이고 grad_exam이 90점인 경우에는 참이 된다. 만약 조건 중에서 하나라도 거짓이면 전체 수식의 값은 거짓이 된다.

OR 연산자인 ||은 하나의 피연산자만 참이면 연산 결과가 참이 된다. 졸업 요건 중에서 영어 성적은 토익 성적(500점 이상)을 제출할 수도 있고 토플 성적(80점 이상)을 제출할 수도 있다고 하자. 토익 점수가 780점이고 토플 점수는 50점이어도 영어는 합격된다.

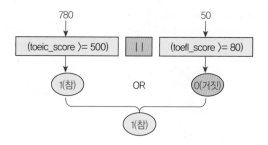

논리 연산자들은 여러 개가 동시에 사용될 수 있다. 예를 들면 "x는 1, 2, 3 중의 하나인가?"라는 질문은 다음과 같이 작성할 수 있다.

```c
if( (x == 1) || (x == 2) || (x == 3) ) {
    printf("x는 1, 2, 3 중의 하나입니다. \n");
}
```

NOT 연산자

NOT 연산자는 피연산자의 값이 참이면 연산의 결괏값을 거짓으로 만들고, 피연산자의 값이 거짓이면 연산의 결괏값을 참으로 만든다.

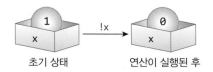

초기 상태   연산이 실행된 후

예를 들어보면 다음과 같다.

```
result = !(2==2);    // result에는 0이 대입된다.
```

NOT 연산자를 1의 값에 대해서만 0으로 만드는 것이 아니라 0이 아닌 값에 적용하면 0으로 만든다는 것에 유의해야 한다. 즉, 다음과 같은 경우에도 모두 0이 된다.

```
!100     // 100도 참으로 취급한다.
!-3      // 음수도 참으로 취급한다.
```

또한 NOT 연산자는 논리적인 NOT과는 약간의 차이가 있다. 논리적인 NOT의 경우에는 NOT을 두 번 적용시키면 원래의 상태가 되지만, 연산자 NOT은 두 번 적용시켜도 원래의 상태가 되지 않는 경우도 있다.

```
!!3      // 이 수식의 값은 1이 된다.
```

!!3은 !(!3)으로 생각할 수 있고 !3은 앞에서 설명했듯이 0이다. 따라서 주어진 수식은 !0과 같고 결과적으로 1이 된다.

참과 거짓

관계 수식이나 논리 수식이 거짓으로 계산되면 0을 생성하고 참으로 계산되면 1을 생성한다. 하지만 피연산자의 경우에는 0이면 거짓이고 0이 아닌 값은 무조건 참으로 간주한다. 따라서 NOT 연산자의 경우와 같이 !100 하면 100의 값을 참으로 간주하여 여기에 NOT을 적용하여 0 값이 생성되는 것이다. 따라서 수식의 결과로는 항상 0 아니면 1만 생성되지만, 피연산자로서 참과 거짓을 분류할 때는 0이면 거짓이고 나머지는 모두 참으로 간주한다고 알아두자.

예제

사용자로부터 정수를 받아서 논리 연산을 한 후에 결과를 출력하는 프로그램을 작성해보면 다음과 같다.

```cpp
logic.cpp
```

```cpp
#include <stdio.h>

int main(void)
{
        int x, y;

        printf("정수 2개를 입력하시오: ");
        scanf("%d %d", &x, &y);

        printf("%d && %d의 결괏값: %d\n", x, y, x && y);
        printf("%d || %d의 결괏값: %d\n", x, y, x || y);
        printf("!%d의 결괏값: %d\n", x, !x);

        return 0;
}
```

0이 아닌 정수는 참으로 간주되고 0은 거짓으로 간주된다.
여러 가지 정수를 입력하여서 연산의 결과를 보도록 하자.

AND 연산

OR 연산

NOT 연산

실행결과

```
정수 2개를 입력하시오: 1 0
1 && 0의 결괏값: 0
1 || 0의 결괏값: 1
!1의 결괏값: 0
```

단축 계산

논리 연산자를 포함한 수식을 작성할 때 주의해야 할 점이 있다. && 연산자의 경우, 여러 개의 피연산자 중에서 처음 피연산자의 값이 거짓(0)이면 다른 피연산자들은 계산되지 않는다. 왜냐하면 첫 번째 피연산자의 값이 거짓(0)이면 나머지 피연산자들을 계산하지 않아도 전체 수식의 값은 거짓(0)이기 때문이다. 예를 들어, 다음과 같은 수식에서는 첫 번째 피연산자인 (2 > 3)이 거짓이기 때문에 두 번째 피연산자 (++x < 5)는 계산되지 않는다.

(2 > 3) && (++x < 5) ──── 실행되지 않는다.

따라서 두 번째 피연산자에 있는 증가 연산자는 실행되지 않는다. 이것은 수식의 계산을 빠르게 하기 위하여 컴파일러에서 사용하는 기법이다. 따라서 위와 같은 예에서 증가 연산자가 항상 실행될 거라고 믿어서는 안 된다.

이것은 || 연산자에서도 마찬가지이다. || 연산자의 경우는 첫 번째 피연산자의 값이 참(1)이면 나머지 피연산자들을 계산하지 않는다. 왜냐하면 전체의 수식은 이미 값이 참(1)이기 때문이다.

(3 > 2) || (++x < 5) ──── 실행되지 않는다.

이것을 **단축 계산**(short circuit evaluation)이라고 한다. 단축 계산이란 모든 피연산자들을 계산하지 않고 전체 수식의 값을 얻는 기법이다. 따라서 논리 연산에서는 모든 피연산자가 계산되지 않을 수도 있다는 것을 명심하여야 한다.

Q 음수는 참으로 간주되는가 아니면 거짓으로 간주될까?

A C에서는 0이 아니면 무조건 참으로 간주된다. 따라서 음수도 참으로 간주된다.

중간점검

1. 다음의 조건에 해당하는 논리 연산식을 만들어 보시오. 변수는 적절하게 선언되어 있다고 가정한다.

   "나이는 25살 이상, 연봉은 3,500만 원 이상"

2. 상수 10은 참인가 거짓인가?
3. 수식 !3의 값은?
4. 단축 계산의 예를 들어보라.

| 난이도 ★★   주제 나머지 연산자 |

달력은 기본적으로 지구가 태양을 공전하는 시간을 기준으로 작성된다.
하지만 실제로 측정하여 보니 지구가 태양을 완전히 한 바퀴 도는 데 걸
리는 시간은 365일보다 1/4만큼 더 걸린다. 따라서 매 4년마다 하루 정도
오차가 생기는 셈이다. 이것을 조정하기 위하여 윤년이 생겼다. 입력된 연
도가 윤년인지 아닌지를 판단하는 프로그램을 만들어보자. 윤년은 다음
의 조건을 만족해야 한다.

- 4로 나누어떨어지는 연도 중에서 100으로 나누어떨어지는 연도만 제외한다.
- 400으로 나누어떨어지는 연도는 무조건 윤년이다.

> 연도를 입력하시오: 2012
> 윤년 여부 = 1

앞의 윤년 조건을 자세히 분석하여 보면 다음과 같은 조건 중에서 하나가 성립하여야 한다.

- 4로 나누어떨어지면서 동시에 100으로는 나누어떨어지지 않는 연도
- 400으로 나누어떨어지는 연도

따라서 이것을 수식으로 표현하면 다음과 같다.

((year % 4 == 0) && (year % 100 != 0)) || (year % 400 == 0)

leapyear.c

```c
#include <stdio.h>

int main(void)
{
    int year, result;

    printf("연도를 입력하시오: ");
    scanf("%d", &year);

    result = ((year % 4 == 0) && (year % 100 != 0)) || (year % 400 == 0);
    printf("윤년 여부 = %d \n", result);

    return 0;
}
```

연도가 4로 나누어떨어진다.   100으로 나누어떨어지는 연도는 제외한다.

400으로 나누어떨어
지는 연도는 윤년이다.

수식의 결과가 1
이면 윤년이고 0
이면 평년이다.

7. 조건 연산자

조건 연산자는 유일하게 3개의 피연산자를 가지는 삼항 연산자이다. 간단한 예를 들어서 조건 연산자를 설명하여 보자.

위의 식에서 조건 (x > y)가 참이면 x가 수식의 결괏값이 된다. 따라서 x가 max_value로 대입된다. 조건 (x > y)가 거짓이면 y가 수식의 결괏값이 된다. 따라서 y가 max_value로 대입된다.

조건 연산자는 아주 간결하게 표현할 수 있어서 상당히 많이 애용된다. 조건 연산자를 이용한 대표적인 이용 사례를 모아보면 다음과 같다.

```
absolute_value = (x > 0) ? x: -x;    // 절댓값 계산
max_value = (x > y) ? x: y;          // 최댓값 계산
min_value = (x < y) ? x: y;          // 최솟값 계산
```

조건 연산자에는 printf()와 같은 문장도 넣을 수 있다. 예를 들어서 나이가 20세 이상이면 성인이라고 출력하고 20세 미만이면 청소년이라고 출력하는 문장을 작성하여 보면 다음과 같다.

```
(age >= 20) ? printf("성인\n"): printf("청소년\n");
```

condition.c

```
// 조건 연산자 프로그램
#include <stdio.h>

int main(void)
{
    int x,y;
    print("정수 2개: ");
    scanf("%d %d", &x, &y);

    printf("큰 수=%d \n", (x > y) ? x : y);
    printf("작은 수=%d \n", (x < y) ? x : y);
}
```

조건 연산자를 이용하여 큰 수를 찾는다. x > y가 참이면 x가 수식의 결괏값이 되고 거짓이면 y가 수식의 결괏값이 된다. 따라서 두 수 중에서 큰 수를 찾을 수 있다.

조건 연산자를 이용하여 작은 수를 찾는다. x < y 가 참이면 x가 수식의 결괏값이 되고 거짓이면 y가 수식의 결괏값이 된다. 따라서 두 수 중에서 작은 수를 찾을 수 있다.

실행결과

```
정수 2개: 2 3
큰 수=3
작은 수=2
```

8. 비트 연산자

컴퓨터에서 모든 데이터는 결국은 비트로 표현된다. 비트(bit)는 컴퓨터에서 정보를 저장하는 가장 작은 단위이다. 비트는 이진수의 한 자리에 해당하므로 0 또는 1의 값을 가질 수 있다. 우리가 많이 사용하는 int형 변수 안에는 비트가 32개나 들어 있다.

비트 연산자는 비트별로 AND 연산이나 OR 연산을 하는 연산자이다. 비트 연산자에는 다음과 같은 것들이 있다.

표 4.7 비트 연산자

연산자	연산자의 의미	설명
&	비트 AND	두 개의 피연산자의 해당 비트가 모두 1이면 1, 아니면 0
|	비트 OR	두 개의 피연산자의 해당 비트 중 하나만 1이면 1, 아니면 0
^	비트 XOR	두 개의 피연산자의 해당 비트의 값이 같으면 0, 아니면 1
《《	왼쪽으로 이동	지정된 개수만큼 모든 비트를 왼쪽으로 이동한다.
》》	오른쪽으로 이동	지정된 개수만큼 모든 비트를 오른쪽으로 이동한다.
~	비트 NOT	0은 1로 만들고 1은 0으로 만든다.

비트 연산자는 정수 타입의 피연산자에만 적용할 수 있다. 즉 정수 타입에는 char, short, int, long 등이 있다. 정수 타입이면 signed나 unsigned에 상관없이 모두 적용 가능하다. 실수에는 적용할 수 없다. 이는 당연한 것으로 실수는 컴퓨터 내부에서는 정수와는 사뭇 다르게 표현된다는 것을 전에 설명한 바 있다. 비트 단위 연산자는 시스템과 컴파일러에 따라서 약간씩 달

라질 수 있다. 여기서는 비주얼 스튜디오를 기준으로 한다. 지금부터 각각의 비트 연산자를 자세히 살펴보자.

비트 AND, OR, XOR, NOT

2개의 int형에 대하여 비트 AND 연산을 한다고 하자. 같은 위치의 비트를 비교하여, 하나라도 0이 있으면 결과 비트는 0이 된다.

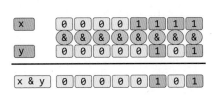

두 비트가 모두 1일 때만 1을 반환하며, 그 외의 경우에는 0을 반환합니다.

이번에는 비트 OR 연산을 한다고 하자. 같은 위치의 비트를 비교하여, 하나라도 1이 있으면 결과 비트는 1이 된다.

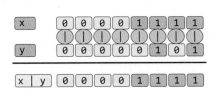

두 비트 중 하나 이상이 1일 경우 1을 반환하며, 두 비트 모두 0일 경우에만 0을 반환합니다.

이번에는 비트 XOR 연산을 한다고 하자. 같은 위치의 비트들이 일치하면 0이 되고 다르면 1이 된다.

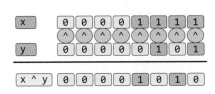

두 비트가 서로 다를 때 1을 반환하고, 같을 때는 0을 반환합니다.

비트 NOT 연산은 변수 안의 각 비트들을 반전시킨다. 부호를 나타내는 비트도 반전된다.

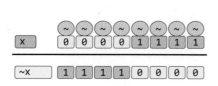

위의 설명을 프로그램으로 작성하여 확인해보자.

```c
#include <stdio.h>

int main(void)
{
    int x = 15;      // 1111
    int y = 5;       // 0101

    printf("%08X & %08X = %08X\n", x, y, x & y);  // 0101
    printf("%08X | %08X = %08X\n", x, y, x | y);  // 1111
    printf("%08X ^ %08X = %08X\n", x, y, x ^ y);  // 1010
    printf("~ %08X = %08X\n", x, ~x);

    return 0;
}
```

%08X은 8자리의 16진수로 표시하라는 의미이다.

실행결과

```
0000000F & 00000005 = 00000005
0000000F | 00000005 = 0000000F
0000000F ^ 00000005 = 0000000A
~ 0000000F = FFFFFFF0
```

비트 이동 연산자(《, 》)

비트 이동(shift) 연산자는 지정된 숫자만큼 전체 비트를 이동한다. 이동할 수 있는 방향이 왼쪽과 오른쪽, 두 개가 있으므로 두 개의 연산자 《과 》이 필요하다.

연산자	기호	설명
왼쪽 비트 이동	《	x 《 y x의 비트들을 y칸만큼 왼쪽으로 이동
오른쪽 비트 이동	》	x 》 y x의 비트들을 y칸만큼 오른쪽으로 이동

먼저 왼쪽 비트 이동 연산자인 《는 지정된 숫자만큼 왼쪽으로 이동한다. 이때 변수의 경계를 벗어나는 비트들은 없어지게 되고 오른쪽에 발생하는 빈 공간은 0으로 채워지게 된다. 예를 들어서 4《1은 다음과 같은 비트 이동 연산을 거쳐서 8이 된다.

```
변수 1           | 00000000 00000000 00000000   00000100 (4)
----------------
(변수 1 << 1)    | 00000000 00000000 00000000   00001000 (8)
```

비트들을 왼쪽으로 한번 이동할 때마다 값은 두 배가 된다. 이 특성을 이용할 수 없을까? 개발자들은 예전부터 비트 연산을 이용하여 빠르게 정수를 2배로 만드는 방법들을 사용해왔다.

오른쪽 비트 이동 연산자인 》는 지정된 숫자만큼 비트들을 오른쪽으로 이동한다. 이때에도 변수의 경계를 벗어나는 비트들은 없어지게 되고 왼쪽에 발생하는 빈 공간은 부호 비트로 채워지게 된다. 여기서 주의할 점은 왼쪽의 발생하는 빈 공간을 무작정 0으로 채우면 안 되고 부호 비트로 채워야 한다는 점이다. 양수면 부호 비트가 0이므로 0으로 채우면 되고 음수라면 부호 비트가 1이므로 1로 채워야 한다. 만약 부호 비트로 채우지 않으면 이동 연산이 끝난 뒤에 음수가 양수로 변할 수도 있기 때문이다. 4》1과 같이 양수를 비트 이동하는 경우를 살펴보자.

```
변수 1           | 00000000 00000000 00000000   00000100 (4)
----------------
(변수 1 << 1)    | 00000000 00000000 00000000   00000010 (2)
```
부호 비트

정수 30을 왼쪽과 오른쪽으로 1비트씩 이동시켜서 결과를 출력하는 프로그램을 살펴보자. 1비트를 이동할 때마다 2배가 되거나 1/2배가 된다.

bit_shift.c

```c
#include <stdio.h>

int main(void)
{
    int x = 30;

    printf("%d << 1 = %d\n", x, x << 1);
    printf("%d >> 1 = %d\n", x, x >> 1);

    return 0;
}
```

실행결과
```
30 << 1 = 60
30 >> 1 = 15
```

예제

정수 32를 비트 연산만으로 2의 보수로 만들어서, 음수 −32가 되는지 출력해보자. 2의 보수로 만들려면 모든 비트를 반전시킨 후에 1을 더해야 한다.

bit_op2.c

```c
#include <stdio.h>

int main(void)
{
        int a = 32;
        a = ~a;      // NOT 연산자로 1의 보수로 만든다.
        a = a + 1;   // 1을 더한다.

        printf("a= %d \n", a);
        return 0;
}
```

실행결과
```
a= -32
```

중간점검

1. 비트를 지정된 숫자만큼 왼쪽으로 이동시키는 연산자는 _____이다.
2. 비트의 값을 0에서 1로, 1에서 0으로 바꾸는 데 사용하는 연산자는 _____이다.
3. 변수 x의 값을 2배로 하려면 _____쪽으로 비트를 이동시키면 된다.
4. 변수 x의 값을 1/2배로 하려면 _____쪽으로 비트를 이동시키면 된다.

10진수를 2진수로 출력하기

| 난이도 ★★★   주제 비트 연산자 |

printf() 함수에서 한 가지 아쉬운 부분은 2진수로 출력하는 형식 지정자가 없다는 것이다. 사용자로부터 10진수를 받아서 2진수 형태로 출력하는 프로그램을 작성해보자. 10진수는 0에서 255 사이라고 가정하고, 2진수도 8비트라고 가정한다. 입력받은 10진수를 2진수로 변환하기 위해 2진수의 각 자리를 나타내는 비트 마스크와 비트 연산자를 사용한다. 반복문은 사용하지 않는다. 예를 들어서 다음과 같이 변환되어야 한다.

| 10진수를 입력하시오(0에서 255 사이): 3
3의 2진수: 00000011 | 10진수를 입력하시오(0에서 255 사이): 255
255의 2진수: 11111111 | 실행
결과 |

---

dec2bin.c

```c
#include <stdio.h>

int main(void)
{
        int decimal;
        printf("10진수를 입력하시오(0에서 255 사이): ");
        scanf("%d", &decimal);

        // 2진수 형태로 출력
        printf("%d의 2진수: ", decimal);
        printf("%d", (decimal >> 7) & 1); // 해당 비트가 1인지 0인지 검사
        printf("%d", (decimal >> 6) & 1); // 해당 비트가 1인지 0인지 검사
        printf("%d", (decimal >> 5) & 1); // 해당 비트가 1인지 0인지 검사
        printf("%d", (decimal >> 4) & 1); // 해당 비트가 1인지 0인지 검사
        printf("%d", (decimal >> 3) & 1); // 해당 비트가 1인지 0인지 검사
        printf("%d", (decimal >> 2) & 1); // 해당 비트가 1인지 0인지 검사
        printf("%d", (decimal >> 1) & 1); // 해당 비트가 1인지 0인지 검사
        printf("%d", (decimal >> 0) & 1); // 해당 비트가 1인지 0인지 검사
        printf("\n");

        return 0;
}
```

도전문제

1. 16비트의 2진수로 출력하도록 코드를 수정하여 보자.

| 난이도 ★★★ 주제 비트 연산자 |

어떤 수가 2의 거듭제곱인지를 아는데, 비트 연산을 활용할 수가 있다. x가 2의 거듭제곱이면, $(x \& (x-1))$이 0이다. 여기서 &는 비트 AND 연산자이다. 예를 들어서 $2^3=8$은 2진수로 1000이 된다. 여기서 1을 빼면 0111이 되고, 원래 수 1000 & 0111 하면 0이 된다. 2의 거듭제곱보다 1이 작은 수를 메르센 수라고 한다. 사용자로부터 받은 수가 2의 거듭제곱인지를 판별하는 프로그램을 작성해보자.

	1	0	0	0	n
&	0	1	1	1	n - 1
	0	0	0	0	

실행
결과

숫자를 입력하세요: 256
거듭제곱 여부=1

---

power_of_2.c

```c
#define _CRT_SECURE_NO_WARNINGS
#include <stdio.h>

int main(void)
{
    int num;

    printf("숫자를 입력하세요: ");
    scanf("%d", &num);
    printf("거듭제곱 여부=%d \n", num > 0 && (num & (num - 1)) == 0);

    return 0;
}
```

도전문제

1. 위의 과정을 완전히 반대로 해보자. 비트 연산을 이용하여 2의 거듭제곱을 계산해보자. 예를 들어, 2의 거듭제곱을 구하기 위해 왼쪽 비트 이동 연산자인 <<를 사용할 수 있다. << 연산자는 피연산자의 비트들을 왼쪽으로 지정된 수만큼 이동시킨다. 이동된 비트 위치에는 0이 채워진다. 예를 들어서 2의 3제곱을 비트 연산으로 계산해보자. 1을 왼쪽으로 3만큼 이동시키면 된다.

9. 연산자의 우선순위와 결합 규칙

연산자의 우선순위

만약 아래와 같이 하나의 수식이 2개 이상의 연산자를 가지고 있는 경우에는 어떤 연산자가 먼저 수행될 것인가? 예를 들면, 다음과 같은 문장에서 가장 먼저 수행되는 연산은 무엇인가?

```
x + y * z
```

우리는 수학에서 배웠듯이 곱셈과 나눗셈이 덧셈과 뺄셈보다 먼저 수행되어야 한다. 우선순위 (precedence)는 많은 연산들 중에서 어떤 연산을 먼저 수행할지를 결정하는 규칙이다. 각 연산자들은 서열이 매겨져 있다. 즉 곱셈과 나눗셈은 덧셈이나 뺄셈보다 우선순위가 높다. 산술 연산자들의 우선순위를 높은 것부터 나열하면 [그림 4.4]와 같다.

그림 4.4 증감 〉 곱셈, 나눗셈, 나머지 〉 덧셈, 뺄셈 순의 우선순위를 가진다

만약 사용자가 이러한 우선순위대로 연산을 하지 않고 다른 순서로 하고 싶은 경우는 어떻게 하면 되는가? 수학에서도 배웠듯이 이 경우에는 괄호를 사용하면 된다.

$$x + \underbrace{\underbrace{y * z}_{①}}_{②} \qquad \underbrace{\underbrace{(x + y)}_{①} * z}_{②}$$

C에서 사용되는 모든 연산자에 대한 우선순위를 [표 4.8]에 정리하였다.

표 4.8 연산자의 우선순위

우선순위	연산자	결합규칙
1	() [] -> . ++(후위) --(후위)	->(좌에서 우)
2	sizeof &(주소) ++(전위) --(전위) ~ ! *(역참조) +(부호) -(부호), 형변환	<-(우에서 좌)
3	*(곱셈) / %	->(좌에서 우)
4	+(덧셈) -(뺄셈)	->(좌에서 우)
5	<< >>	->(좌에서 우)
6	< <= >= >	->(좌에서 우)
7	== !=	->(좌에서 우)
8	&(비트연산)	->(좌에서 우)
9	^	->(좌에서 우)
10	|	->(좌에서 우)
11	&&	->(좌에서 우)
12	||	->(좌에서 우)
13	?(삼항)	<-(우에서 좌)
14	= += *= /= %= &= ^= |= <<= >>=	<-(우에서 좌)
15	,(콤마)	->(좌에서 우)

연산자의 결합 규칙

만약 아래의 수식과 같이 동일한 우선순위를 가지는 연산들이 여러 개가 있으면 어떤 것을 먼저 수행하여야 하는가? 즉 x*y를 먼저 수행하는가? 아니면 y*z를 먼저 수행하는가?

```
x * y * z
```

이것도 연산자마다 달라진다. 산술 연산자의 경우에는 왼쪽에서 오른쪽으로 연산이 수행된다. 즉 x*y가 먼저 수행된다. 이것이 연산자의 결합 규칙(association)이다. 결합 규칙이란 동일한 우선순위의 연산이 있는 경우에 무엇을 먼저 수행하느냐에 대한 규칙이다.

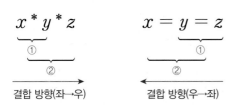

결합 규칙은 같은 우선순위를 가지는 연산자가 연속해서 나타날 때, 어떤 순서로 계산할 것인지를 결정합니다.

산술 연산자를 비롯한 대부분의 이항 연산자들은 왼쪽에 있는 연산을 먼저 수행한다. 반면에 다항 연산자와 대입 연산자는 오른쪽 연산을 먼저 수행한다. 정확한 결합 규칙은 [표 4.8]을 참조하라.

 경고

- 연산자들의 우선순위가 생각나지 않으면 위험을 무릅쓰지 말고 정신적인 안정을 위해서라도 괄호를 이용하여 우선순위를 정확하게 지정해준다. 즉, 다음과 같이 +와 <=의 우선순위가 생각나지 않으면 괄호를 사용해서 먼저 계산되어야 하는 것을 묶어준다.

  (x + 10) <= (y + 20)

- 관계 연산자는 산술 연산자보다 우선순위가 낮다. 즉, 다음과 같은 수식은 마음 놓고 사용하여도 된다.

  x + 2 == y + 3

- 일반적으로 단항 연산자는 이항 연산자보다 우선순위가 높다. 아래의 수식에서 ++는 <=보다 우선순위가 높다.

  (++x <= 10)

예제

다음 프로그램의 결과를 보기 전에 수식의 값을 예측하여 보자.

prec.cpp

```cpp
#include <stdio.h>

int main(void) {
        int a = 10, b = 3, c = 2;
        int result = a * b / c + b % c - a / b;
        printf("결괏값 = %d", result);

        return 0;
}
```

실행결과

결괏값 = 13

이 예제에서는 산술 연산자와 나머지 연산자를 사용하여 result 변수에 값을 저장한다. 이 때, a*b를 먼저 계산하고 c로 나누어야 한다. 따라서 a*b/c=15가 된다. 이후 b%c가 계산되고 3%2=1이 된다. 이어서 a/b가 계산되어서 10/3=3이 된다. 전체 수식의 값은 15+1-3이 되어서 13이 된다.

중간점검

1. 연산자 중에서 가장 우선순위가 낮은 연산자는 무엇인가?
2. 단항 연산자와 이항 연산자 중에서 어떤 연산자가 더 우선순위가 높은가?
3. 관계 연산자와 산술 연산자 중에서 어떤 연산자가 더 우선순위가 높은가?

10. 형변환

형변환(type casting)이란 데이터의 타입을 변환시키는 연산이다. 우리는 필요하다면 int형을 double형으로 변환할 수 있다. 형변환은 크게 2가지로 나눌 수 있다. 하나는 묵시적인 형변환으로 컴파일러에 의하여 자동적으로 수행되는 것이고, 또 하나는 프로그래머가 명시적으로 데이터의 타입을 변환하는 것이다.

형변환이란 변수나 상수의 자료형을 다른 자료형으로 변환하는 것을 의미합니다. 형변환은 명시적으로 지정하는 경우와 묵시적으로 지정하는 경우로 나눌 수 있습니다.

묵시적 형변환

대입 연산 시에 형변환이 자동으로 발생할 수 있다. 대입 연산자의 오른쪽에 있는 값은 왼쪽에 있는 변수의 자료형으로 자동적으로 변환된다. 예를 들어서 다음과 같은 수식을 고려해보자. 여기서 f가 double형일 경우에는 정수 10이 double형으로 변환된 후에 변수 f로 대입된다. 이러한 변환은 올림 변환(promotion)이라고 한다. 올림 변환에서는 문제가 발생되지 않는다.

```
double f;
f = 10;          // f에는 10.0이 저장된다.
```

대입 연산 시에서는 낮은 등급의 자료형으로 변환되는 내림 변환(demotion)이 발생할 수도 있다. 실제로 문제가 되는 경우는 바로 이 내림 변환이다. 내림 변환이 발생하면 데이터의 손실이 발생할 수 있다. 만약 double형의 실수가 int형 변수로 대입되면 소수점 이하는 버려지게 된다. 예를 들어서 3.14가 int형 변수에 대입되면 정수부인 3만 저장된다.

```
int x;
x = 3.14;        // i에는 3이 저장된다.
```

하나의 수식에서 서로 다른 자료형이 사용되면 모든 자료형은 그중에서 가장 높은 등급의 자료형으로 자동적으로 변환된다. 이유는 데이터의 손실을 막기 위해서이다. 만약 높은 등급을 낮은 등급으로 변환한다면 그 과정에서 데이터의 손실이 있을 수 있기 때문이다.

예를 들어서 10+1.2345라는 수식을 계산하는 과정에서 int형인 10은 double형 10.0으로 변환되어서 1.2345에 더해진다. 따라서 전체 수식의 값은 double형이 된다.

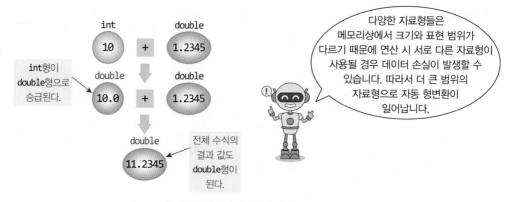

그림 4.5 모든 피연산자들의 자료형이 가장 큰 자료형으로 승급된다

명시적인 형변환

개발자가 직접 형변환을 지정하는 것을 말한다. 즉, 형변환 연산자를 사용하여 어떤 데이터의 자료형을 바꿀 수 있다. 예를 들어, int형 변수 x의 값을 double형으로 변환하려면 (double)x 와 같이 쓸 수 있다.

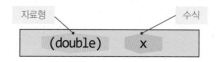

예를 들어서 5를 double형 5.0으로 변환하고 싶으면 (double) 5라고 하면 된다. 변수나 수식 앞에도 사용할 수 있다.

그림 4.6 형변환 연산자는 상수나 변수의 값을 특정한 형으로 변환하는 역할을 한다

경우에 따라서는 묵시적 형변환과 명시적 형변환의 결과가 다른 경우도 있다. 다음의 소스를 주의 깊게 분석하여 보자.

typecast.c

```c
1   #include <stdio.h>
2   int main(void)
3   {
4       int i;
5       double f;
6
7       f = 5 / 4;
8       printf("(5 / 4) = %lf\n", f);
9
10      f = (double)5 / 4;
11
12      printf("(double)5 / 4 = %lf\n", f);
13
14      i = 1.3 + 1.8;
15      printf("1.3 + 1.8 = %d\n", i);
16
17      i = (int)1.3 + (int)1.8;
18      printf("(int)1.3 + (int)1.8 = %d\n", i);
19
20      return 0;
21  }
```

실행결과

```
(5 / 4) = 1.000000
(double)5 / 4 = 1.250000
1.3 + 1.8 = 3
(int)1.3 + (int)1.8 = 2
```

프로그램 설명

7. 5 / 4는 피연산자가 정수이므로 정수 연산으로 계산되어서 1이 된다. 이것이 **double**형 변수로 대입되므로 올림 변환이 발생하여 1.0이 f에 저장된다.

10. (double)5 / 4에서는 먼저 형변환 연산자가 우선순위가 높기 때문에 먼저 실행되어서 정수 5가 부동소수점수 5.0으로 변환된다.

14. 수식 1.3 + 1.8은 두 개의 피연산자가 모두 부동소수점수이므로 수식의 결과도 부동소수점형인 3.1이 된다. 3.1이 정수형 변수 i로 대입되면 내림 변환이 발생하여 3이 i에 저장된다.

17. 수식 (int)1.3 + (int)1.8에서는 1.3과 1.8이 모두 1로 변환되므로 변수 i에는 1 + 1하여 2가 저장된다.

따라서 자동 형변환과 명시적인 형변환의 결과는 다를 수 있고 프로그래머는 주어진 상황에서 어느 쪽이 더 적절한지를 판단하여 형변환 연산자를 사용하여야 한다.

중요

형변환을 하였다고 해서 변수의 형이 변경되는 것은 아니다. 변수가 가지고 있는 값을 꺼내서 값의 자료형을 변경해서 수식에서 임시로 사용하는 것이다. 형변환을 남발하면 프로그램의 가독성이 떨어지고, 자료형 불일치로 인한 오류가 발생할 가능성이 높아진다. 따라서 형변환은 필요한 경우에만 사용하는 것이 좋다.

중간점검

1. 내림 변환과 올림 변환을 설명하라.
2. int형 변수 x를 double형으로 형변환하는 문장을 써보라.
3. 하나의 수식에 정수와 부동소수점수가 섞여 있으면 어떻게 되는가?

Lab 반올림 연산

| 난이도 ★★   주제 형변환 연산자 |

C언어에서 부동소수점수를 반올림하여 정수로 만들려면 어떻게 하면 될까?

> 반올림하기 전의 값=7.900000
> 반올림한 후의 결과=8

형변환 연산자를 적극적으로 이용해보자. 부동소수점 값에 0.5을 더한 후에 정수형으로 바꾸면 어떻게 될까?

round.c

```c
#include <stdio.h>
int main(void)
{
        double a = 7.9;
        int b;

        b = (int)(a + 0.5);
        printf("반올림하기 전의 값=%f \n", a);
        printf("반올림한 후의 결과=%d \n", b);

        return 0;
}
```

math.h에 있는 round() 함수를 사용하여도 된다. b = (int) round(a); 하면 된다.

도전문제

1. C언어에서 부동소수점수를 소수점 둘째 자리에서 반올림하기 위해서는 round() 함수를 사용한다. round() 함수는 주어진 부동소수점수를 가장 가까운 정수로 반올림한다. 소수점 자리수를 조절하려면 해당 부동소수점수에 10의 거듭제곱을 곱한 후 round() 함수를 사용한 다음 다시 10의 거듭제곱으로 나누면 된다.

```c
#include <math.h>
...
double num = 3.14159;  // 반올림할 부동소수점수
double rounded = round(num * 100.0) / 100.0;  // 소수점 둘째 자리에서 반올림
printf("반올림 결과: %.2f\n", rounded);  // 출력: 3.14
```

| 난이도 ★★★   주제 다양한 연산자 |

어떤 샐러리맨이 집에서 회사까지 자동차로 출근하는 데 60km가 소요된다. 갑자기 자신이 얼마 동안 출근하면 누적 출퇴근 거리가 달까지의 거리가 되는지 궁금해졌다. 지구에서 달까지의 거리는 약 383,000km이다. 다음과 같은 형식으로 출력하도록 하자. 계산은 정확도를 위하여 부동소수점수를 사용하고 결과는 정수로 반올림하도록 하자. 1년은 365일이라고 가정하자. 한 달은 30일이라고 하자.

8년 9월 2일 후 출퇴근 거리가 달까지의 거리가 됩니다.

실행
결과

---

trip.c

```c
#include <stdio.h>

int main(void) {
        int distance_to_work = 60;                  // 집에서 회사까지의 거리(km)
        int distance_to_moon = 383000;              // 지구에서 달까지의 거리(km)
        int commute_distance = distance_to_work * 2;   // 출퇴근 거리(km)
        int days = 1;                               // 출근 일수

        days = ((double)distance_to_moon / commute_distance+0.5);

        int years = days / 365;
        int months = (days % 365) / 30;
        int remaining_days = (days % 365) % 30;

        printf("%d년 %d월 %d일 후 출퇴근 거리가 달까지의 거리가 됩니다.", years, months,
remaining_days);

        return 0;
}
```

1 수식에서 어떤 연산자들이 먼저 계산되는지를 결정하는 것을 무엇이라고 하는가?

　　① 피연산자　　　② 결괏값　　　③ 우선순위　　　④ 연산의 부작용

2 C프로그램에서 수식 7/9*9는 얼마로 계산되는가?

　　① 1　　　　　② 0.08642　　③ 0　　　　　④ 10

3 변수 x, y는 int x = 10; int y = 20;으로 선언되어 있다고 하자. 다음 중 올바른 수식이 아닌 것은?

　　① x = 10 + y;　　② 30 = x + y;　　③ x += 20;　　④ x = 1 = 2;

4 다음 코드의 실행 결과는?

```
int i = 5;
i = i / 3;
printf("%d \n", i);
```

5 다음 코드의 실행 결과는?

```
int x = 2 * 9 / 3 + 9;
printf("%d \n", x);
```

6 다음 코드의 실행 결과는?

```
int x = 5 % 2 * 3 / 2;
printf("%d \n", x);
```

7 다음 코드의 실행 결과는?

```
int x=10;
int y=20;
printf("%d\n", x < y);
printf("%d\n", x == y);
printf("%d\n", x = y );
printf("%d\n", x != y);
printf("%d\n", x++ );
```

8 잠시 컴파일러가 되었다고 가정하자. 다음 소스 파일이 컴파일되어 실행되는 것인지를 말하고 컴파일이 되지 않는다면 어디가 문제인지를 오른쪽 빈칸에 적으시오.

```
#include <stdio.h>            _____
int main(void)               _____
{                            _____
    const integer MAX=1000;  _____
    integer i= 10;           _____
    unsigned double d = .2;  _____

    return 0;                _____
}
```

9 다음은 100에 1/2을 곱하여 50을 계산하려는 코드이다. 항상 0이 출력된다. 어디에 문제가 있는가?

```
#include <stdio.h>
int main(void)
{
    int x = 100;
    int y;

    y = (1 / 2) * x;
    printf("%d \n", y);
    return 0;
}
```

Programming

1 사용자로부터 체중(kg)과 신장(m)을 받아서 BMI를 계산하여 출력하는 프로그램을 작성하시오. BMI는 체중을 신장의 제곱으로 나눈 값이다. 이때 신장의 단위는 미터여야 한다.

> 체중을 입력하시오: 85
> 신장을 입력하시오(단위: 미터): 1.8
> BMI: 26.23

HINT bmi = weight / (height * height);로 계산할 수 있다.

2 사용자로부터 상품가격(정수)과 할인율(부동소수점수)을 받아서 할인된 가격을 출력하는 프로그램을 작성하라.

> 상품의 가격을 입력하시오: 20000
> 할인율을 입력하시오: 10
> 할인된 가격은 18000원입니다.

HINT double disc_rate; scanf("%lf:", &disc_rate);와 같은 문장으로 부동소수점수를 입력받을 수 있다. 할인된 상품 가격을 계산하는 식은 (price-price * disc_rate/100.0)이 될 것이다. 부동소수점수를 소수점 2자리까지 출력하려면 %.21f와 같은 형식 지정자를 사용한다.

3 백화점에 가면 30% 할인해서 50,000원이라는 광고 문구를 본다. 할인하기 전의 원래 가격을 계산하는 프로그램을 작성해보자.

> 할인률(%): 30
> 할인가격(원): 50000
>
> 할인 전 가격은 71428원입니다.

4 한 학생의 국어, 영어, 수학 점수를 입력하는 C 프로그램을 작성하고 모든 과목의 합계, 평균 점수를 계산한다. 총점과 평균의 소수점 2번째 자리까지만 출력한다.

```
3과목을 점수를 입력하시오: 80 70 90

총점=240
평균=80.00
```

HINT 3과목의 점수를 한 줄에서 입력받으려면 scanf("%f%f%f", &kor, &eng, &math);과 같은 문장을 사용한다. 소수점 2번째 자리까지만 출력하려면 printf("총점=%.2f\n", total);을 사용한다.

5 사세 자리 양의 정수를 입력 받고, 각 자리 숫자가 모두 같은지 판별하는 프로그램을 작성하라(예: 111, 222, 333은 각각 조건 만족). 반복문은 사용하지 않는다.

```
세 자리 양의 정수를 입력하세요: 333
일치 여부 = 1
```

6 사용자에게 실수를 받아서 정수부와 소수부를 출력하는 프로그램을 작성해보자.

```
실수를 입력하시오: 3.14

정수부: 3
소수부: 0.14
```

HINT 부동소수점수 fvalue의 정수부는 (int)fvalue하여 얻을 수 있다.

7 사용자로부터 임의의 숫자 num을 입력받아서 num의 최하위 비트(LSB: Least Significant Bit)를 출력하는 프로그램을 작성하라.

```
숫자를 입력하시오: 9
LSB는 1입니다.
```

HINT 변수 num의 최하위 비트는 num & 1로 알 수 있다.

8 사용자로부터 임의의 숫자 num와 n을 입력받아서 num의 n번째 비트를 1로 설정하는 프로그램을 작성하라. 최하위 비트는 0번째 비트라고 하자.

```
숫자를 입력하시오: 9

n을 입력하시오: 2
새로운 값=13
```

HINT 변수 num의 n번째 비트를 설정하려면 (1 << n) | num 연산을 사용한다.

9 사용자로부터 3개의 정수 A, B, C를 받아서 (A+B)%C는 ((A%C) + (B%C))%C와 같은지 계산해보자.

```
3개의 숫자를 입력하시오: 10 20 30

(A+B)%C = 0
((A%C) + (B%C))%C = 0
```

조건문

CHAPTER **5** 조건문

1. 이번 장에서 만들 프로그램

컴퓨터 프로그램의 필수적인 특징 중의 하나는 상황에 따라서 서로 다른 결정을 내릴 수 있는 능력이다. 자동차가 도로의 신호등에 따라서 직진하거나 좌회전하는 것처럼 컴퓨터 프로그램은 입력이나 주위 상황에 따라서 서로 다른 동작을 실행할 수 있다. 이번 장에서는 프로그램이 어떻게 결정을 내려서 스마트하게 동작할 수 있는지를 학습한다. 이번 장에서는 다음과 같은 프로그램을 작성해볼 것이다.

(1) 다트 게임에서 좌표를 입력하면 점수를 계산하는 프로그램을 작성해보자.

```
다트의 x, y 좌표를 입력하시오: 7 7
획득한 점수: 1
```

(2) "가위 바위 보" 게임을 작성하여 보자.

```
가위, 바위, 보 게임에 오신 것을 환영합니다.
하나를 선택하세요(가위-0, 바위-1, 보-2): 0
사용자=0
컴퓨터=2
사용자 승리
```

(3) 이차 방정식의 근을 계산하는 프로그램을 작성해보자.

```
계수 a, b, c를 입력하시오: 7 8 -11
첫 번째 실근= 0.806236
두 번째 실근= -1.949093
```

2. 3가지의 기본 제어 구조

프로그램을 작성할 때, 사용할 수 있는 3가지의 기본적인 제어 구조가 있다.

- 순차 구조(sequence): 명령어들이 순차적으로 실행되는 구조이다.
- 선택 구조(selection): 여러 개의 명령어 중에서 하나를 선택하여 실행되는 구조이다.
- 반복 구조(iteration): 동일한 명령어가 반복되면서 실행되는 구조이다.

우리는 이제까지는 순차 구조만을 사용하였다. 하지만 컴퓨터가 스마트한 것은 선택 구조와 반복 구조가 있기 때문이다. 아래 그림은 순차 구조, 선택 구조, 반복 구조를 순서도(flowchart)로 나타낸 것이다.

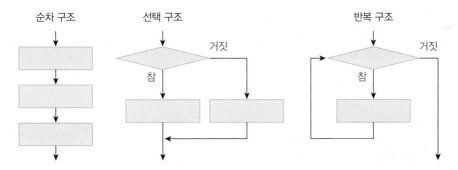

이것들은 레고의 기본 블록과 유사하다. 레고의 작품은 기본 블록 몇 가지만을 이용하여 만들어진다. 프로그램도 마찬가지이다. 어떠한 프로그램이라도 3가지의 기본 블록만 있으면 만들 수 있다. 프로그램의 기본 블록을 쉽게 이해하려면 이것을 자동차(CPU)가 주행하는 도로로 생각하면 된다.

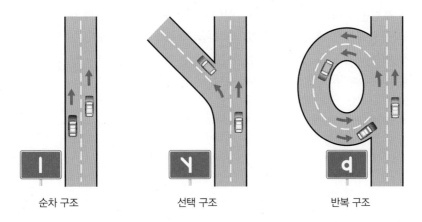

순차 구조   선택 구조   반복 구조

순차 구조는 자동차가 직진하는 도로라고 생각할 수 있다. 선택 구조는 자동차가 2가지의 길 중에서 하나를 선택하여 주행하는 교차로이다. 반복 구조는 자동차가 회전하면서 주행하는 회전 교차로라고 할 수 있다. 프로그램은 이들 기본적인 구조를 서로 연결해 작성된다. 이번 장에서는 주로 선택 구조에 집중하여 학습하자.

3. if-else 문

왜 선택 구조가 필요한가?

우리가 지금까지 학습한 예제에서는 모든 문장이 순서대로 실행되었다. 이것이 앞에서 설명한 3가지의 기본 제어 구조 중에서 순차 구조이다. 우리가 프로그램을 작성할 때, 순차 구조만 사용한다면 프로그램은 항상 동일한 동작만을 되풀이할 것이기 때문에, 별로 쓸모가 없다. 예를 들어서 자율 주행 자동차가 앞에 장애물이 있어도 멈추지 않는다면 큰일 날 것이다.

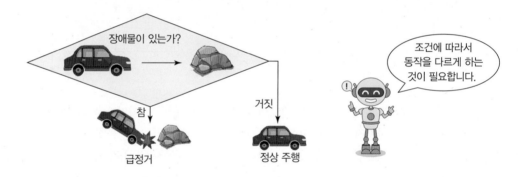

선택 구조는 조건을 검사하고 조건에 따라 실행되는 명령어를 다르게 할 수 있다. 예를 들어서 자율 주행 자동차에서 앞에 장애물이 있으면 긴급 제동을 한다고 하자. 이 경우, 조건은 장애물이 있는지 여부이다. 만약 장애물이 감지되면 긴급 제동하고, 그렇지 않으면 계속 주행하면 된다. 이것을 흐름도로 그리면 [그림 5.1]과 같다.

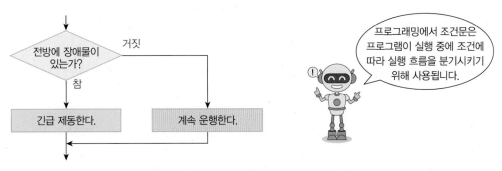

그림 5.1 조건에 따라 서로 다른 결정을 내리는 예

이런 경우에 사용할 수 있는 문장이 if-else 문이다. if-else 문은 다음과 같은 형식을 가지고 있다.

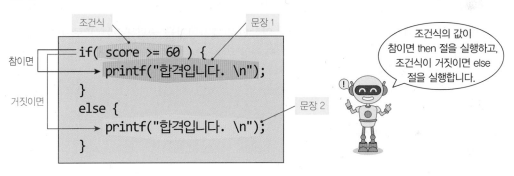

if-else 문은 주어진 조건식을 계산하여 참이면 if 이후의 문장을 실행한다. 조건식이 거짓이면 else 이후의 문장을 실행한다. if-else 문에서 조건이 참일 때 실행되는 문장을 then 절 (then clause)이라고 한다. 조건이 거짓일 때 실행되는 문장을 else 절(else clause)이라고 한다. 하나의 예로 시험 점수가 60점 이상이면 합격이고 60점 미만이면 불합격을 화면에 출력하고자 한다면 위와 같이 if-else를 사용하여 코드를 작성하면 된다. 위의 코드에서는 조건 "score >= 60"을 계산하여 참으로 계산되면 if 아래에 있는 문장을 실행한다. 만약 조건식이 거짓이면 else 아래에 있는 문장을 실행한다.

여기서 만약 조건에 따라 실행되는 문장이 하나이면 중괄호는 생략할 수 있다. 즉, 다음과 같이 작성하여도 된다. 하지만 조건에 따라 실행되는 문장이 2개 이상이면 반드시 중괄호를 사용하여야 한다.

```
if ( score >= 60 )
    printf("합격입니다.\n");
else
    printf("불합격입니다.\n");
```

여기서 else 절은 생략될 수 있다. 시험 점수가 60점 이상일 때, "합격입니다."만 출력하면 된다면 다음과 같이 작성해도 된다.

```
if ( score >= 60 )
    printf("합격입니다.\n");
```

예제 #1

사용자가 입력한 현재의 온도를 검사하여서 영상인지 영하인지를 출력해주는 프로그램을 작성하여 보자. 사용자로부터 입력받은 온도를 if-else 문을 이용하여 검사한 후에 영상이면 "영상의 날씨입니다."를 출력하고 그렇지 않으면 "영하의 날씨입니다."를 출력한다.

if_else1.c

```c
#define _CRT_SECURE_NO_WARNINGS
#include <stdio.h>

int main(void)
{
    int temperature;

    printf("온도를 입력하시오:");
    scanf("%d", &temperature);

    if (temperature > 0)              // temperature가 0보다 크면 아래 문장을 실행
        printf("영상의 날씨입니다.\n");
    else                              // temperature가 0 이하이면 아래 문장을 실행
        printf("영하의 날씨입니다.\n");

    printf("현재 온도는 %d도입니다.\n", temperature);     // 항상 실행
    return 0;
}
```

실행결과

```
온도를 입력하시오: -6
영하의 날씨입니다.
현재 온도는 -6도입니다.
```

여기서 한 가지 짚고 넘어 갈 것은 **if-else** 문이 실행된 다음에는 어떤 문장이 실행되느냐이다. **if** 문이 끝나면 조건이 참이든 거짓이든 상관없이 **if-else** 문 다음에 있는 문장이 실행된다.

```
if (temperature > 0)                        // temperature가 0보다 크면 아래 문장을 실행
    printf("영상의 날씨입니다.\n");
else                                        // temperature가 0 이하이면 아래 문장을 실행
    printf("영하의 날씨입니다.\n");

printf("현재 온도는 %d도입니다.\n", temperature);  // 항상 실행
```

예제 #2

사용자로부터 입력받은 정수가 홀수인지 짝수인지를 말해주는 프로그램을 작성하여 보자. 홀수와 짝수는 어떻게 구별할 수 있는가? 짝수는 2로 나누었을 때, 나머지가 0이다. 홀수는 2로 나누었을 때, 나머지가 1이다. 나머지 연산자 %를 이용하여 구별할 수 있다.

if_else2.c

```
1   #define _CRT_SECURE_NO_WARNINGS
2   #include <stdio.h>
3
4   int main(void)
5   {
6       int number;
7
8       printf("정수를 입력하시오:");
9       scanf("%d", &number);
10
11      if (number % 2 == 0)        // number를 2로 나눈 나머지가 0이면 짝수이다.
12          printf("입력된 정수는 짝수입니다.\n");
13      else                        // 그렇지 않으면 홀수이다.
14          printf("입력된 정수는 홀수입니다.\n");
15
16      return 0;
17  }
```

실행결과

```
정수를 입력하시오: 10
입력된 정수는 짝수입니다.
```

8, 9 입력 안내 메시지를 출력하고 사용자로부터 값을 입력받아서 변수 **number**에 저장

11   if 문을 사용하여 **number**를 2로 나눈 나머지가 1이면 홀수라는 메시지를 출력. 여기서 **number % 2 == 0**은 **(number % 2) == 0**과 같이 계산되며, 2로 나눈 나머지가 0이면 참이 된다.

짝수와 홀수를 구분할 때, **if** 문을 2개를 사용하는 방법과 **if-else** 문을 사용하는 방법 중에서 어떤 것이 더 효율적일까?

여러 개의 if 문을 사용하는 방법	if-else 문을 사용하는 방법

if (number % 2 == 0)   // ①
    printf("짝수\n");
if (number % 2 == 1)   // ②
    printf("홀수\n");
	if (number % 2 == 0) // ①
	    printf("짝수\n");
	else
	    printf("홀수\n");

모든 값에 대하여 항상 문장 ①과 문장 ②가 실행 되어야 하므로 비효율적이다.	입력 값에 대하여 문장 ①만 실행되므로 효율적 이다.

예제 #3

만약 조건이 참인 경우에 여러 개의 문장이 실행되어야 한다면 어떻게 하여야 하는가? 즉 예를 들어서 시험 성적이 60점 이상이면 합격과 동시에 장학금도 받을 수 있다고 출력하려면 어떻게 해야 할까? 이런 경우에는 다음과 같이 중괄호를 이용하여 문장들을 묶어서 한꺼번에 실행시킬 수 있다.

if_else3.c

```c
#define _CRT_SECURE_NO_WARNINGS
#include <stdio.h>

int main(void)
{
    int score;

    printf("성적을 입력하시오:");
    scanf("%d", &score);
    if (score >= 60)           // 성적이 60점 이상이면
    {
        printf("합격입니다.\n");
        printf("장학금도 받을 수 있습니다.\n");
    }
    else                        // 그렇지 않으면
    {
        printf("불합격입니다.\n");
        printf("다시 도전하세요.\n");
    }
    return 0;
}
```

실행결과

성적을 입력하시오: 90
합격입니다.
장학금도 받을 수 있습니다.

이 경우 만약 score의 값이 60보다 크거나 같으면 중괄호에 싸인 두 개의 문장이 실행된다. 이러한 문장 그룹핑을 복합문(compound statement)이라고 한다. 복합문은 블록(block)이라고도 하며, 단일문이 들어갈 수 있는 곳이면 어디나 단일문 대신 넣을 수 있다.

경고

초보자가 저지르기 쉬운 하나의 실수가 다음과 같이 들여쓰기를 하면 score가 **90**보다 크거나 같을 때 두 개의 문장이 실행될 것이라고 믿는 것이다.

```
if( score >= 90 )
        printf("합격입니다.\n");
        printf("장학금도 받을 수 있습니다.\n");
```

그러나 컴파일러는 첫 번째 `printf` 문장만 조건에 따라서 실행하고 두 번째 `printf` 문장은 조건에 상관없이 무조건 실행하게 된다. 즉 다음과 같은 코드와 실행 결과는 동일하다.

```
if( score >= 90 )
        printf("합격입니다.\n");
printf("장학금도 받을 수 있습니다.\n");
```

따라서 조건에 따라 두 개의 문장을 묶어서 실행하는 경우라면 반드시 중괄호로 묶어서 블록으로 만들어야 한다는 것을 기억하자. 파이썬과 C언어는 다르다.

경고

다음과 같이 `if` 문장의 조건식 뒤에 세미콜론을 찍으면 안 된다. `if` 문장은 조건식과 문장이 합쳐서 하나의 문장을 이룬다. 아래와 같이 작성하면 `if` 문은 `if( x > 0 );`으로 끝나고 `printf` 문장은 조건에 관계없이 실행된다.

```
if( x > 0 );
    printf("양수입니다.\n");
```

참고

C언어에서는 파이썬처럼 조건식에 괄호를 하지 않으면 오류가 발생한다.

```
if score >= 60
        printf("합격입니다.\n");
```

이 경우 C 컴파일러는 조건식과 명령어를 분리할 수 없다. 파이썬에서는 :을 붙여서 조건식과 명령어를 분리한다.

if-else 문은 보통 다음의 2가지 중의 하나의 스타일을 이용하는 것이 좋다. 이 책에서는 주로 첫 번째 방법을 사용하지만, 지면이 부족할 때는 두 번째 방법도 사용하였다.

복합문은 들여쓰기를 하는 편이 읽기가 쉬워진다.

```
if( 조건식 )
{
    문장11;
    문장12;
    ...
}
else
{
    문장21;
    문장22;
    ...
}
```

공간의 절약을 위하여 이런 형태로 작성하기도 한다.

```
if( 조건식 ){
    문장11;
    문장12;
    ...
}
else {
    문장21;
    문장22;
    ...
}
```

중간점검

1. 중괄호로 묶은 여러 개의 문장을 무엇이라고 하는가?
2. C에서 참과 거짓은 어떤 정수로 표시되는가?
3. if 문 안의 조건식으로 많이 사용되는 수식의 종류는 무엇인가?
4. if 문이 끝나면 어떤 문장이 실행되는가?
5. 조건에 따라서 실행되어야 하는 문장이 두 개 이상이면 어떻게 하여야 하는가?
6. 변수 n의 값이 100보다 크거나 같으면 "large", 100보다 작으면 "small"을 출력하는 if-else 문을 작성하라.

복잡한 조건식을 사용하는 if-else 문

지금까지는 비교적 간단한 수식을 조건으로 이용하였다. 응용에 따라서는 보다 복잡한 수식이 필요한 경우가 종종 있다. 복잡한 수식은 4장에서 학습한 대로 관계 연산자와 논리 연산자를 조합하여 만들 수 있다. 하나의 예로 성적이 80점 이상이고 90점 미만이면 B학점이라고 하자. 이것을 if 문을 이용하여 작성하면 다음과 같다.

```c
if( score >= 80 && score < 90 )
    grade = 'B';
```

여기서는 2개의 관계 수식인 "score >= 80"과 "score < 90"이 논리곱 연산자인 &&을 사용해서 연결되었다. 이 문장의 의미는 score가 80 이상이고 90 미만이면 grade라는 변수에 문자 'B'를 대입하라는 것이다.

또 다른 예를 살펴보자. 스페이스나 탭, 줄바꿈 문자들의 개수를 세는 코드를 작성하여 보면 다음과 같다.

```
if( ch == ' ' || ch == '\n' || ch == '\t' )
    white_space++;
```

여기서는 변수 ch가 스페이스 문자인 ' ', 줄바꿈 문자인 '\n', 수평탭 문자인 '\t'와 같으면 white_space라는 변수를 증가시킨다. 여기서는 관계 수식을 논리적인 OR 연산자인 ||를 사용하여 연결하였다. 논리 연산자보다 관계 연산자가 우선순위가 높기 때문에 관계 연산자들이 먼저 계산된 후에 논리 연산자가 계산된다. 2개의 논리 연산자들은 왼쪽에서부터 오른쪽으로 계산된다.

예제 #1

예를 들어서 사용자가 입력한 정수가 0에서 100 사이인지를 검사하는 프로그램을 작성하여 보자. 논리 연산자 &&을 사용해서 0 이상이고 100 이하인지를 검사하면 된다.

check_number.c

```c
#define _CRT_SECURE_NO_WARNINGS
#include <stdio.h>

int main(void)
{
    int number;

    printf("정수를 입력하시오: ");
    scanf("%d", &number);

    if ( number >= 0 && number <= 100 )
        printf("입력한 정수가 0에서 100 사이에 있습니다. \n");
    else
        printf("입력한 정수가 0에서 100 사이가 아닙니다. \n");

    return 0;
}
```

실행결과

```
정수를 입력하시오: 30
입력한 정수가 0에서
100 사이에 있습니다.
```

참고: 참과 거짓

관계 수식이나 논리 수식은 수식이 거짓이면 0을 생성하고 참이면 1을 생성한다. 하지만 피연산자의 경우에는 0이면 거짓이고 0이 아닌 값은 무조건 참으로 간주한다.

따라서 NOT 연산자의 경우와 같이 !100 하면 100의 값을 참으로 간주하여 여기에 NOT을 적용하여 0 값이 생성된다. 수식의 결과로는 항상 0 아니면 1만 생성되지만, 피연산자로서 참과 거짓을 분류할 때는 0이면 거짓이고 나머지는 모두 참으로 간주한다.

경고

수학에서처럼 다음과 같이 수식을 만들면 프로그래머가 전혀 예상하지 못한 결과가 생성된다(파이썬에서는 가능하다).

(2 < x < 5)

위의 수식은 x가 2보다 크고 5보다 작으면 참이고 그렇지 않으면 거짓일 거라고 생각된다. 하지만 C언어는 결합 법칙에 의하여, 다음과 같이 연산을 진행한다.

((2 < x) < 5)

따라서 x의 값이 8이라면 위의 수식은 ((2 < 8) < 5)가 되고 (2 < 8)의 결과가 참(1)이므로 (1 < 5)가 되어서 전체 수식의 값은 참이 된다. 따라서 위와 같은 조건은 다음과 같이 논리 연산자를 사용하여야 한다.

(2 < x) && (x < 5)

참고

if 문의 조건식으로 NOT 연산자를 사용할 수 있다. 하지만 인간은 NOT 연산자를 사용한 음의 논리보다 양의 논리를 더 쉽게 이해한다. 따라서 NOT 연산자가 있으면 드모르간의 법칙을 이용하여서 양의 논리로 변경시켜 주는 것이 좋다.

```
if( !( x && y ) )  -> if( !x || !y ) { ... }
if( !( x || y ) )  -> if( !x && !y ) { ... }
```

중간점검

1. 2개의 정수를 입력받아서 큰 수에서 작은 수를 뺀 결과를 출력하는 프로그램을 작성해보자. 예를 들어서 2과 10을 입력하면 8을 출력하면 된다.

동전 던지기 게임

| 난이도 ★★ 주제 if-else 문, 난수 발생 |

동전 던지기 게임을 작성해보자. 프로그램을 실행할 때마다 실제 동전을 던지는 것처럼 앞면과 뒷면이 랜덤하게 나와야 한다.

> 실행
> 결과

동전 던지기 게임을 시작합니다.

앞면입니다.

이 프로그램을 작성하려면 난수를 생성하는 방법을 알아야 한다. 난수(random number)는 규칙성이 없이 임의로 생성되는 수이다. 특히 난수는 암호학이나 시뮬레이션, 게임 등에서 필수적이다.

C언어에서 난수를 생성하려면 stdlib.h 헤더 파일을 포함시키고 rand() 함수를 호출한다. rand() 함수는 0부터 32,767까지의 정수를 생성한다. 동전 던지기 게임에서는 0 또는 1이 랜덤하게 나오면 된다. 어떻게 하면 될까? rand() 함수가 반환하는 값을 2로 나누어서 나머지를 취하면 된다. 2로 나눈 나머지는 틀림없이 0 또는 1일 것이다. 나머지는 어떻게 계산하는가? 전용 연산자인 %가 있다. 이제 if-else 문을 사용하여 앞면인지 뒷면인지만 출력하면 된다.

---

coin_tossing.c

```c
#include <stdio.h>
#include <stdlib.h>

int main(void)
{
    printf("동전 던지기 게임을 시작합니다.\n");
    srand(time(NULL));    // 현재 시간을 난수의 씨앗값으로 한다.

    int coin = rand() % 2;
    if (coin == 0)
        printf("앞면입니다.\n");
    else
        printf("뒷면입니다.\n");
    return 0;
}
```

 도전문제

1. 위의 코드를 주사위 던지기 게임으로 변환해보자. rand()%6 하면 0에서 5까지의 정수를 랜덤하게 생성할 수 있다. 주사위의 어떤 면이 나왔는지를 출력한다.

Lab 2의 배수이면서 3의 배수인 수

| 난이도 ★★   주제 논리 연산자 |

사용자로부터 숫자를 입력받아, 입력된 숫자가 2의 배수이면서 3의 배수인지를 확인하는 프로그램을 작성해보자.

숫자를 입력하세요: 12
12는 2의 배수이면서 3의 배수입니다.

여러 가지 방법이 있겠지만 논리 연산자 &&를 사용하여 두 개의 조건식을 결합하여 조건을 확인하고, if-else 문을 사용하여 결과를 출력해보자.

---

large3.c

```
#define _CRT_SECURE_NO_WARNINGS
#include <stdio.h>

int main(void)
{
        int number;

        printf("숫자를 입력하세요: ");
        scanf("%d", &number);

        if (number % 2 == 0 && number % 3 == 0) {
                printf("%d는 2의 배수이면서 3의 배수입니다.\n", number);
        }
        else {
                printf("%d는 2의 배수이면서 3의 배수가 아닙니다.\n", number);
        }

        return 0;
}
```

도전문제

1. 사용자로부터 알파벳 문자를 입력받아, 해당 문자가 대문자인지를 확인하는 프로그램을 작성해보자.

4. 다중 if 문

중첩 if 문

if 문도 하나의 문장이다. 즉 if(조건식) 문장;까지가 하나의 문장이 된다. 따라서 if 문 안에 다른 if 문이 들어갈 수도 있다.

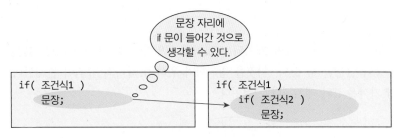

그림 5.2 중첩 if 문

간단한 예를 들어보자. 80점 이상인 학생 중에서 성적이 90점 이상이면 A학점이라고 출력하는 문장을 작성하여 보자. 먼저 80점 이상인지를 검사하고, 80점 이상인 학생들 중에서 다시 90점 이상인지를 검사하면 된다.

```
if( score >= 80 )
    if( score >= 90 )          ── 하나의 문장으로 취급된다.
        printf("A학점입니다.\n");
```

만약 score가 80점 이상이면 중첩된 if 문이 실행된다. 중첩된 if 문에서 score가 90 이상이면 "A학점입니다."라는 문장을 출력한다.

똑같은 원리로 if-else 문도 if 문 안에 들어갈 수 있다.

```
if( score >= 80 )
    if( score >= 90 )
        printf("A학점입니다.\n");    ── 하나의 문장으로 취급된다.
    else
        printf("B학점입니다.\n");
```

그렇지만 여기서는 해석상의 약간의 문제가 발생한다. 우리는 else 절이 두 번째 if와 매치되었다고 생각한다. 하지만 컴파일러의 관점에서 보자. 위의 코드를 들여쓰기만 조금 수정하여 다음과 같이 다시 쓸 수 있다.

```
if( score >= 80 )
    if( score >= 90 )
        printf("A학점입니다.\n");
else
    printf("B학점입니다.\n");
```

이번에는 else 절이 첫 번째 if와 매치되는 것처럼 보인다. 도대체 어떤 것이 옳은 해석일까? 해석상의 혼동이 발생할 수 있다. 이것을 방지하기 위하여 하나의 규칙이 존재한다. else 절은 무조건 가장 가까운 if와 매치된다는 것이다.

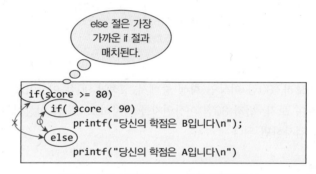

그림 5.3 중첩 if 문에서의 else 절의 매칭 문제

그렇다면 else 절을 첫 번째 if 절에 연관시키는 방법은 없는 것일까? 아래와 같이 중괄호를 이용하여 블록을 만들어 주면 이번에는 확실히 else 절이 첫 번째 if 절과 매치된다.

```
if( score >= 80 )
{
    if( score >= 90 )
        printf("A학점입니다.\n");
}
else
    printf("A학점이나 B학점은 아닙니다.\n");
```

if-else 문 안에는 얼마든지 다른 if-else 문이 중첩되어 들어갈 수 있다. 그러나 너무 많이 중첩되면 읽기가 아주 어려워지므로 주의하여야 한다.

연속적인 if 문

종종 우리는 조건에 따라서 다중으로 분기되는 결정을 내려야 하는 경우가 있다. 이것을 그림으로 그리면 다음과 같다. 우리가 자동차를 운전하고 있다고 가정하자. 교차로들이 연속해서 나타날 수도 있다. 우리는 연속되는 교차로에서 조건을 검사하여 결정을 내려야 한다. 이것을 연속적인 if 문이라고 한다.

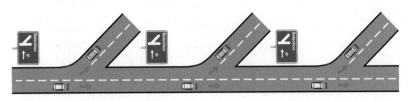

예를 들어서 성적이 90 이상이면 A학점, 80 이상이고 90 미만이면 B학점, 70 이상이고 80 미만이면 C학점으로 출력하는 프로그램을 생각해보자. 이 경우 가장 자연스러운 방법은 if 문 다음에 else if 문을 연속적으로 사용하는 것이다. 만일 이 중 하나의 조건식이 참이면 관련된 문장이나 블록이 수행되고 더 이상의 비교는 이루어지지 않는다.

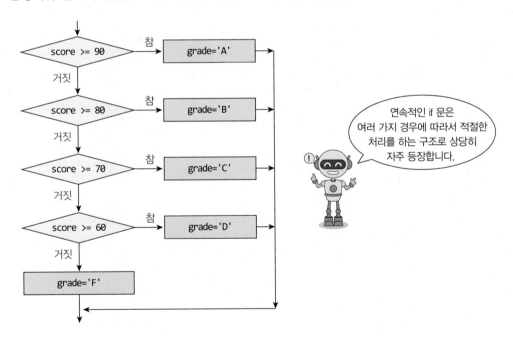

이럴 때는 다음과 같이 연속적으로 if-else 문을 사용할 수 있다. 여기서 중요한 것은 하나라도 조건이 만족되어 해당 문장을 실행하고 나면 다른 조건들은 전부 건너뛴다는 점이다. 예를 들어서 만약 성적이 82점이라면 화살표와 같이 grade='B'; 문장만 실행하게 된다.

```
1    #define _CRT_SECURE_NO_WARNINGS
2    #include <stdio.h>
3
4    int main(void)
5    {
6        int score;
7
8        char grade;
9
10       printf("성적을 입력하시오: ");
11       scanf("%d", &score);
12
13       if (score >= 90)
14           grade = 'A';
15       else if (score >= 80)
16           grade = 'B';
17       else if (score >= 70)
18           grade = 'C';
19       else if (score >= 60)
20           grade = 'D';
21       else
22           grade = 'F';
23
24       printf("학점 %c \n", grade);
25       return 0;
26   }
```

if(score >= 80 && score < 90)으로
할 필요는 없다. 90보다 작은 경우에만
이 조건식을 검사하기 때문이다.

실행결과

```
성적을 입력하시오: 88
학점 B
```

프로그램 설명

11 사용자로부터 성적을 입력받아서 변수 score에 저장한다.

13 if 문을 사용하여 score가 90보다 크거나 같은지를 검사한다. 만약 참이면 "학점 A"를 출력한다. 그렇지 않으면 else 절을 수행한다.

15 else if 문을 사용하여 score가 80보다 크거나 같은지를 검사한다. 만약 참이면 "학점 B"를 출력한다. 그렇지 않으면 else 절을 수행한다.

17 else if 문을 사용하여 score가 70보다 크거나 같은지를 검사한다. 만약 참이면 "학점 C"를 출력한다. 그렇지 않으면 else 절을 수행한다.

19 else if 문을 사용하여 score가 60보다 크거나 같은지를 검사한다. 만약 참이면 "학점 D"를 출력한다. 그렇지 않으면 else 절을 수행한다.

21 else 문을 사용하여 앞의 조건을 모두 만족하지 않으면 "학점 F"라고 출력한다.

예제 #1

키보드에서 문자를 받아서 문자들을 대문자(A-Z), 소문자(a-z), 숫자(0-9), 그 외의 문자들로 구분하여 보자. 먼저 문자를 받아들이는 함수로는 getchar()를 사용하자. 문자를 받아서 아스키 코드값을 검사해 보면 된다. 문자의 값이 'A'보다 크거나 같고 'Z'보다 작거나 같으면 대문자이다. 또 문자의 값이 'a'보다 크거나 같고 'z'보다 작거나 같으면 소문자이다. 만약 문자의 값이 '0'보다 크거나 같고 '9'보다 작거나 같으면 숫자이다. 만약 대문자도 아니고 소문자도 아니고 숫자도 아닌 문자는 모두 그 외의 문자로 취급해버리자.

charclass.c

```c
// 문자들을 분류하는 프로그램
#include <stdio.h>

int main(void)
{
    char ch;

    printf("문자를 입력하시오: ");
    ch = getchar();

    if( ch >= 'A' && ch <= 'Z' )
        printf("%c는 대문자입니다.\n", ch);
    else if( ch >= 'a' && ch <= 'Z' )
        printf("%c는 소문자입니다.\n", ch);
    else if( ch >= '0' && ch <= '9' )
        printf("%c는 숫자입니다.\n", ch);
    else
        printf("%c는 기타문자입니다.\n", ch);

    return 0;
}
```

사용자로부터 하나의 문자를 입력받아서 변수 ch에 저장한다.

else 문을 사용하여 앞의 조건을 모두 만족하지 않으면 기타 문자라고 출력한다.

if 문을 사용하여 ch가 'A'보다 크거나 같고 'Z'보다 작거나 같으면 대문자라고 출력한다.

else if 문을 사용하여 ch가 'a'보다 크거나 같고 'z'보다 작거나 같으면 소문자라고 출력한다.

else if 문을 사용하여 ch가 '0'보다 크거나 같고 '9'보다 작거나 같으면 숫자라고 출력한다.

실행결과

```
문자를 입력하시오: c
c는 소문자입니다.
```

예제 #2

간단한 산술 계산기를 만들어보자. 물론 그래픽 버전이 아닌 텍스트 버전의 계산기이다. 2개의 피연산자를 받아서 +, -, *, / 연산을 할 수 있는 프로그램을 제작하여 보자. 먼저 scanf() 함수를 이용하여 수식을 입력받는다. 연산자에 따라 해당되는 연산을 수행하고 연산의 결과를 출력한다.

calc1.c

```c
1   #define _CRT_SECURE_NO_WARNINGS
2   #include <stdio.h>
3   int main(void)
4   {
5       char op;
6       int x, y;
7
8       printf("수식을 입력하시오: ");
9       scanf("%d %c %d", &x, &op, &y);
10
11      if (op == '+')
12          printf("%d \n", x + y);
13      else if (op == '-')
14          printf("%d \n", x - y);
15      else if (op == '*')
16          printf("%d \n", x * y);
17      else if (op == '/')
18          printf("%d \n", x / y);
19      else
20          printf("지원되지 않는 연산자입니다. \n");
21
22      return 0;
23  }
```

> 피연산자와 연산자를 동시에 입력받는다.

실행결과

```
수식을 입력하시오: 10 * 2
20
```

프로그램 설명

5   char형 변수 op를 선언한다. 여기에 연산자를 나타내는 기호가 저장된다.

6   int형 변수 x와 y가 선언된다. x와 y에 피연산자가 저장된다.

9   scanf() 함수를 이용하여 피연산자와 연산자를 읽어 들인다. 특이한 점은 3개의 값을 한 번에 읽어 들인다는 점이다. 이것은 1 + 2와 같은 수식을 한 번에 읽기 위해서이다. 피연산자, 연산자, 피연산자 순으로 되어 있으므로 scanf()의 형식 지정자도 그 순서대로 지정해주면 된다. 여기서는 피연산자는 정수라고 가정하였다. 따라서 **"%d %c %d"**라고 지정하면 된다. 연산자는 '+', '-', '*', '/', '%'와 같은 문자이므로 숫자와는 구별된다. 따라서 입력할 때 1+2라고 붙여서 입력해도 scanf()가 분리하여 변수에 저장한다. scanf()의 형식 지정자에 있는 **%d**와 **%c** 사이의 공백 문자는 피연산자와 연산자 사이에 공백 문자를 허용하는 의미가 있다. 만약 **"%d%c%d"**라고 하면 피연산자와 연산자 사이의 공백을 허용하지 않겠다는 의미가 된다. 이것은 중요한데 왜냐하면 scanf()는 %c라고 지정하면 다음 문자가 공백 문자라고 하더라도 하나의 문자로 간주하여 읽기 때문이다.

11 if 문을 사용하여 op가 '+'와 같으면 덧셈 연산을 수행하고 그 결과를 화면에 출력한다.

13 else if 문을 사용하여 op가 '-'와 같으면 뺄셈 연산을 수행하고 그 결과를 화면에 출력한다.

19 else 문을 사용하여 op가 지원되지 않는 연산자이면 "지원되지 않는 연산자입니다."를 출력한다.

 중간점검

1. 컵의 사이즈를 받아서 100ml 미만은 small, 100ml 이상 200ml 미만은 medium, 200ml 이상은 large라고 출력하는 연속적인 if-else 문을 작성하시오.

Lab 세 개의 정수 중에서 큰 수 찾기

| 난이도 ★★   주제 알고리즘 구상 |

사용자로부터 받은 3개의 정수 중에서 가장 큰 수를 찾는 프로그램을 작성해보자.

```
3개의 정수를 입력하시오: 20 30 10
가장 큰 정수는 30입니다.
```

2개의 정수 중에서 큰 값을 찾는 것은 아주 쉽다. 하지만 3개의 정수 중에서 큰 값을 찾는 것은 쉽지 않다. 여러 가지 알고리즘을 생각할 수 있다. 일반적인 알고리즘은 정수를 2개씩 비교하는 것이다. 우리는 약간 충격적이면서 가장 간명한 알고리즘을 생각해보자.

get_max.c

```c
#define _CRT_SECURE_NO_WARNINGS
#include <stdio.h>

int main(void)
{
    int a, b, c, largest;

    printf("3개의 정수를 입력하시오: ");
    scanf("%d %d %d", &a, &b, &c);

    largest=a;                  // 일단 a가 최댓값이라고 가정
    if(largest<b) largest=b;    // b가 최댓값보다 크면 b를 최댓값으로 한다.
    if(largest<c) largest=c;    // c가 최댓값보다 크면 c를 최댓값으로 한다.
    printf("가장 큰 정수는 %d입니다. \n", largest);
    return 0;
}
```

도전문제

1. 3개의 정수가 모두 같으면 어떤 변수의 값이 출력되는가?
2. 다른 알고리즘도 생각할 수 있는가?
3. 3개의 정수 중에서 가장 작은 수가 출력되도록 위의 코드를 변경해보자.

Lab 혈액형에 따른 성격 출력

| 난이도 ★★   주제 연속적인 if-else 문 |

사용자로부터 혈액형을 입력받아, 해당 혈액형에 따른 성격을 분류하여 출력하는 프로그램을 작성해보자.

실행결과
```
혈액형을 입력하세요 (A, B, O, X): A
당신은 차분하고 성실한 성격을 가지고 있습니다.
```

연속적인 if-else 문을 이용하여서 프로그램을 작성해본다. 사용자로부터 하나의 문자를 입력 받기 때문에 AB형은 X로 표시하였다.

blood_type.c
```c
#define _CRT_SECURE_NO_WARNINGS
#include <stdio.h>

int main(void)
{
        char bloodType;

        printf("혈액형을 입력하세요 (A, B, O, X): ");
        bloodType = getchar();

        if (bloodType == 'A')
                printf("당신은 차분하고 성실한 성격을 가지고 있습니다.\n");
        else if (bloodType == 'B')
                printf("당신은 밝고 개방적인 성격을 가지고 있습니다.\n");
        else if (bloodType == 'O')
                printf("당신은 활발하고 외향적인 성격을 가지고 있습니다.\n");
        else if (bloodType == 'X')
                printf("당신은 이해심이 많고 예민한 성격을 가지고 있습니다.\n");
        else
                printf("올바른 혈액형을 입력하세요.\n");
        return 0;
}
```

도전문제

1. 혈액형을 정수로 입력받도록 위의 코드를 수정해보자.

5. switch 문

우리는 일상생활에서 삼거리나 오거리도 심심치 않게 본다. 삼거리나 오거리에서는 신호등에 따라 여러 개 중에서 하나의 길로 갈 수 있다. 프로그램에서도 조건에 따라 실행할 수 있는 경로가 여러 개 있는 경우도 있다. C언어에서는 제어식의 값에 따라서 여러 경로 중에서 하나를 선택할 수 있는 제어 구조인 switch 문이 제공된다.

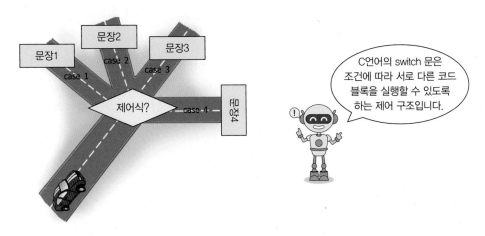

C언어의 switch 문은 조건 분기문 중 하나로, 주어진 변수가 다양한 값 중 하나와 일치하는지 여부를 검사하여 각 경우에 해당하는 코드 블록을 실행하는 구문이다. switch 문은 보통 다음과 같은 구조로 이루어져 있다.

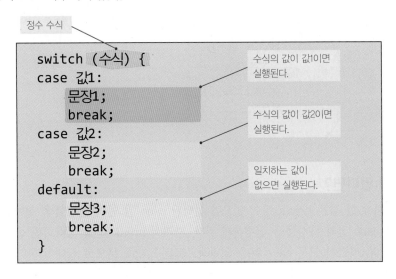

switch 키워드 다음의 괄호 안에는 검사할 변수를 넣는다. 변수의 자료형은 정수형이어야 한다. case 키워드를 사용하여 각 경우를 나타내며, 콜론(:)으로 마무리한다. case 뒤에는 비교할 값이 온다. 변수가 해당 값과 일치하면 그에 해당하는 코드 블록이 실행된다. break 키워드는 각 case 블록의 마지막에 사용되며, break가 없으면 해당 case 블록 이후의 모든 case 블록도 실행된다. default 키워드는 위의 모든 case 블록이 실패했을 때 실행될 코드를 정의하는 블록이다. default는 필수는 아니지만, 모든 가능한 경우를 다 고려하는 코드를 작성하기 위해서는 default 블록을 작성하는 것이 좋다. 여기서 설명을 간단히 하기 위하여 변수라고 하였지만, switch 문의 변수 자리에는 어떤 수식도 들어갈 수 있다.

간단한 예를 가지고 좀 더 자세히 설명하여 보자. 선사시대 어떤 부족은 하나 둘까지만 셀 수 있다고 한다. 숫자가 입력되면 선사시대 부족처럼 출력하는 코드를 작성해보자. switch 문을 사용하여서 값들을 분리하여 처리하였다. 만약 사용자가 1을 입력하였다면 다음과 같은 순서를 거쳐서 실행된다.

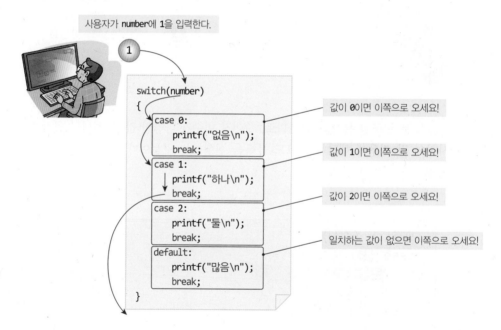

break 문이 없다면?

여기서 주의해야 할 점은 break 문이 없으면 선택된 case 절 안의 문장들을 실행한 다음, 계속해서 다음 case 절의 문장들을 실행하게 된다. 따라서 break 문을 생략하면 중대한 오류가 발생할 수 있다. 따라서 모든 case 문은 일반적으로는 break 문으로 끝내야 한다. 만약 case 1에 break 문이 없다면 어떻게 될까?

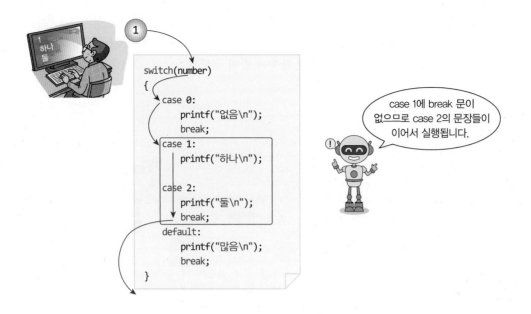

이러한 특징을 유용하게 사용하는 예로는 다음과 같은 프로그램을 들 수 있다. case 2와 case 3의 경우, 의도적으로 break 문을 생략하여 같은 처리를 수행하도록 한 것이다.

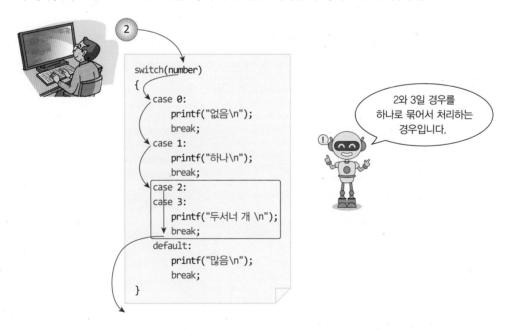

default 문

default 문은 어떤 case 문과도 일치되지 않는 경우에 선택되어 실행된다. default 문은 생략될 수도 있다. 만약 default 문이 없고 일치하는 case 문도 없다면 아무 것도 실행되지 않는다. 미처 예상하지 못했던 값을 알아내기 위하여 가급적 default 문을 포함시키는 것이 좋다. 우리의 예제 코드에서 사용자가 5를 입력하면 다음과 같이 진행된다.

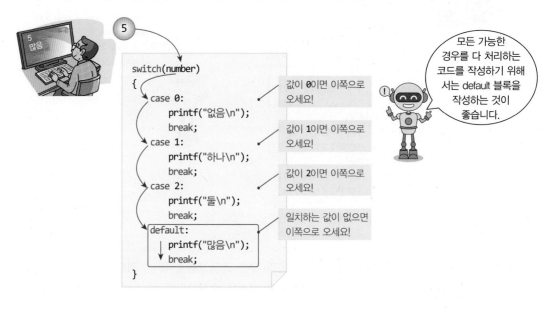

switch 문을 if-else 문으로 바꿀 수 있을까?

switch 문은 if-else 문으로 바꿀 수 있다. 앞의 코드도 다음과 같이 if-else 구조를 사용하여 다시 작성할 수 있다.

```
switch(number)
{
    case 0:
        printf("없음\n");
        break;
    case 1:
        printf("하나\n");
        break;
    case 2:
        printf("둘\n");
        break;
    default:
        printf("많음\n");
        break;
}
```

⟺

```
if( number == 0 )
        printf("없음\n");
else if( number == 1 )
        printf("하나\n");
else if( number == 2 )
        printf("둘\n");
else
        printf("많음\n");
```

주의할 점

switch 문에서 제어식의 값은 반드시 정숫값으로 계산되어야 한다. 만약 수식의 값이 정수로 나오지 않으면 switch 문을 쓸 수 없다. 또 상수이어야 한다. 따라서 case 절에 실수나 변수, 수식, 문자열을 사용하는 것은 컴파일 오류이다. 문자는 사용할 수 있을까? 하나의 문자는 아스키 코드로 표현되고 아스키 코드는 정수이므로 사용이 가능하다. 하지만 문자열은 사용할 수 없다.

```
switch(number)
{
    case x:              // 변수는 사용할 수 없다.
        printf("x와 일치합니다. \n");
        break;
    case (x+2):          // 변수가 들어간 수식은 사용할 수 없다.
        printf("수식과 일치합니다. \n");
        break;
    case 0.001:          // 실수는 사용할 수 없다.
        printf("실수\n");
        break;
    case 'a':            // OK, 문자는 사용할 수 있다.
        printf("문자\n");
        break;
    case "001":          // 문자열은 사용할 수 없다.
        printf("문자열\n");
        break;
}
```

예제 #1

1년의 각 달의 일수를 출력하는 프로그램을 작성하여 보자. 즉 달이 주어지면 그 달의 일수를 출력한다. 여러 가지 방법으로 작성할 수 있겠으나 여기서는 switch 문을 사용하여 보자. 대부분의 달이 31일 또는 30일인 점을 고려하여 break를 생략하는 기법을 사용하여 보자.

days_in_month.c

```
1    #define _CRT_SECURE_NO_WARNINGS
2    #include <stdio.h>
3
4    int main(void)
5    {
6        int month, days;
7
8        printf("일수를 알고 싶은 달을 입력하시오: ");
9        scanf("%d", &month);
10
11       switch (month)
12       {
13       case 2:
14           days = 28;
15           break;
16       case 4:
17       case 6:
18       case 9:
19       case 11:
20           days = 30;
21           break;
22       default:
23           days = 31;
24           break;
25       }
26       printf("%d월의 일수는 %d입니다.\n", month, days);
27       return 0;
28   }
```

고의적으로 break를 생략하였다.

나머지 월은 모두 default로 처리한다.

실행결과

일수를 알고 싶은 달을 입력하시오: 12
12월의 일수는 31입니다.

프로그램 설명

6 int형 변수 month와 days를 선언한다. 달과 달의 일수가 저장된다.

11 변수 month의 값에 따라 분기된다.

13 2월 달은 28일까지 있으므로 days에 28을 입력한다. 만약 윤년까지를 고려한다면 연도를 입력받아서 이전에 작성하였던 윤년 프로그램과 결합하여야 할 것이다.

16 4월, 6월, 9월, 11월은 30일까지 있으므로 days에 30을 입력한다. 여기서 break를 생략하는 기법을 사용하여 4가지의 경우에 대하여 같은 처리를 하였다.

22 1월, 3월, 5월, 7월, 8월, 10월, 12월은 31일까지 있으므로 16번째 줄과 같은 기법으로 처리하여도 되지만, 여기서는 default를 사용하여 days에 31을 입력하였다.

도전문제

1. 위의 프로그램에서 윤년도 처리하도록 코드를 추가해보자.

goto 문

C언어에서 goto 문은 프로그램에서 특정한 위치로 분기할 수 있는 제어문이다. goto 문은 다음과 같은 구조를 가진다.

전향 참조

후항 참조

레이블은 콜론(:)으로 끝나는 식별자로, 프로그램에서 위치를 나타내는 역할을 한다. goto 문이 실행되면 해당 레이블로 분기하게 되며, 레이블 바로 다음에 오는 코드 블록부터 실행된다. goto 문은 프로그램의 흐름을 뒤엉키게 하여 코드의 가독성을 저해할 수 있기 때문에 일반적으로 권장되지 않는다.

goto.c

```c
#include <stdio.h>

int main(void)
{
    int i = 1;

loop:
    printf("%d * %d = %d \n", 3, i, 3 * i);
    i++;
    if( i == 10 ) goto end;
    goto loop;

end:
    return 0;
}
```

loop라는 이름의 레이블을 현 위치에 정의한다.

i가 10이 되면 레이블 end로 점프한다.

실행결과

```
3 * 1 = 3
3 * 2 = 6
3 * 3 = 9
3 * 4 = 12
3 * 5 = 15
3 * 6 = 18
3 * 7 = 21
3 * 8 = 24
3 * 9 = 27
```

goto 문은 프로그램의 제어 흐름을 명확히 이해하지 않으면 코드의 가독성을 떨어뜨리고, 잘 못 사용할 경우 디버깅이 어려워질 수 있으므로 신중하게 사용해야 한다. 그러나 특정한 상황에서는 goto 문이 유용할 수 있다. 예를 들어서 다음 장에서 학습하는 다중 반복 구조에서 유용하다. 다중 반복 구조에서는 반복 루프가 중첩되어 있다. 내부 반복 루프에서 어떤 조건이 만족되어서 완전히 외부로 탈출하고 싶은 경우에 break 문을 사용하면 아주 복잡하게 된다. 이때 goto 문을 사용하면 아주 간결하게 바깥쪽 루프의 시작점으로 이동할 수 있다.

 중간점검

1. case 절에서 break 문을 생략하면 어떻게 되는가?
2. 변수 fruit의 값이 각각 1, 2, 5일 때, 다음 코드의 출력을 쓰시오.

```
switch(fruit) {
        case 1:    printf("사과");
              break;
        case 2:    printf("배");
        case 3:    printf("바나나");
              break;
        default:   printf("과일");
}
```

Lab   배송비 계산하기

| 난이도 ★★   주제 중첩된 if-else 문 |

인터넷 쇼핑몰에서 상품의 가격과 배송지의 지역에 따라서 배송비를 계산하는 프로그램을 작성해보자. 배송지의 지역 코드는 'A', 'B'가 있다.

- 'A' 지역에서는 50,000원 이상이면 배송비는 없다. 그렇지 않으면 5,000원이 부과된다.
- 'B' 지역에서는 30,000원 이상이면 배송비는 없다. 그렇지 않으면 3,000원이 부과된다.

```
제품의 가격을 입력하세요: 60000
배송지의 지역을 입력하세요 (A, B): A
해당 주문의 배송비는 0원입니다.
```

cal_delivery_fee.c

```c
#include <stdio.h>

int main(void) {
        int price, shipping_fee;
        char location;

        printf("제품의 가격을 입력하세요: ");
        scanf("%d", &price);

        printf("배송지의 지역을 입력하세요 (A, B): ");
        scanf(" %c", &location);

        if (location == 'A') {
                if (price < 50000)
                        shipping_fee = 5000;
                else
                        shipping_fee = 0;
        }
        else if (location == 'B') {
                if (price < 30000)
                        shipping_fee = 3000;
                else
                        shipping_fee = 0;
        }
        else {
                printf("유효하지 않은 지역 코드입니다. A, B 중 하나를 입력하세요.\n");
                return 1;
        }
        printf("해당 주문의 배송비는 %d원입니다.\n", shipping_fee);
        return 0;
}
```

price, shipping_fee, location 변수를 정의하고 사용자로부터 상품의 가격을 입력받는다. 이어서 사용자로부터 배송지의 지역 코드를 입력받는다.

입력받은 지역 코드에 따라서 중첩된 if-else 문으로 배송비를 계산한다. 각각의 지역에서 상품 가격에 따라서 배송비가 결정된다. 배송비가 0인 경우와 그렇지 않은 경우를 if-else 문으로 나눠준다. 지역 코드가 유효하지 않은 경우에는 에러 메시지를 출력하고 프로그램을 종료한다.

| 난이도 ★★★ 주제 연속적인 if-else 문 |

고속도로에 과속 카메라가 있다고 하자. 고속도로의 속도 제한은 100km라고 하자. 사용자가 속도를 입력하면 과태료를 출력하는 프로그램을 작성하라.

- 제한 속도를 20km/h 초과하면 40,000원의 과태료
- 제한 속도가 21~40km/h이면 70,000원의 과태료
- 제한 속도가 41~60km/h이면 100,000원의 과태료
- 제한 속도를 60km/h 초과하면 130,000원의 과태료

실행
결과

현재 속도를 입력하시오: 110
과태료는 40000원입니다.

---

cal_fee.c

```c
#include <stdio.h>

int main(void) {
        int speed_limit = 100;    // 고속도로의 속도 제한
        int user_speed;           // 사용자로부터 입력받을 속도
        int fine;                 // 과태료

        printf("현재 속도를 입력하세요: ");
        scanf("%d", &user_speed);

        // 과태료 계산하기
        if (user_speed <= speed_limit) {
                fine = 0;
        }
        if (user_speed <= speed_limit + 20) {
                fine = 40000;
        }
        else if (user_speed <= speed_limit + 40) {
                fine = 70000;
        }
        else if (user_speed <= speed_limit + 60) {
                fine = 100000;
        }
        else {
                fine = 130000;
        }

        printf("과태료는 %d원입니다.\n", fine);
        return 0;
}
```

다트 게임 점수 계산

| 난이도 ★★★   주제 연속적인 if-else 문 |

다트 게임을 한 번 던질 때 획득한 점수를 반환하는 함수를 작성해보자. 다트는 플레이어가 목표물에 다트를 던지는 게임이다. 다트가 떨어지는 위치에 따라 다음과 같은 점수를 얻는다.

바깥쪽 원의 반지름은 10, 가운데 원의 반지름은 5, 안쪽 원의 반지름은 1입니다.

```
다트의 x, y 좌표를 입력하시오: 7 7
획득한 점수: 1
```

실행
결과

---

cal_dart_score.c

```c
int main(void) {
        float x, y;
        int points;

        printf("다트의 x, y 좌표를 입력하시오: ");
        scanf("%f %f", &x, &y);

        float distance = sqrt(x * x + y * y);
        if (distance > 10) {
                points = 0;
        }
        else if (distance > 5) {
                points = 1;
        }
        else if (distance > 1) {
                points = 5;
        }
        else {
                points = 10;
        }
        printf("획득한 점수: %d\n", points);
        return 0;
}
```

Lab 이차 방정식 근 계산

| 난이도 ★★ 주제 연속적인 if-else 문 |

이차 방정식 $ax^2 + bx + c = 0$의 근을 계산하는 프로그램을 작성하여 보자.

① 사용자에게 이차 방정식의 계수 a, b, c를 입력하도록 한다.

② 만약 a가 0이면 근은 $-c/b$이다.

③ 만약 판별식 $b^2 - 4ac$가 음수이면 실근은 존재하지 않는다.

④ 위의 조건에 해당되지 않으면 다음과 같은 공식을 이용하여 실근을 구한다.

$$x = \frac{-b \pm \sqrt{b^2 - 4ac}}{2a}$$

실행
결과

```
계수 a, b, c를 입력하시오: 7 8 -11
첫 번째 실근= 0.806236
두 번째 실근= -1.949093
```

cal_quad_eqn.c

```c
#define _CRT_SECURE_NO_WARNINGS
#include <stdio.h>
#include <math.h>

int main(void) {
    int a, b, c;
    double d, x1, x2;

    printf("계수 a, b, c를 입력하시오: ");
    scanf("%d%d%d", &a, &b, &c);
    d = b * b - 4.0 * a * c;
    if (d == 0) {          } // 여기는 여러분들이 채워보자.
    else if (d > 0) {
        x1 = (-b + sqrt(d)) / (2.0 * a);
        x2 = (-b - sqrt(d)) / (2.0 * a);
        printf("첫 번째 실근= %f\n", x1);
        printf("두 번째 실근= %f\n", x2);
    }
    else printf("허수근입니다.\n");
    return 0;
}
```

Lab 귀환 시간 계산하기

| 난이도 ★★   주제 나눗셈과 나머지 연산자 |

새내기군은 버스 투어 여행을 떠났다. 투어 가이드는 관광지
에서 40분간의 자유 시간을 주었다. 지금이 14시 30분이라고
하자. 새내기 군이 투어 버스로 되돌아와야 하는 시각을 계산
하는 프로그램을 작성해보자. 즉 시작 시각과 자유 시간이 분 단위로 주어져 있을 때 자유 시
간이 끝나는 시각을 계산하면 된다.

현재 시각을 입력하세요(시 분): 14 30 자유 시간을 입력하세요(분): 40 귀환 시각은 15 10입니다.	현재 시각을 입력하세요(시 분): 14 30 자유 시간을 입력하세요(분): 20 귀환 시각은 14 50입니다.	실행 결과

---

cal_time.c

```c
#include <stdio.h>

int main(void)
{
        int start_h, start_m;    // 시작 시각을 저장할 변수
        int free_time;           // 자유 시간을 저장할 변수
        int end_h, end_m;        // 귀환 시각을 저장할 변수

        // 시작 시각과 자유 시간을 입력받음
        printf("현재 시각을 입력하세요(시 분): ");
        scanf("%d %d", &start_h, &start_m);
        printf("자유 시간을 입력하세요(분): ");
        scanf("%d", &free_time);

        // 자유 시간이 끝나는 시각을 계산함
        end_h = start_h;
        end_m = start_m + free_time;
        if (end_m >= 60) {
                end_h += end_m / 60;
                end_m = end_m % 60;
        }

        // 결과를 출력함
        printf("귀환 시각은 %02d %02d입니다.", end_h, end_m);

        return 0;
}
```

Mini Project 가위 바위 보 게임

| 난이도 ★★   주제 연속적인 if-else 문 |

컴퓨터와 사람이 대결하는 가위, 바위, 보 게임을 작성해보자. 아직 우리가 문자열을 학습하지 않았으므로 (바위-0, 보-1, 가위-2)로 생각한다. 사용자는 0, 1, 2 중에서 하나를 선택한다. 컴퓨터도 난수를 이용하여 0, 1, 2 중에서 하나를 선택한다. 이 2개의 숫자를 비교해서 승패를 결정한다.

```
가위, 바위, 보 게임에 오신 것을 환영합니다.
하나를 선택하세요(가위-0, 바위-1, 보-2): 0
사용자=0
컴퓨터=2
사용자 승리
```

누가 이겼는지를 어떻게 판단하는 것이 좋을까? 사용자가 선택한 정수와 컴퓨터가 선택한 정수를 모조리 비교해서 승패를 출력하는 방법도 있다. 여기서는 좀 더 쉬운 방법을 사용하자. 먼저 문제를 잘 분석해보자. 바위(0)는 보(1)한테 지고, 보(1)는 가위(2)한테 진다. 가위(2)는 바위(0)한테 진다. 따라서 사용자가 선택한 정수에 1을 더하여 이것이 컴퓨터가 선택한 정수와 같으면 컴퓨터가 이기는 것이 된다. 이때 2에 1을 더하면 0이 되어야 한다. 이것은 나머지 연산자로 가능하다.

```c
computer = rand() % 3;
scanf("%d", &user);
if ((user + 1) % 3 == computer)
    printf("컴퓨터: %d\n사용자: %d \n컴퓨터 승!\n", computer, user);
```

나머지 코드는 여러분들이 생각해보자.

1 두 개의 피연산자가 모두 참인 경우에만 참이 되는 논리 연산자는?

① &&   ② || ③ !   ④ 〉   ⑤ 〈

2 수식 !(1 + 1 〉= 2)의 결괏값은 얼마인가?

① 0   ② 1   ③ 2   ④ 3

3 다음 중에서 참인 수식을 모두 선택하시오.

① 1   ② 0   ③ 0.1   ④ −1

4 다음 코드의 실행 결과는?

```
int x = 5;

if (x < 10)
    printf("10보다 작음\n");
else if (x == 5)
    printf("5와 같음\n");
else
    printf("5와 같지 않음\n");
```

5 다음 코드의 실행 결과는?

```
int x = 0;
switch(x)
{
  case 1: printf( "One" );
  case 0: printf( "Zero" );
  case 2: printf( "Two" );
}
```

6 다음 문장의 오류를 찾아서 수정하라. 오류가 없을 수도 있고 2개 이상의 오류가 있을 수도 있다. 문법적인 오류뿐만 아니라 논리적인 오류도 지적하라.

(a)

```
if( age > 18 );
    printf("성인\n");
else
    printf("청소년\n");
```

(b)

```
if( 0 < age < 18 )
    printf("청소년\n");
```

(c)

```
if( x = 0 )
    printf("x는 0이다.\n");
```

Programming

1 사용자로부터 두 개의 정수를 입력받아서 정수 간의 나눗셈을 실행한다. 나눗셈을 하기 전에 분모가 0인지를 if 문을 이용하여 검사한다.

분자와 분모를 입력하시오: 5 0
0으로 나눌 수는 없습니다.

분자와 분모를 입력하시오: 5 2
몫은 2입니다.

2 사용자로부터 입력받은 두 수의 합과 차를 구하여 출력하여 보자. 두 수의 차는 큰 수에서 작은 수를 뺀 것으로 한다.

2개의 정수를 입력하시오: 30 50
두 수의 합은 80입니다.
두 수의 차는 20입니다.

3 요일을 나타내는 숫자(0~6)를 받아서 주중인지, 주말인지를 출력하는 프로그램을 작성하라.

요일을 정수로 입력하시오: 6
주말입니다.

요일을 정수로 입력하시오: 1
주중입니다.

4 문자 하나를 받아서 알파벳인지, 숫자인지, 특수문자인지를 출력하는 프로그램을 작성하라.

문자를 입력하시오: a
알파벳입니다.

문자를 입력하시오: 1
숫자입니다.

HINT 문자를 받을 때 getchar() 함수를 사용하여도 된다.

5 문자를 받아서 대문자인지 소문자인지를 출력하는 프로그램을 작성하라.

| 문자를 입력하시오: A
대문자입니다. | 문자를 입력하시오: a
소문자입니다. |

6 사용자가 신호등의 색깔을 입력하면 "정지!", "주의!", "주행!"과 같은 문장을 출력하는 프로그램을 작성하여 보자.

| 신호등(R, G, Y): R
정지! | 신호등(R, G, Y): G
주행! |

7 삼각형의 세 변의 길이를 입력받아서 삼각형의 종류를 결정하는 프로그램을 작성하라. 많은 종류 중에서 정삼각형, 이등변삼각형만 구별하여 보자.

삼각형의 세 변을 입력하시오: 30 40 50
이등변삼각형

8 근로소득세를 계산하는 프로그램을 작성하여 보자. 근로소득세율은 다음 표와 같다. 사용자가 자신의 과세표준 금액을 입력하면 근로소득세를 계산하여 주는 프로그램을 작성하여 보자. 만약 자신의 소득이 3,000만 원이면 소득 중에서 1,000만 원 이하는 8%를 적용하고 초과하는 부분은 17%의 세율이 매겨진다.

과세표준	세율
1,000만 원 이하	8%
1,000만 원 초과~4,000만 원 이하	17%
4,000만 원 초과~8,000만 원 이하	26%
8,000만 원 초과	35%

과세 표준을 입력하시오(만 원): 3500
소득세는 505만 원입니다.

9 본문에서는 연속적인 if-else 문을 이용하여 계산기를 작성하였다. 이번에는 switch 문을 이용하여 간단한 계산기를 작성해보자. +, -, *, / 연산을 지원한다.

수식을 입력하시오: 10 + 20 30	수식을 입력하시오: 10 * 20 200

10 switch 문을 이용하여 자신의 학점을 입력하면 학점에 대한 코멘트를 출력하는 프로그램을 작성해보자.

학점	코멘트
A	아주 잘했어요!
B	좋습니다.
C	만족스럽습니다.
D	더 노력해보세요.
F	안타깝습니다.

학점을 입력하시오: A 아주 잘했어요!	학점을 입력하시오: F 안타깝습니다.

11 점의 좌표를 입력받아 어느 사분면에 속하는지 출력하는 프로그램을 작성하시오.

점의 좌표를 입력하시오: 10 10 1사분면입니다.	점의 좌표를 입력하시오: 10 -10 4사분면입니다.

12 3개의 주사위를 던져서 다음과 같은 규칙에 따라 상금을 받는 게임이 있다. 3개 주사위의 값이 주어질 때, 상금을 계산하는 프로그램을 작성하시오.

- 같은 눈이 3개가 나오면 10,000원의 상금을 받게 된다.
- 같은 눈이 2개만 나오는 경우에는 1,000원의 상금을 받게 된다.
- 모두 다른 눈이 나오는 경우에는 상금은 없다.

주사위의 값을 입력하시오: 1 1 1
상금은 10,000원입니다.

반복문

▷ while 반복 구조를 이해하고 사용할 수 있다.
▷ do-while 반복 구조를 이해하고 사용할 수 있다.
▷ for 반복 구조를 이해하고 사용할 수 있다.
▷ 중첩 반복 구조를 이해하고 사용할 수 있다.
▷ 반복문에서의 break와 continue 사용법을 이해했다.

반복문

1. 이번 장에서 만들 프로그램

반복(iteration)은 동일한 문장을 여러 번 반복시키는 구조이다. 이번 장에서는 다음과 같은 프로그램을 작성해볼 것이다.

(1) 초등학생용 산수 문제를 자동으로 출제하는 프로그램을 작성해보자. 한 번이라도 맞으면 종료한다.

```
산수 문제를 자동으로 출제합니다.
41 + 67 = 99
틀렸습니다.
34 + 0 = 34
맞았습니다.
```

(2) 1억 원을 일시불로 받을 때와 처음에 1원을 받고, 한 달 동안 하루가 지날 때마다 2배씩 받는 것 중에서 어떤 것이 유리한지 계산해보자.

```
1일 후 현재 금액=2
2일 후 현재 금액=4
...
29일 후 현재 금액=536870912
30일 후 현재 금액=1073741824
```

(3) 숫자 맞추기 게임을 작성해보자.

```
정답을 추측하여 보시오: 50
제시한 정수가 높습니다.
정답을 추측하여 보시오: 25
제시한 정수가 낮습니다.
정답을 추측하여 보시오: 28
축하합니다. 시도 횟수=3
```

2. 반복이란?

인간은 똑같은 작업을 반복하는 것을 싫어한다. 인간은 항상 새롭고 흥미로운 것들을 좋아한다. 인간에게 어떤 것을 의미 없이 반복하는 것은 지루한 일이다. 하지만 컴퓨터는 반복적이고 동일한 작업을 아무 불평 없이 수행한다. 프로그래밍에서는 반복적인 작업들이 반드시 필요하다.

반복(iteration)은 같은 처리 과정을 되풀이하는 것이다. 회사에서 직원들의 봉급을 계산하는 작업을 생각해보자. 직원의 수가 100명이라면, 똑같은 작업을 100번 반복하여야 한다. 만약 직원 수가 10,000명이라면 10,000번 반복해야 할 것이다. 어떤 대상에 대하여 동일한 처리 과정을 반복하는 것은 프로그래밍에 있어서 아주 자주 발생한다.

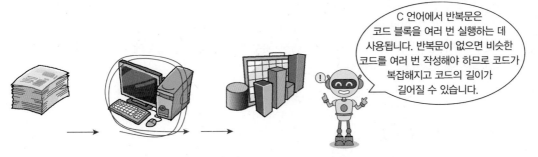

그림 6.1 반복은 같은 처리 과정을 반복하는 것이다

구체적인 예를 들어보자. 예를 들어, 1부터 7까지의 자연수를 모두 더하는 프로그램을 작성한다고 가정해보자. 반복문이 없다면 [그림 6.2]의 (a)와 같이 각각의 수를 변수에 저장하여 더해주어야 한다.

```
int sum = 0;
sum += 1;
sum += 2;
sum += 3;
sum += 4;
sum += 5;
sum += 6;
sum += 7;
printf("합은 %d입니다.", sum);
```

(a) 반복문을 사용하지 않은 경우

```
int sum = 0;
for (int i = 1; i <= 7; i++) {
    sum += i;
}
printf("합은 %d입니다.", sum);
```

(b) 반복문을 사용하는 경우

그림 6.2 반복문을 사용하지 않는 경우와 사용하는 경우

(a)와 같은 방법은 코드가 길어지고 유지보수가 어려워진다. 예를 들어서 1부터 7이 아니고 1에서 100까지 더한다고 생각해보자. 100개의 문장이 필요하다. 반복 처리는 이런 경우에 아주 적합한 기법이 된다. [그림 6-2]의 (b)는 for 반복문을 사용한 예제 코드이다. for 반복문에서는 i가 7을 넘어갈 때까지 sum에 i를 더하고 있다. 반복 처리는 프로그래머가 반드시 잘 알아두어야 할 중요한 기법이다.

반복문의 종류

반복문에는 while 문과 for 문이 있다.

- 조건 제어 반복(while 문): while 문은 조건이 만족되는 동안에는 반복을 계속하는 구조이다. while 문은 미리 반복 횟수를 알 수 없는 경우에 사용한다.
- 횟수 제어 반복(for 문): for 문은 정해진 횟수만큼 반복하는 경우에 사용된다. 미리 반복 횟수를 알 수 있는 경우에 사용된다.

그림 6.3 반복문의 종류

노트

프로그래밍에서 반복은 흔히 루프(loop)라고 한다. 왜냐하면 프로그램이 반복할 때 이전 단계로 되돌아가는데 이것이 동그라미를 그리는 것처럼 보이기 때문이다.

중간점검

1. 프로그램에 반복 구조가 필요한 이유는 무엇인가?
2. 반복문에는 _____, _____문이 있다.

3. while 문

while 문은 조건식이 참(true)인 동안 코드 블록을 반복적으로 실행하는 데 사용된다. 다음은 while 문의 기본 구조이다.

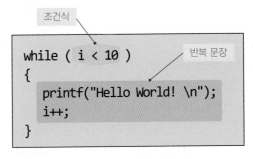

그림 6.4 while 문

while 문의 실행을 순서도로 그리면 다음과 같다. 조건식이 참이면 주어진 코드 블록을 실행하고 다시 조건을 검사한다. 조건식이 참이 아니면 while 문을 빠져나간다.

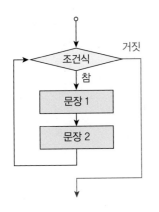

① 조건식이 참인지 확인한다.
② 조건식이 참이면 중괄호 { } 안에 있는 코드 블록을 실행한다.
③ 코드 블록을 실행한 후 다시 조건식을 확인한다.
④ 조건식이 참이면 ②로 돌아가서 코드 블록을 다시 실행한다. 조건식이 거짓이면 while 문을 빠져나온다.

파이썬과는 다르게, C언어에서는 조건식을 소괄호로 감싸야 한다. 반복되는 문장은 단일 문장이거나 복합 문장(블록)이 될 수 있다. 만약 반복 실행하는 문장이 여러 개이면 중괄호를 이용하여 문장들을 감싸서 블록으로 만들어 주어야 한다.

구체적인 예를 들어보자. 수업 시간에 초등학생이 떠들어서 선생님이 "수업 시간에 떠들지 않겠습니다."를 10번 출력하라고 지시했다. 이것을 반복 구조로 해결해보자.

iteration1.c

```c
#include <stdio.h>
int main(void)
{
    int i = 0;
    while (i < 10)
    {
        printf("수업 시간에 떠들지 않겠습니다.\n");
        i++;
    }
    return 0;
}
```

반복 조건은 "i < 10" 수식이 참이 되는 것이다. 수식 "i < 10"이 참이 되려면 변수 i의 값이 10보다 작아야 한다. i의 초깃값은 0이고 i는 한 번 반복될 때마다 1씩 증가된다. 따라서 i는 0 → 1 → 2 → 3 → ... → 10과 같이 증가하게 되고 i가 10이 되면 수식 "i < 10"은 거짓이 되어 반복이 종료된다. 반복 조건은 한 번씩 반복할 때마다 반복을 계속할 것인지를 결정하기 위하여 검사된다. 각 반복에서 i의 값과 조건식의 값을 다음 표에 나타내었다. 여기서 변수 i를 루프 제어 변수라고 한다.

표 6.1 while 문에서의 변수와 수식의 값

i의 값	i < 10	반복 여부
0	0 < 10 → 참(1)	반복
1	1 < 10 → 참(1)	반복
2	2 < 10 → 참(1)	반복
3	3 < 10 → 참(1)	반복
4	4 < 10 → 참(1)	반복
5	5 < 10 → 참(1)	반복
6	6 < 10 → 참(1)	반복

7	7 < 10 → 참(1)	반복
8	8 < 10 → 참(1)	반복
9	9 < 10 → 참(1)	반복
10	10 < 10 → 거짓(0)	중지

예제 #1

앞에서는 반복 루프 제어 변수 i의 값을 사용하지 않았다. 만약 i의 값을 반복 루프 안에서 출력한다면 어떤 결과가 나올까?

iteration2.c

```
#include <stdio.h>
int main(void)
{
    int i = 0;
    while (i < 10)          반복 조건
    {
        printf("i=%d  ", i);    반복 내용
        i++;
    }
    rturn 0;
}
```

실행결과

i=0 i=1 i=2 i=3 i=4 i=5 i=6 i=7 i=8 i=9

i의 값은 0에서 9까지 출력된다. 10은 출력되지 않는다. i가 10이 되면 반복 루프를 빠져나가기 때문이다. 이것은 많은 혼란을 일으키는 문제이니 철저히 알아두도록 한다.

예제 #2

마일을 미터로 변환하는 프로그램을 while 문을 이용해서 작성해보면 다음과 같이 된다. 루프 제어 변수 i에 1,609를 곱하여 출력하면 된다.

iteration3.c

```
#include <stdio.h>
int main(void)
{
    int meter;
    int i = 0;
```

```
    while (i < 3)
    {
        meter = i * 1609;
        printf("%d 마일은 %d미터입니다\n", i, meter);
        i++;
    }
    return 0;
}
```

```
0 마일은 0미터입니다
1 마일은 1609미터입니다
2 마일은 3218미터입니다
```

예제 #3

팩토리얼 값을 반복 루프로 계산해보자. 5!을 계산해보자. 5!=5×4×3×2×1로 계산할 수 있다. 이번에는 루프 제어 변수가 5부터 시작하여서 하나씩 감소한다. i가 1 미만이 되면 반복이 종료된다.

iteration4.c

```
#iclude <stdio.h>

int main(void)
{
    int i = 5;
    int factorial = 1;          여기에 정수들이 곱해지기 때문에 초
                                깃값이 1이어야 한다.

    while (i >= 1)      // i를 감소시키면서 i가 1 이상이면 반복한다.
    {
        factorial *= i;
        i--;
    }
    pintf("%d \n", factorial);

    return 0;
}
```

실행결과

```
120
```

예제 #4

반복을 이용하여서 구구단을 출력하여 보자. 출력할 단은 사용자가 지정한다. 하나의 단은 9줄로 되어 있으므로 9번 반복시키면 될 것이다.

```c
#define _CRT_SECURE_NO_WARNINGS
#include <stdio.h>

int main(void)
{

    int n;
    int i = 1;

    printf("출력하고 싶은 단: ");
    scanf("%d", &n);

    while (i <= 9)
    {
        printf("%d*%d = %d \n", n, i, n*i);
        i++;
    }

    return 0;
}
```

i가 9 이하면 반복

실행결과

```
9*1 = 9
9*2 = 18
9*3 = 27
9*4 = 36
9*5 = 45
9*6 = 54
9*7 = 63
9*8 = 72
9*9 = 81
```

예제 #5

반복 구조를 이용하여 1부터 1,000까지의 합을 구해보자. 1부터 1,000까지의 합은 수식 1+2+3+...+1,000으로도 계산할 수도 있으나 문장이 너무 길어지게 된다. 이럴 때 자주 사용되는 기법이 하나의 변수 sum을 정의해 놓고 여기에 정수를 계속 누적하는 방법이다. 즉 sum의 초깃값은 0으로 하고 여기에 1, 2, 3, ..., 1,000까지를 차례대로 더하는 것이다.

① 빈 통을 준비한다.   ② 통에 1부터 n까지 넣는다.   ③ 통에 들어 있는 동전의 개수를 출력한다.

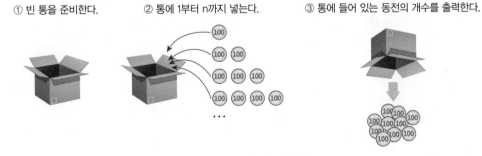

그림 6.5 누적 변수의 사용

```
1   #include <stdio.h>
2
3   int main(void)
4   {
5       int i, sum;
6
7       i = 1;
8       sum = 0;
9       while (i <= 1000)
10      {
11          sum += i;
12          i++;
13      }
14      printf("합은 %d입니다.\n", sum);
15      return 0;
16  }
```

i가 1,000 이하면 반복

실행결과

합은 500500입니다.

프로그램 설명

7, 8 반드시 i와 sum의 값을 초기화하여야 한다. 초기화하지 않으면 쓰레기값이 들어 있게 되고 반복이 제대로 되지 않는다.

9 1부터 1,000까지의 합을 구해야 되기 때문에 i가 1,000일 때도 반복을 하여야 한다. 따라서 반복 조건이 "i<=1,000"이 된다.

12 하나의 반복이 끝나면 반드시 i의 값을 증가하여야 한다. 증가하지 않으면 반복이 무한히 계속된다.

중간점검

1. if 문과 while 문을 비교하여 보라. 똑같은 조건이라면 어떻게 동작하는가?
2. while 루프를 이용하여 무한 루프를 만들어 보라.
3. 다음 코드의 출력을 쓰시오.

```
int n = 10;
while (n > 0) {
    printf("%d\n", n);
    n = n - 3;
}
```

| 난이도 ★★   주제 while 문의 이해 |

while 루프는 조건에 의하여 반복하는 경우에 많이 사용된다. 이번 실습에서는 A4 종이를 접어서 에베레스트산 높이(8800m)가 되려면 종이를 몇 번 접어야 하는지를 계산해보자. 종이의 두께는 1mm라고 하자. 종이는 접을 때마다 두께가 2배씩 증가한다. 그리고 종이는 횟수 제한 없이 접을 수 있다고 가정하자. 로그 함수는 사용하지 않는다.

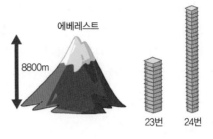

종이 접는 횟수=24

실행 결과

---

paper_fold.c

```c
#include <stdio.h>

int main(void)
{
    double pheight = 0.001;         // 단위 미터
    const double everest = 8800.0;  // 단위 미터
    int count = 0;

    while (pheight < everest) {
        pheight *= 2.0;
        count++;
    }
    printf("종이 접는 횟수=%d \n\n", count);
    return 0;
}
```

도전문제

1. 종이의 두께를 사용자로부터 받도록 해보자. 0.1mm라면 몇 번 접어야 하는가?
2. 달까지 가려면 몇 번이나 접어야 하는가? 달까지의 거리는 384,400km이다.

| 난이도 ★★★   주제 while 루프 이해 |

컴퓨터에는 항상 시계가 있다. 시계 프로그램을 우리도 하나 만들어 보자. 1초가 지나갔다는 것을 우리에게 알려주는 함수만 있으면 된다. UNIX에서는 sleep()을 사용하면 되고, 윈도우에서는 Sleep()이 있다. Sleep(ms)는 밀리 초 동안 실행되는 프로그램을 일시적으로 중지시 킨다.

 실행결과

| 00: 00: 06 | 00: 00: 07 |

clock.c

```c
#include <stdio.h>
#include <stdlib.h>
#include <windows.h>

int main(void)
{
    int hour, min, sec;
    hour = min = sec = 0;

    while (1) {
        system("cls");          // 화면을 지운다.
        printf("%02d: %02d: %02d", hour, min, sec);   // 시, 분, 초를 2칸씩 출력한다.
        sec++;
        if (sec == 60)  { min++;    sec = 0; }
        if (min == 60)  { hour++;   min = 0; }
        if (hour == 24) { hour = min = sec = 0; }
        Sleep(1000);            // 1초 동안 프로그램을 재운다.
    }
    return 0;
}
```

도전문제

1. 위의 코드를 참고하여서 지정된 시간이 지나면 알람을 울려주는 프로그램을 작성해보자. 예를 들어서 3분으로 설정하면 3분 후에 알람을 울려준다. 알람은 printf("\a\a\a\a");를 사용한다.

Lab 정수의 자릿수 출력

| 난이도 ★★   주제 while 반복문, 나머지 연산자 |

우리는 4장에서 3자리 정수의 자릿수를 출력하는 프로그램을 작성해본 바 있다. 이번에는 자릿수를 한정하지 않고 while 루프를 사용하여 주어진 정수의 각 자릿수를 출력하는 프로그램을 작성해보자. 다만 배열을 사용하지 않기 때문에 역순으로 출력된다.

```
정수를 입력하시오: 356
6 5 3
```

---

digits.c

```c
#define _CRT_SECURE_NO_WARNINGS
#include <stdio.h>

int main(void)
{
        int num;
        int count = 0;
        int digit;

        printf("정수를 입력하시오: ");
        scanf("%d", &num);

        while (num > 0) {
                digit = num % 10;
                printf("%d ", digit);
                num = num / 10;
        }

        return 0;
}
```

도전문제

1. 첫 번째 자릿수부터 나오게 하려면 어떻게 해야 할까? 단, 배열은 사용하지 않는다. 입력된 정수의 가장 큰 자릿수를 찾은 후에 이것을 사용하여 첫 번째 자릿수부터 출력하고, 나눗셈과 나머지 연산을 통해 자릿수를 제거하는 방법을 생각해보자.

4. do-while 문

do-while 문은 while 문과 비슷하나 반복 조건을 루프의 처음이 아니라 루프의 끝에서 검사한다는 것이 다르다. do-while 문의 구조는 다음과 같다. 조건식은 참, 거짓을 가릴 수 있는 수식이면 되고 반복되는 문장은 단일문 또는 복합문일 수 있다. do-while 문의 맨 끝에는 세미콜론을 붙여야 한다.

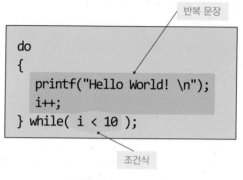

그림 6.6 do...while 문

do...while 문이 while 문과 다른 점은 반복 문장이 적어도 한 번은 실행된다는 점이다. 따라서 do...while 문은 반복 문장이 적어도 한 번은 실행되어야 하는 경우에 사용하는 것이 가장 바람직하다. 어떤 경우에 한 번은 실행되어야 할까? 사용자로부터 데이터를 받은 후에 처리해야 하는 경우가 그렇다.

예제 #1

do...while 문은 입력을 처리하는 부분에서 많이 사용된다. 예를 들어서 다음과 같이 메뉴를 출력한 후에 사용자의 입력을 받는 부분에 사용된다.

```
1---파일열기
2---파일저장하기
3---종료
하나를 선택하시오: 1
선택된 메뉴=1
```

입력을 처리하기 위해서는 일단 외부로부터 입력을 하나 받아야 한다. 따라서 do...while을 이용하여 입력을 받은 후에 이것을 처리하면 보다 간결한 프로그래밍이 가능하다.

```c
#define _CRT_SECURE_NO_WARNINGS
#include <stdio.h>

int main(void)
{
    int i = 0;
    do
    {
        printf("1---파일열기\n");
        printf("2---파일저장하기\n");
        printf("3---종료\n");
        printf("하나를 선택하시오: ");
        scanf("%d", &i);
    } while(i < 1 || i > 3);

    printf("선택된 메뉴=%d\n",i);
    return 0;
}
```

정상적인 메뉴값이 아니면 반복

프로그램 설명

위의 프로그램은 사용자가 적절한 선택을 할 때까지 메뉴를 화면에 출력하는 것을 반복한다. 사용자로부터 유효한 입력을 받기 전에 적어도 한 번은 메뉴를 나타내야 하기 때문에 do...while 문이 사용되었다. 입력된 값이 1부터 3 사이가 아니라면 메뉴를 다시 표시하여 사용자가 새 값을 선택하도록 요청한다.

중간점검

1. 다음 코드의 출력을 쓰시오.

```c
int n = 0;
while (n > 0) {
    printf("%d\n", n);
    n = n - 3;
}
```

2. 1번 문제의 반복 구조를 do-while로 변경하면 출력이 어떻게 변화되는가?

Lab 숫자 맞추기 게임

| 난이도 ★★   주제 do-while 문의 이해 |

if 문과 do...while 문을 동시에 사용하는 예제를 작성하여 보자. 이 예제는 숫자 알아맞히기 게임이다. 프로그램은 0부터 99 사이의 정수를 저장하고 있고 사용자는 질문을 통하여 그 정수를 알아맞히려고 노력한다. 사용자가 답을 제시하면 프로그램은 자신이 저장한 정수와 비교하여 제시된 정수가 더 높은지 낮은지만을 알려준다.

```
정답을 추측하여 보시오: 50
제시한 정수가 높습니다.
정답을 추측하여 보시오: 25
제시한 정수가 낮습니다.
정답을 추측하여 보시오: 40
제시한 정수가 높습니다.
정답을 추측하여 보시오: 30
제시한 정수가 높습니다.
정답을 추측하여 보시오: 27
제시한 정수가 낮습니다.
정답을 추측하여 보시오: 28
축하합니다. 시도횟수=6
```

프로그램은 do...while 루프를 사용하여 사용자가 정확하게 정수를 알아맞힐 때까지 반복한다. 사용자가 정답을 알아맞히면 몇 번 만에 알아맞혔는지를 화면에 출력한다. 사용자가 제시한 정수와 정답을 비교하는 데 if 문이 사용된다.

 도전문제

1. 어떤 전략을 구사하는 게 가장 논리적인가? 정답이 100 이하 정수라면, 이 전략을 사용하면 최대 몇 번만에 맞출 수 있는가?

```
game.c

#define _CRT_SECURE_NO_WARNINGS
#include <stdio.h>

int main(void)
{
    int answer;      // 정답
    int guess;
    int tries = 0;
    srand(time(NULL));
    answer = rand()% 100;
    // 반복 구조
    do {
        printf("정답을 추측하여 보시오: ");
        scanf("%d", &guess);
        tries++;

        if (guess >answer)      // 사용자가 입력한 정수가 정답보다 높으면
            printf("제시한 정수가 높습니다.\n");
        if (guess <answer)      // 사용자가 입력한 정수가 정답보다 낮으면
            printf("제시한 정수가 낮습니다.\n");
    } while (guess !=answer);

    printf("축하합니다. 시도횟수=%d\n", tries);
    return 0;
}
```

정답이 아니면 반복

프로그램 설명

3개의 변수가 선언되어서 사용된다. 변수 answer는 정답을 저장하고 있다. 정답은 난수 생성 함수인 rand()를 호출하여 결정하기 때문에 실행할 때마다 달라진다. 변수 guess에는 사용자가 입력한 정수가 저장된다. 만약 answer와 guess가 일치하면 반복이 종료된다. tries는 사용자의 시도 횟수를 기록한다.

반복 루프는 do...while 루프를 이용하여 구현되었다. 먼저 사용자로부터 scanf()를 통하여 정수를 받아야 하기 때문이다. 이것을 answer에 저장된 정수와 비교한다. if 문을 사용하여 guess가 answer보다 작은지 큰지를 검사하여 적당한 메시지를 출력한다. do...while 루프의 조건 검사 부분에서 guess가 answer와 같으면 반복을 중단하고 시도 횟수를 출력한다.

5. for 문

for 문은 정해진 횟수만큼 반복할 때 사용하는 반복 구조이다. for 루프(loop)라고도 한다. for 문은 반복 구조 중에서 아주 많이 사용되는데, 장점이 많기 때문이다.

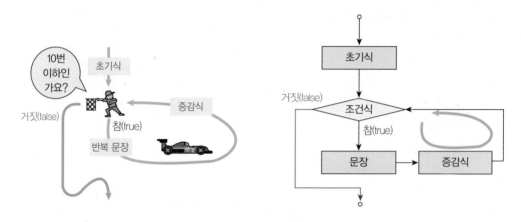

for 문은 **초기식**(initialization), **조건식**(expression), **증감식**(increment)의 3부분으로 구성된다. 이들 3부분은 세미콜론으로 분리되어 있다.

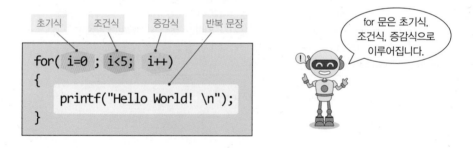

for 문에서 초기식은 가장 먼저 실행되고 딱 한 번만 실행된다. 이어서 조건식이 검사된다. 조건식이 참이면 루프가 실행된다. 루프의 실행이 끝나면 증감식이 실행된다. 이어서 다시 조건식이 검사된다. 한 번이라도 조건식이 거짓이면 바로 for 문을 벗어나게 된다.

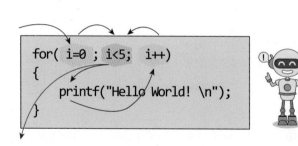

초기식을 실행한 후에 조건식을 검사하고 조건식이 참이면, 주어진 문장을 반복합니다. 한 번의 반복이 끝나면 증감식이 실행되고 다시 조건식이 검사됩니다. 조건식이 거짓이 되면 반복을 종료합니다.

이 세 개의 문장이 하는 역할을 좀 더 자세히 알아보자.

● 초기식

초기식은 반복 루프를 시작하기 전에 한 번만 실행된다. 주로 변숫값을 초기화하는 용도로 사용된다. 위의 예에서는 변수 i의 값을 0으로 초기화하였다. C99 버전부터는 여기서 int i=0;과 같이 제어 변수를 선언할 수도 있다.

● 조건식

반복의 조건을 검사하는 수식이다. 이 수식의 값이 거짓이 되면 반복이 중단된다. 이 수식은 반복을 하기 전에 계산된다. 따라서 만약 조건식의 값이 거짓이면 한 번도 반복이 일어나지 않는다. 위의 예제에서는 "i<5"가 여기에 해당한다. i의 값이 5보다 작으면 반복이 계속된다. 만약 i의 값이 증가되어서 5가 되면 "i<5"가 거짓이 되고 따라서 반복은 종료된다.

● 증감식

한 번의 루프 실행이 끝나면 증감식이 실행된다. 위의 예제에서는 i++;이 여기에 해당하고 변수 i의 값을 증가시키는 역할을 한다. 어떤 문장이라도 여기에 놓을 수 있다.

구체적인 예로 "Hello World!"라는 문자열을 5번 화면에 출력하는 문제를 생각해 보자. 만약 반복문을 사용하지 않으면 printf() 문장을 귀찮게 5번을 써야 할 것이다. 그러나 for 문을 사용하면 다음과 같이 코드를 작성하면 된다.

```c
int i;

for(i = 0; i < 5; i++)
    printf("Hello World!\n");
```

초기식, 조건식, 증감식이 실행되는 순서를 그려보면 [그림 6.7]과 같다.

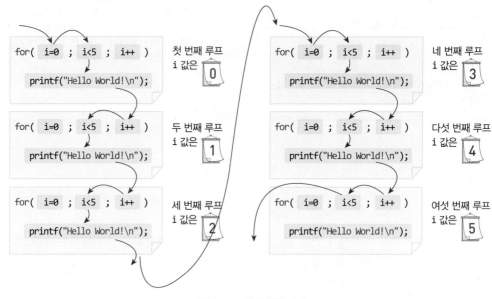

그림 6.7 for 문의 실행 과정

for 루프에서 초기식이나 조건식, 증감식은 생략이 가능하다. 또 반복되는 문장이 하나이면 중괄호도 생략할 수 있다.

예제 #1

간단한 예로 1부터 10까지의 정수를 더하여 합을 구하는 프로그램을 살펴보자.

 실행 결과

```
1부터 10까지의 정수의 합= 55
```

sum.c

```c
#include <stdio.h>

int main(void)
{
    int i, sum;

    sum = 0;
    for(i = 1; i <= 10; i++)    // i는 1부터 10까지 증가
        sum += i;               // sum = sum + i;와 같음
```

반복 구조

```
    printf("1부터 10까지의 정수의 합= %d\n",sum);
    return 0;
}
```

프로그램 설명

이 프로그램에서는 두 개의 정수 변수가 필요하다. sum은 정수들의 합을 저장한다. i는 for 문에서 필요한 변수로 for 문이 정해진 횟수만큼 실행할 수 있도록 지금까지의 실행 횟수를 저장하고 있는 변수가 된다.

for 문에서 첫 번째 단계인 초기화 문장은 i = 1이다. 즉, 변수 i의 초깃값을 1로 만드는 것이다. for 문의 두 번째 단계는 i <= 10이다. 이것은 변수 i가 10보다 작거나 같은지를 검사한다. i는 1로 초기화되어 있으므로 조건은 참이 되고 sum += i; 문장이 실행되어 sum에 1이 더해진다. 다시 증감 문장인 i++가 실행되고 i의 값은 2가 된다. 다시 조건 i<=10이 검사되고 참이므로 다시 sum += i; 문장이 실행되어 sum에 2가 더해진다.

for 문은 조건식이 거짓이 될 때까지 계속 실행되고 i가 11이 되면 조건식이 거짓이 된다. 조건식이 거짓이 되면 for 문이 끝나게 되고 for 문 아래에 있는 printf 문이 실행되어서 화면에 sum의 값이 출력된다.

예제 #2

화면에 * 글자를 이용하여 다음과 같은 네모를 그려보자. 만약 for 루프를 사용하지 않는다면 각 줄마다 printf()를 호출하여야 할 것이다.

draw_box.c

```
// 반복을 이용한 네모 그리기
#include <stdio.h>

int main(void)
{
    int i;

    printf("**********\n");          ┐ 5번 반복

    for(i = 0;i < 5; i++)
        printf("*        *\n");

    printf("**********\n");

    return 0;
}
```

실행결과

```
**********
*        *
*        *
*        *
*        *
*        *
**********
```

예제 #3

팩토리얼 계산은 앞의 while 문으로도 계산해본 바 있다. 이번 코드를 앞의 코드와 비교해보자.

$$n! = 1 \times 2 \times 3 \times \cdots \times n$$

```
정수를 입력하시오: 10
10!은 3628800입니다.
```

factorial.c

```c
#define _CRT_SECURE_NO_WARNINGS
#include <stdio.h>

int main(void)
{
    int fact = 1;
    int i, n;

    printf("정수를 입력하시오: ");
    scanf("%d", &n);                    ← 1에서 n까지 반복

    for (i = 1; i <= n; i++)
        fact = fact * i;

    printf("%d!은 %d입니다.\n", n, fact);

    return 0;
}
```

프로그램 설명

fact의 초깃값은 반드시 1이어야 한다. 0이면 안 된다. 왜냐하면 팩토리얼은 정수를 전부 곱해서 계산하는 것이므로 초깃값이 0이면 결과는 0이 되어 버린다. 따라서 반드시 1로 초기화를 시켜야 한다.

사용자로부터 정수를 하나 입력받는다. 입력받은 정수는 변수 n에 저장된다. for 루프를 사용하여 fact에 i의 값을 곱한 결괏값을 다시 fact에 저장한다. i의 초깃값도 0이 아닌 1이어야 한다. n까지 곱해져야 하므로 for 루프가 끝나는 값도 n이 된다. 다음 표에서 n이 5라고 가정하고 각 반복에서 i와 fact의 값을 나타내었다.

	i의 값	i<=5	반복 여부	fact의 값
1번째 반복	1	1<=5(참)	반복	1*1
2번째 반복	2	2<=5(참)	반복	1*1*2
3번째 반복	3	3<=5(참)	반복	1*1*2*3

4번째 반복	4	4<=5(참)	반복	1*1*2*3*4
5번째 반복	5	5<=5(참)	반복	1*1*2*3*4*5
6번째 반복	6	6<=5(거짓)	중단	

for 문에서 주의할 점

- 반복되는 문장이 2줄 이상이면 중괄호를 사용하여 묶어준다.
- 조건식은 참, 거짓을 판별할 수 있는 수식이면 어떤 것이던지 가능하다. 다음과 같이 논리 연산자를 이용하여 여러 가지 조건을 결합할 수도 있다.

```
for (i = 0; i < 100 && sum < 2000; i++ )
    sum += i;
```

위의 반복문은 i가 100보다 작고 sum이 2,000보다 작으면 반복을 계속하게 된다.

- 초기화 수식에서는 콤마 연산자를 사용하여 2개 이상의 변수를 초기화시킬 수도 있다.

```
for (i = 0, sum = 0; i < 100; i++ )
    sum += i;
```
콤마 연산자를 사용하면 여러 변수를 초기화할 수 있다.

이 경우, i = 0이 먼저 수행되고 그 후에 sum = 0이 수행된다.

- 앞에서 for 문은 3부분으로 구성된다고 했는데 3부분 중에서 어떤 부분은 비어 있을 수도 있다. 만약 이들 3부분이 전부 비어 있으면 루프가 무한히 반복된다.

```
for( ; ; ) {
    printf("Hello World!\n");
}
```

위의 반복문을 실행하면, 화면에 Hello World!가 무한히 출력된다. 이것을 중지하려면 Ctrl+C를 눌러야 한다.

- 증감식에서는 주로 증가 수식이 많이 이용되지만, 때에 따라서는 감소 수식도 사용된다.

```
for (i = 10; i > 0; i-- )
    printf("Hello World!\n");
```

앞의 반복문은 i에 10이 대입되고 한 번 반복할 때마다 1씩 감소되어서 i가 0이 되면 반복을 중지한다.

- while 문이나 for 문에서 만약 반복 처리할 내용이 없다면 NULL 문장(NULL statement)을 사용하는 것도 가능하다.

```
for(i=0; i<10; i++)
    ;
```

참고: for 루프에서 변수 선언

최신의 C 규격에서는 C++ 언어처럼 다음과 같이 for 루프 안에서 변수를 선언하여 사용할 수 있다.

```
for(int i=0;i<10; i++){ ... }
```

하지만 엠베디드 시스템의 경우, 여러 가지 이유로 예전 버전의 C 컴파일러를 사용하는 경우도 무척 흔하다. 따라서 이 책에서는 가급적 for 루프 안에서는 변수를 선언하지 않았다.

Q 3가지의 반복문 for, while, do...while 중에서 어떤 것을 사용해야 하는가?

A 부분적으로는 개인적인 취향의 문제이다. 일반적인 선택 기준은 루프의 반복 횟수를 아는 경우에는 **for** 루프가 while 루프에 비하여 약간 더 편리하다고 할 수 있다. 즉, 루프 제어 변수를 증가하는 것을 잊어버린다거나 하는 일이 while 루프에 비하여 덜 발생한다. 만약 조건만 존재하고 정확한 반복 횟수는 모르는 경우에는 while 구조가 좋다. 만약 반드시 한 번은 수행되어야 하는 문장들이 있다면 do...while 구조가 제격이다.

또한 while과 for는 반복하기 전에 조건을 검사하는 구조이고 do...while은 먼저 실행한 후에 반복 조건을 검사한다. 특별한 경우가 아닌 일반적인 경우에는 반복을 하기 전에 조건 검사를 하는 것이 좋다. 뭐든지 실행하기 전에 면밀하게 사전 조사를 하는 것이 좋은 것이다.

중간점검

1. 다음 코드의 출력을 쓰시오.

```
for(i = 1; i < 5; i++)
    printf("%d ", 2 * i);
```

2. 다음 코드의 출력을 쓰시오.

```
for(i = 10; i > 0; i = i - 2)
    printf("Student%d\n", i);
```

Lab 복리의 무서움

| 난이도 ★★   주제 for 반복문 |

어떤 회사 사장님이 1억 원을 일시불로 받을 것
인지, 아니면 첫날 1원을 받지만, 이후 30일 동안
전날보다 두 배씩 받는 것 중에서 하나를 선택하
라고 하였다. 여러분이라면 어떤 쪽을 선택할 것
인가? 프로그램으로 시뮬레이션해보자.

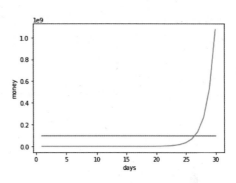

실행
결과

```
1일 후 현재 금액=2
2일 후 현재 금액=4
...
29일 후 현재 금액=536870912
30일 후 현재 금액=1073741824
```

compound_int.c

```c
#include <stdio.h>

int main(void)
{
    long long money = 1;
    int i;

    for (i = 1; i <= 30; i++) {
        money *= 2;
        printf("%d일 후 현재 금액=%lld\n", i, money);
    }
    return 0;
}
```

도전문제

1. 이율과 기간을 사용자로부터 받아서 복리로 최종 금액을 계산하는 프로그램으로 변경해보자.

Lab_ 약수 구하기

| 난이도 ★   주제 for 반복문 이해 |

반복문을 이용하여서 주어진 정수의 약수를 모두 구해보자. 정수 num이 주어지면 1부터 num 까지 루프 제어 변수 i를 하나씩 증가시키면서 num%i==0이면 i가 num의 약수가 된다.

실행 결과

```
정수를 입력하시오:240
1 2 3 4 5 6 8 10 12 15 16 20 24 30 40 48 60 80 120 240
```

get_divisors.c

```c
#define _CRT_SECURE_NO_WARNINGS
#include <stdio.h>

int main(void)
{
        int num, i = 1;
        printf("정수를 입력하시오:");
        scanf("%d", &num);

        for (i = 1; i <= num; i++) {
                if (num % i == 0)
                        printf("%d ", i);
        }
        return 0;
}
```

도전문제

1. 두 수의 최대 공약수를 구하는 프로그램을 작성한다. 이 프로그램은 유클리드의 알고리즘을 사용하지 않고 간단한 for 반복문을 활용하여 최대 공약수를 계산한다.

Lab 전 세계의 인구는 언제 100억이 될까?

| 난이도 ★★   주제 for 반복문 이해 |

믿을 수 없지만 현재 세계 인구는 거의 79억 명이다. 언제 100억 명을 돌파할까? 현재 세계의 인구 증가율을 1%로 가정하고 시뮬레이션을 해보자.

세계 인구가 100억 명을 돌파하는 연도는 2047년입니다.

실행
결과

```
world_pop.c
```

```c
#include <stdio.h>

#define GROWTH_RATE 0.01   // 연간 인구 증가율

int main(void)
{
        double population = 7.9e9;   // 현재 세계 인구
        int year = 2023;   // 현재 연도

        while (population < 10e9) {
                population *= (1.0 + GROWTH_RATE);
                year++;
        }

        printf("세계 인구가 100억 명을 돌파하는 연도는 %d년입니다.\n", year);

        return 0;
}
```

 도전문제

1. 이 코드를 수정하여 연도별로 사용자의 나이와 세계 인구가 출력되도록 수정해보자.

실행결과

```
2024년: 인구: 8058790000명, 나이: 23세
2025년: 인구: 8139377900명, 나이: 24세
...
```

6. 중첩 반복문

놀이공원에는 스릴감을 극대화하기 위하여 루프 안에 작은 루프들을 만들어 놓는다. 프로그램에서도 반복 루프 안에 다시 반복 루프가 있을 수 있다.

반복문은 중첩되어 사용될 수 있다. 즉 반복문 안에 또 다른 반복문이 있을 수 있다. 이러한 형태를 중첩 반복문(nested loop)이라고 한다. 외부에 위치하는 반복문을 바깥쪽 반복문(outer loop)이라고 하고 내부의 반복문을 안쪽 반복문(inner loop)라고 한다. 안쪽 반복문은 바깥쪽 반복문이 한 번 반복할 때마다 새로 실행된다.

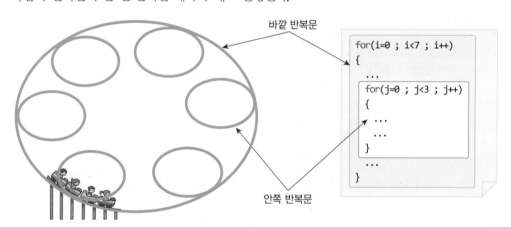

그림 6.8 중첩 반복문은 반복 루프 안에 또 다른 반복 루프가 있는 것이다

중첩 반복문에서 가장 주의할 점은 각각의 반복문을 제어하는 변수가 달라야 한다는 점이다. [그림 6.8]에서도 바깥쪽 반복문을 제어하는 변수는 i이고 안쪽 반복문을 제어하는 변수는 j로 서로 다르다. 만약 같은 변수가 사용되면 논리적인 오류가 발생할 가능성이 높다.

예제 #1

중첩 반복문은 실제 프로그래밍에서 많이 나오는 형태로 특히 사각형과 비슷한 데이터를 처리하는 데 유용하다. 다음 예제는 * 기호를 사각형 모양으로 출력한다. 여기서는 반복문으로 for 루프를 사용하여 보자. 주의할 점은 외부의 for 루프가 반복시키는 문장이 2개 이상이기 때문이 반드시 이들을 중괄호로 묶어서 블록으로 만들어 주어야 한다. 그렇지 않으면 외부 for 문은 바로 아래에 위치한 문장만 반복할 것이다.

```
**********
**********
**********
**********
**********
```

nested_loop2.c

```c
// 중첩 for 문을 이용하여 * 기호를 사각형 모양으로 출력하는 프로그램
#include <stdio.h>

int main(void)
{
    int x, y;

    for(y = 0; y < 5; y++)      // 바깥 반복문
    {
        for(x = 0; x < 10; x++) // 안쪽 반복문
            printf("*");

        printf("\n");           // 안쪽 반복문이 종료될 때마다 실행
    }

    return 0;
}
```

프로그램 설명

위의 프로그램을 실행하면 **50**개의 *가 화면에 **5×10**의 정사각형 모양으로 출력된다. *를 출력하는 문장의 외부에는 두 개의 for 루프가 중첩되어 있다. 외부의 for 루프는 변수 y를 0에서 4까지 증가시키면서 내부의 for 루프를 실행시킨다. 내부의 for 루프는 변수 x를 0에서 9까지 증가시키면서 **print()** 메소드를 호출한다. 내부 for 루프가 한 번 실행될 때마다 화면에는 한 줄의 *가 그려진다. 내부 for 루프가 한 번씩 종료될 때마다 줄바꿈 문자가 화면에 출력되어 다음 줄로 넘어가게 된다.

예제 #2

앞의 예제를 조금 변경시켜서 다음과 같이 출력되도록 하여 보자. 실행 결과를 자세히 분석하여 보면 y번째 줄에서 y개의 *를 출력하는 것을 알 수 있다. 따라서 바깥 반복 제어 변수인 y의 값을 안쪽 반복 횟수로 사용하면 된다. 그리고 y는 1부터 시작해야 한다.

```
*
**
***
****
*****
```

```
#include <stdio.h>

int main(void)
{
    int x, y;
                                        외부 반복문
    for(y = 1; y <= 5; y++)
    {
        for(x = 0; x < y; x++)          내부 반복문, y번 반복된다.
            printf("*");

        printf("\n");       // 내부 반복문이 종료될 때마다 실행
    }

    return 0;
}
```

예제 #3

중첩 반복 루프를 이용하여 구구단을 출력해보자.

gugu2.c

```
#include <stdio.h>

int main(void)
{
    int i, k;
    for (i = 1; i <= 9; i++) {
        for (k = 1; k <= 9; k++) {
            printf("%d X %d = %d \n", i, k, i * k);
        }
    }
    return 0;
}
```

실행결과

```
1 X 1 = 1
1 X 2 = 2
...
9 X 8 = 72
9 X 9 = 81
```

중간점검

1. 다음 코드의 출력을 쓰시오.

```
for(i = 1; i < 3; i++)
    for(j = 3; j >= 1; j--)
        printf("%d 곱하기 %d은 %d\n", i, j, i*j);
```

직각삼각형 찾기

| 난이도 ★★   주제 중첩 반복문 |

피타고라스의 정리는 직각삼각형에서 직각을 낀 두 변의 길이를 a, b라고 하고 빗변의 길이를 c라고 하면, $a^2+b^2=c^2$의 수식이 성립한다는 것이다. 각 변의 길이가 100보다 작은 삼각형 중에서 피타고라스의 정리가 성립하는 직각삼각형은 몇 개나 있을까? 이 문제를 수학적인 분석적인 방법으로 풀려면 상당히 어려워 보인다. 하지만 컴퓨터는 모든 수를 나열해놓고 한 번씩 피타고라스의 수식을 계산해 볼 수 있다. 항상 컴퓨터가 잘 하는 방법으로 문제를 해결하도록 해보자.

실행 결과

```
3 4 5
4 3 5
5 12 13
6 8 10
...
```

3중 반복문을 이용하여 피타고라스의 정리를 만족하는 3개의 정수를 찾도록 한다. 첫 번째 반복 루프는 a를 1에서 100까지 반복시킨다. 두 번째 반복 루프는 b를 1부터 100까지, 세 번째 반복 루프는 c를 1부터 100까지 반복시킨다. 중첩 반복문의 가장 안쪽에서 피타고라스의 수식을 검사하여 수식이 만족되면 화면에 a, b, c를 출력하면 된다.

find_tri.c

```c
#include <stdio.h>
int main(void)
{
    int a, b, c;
    for(a=1; a<=100; a++) {
        for(b=1; b<=100; b++) {
            for(c=1; c<=100; c++)    {
                if( (a*a+b*b)==c*c )
                    printf("%d %d %d\n", a, b, c);
            }
        }
    }
    return 0;
}
```

 도전문제

1. 위 문제의 실행 결과를 자세히 보면 (3, 4, 5), (4, 3, 5)와 같이 동일한 삼각형이 되풀이되어 출력되는 것을 알 수 있다. (3, 4, 5)와 같은 삼각형이 한 번만 출력되게 하려면, 소스의 어떤 부분을 수정하여야 할까?

7. 무한 루프, break, continue

break 문

break 문은 반복 루프를 벗어나기 위하여 사용한다. 반복 루프 안에서 break 문이 실행되면 반복 루프는 즉시 중단되고 반복 루프 다음에 있는 문장이 실행된다.

break 문이 실행되면 현재 반복을 중단하고 반복 루프를 빠져나갑니다.

그림 6.9 break 문은 반복 루프를 벗어나기 위한 문장이다

예를 들어, 다음의 반복 루프는 사용자로부터 최대 10개의 실수를 받아서 합계를 출력한다. 하지만 사용자가 중간에 음수를 입력하면 반복 루프를 조기에 종료시킨다.

실행
결과

```
1번째 실수를 입력하시오: 10
2번째 실수를 입력하시오: 20
3번째 실수를 입력하시오: 30
4번째 실수를 입력하시오: -1
합계 = 60.000000
```

break.c

```c
#define _CRT_SECURE_NO_WARNINGS
# include <stdio.h>

int main(void)
{
    int i;
    double number, sum = 0.0;

    for (i = 1; i <= 10; i++)
    {
        printf("%d번째 실수를 입력하시오: ", i);
        scanf("%lf", &number);  // double형 실수는 %lf를 사용한다.
```

```
      // 사용자가 음수를 입력하면 반복 루프가 종료된다.
      if (number < 0.0)
←————————— break;
      sum += number;
   }

   printf("합계 = %f", sum);
   return 0;
}
```

break 문은 원하는 만큼 얼마든지 둘 수 있다. 그러나 break 문을 너무 많이 사용하게 되면 코드가 난해해진다. 따라서 특수하게 반복 루프를 중단할 경우에만 break 문을 사용하는 것이 좋다.

continue 문

continue 문은 현재 수행하고 있는 반복 과정의 나머지를 건너뛰고 다음 반복을 시작하게 만든다. 반복 루프에서 continue 문을 만나게 되면 continue 문 다음에 있는 후속 코드들은 실행되지 않는다.

continue 문이 실행되면 현재 반복을 중단하고 다음 반복을 시작합니다.

0부터 10까지의 정수 중에서 짝수만을 출력하는 예제를 가지고 설명하여 보자. 0부터 10까지의 정수를 하나씩 조사하다가 현재 정수가 짝수이면 화면에 출력하고 현재 정수가 홀수이면 다음 반복을 시작한다.

continue.c

```
#include <stdio.h>
int main(void)
{
   int i;
   for (i = 0; i < 10; i++) {
```

```
        if (i % 2 == 1)
            continue;
        printf("정수: %d \n", i);
    }
    return 0;
}
```

```
정수: 0
정수: 2
정수: 4
정수: 6
정수: 8
```

무한 루프

조건 제어 루프에서 가끔은 프로그램이 무한히 반복하는 일이 발생한다. 이것은 무한 루프 (infinite loop)로 알려져 있다. 무한 반복이 발생하면 프로그램은 빠져 나올 수 없기 때문에 문제가 된다. 하지만 중간에 빠져나가는 조건을 주면 전혀 문제가 되지 않는다. 오히려 무한 루프가 필요한 곳도 많은데 예를 들면 신호등 제어 프로그램은 무한 반복하여야 한다. 무한 루프는 다음과 같은 형태를 가진다.

```
while (1) {
    if (조건)
        break;          # 반복을 중단한다.
    if (조건)
        continue;       # 다음 반복을 시작한다.
}
```

while 루프의 조건에 1이 있다. 따라서 조건이 항상 참이므로 무한히 반복된다. 하지만 무한 루프라고 하더라도 어떤 조건이 성립하면 무한 루프를 빠져나와야 하는 경우도 많다. 이런 경우는 if 문장을 사용하여서 루프를 빠져 나오게 된다. break 문장은 while 루프나 for 루프를 강제적으로 빠져 나올 때 사용하는 문장이다.

무한 루프는 실제 코딩에서 상당히 많이 사용된다. 특히 반복을 빠져나가는 조건이 까다로운 경우에 많이 사용된다. 예를 들어서 사용자가 입력한 수가 3의 배수이거나 음수인 경우에 while 루프를 빠져나가야 한다고 하자. 이때는 아래 그림의 왼쪽과 같이 while 루프의 조건문을 만드는 것보다, 오른쪽처럼 무한 루프를 만들고 그 안에서 루프를 벗어나는 조건을 적어주는 편이 이해하기 쉽다.

```
while ((x%3 == 0) || (x < 0)){          while (1) {
    ...                                     if (x%3 == 0) break;
    ...                                     if (x<0) break;
    ...                                     ...
}                                       }
```

중간점검

1. _____ 문이 반복문에서 실행되면 현재의 반복을 중단하고 다음 번 반복 처리가 시작된다.
2. _____ 문이 반복문에서 실행되면 반복문을 빠져 나온다.
3. 다음 코드의 출력을 쓰시오.

```c
int i;
for(i = 1; i < 10; i++) {
    if( i % 3 == 0 ) break;
    printf("%d\n", i);
}
```

4. 3번 문제에서 break를 continue로 변경하면 어떻게 되는가?

Lab 산수 문제 자동 출제

초등학교 학생들을 위한 산수 문제를 자동으로 출제하는 프로그램을 작성해보자. 덧셈 문제들을 자동으로 생성하여야 한다. 피연산자는 0에서 99 사이의 숫자의 난수로 하자. 한 번이라도 맞으면 종료한다.

```
산수 문제를 자동으로 출제합니다.
41 + 67 = 99
틀렸습니다.
34 + 0 = 34
맞았습니다.
```

난수는 어떻게 만들까? 난수는 rand() 함수를 호출하면 된다. rand()는 0부터 32,767 사이의 난수를 우리에게 반환한다. 이것을 0부터 99 사이의 난수로 변환하려면 다음과 같이 나머지 연산자 %를 사용한다.

```c
#include <stdio.h>
#include <stdlib.h>      // 이 헤더 파일을 반드시 포함시킨다.

int main(void)
{
    int x = rand() % 100;   // 0부터 99 사이의 난수가 생성된다.
    int y = rand() % 100;
    ...
}
```

무한 루프는 다음과 같이 생성된다. 사용자의 답도 체크하여야 한다.

```c
while(1) {
    ...
}
```

Solution 산수 문제 자동 출제

math_prob.c

```c
#define _CRT_SECURE_NO_WARNINGS
#include <stdio.h>
#include <stdlib.h>

int main(void)
{
    int i, ans;
    printf("산수 문제를 자동으로 출제합니다. \n");
    srand(time(NULL));

    while(1) {
        int x = rand() % 100;
        int y = rand() % 100;
        printf("%d + %d = ", x, y);
        scanf("%d", &ans);
        if (x + y == ans) {
            printf("맞았습니다.\n");
            break;
        }
        else
            printf("틀렸습니다.\n");
    }
    return 0;
}
```

 도전문제

1. 뺄셈이나 곱셈, 나눗셈 문제도 출제할 수 있는가?
2. 10번 이상 맞으면 반복 루프를 종료하도록 코드를 수정하여 보자.

Lab 1부터 n까지의 모든 소수를 찾아보자

| 난이도 ★★   주제 중첩 반복문 |

반복 구조를 사용하여 1에서 n 사이의 모든 소수를 출력하는 프로그램을 작성한다.

실행
결과

```
어디까지 찾을까요? : 100
2, 3, 5, 7, 11, 13, 17, 19, 23, 29, 31, 37, 41, 43, 47, 53, 59, 61, 67, 71, 73, 79, 83,
89, 97,
```

---

find_primes.c

```c
#define _CRT_SECURE_NO_WARNINGS
#include <stdio.h>

int main()
{
    int n, is_prime, i, k;

    printf("어디까지 찾을까요? : ");
    scanf("%d", &n);

    for (i = 2; i <= n; i++) {
        is_prime = 1;                  ← 일단 소수라고 가정한다.
        for (k = 2; k < i; k++) {
            if (i % k == 0) {          ← i가 k로 나누어떨어지면 소
                is_prime = 0;             수가 아니다.
                break;
            }
        }
        if (is_prime == 1)
            printf("%d, ", i);
    }
    printf("\n\n");
    return 0;
}
```

도전문제

1. 소수를 찾을 때 반복 횟수를 줄이기 위해 몇 가지 최적화 방법을 적용할 수 있다. 혹시 한 가지 방법을 생각할 수 있는가?

Lab 파이를 계산해보자

| 난이도 ★★★   주제 for 반복문 |

몬테카를로 시뮬레이션을 이용하여 파이의 값을 계산하여 보자. 몬테카를로 시뮬레이션은 난수를 이용하여 수학적인 문제나 물리학적인 문제를 해결하는 기법이다. 아래와 같이 사각형과 원을 그리고 난수를 생성하여서 그림 위에 찍는다(프로그램에서 실제로 그림을 그리는 것은 아니다). 원의 반지름은 1이라고 하자. 그러면 원의 면적은 π이고 사각형의 면적은 4이다. 따라서 점이 원 내부에 찍힐 확률은 (원의 면적)/(사각형의 면적)=π/4가 된다.

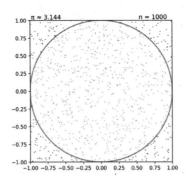

따라서 점을 100,000개 정도 찍으면 우리는 파이의 값을 꽤 정확하게 추정할 수 있다.

```
반복횟수:  100000
파이 = 3.140600
```

실행
결과

우리는 전체 원이 아니고 1/4원만을 생각하자. rand() 함수를 이용하여 0부터 1 사이의 무작위 좌표 x와 y를 생성한다. 이때 정확한 계산을 위해 double형으로 변환한다. 생성한 좌표 (x, y)에서 중점으로부터의 거리 제곱인 distance를 계산한다. 원점에서의 거리 제곱값이 1 이하인 경우, 즉 원 안에 있는 점이라면 points_in_circle 변수를 증가시킨다. 파이 값은 전체 점의 개수와 원 안에 떨어지는 점의 개수 비율로 계산된다.

cal_pi.c

```c
#include <stdio.h>
#include <stdlib.h>
#include <time.h>

int main(void)
{
        int num_points;              // 시뮬레이션에 사용할 점의 개수
        int points_in_circle = 0;    // 원 안에 들어간 점의 개수

        srand(time(NULL));           // 무작위 시드 값 설정
        printf("반복횟수: ");
        scanf("%d", &num_points);

        for (int i = 0; i < num_points; i++) {
                double x = (double)rand() / RAND_MAX;    // 0부터 1 사이의 무작위 x 좌표
                double y = (double)rand() / RAND_MAX;    // 0부터 1 사이의 무작위 y 좌표
                double distance = x * x + y * y;         // 중점으로부터의 거리 제곱

                if (distance <= 1) {
                        points_in_circle++;
                }
        }

        double pi = 4 * (double)points_in_circle / num_points; // 파이 값 추정

        printf("추정된 파이 값: %f\n", pi);

        return 0;
}
```

도전문제

1. 만약 1/4 원이 아니고 전체 원에 대하여 계산을 한다면 위의 코드를 어떻게 수정하여야 하는가?

Coding Test 물건 값 계산하기

| 난이도 ★★   주제 while 문 |

자동판매기 앞에서 물건 값을 실시간으로 지불하고 있다고 가정하자. 이 자동판매기는 신용카드 결제는 안 된다. 오직 지폐와 동전으로만 계산이 가능하다. 먼저 물건 값이 표시되고 사용자는 동전이나 지폐를 하나씩 넣어가면서 물건 값을 지불한다. 물건의 가격은 10원 단위로 10원에서 100,000만 원까지 랜덤하게 생성한다.

```
물건 값은 30560원입니다.
남은 금액은 30560원입니다.
적당한 동전이나 지폐로 계산해주세요: 10000
남은 금액은 20560원입니다.
적당한 동전이나 지폐로 계산해주세요: 10000
남은 금액은 10560원입니다.
적당한 동전이나 지폐로 계산해주세요: 10000
남은 금액은 560원입니다.
적당한 동전이나 지폐로 계산해주세요: 500
남은 금액은 60원입니다.
적당한 동전이나 지폐로 계산해주세요: 50
남은 금액은 10원입니다.
적당한 동전이나 지폐로 계산해주세요: 10
거스름돈은 0원입니다.
```

| 난이도 ★★   주제 반복문, break 문 |

간단한 주사위 게임을 작성해보자. 첫 번째 플레이어는 2개의 주사위를 던진다. 2개의 주사위 모두 1이 나올 때까지 계속해서 주사위를 던진다. 횟수를 기록해둔다. 그런 다음 두 번째 플레이어도 모두 1이 나올 때까지 2개의 주사위를 던진다. 게임의 승자는 모두 1이 나오기까지 더 적게 주사위를 던진 플레이어이다. 두 플레이어가 같은 횟수를 기록하면 게임은 무승부이다.

플레이어 1은 두 개의 주사위를 81번 던져서 두 개의 1을 얻었습니다.
플레이어 2는 두 개의 주사위를 48번 던져서 두 개의 1을 얻었습니다.
플레이어 2가 승리했습니다!

1 int x; for(x=0; x〈10; x++) { }이 종료되었을 때 x의 최종값은?

  ① 10   ② 9   ③ 0   ④ 1

2 while(x〈100) y++;에서 y++는 언제 실행되는가?

  ① x가 100보다 작을 때   ② x가 100보다 클 때

  ③ x가 100과 같을 때   ④ 항상

3 코드 'for(;;)'은 무한 루프를 나타낸다. 무한 루프는 다음 중 어떤 것에 의하여 종료될 수 있는가?

  ① break;   ② continue;   ③ stop;   ④ 종료될 수 없다.

4 다음의 반복문은 몇 번이나 반복되는가?

  (a) for(i = 0; i 〈 10; i++)

  (b) for(i = 1; i 〈= 10; i++)

  (c) for(i = 0; i 〈= 10; i++)

5 다음의 중첩 반복문은 몇 번이나 반복되는가?

```
for(i = 0; i < 10; i++)
    for(k = 1; k <= 3; k++)
```

6 do-while 반복 구조는 최소한 몇 번 반복하는가?

  ① 0   ② 1   ③ 무한정   ④ 가변적

7 다음 코드는 언제 종료될까? 어떤 출력이 나오는가?

```
short i;
for (i = 1; i >= 0; i++)
    printf("%d\n", i);
```

8 다음 코드의 실행결과를 써라.

```
int i = -2;
while (++i) {
    printf("하이 \n");
}
```

9 다음의 while 루프는 for 루프로, for 루프는 while 루프로 변경하시오.

(a)
```
int i = 0;
while(i < 10)
{
    printf("%d\n", i);
    i++;
}
```

(b)
```
int i;
for(i = 1;i <= 10; i++)
        printf("%d\n", i);
```

10 다음 프로그램의 결과를 써라.

```
i = 0;
for( ; ; )
{
    if( i > 10 )
        break;
    if( i < 6 )
        continue;
    printf("%d", i);
    i++;
}
```

Programming

| 난이도 ★   주제 횟수 제어 반복문 |

1 간단한 카운트다운 프로그램을 작성하여 보자. 10초부터 0초까지 숫자를 출력하고 0초가 되면 "발사"를 출력한다.

```
10 9 8 7 6 5 4 3 2 1 발사!
```

| 난이도 ★   주제 횟수 제어 반복문 |

2 사용자로부터 반복 횟수를 받아서 그 수만큼 "안녕하세요?"를 출력하는 프로그램을 작성해보자.

```
반복 횟수: 3
안녕하세요?
안녕하세요?
안녕하세요?
```

| 난이도 ★★   주제 중첩 반복문 |

3 다음과 같은 출력을 생성하는 프로그램을 작성하여 보자.

```
1******
12*****
123****
1234***
12345**
123456*
1234567
```

| 난이도 ★   주제 조건 제어 반복문 |

4 사용자로부터 정수를 입력받아서 계속 더하는 프로그램을 작성해보자. 사용자가 0을 입력하면 지금까지 입력된 모든 정수의 합계를 출력하고 종료한다.

```
정수를 입력하시오: 10
정수를 입력하시오: 20
정수를 입력하시오: 30
정수를 입력하시오: 0
합계=60
```

5 1부터 100까지의 자연수 중에서 3의 배수를 출력하여 보자.

> 3 6 9 12 15 18 21 24 27 30 33 36 39 42 45 48 51 54 57 60 63 66 69 72 75 78 81 84
> 87 90 93 96 99

6 1부터 100까지의 자연수 중에서 3의 배수이면서 동시에 5의 배수인 숫자를 출력하여
보자.

> 15 30 45 60 75 90

7 사용자로부터 정수 x, y를 입력받아서 x에서 y까지의 합을 구하는 프로그램을 작성하라.

> 시가 정수: 1
> 종료 정수: 10
> 1에서 10까지의 합 = 55

8 아스키 코드표를 출력하는 프로그램을 작성해보자.

> 65: A
> 66: B
> 67: C
> ...

9 반복적으로 사용자에게서 문자를 받아서 'a'가 나오면 카운터를 하나씩 증가한다. 사용자
가 '.'를 입력하면 반복을 종료하고 입력한 'a'의 총 개수를 출력한다. 문자를 입력받을 때
는 getchar() 함수를 사용한다.

> 문자를 입력하시오: (종료 .) a
> 문자를 입력하시오: (종료 .) b
> 문자를 입력하시오: (종료 .) .
> a의 개수 = 2

10 반복문을 이용하여 화씨온도 0도부터 100까지의 구간에 대하여 10도 간격으로 섭씨온도
로 환산하는 표를 작성하라.

```
=====================
화씨온도        섭씨온도
=====================
0              -17
10             -12
20             -6
30             -1
40             4
```

11 중첩 반복문을 사용하여서 다음과 같이 출력하는 프로그램을 작성하여 보자.

```
정수를 입력하시오: 5
1
1 2
1 2 3
1 2 3 4
1 2 3 4 5
```

HINT printf()로 정수를 3칸에 출력하려면 "%3d"를 사용한다.

12 컴퓨터는 막대그래프를 그리는 데도 사용된다. 1부터 50 사이의 숫자 10개를 랜덤하게
생성하여서 숫자만큼의 별표를 출력하는 프로그램을 작성하라. 막대는 세로로 그려지게
된다.

```
*************
******
*******************************************
****************************************
***********
***********************
******************
***********
*****************************
*******************
```

| 난이도 ★★★ 주제 횟수 제어 반복문 |

13 피보나치 수열을 계산하는 프로그램을 작성해보자. 피보나치 수열은 0과 1부터 시작하며, 앞의 두 수를 더하여 뒷 수를 만든다.

```
0, 1, 2, 3, 5, 8, 13, 21, 34, ...
```

몇 번째 항까지 구할까요? 10
0, 1, 1, 2, 3, 5, 8, 13, 21, 34, 55,

| 난이도 ★ 주제 횟수 제어 반복문 |

14 $1^2 + 2^2 + 3^3 + \cdots + n^2$ 의 값을 계산하여 출력하여 보자.

n의 값을 입력하시오: 10
계산값은 385입니다.

HINT i를 1부터 n까지 증가시키면서 result에 i*i를 더한다. result의 초깃값은 0이어야 한다.

| 난이도 ★★ 주제 조건 제어 반복문, break문 |

15 자동차의 연료 탱크 프로그램을 시뮬레이션하여 보자. 초깃값이 200리터이고 사용자가 주행을 하면 연료가 줄어든다. 반복문을 사용하여서 사용자로부터 충전 또는 사용한 연료를 입력받아서 연료 탱크에 남아 있는 연료가 10% 미만이면 경고를 출력한다.

초기 연료량: 200
연료 충전은 +, 소모는 -로 입력해주세요: +300
현재 남아있는 양은 500.000000입니다.
연료 충전은 +, 소모는 -로 입력해주세요: -500
현재 남아있는 양은 0.000000입니다.

(경고) 연료가 10 이하입니다.

| 난이도 ★★ 주제 break 문 |

16 사용자가 입력한 수가 소수인지 아닌지를 출력하는 프로그램을 작성하라. 소수는 1과 자기 자신 이외에는 약수를 가지지 않아야 한다. 약수는 % 연산자를 이용하여서 검사할 수 있다. 즉 i가 5의 약수라면 i%5가 0이 된다.

정수를 입력하시오: 93
93은 소수가 아닙니다.

17 라스베이거스에서 50달러를 가지고 도박을 하는 사람이 있다. 한 번의 도박에 1달러를 건다고 가정하자. 돈을 따거나 잃을 확률은 0.5로 동일하다고 가정하자. 도박사는 가진 돈을 다 잃거나 목표 금액인 250달러에 도달하면 도박을 중지한다. 도박사가 목표 금액에 도달하는 확률이 얼마나 되는지를 계산해보자.

> 초기 금액 $50
> 목표 금액 $250
> 1000 중의 212번 승리
> 이긴 확률=21.200000

실행 결과

HINT rand()를 호출하여서 난수를 발생시킨다. 난수의 값이 0.5보다 작으면 이긴 것으로 한다. 다음의 코드를 참조한다.

```
bets++;                                    // 배팅 횟수 증가
if ((double)rand()/RAND_MAX < 0.5) cash++; // $1를 딴다.
else                      cash--;          // $1를 잃는다.
```

18 파이(π)는 원에서 원주와 반지름의 비율을 나타내는 상수이다. 파이를 계산하는 것은 무척 시간이 많이 걸리는 작업으로 슈퍼 컴퓨터의 성능을 시험하는 용도로 사용된다. 지금은 컴퓨터의 도움으로 10조 개의 자릿수까지 계산할 수 있다. 파이를 계산하는 가장 고전적인 방법은 Gregory-Leibniz 무한 수열을 이용하는 것이다.

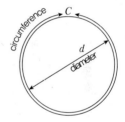

$$\pi = \frac{4}{1} - \frac{4}{3} + \frac{4}{5} - \frac{4}{7} + \frac{4}{9} - \frac{4}{11} + \cdots$$

위의 수열은 간단하기는 하지만 수렴은 상당히 늦다고 알려져 있다. 약 70자리까지는 계산할 수 있다. 사용자가 입력한 반복 횟수까지 위의 무한수열을 계산하는 프로그램을 작성하여 보라.

> 반복 횟수: 1000000
> PI = 3.141592

실행 결과

HINT 사용자로부터 반복 횟수를 입력받는다. while 루프나 for 루프를 이용하여서 반복 횟수만큼 반복시키면 된다.

19 변형된 NIM 게임을 구현하여 보자. 스틱들의 뭉치를 가정한다. 사용자와 컴퓨터는 번갈아서 스틱 뭉치에서 0개에서 3개 사이로 스틱을 가져갈 수 있다. 마지막 스틱을 가져가는 사람이 지는 게임이다. 스틱의 초기 개수는 12개라고 하자. NIM 게임에서는 전략이 있으나 여기서는 전략은 전혀 고려하지 않는다. 컴퓨터는 무조건 0부터 3 사이의 난수를 발생시켜서 스틱을 가져간다. 발생된 난수가 현재 스틱 개수보다 크면 스틱 개수로 제한한다.

```
현재 스틱의 개수:12
몇 개의 스틱을 가져가시겠습니까? : 3
**컴퓨터는 3개의 스틱을 가져갔습니다.
현재 스틱의 개수:6

몇 개의 스틱을 가져가시겠습니까? : 3
**컴퓨터는 0개의 스틱을 가져갔습니다.
현재 스틱의 개수:3

몇 개의 스틱을 가져가시겠습니까? : 2
**컴퓨터는 1개의 스틱을 가져갔습니다.
현재 스틱의 개수:0
```

20 사용자가 생각한 1부터 100 사이의 수를 컴퓨터가 알아맞히는 프로그램을 작성해보자. 프로그램은 초기 범위를 1부터 100으로 설정하고, 컴퓨터가 예측한 수를 사용자에게 물어본다. 사용자는 'y'(맞음), 'l'(작음), 'h'(크음) 중 하나를 입력하여 예측을 조정한다.

```
1부터 100 사이의 수를 생각하세요.
컴퓨터가 예측한 수는 50입니까? (맞으면 'y', 작으면 'l', 크면 'h' 입력): l
컴퓨터가 예측한 수는 75입니까? (맞으면 'y', 작으면 'l', 크면 'h' 입력): h
컴퓨터가 예측한 수는 62입니까? (맞으면 'y', 작으면 'l', 크면 'h' 입력): l
컴퓨터가 예측한 수는 68입니까? (맞으면 'y', 작으면 'l', 크면 'h' 입력): l
컴퓨터가 예측한 수는 71입니까? (맞으면 'y', 작으면 'l', 크면 'h' 입력): h
컴퓨터가 예측한 수는 69입니까? (맞으면 'y', 작으면 'l', 크면 'h' 입력): l
컴퓨터가 예측한 수는 70입니까? (맞으면 'y', 작으면 'l', 크면 'h' 입력): y
정답은 70입니다!
```

CHAPTER

7

배열

▷ 왜 배열이 필요한지를 이해한다.

▷ 배열을 선언하고 초기화하는 방법을 학습한다.

▷ 인덱스의 개념과 인덱스를 이용하여 배열의 요소를 참조하는 방법을 학습한다.

▷ 반복 구조를 이용하여서 배열 요소들에 대하여 동일한 처리를 반복 적용하는

   방법을 학습한다.

▷ 다차원 배열의 개념과 선언 방법을 이해하고 설명할 수 있다.

▷ 정렬과 탐색 알고리즘을 이해할 수 있다.

1. 이번 장에서 만들 프로그램

이번 장에서는 배열에 대하여 알아본다. 배열은 여러 개의 변수를 하나로 묶는 것이다. 배열을 사용하면 대용량의 데이터를 쉽게 처리할 수 있다.

(1) 배열에 값들을 저장하고 최솟값을 찾아보자.

```
----------------------------------------
1   2   3   4   5   6   7   8   9   10
----------------------------------------
9   15  31  97  88  80  68  39  44  48

최솟값은 9입니다.
```

(2) 틱택토 게임을 구현해보자.

```
(x, y) 좌표: 1 1
---|---|---
   |   |
---|---|---
   | x |
---|---|---
   |   |
---|---|---
(x, y) 좌표:
```

```
(x, y) 좌표: 0 0
---|---|---
 o |   |
---|---|---
   | x |
---|---|---
   |   |
---|---|---
(x, y) 좌표:
```

2. 배열이란?

지금까지 학습하였던 변수는 오직 하나의 값만을 저장할 수 있었다. 하지만 복잡한 응용 프로그램에서는 많은 값을 한꺼번에 저장할 수 있는 저장 장소가 필요하다. 배열은 이런 목적으로 만들어진 자료형이다. 배열을 사용하면 한 번에 여러 개의 변수를 생성할 수 있다. 10개의 정수를 저장할 수 있는 배열은 다음과 같이 선언한다. s는 배열의 이름이고, s 안에는 10개의 정수를 저장할 수 있다.

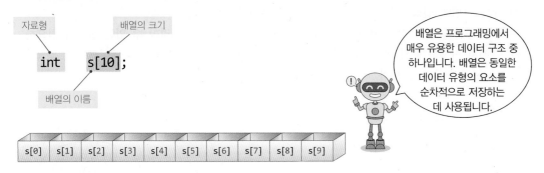

이러한 배열은 인덱스를 사용하여 각 요소에 액세스할 수 있다. 이를테면, 배열의 첫 번째 요소는 인덱스 0에 위치하며, 두 번째 요소는 인덱스 1에 위치하고, 이런 식으로 계속된다. 변수 선언이 단독 주택이라면 배열은 아파트 단지라고 할 수 있다. 단독 주택에는 한 가구만 살지만, 아파트 단지에는 여러 가구가 동시에 거주할 수 있다. 배열의 이름은 아파트 단지 이름으로 생각할 수 있고 인덱스는 아파트의 호수에 해당한다.

변수　　　　　아파트

왜 배열이 필요한가?

우리는 이제까지 변수로만 잘 해왔는데 왜 배열이 필요할까? 예를 들어서 학생이 10명이 있고 이들의 성적의 평균이나 표준편차와 같은 통계값을 계산한다고 하자. 통계값을 계산하려면 먼저 각 학생들의 성적을 읽어서 어딘가에 저장하여야 한다. 학생이 10명이므로 10개의 변수가 필요하다.

```
int s0, s1, s2, s3, s4, s5, s6, s7, s8, s9;
```

만약 학생이 30명이라면 어떻게 해야 할까? 위의 방법대로라면 30개의 정수 변수를 다 선언하여야 한다. 만약 100명이라면, 아니 1,000명이라면 어떻게 할 것인가? 이런 식으로 변수를 일일이 선언하다가는 프로그래머의 생활이 아주 힘들어질 것이다. 따라서 다른 방법이 필요하다. 보다 손쉽게 대량의 데이터를 저장할 수 있는 공간을 만들 수 있어야 하고 대량의 데이터들을 손쉽게 처리할 수 있는 방법이 필요하다. 그래서 탄생하게 된 것이 배열이다. 배열을 사용하면 같은 종류의 많은 데이터를 효율적이고 간편하게 처리할 수 있다.

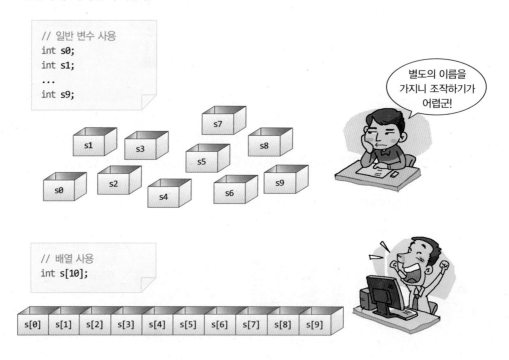

배열(array)은 동일한 데이터 유형의 요소를 순차적으로 저장하는 데이터 구조이다. 배열 안에 들어있는 각각의 데이터들은 번호에 의하여 식별된다. 이 번호를 인덱스(index)라고 한다. 또한, 배열에 저장된 데이터를 배열 요소(array element)라고 한다. 배열에서는 인덱스를 이용하여 배열 요소에 접근한다. 예를 들어서 배열에 들어 있는 첫 번째 요소는 s[0]이고 두 번째 요소는 s[1]이다. 마지막 요소는 s[9]가 된다. 만약 배열을 아파트라고 생각한다면 인덱스는 아파트의 각 집에 붙어 있는 번호이다. s 아파트의 3호라면 "s 아파트"가 배열의 이름이고 "3"이 인덱스라고 할 수 있다.

배열의 특징

- 배열은 메모리의 연속적인 공간에 저장된다. 예를 들어서 앞에서의 배열 요소 s[0]과 s[1]은 실제 메모리상에서도 서로 붙어 있다.
- 배열의 가장 큰 장점은 서로 관련된 데이터를 차례로 접근하여서 처리할 수 있다는 점이다. 만약 관련된 데이터들이 서로 다른 이름을 사용하고 있다면 이들 이름을 일일이 기억해야 할 것이다. 그러나 하나의 이름을 공유하고 단지 번호만 다를 뿐이라면 아주 쉽게 기억할 수 있고 편리하게 사용할 수 있다. 배열은 근본적으로 데이터들에 하나하나 이름을 붙이지 않고 전체 집단에 하나의 이름을 부여한 다음, 각각의 데이터에 숫자로 된 번호를 붙여서 접근하는 방법이다. 다음과 같이 생각해보자. 택배 사원이 10명에게 택배를 전달해야 한다고 하자. 만약 10명이 동일한 아파트에 거주하고 있는 경우와 10명이 모두 단독주택에 거주하고 있는 경우, 어떤 경우가 더 쉽겠는가?

배열의 선언

배열을 사용하려면 먼저 배열을 선언하여야 한다. 배열 선언을 통하여 컴파일러에게 배열 요소의 개수가 몇 개이고 각 요소의 자료형이 무엇인지를 알려야 한다. 배열을 선언하려면 먼저 자료형을 지정하여야 한다. 다음으로 배열의 이름이 나오고 대괄호를 붙인 다음에 대괄호 안에 배열의 크기를 적어주면 된다.

int는 배열의 자료형이다. s가 배열의 이름이며, 10은 배열의 크기이다. 배열 요소는 s[0], s[1], s[2]와 같이 접근한다. 인덱스는 0부터 시작한다.

각 상자에는 int형 정수를 저장할 수 있다.

| s[0] | s[1] | s[2] | s[3] | s[4] | s[5] | s[6] | s[7] | s[8] | s[9] |

0번째 배열 요소

9번째 배열 요소

그림 7.1 배열의 크기가 10이면 배열 요소는 0에서 9까지이다

배열 선언의 예를 더 들어보자.

```
int prices[60];      // 60개의 int형 값을 가지는 배열 prices
double costs[12];    // 12개의 double형 값을 가지는 배열 costs
char names[50];      // 50개의 char형 값을 가지는 배열 names
```

 참고

배열의 크기를 나타낼 때는 항상 정수 상수를 사용하여야 한다. 변수를 배열의 크기로 사용하면 컴파일 오류가 발생한다. 또한, 배열의 크기를 음수나 0, 실수로 하면 모두 컴파일 오류이다.

```
int s[size];  // 컴파일 오류
int s[-2];    // 배열의 크기가 음수이면 안 됨
int s[6.7];       // 배열의 크기가 실수이면 안 됨
```

 참고

보통 배열을 선언할 때는 배열의 크기를 #define 지시자로 만들어진 기호 상수로 지정한다. 예를 들면 다음과 같다.

```
#define SIZE 10
int s[SIZE];
```

#define을 이용한 기호 상수로 배열의 크기를 지정하게 되면 배열의 크기를 변경하기가 쉬워진다. 즉, 프로그램의 다른 부분을 수정하지 않고 단지 기호 상수의 정의만 바꾸면 된다.

배열 요소 접근

배열의 요소에 접근하려면 s[5]와 같이 대괄호 안에 요소의 인덱스(번호)를 적어주면 된다.

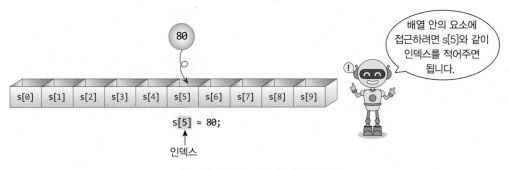

그림 7.2 배열의 요소에 80을 대입하는 문장

유효한 인덱스의 범위는 0에서 (배열 크기 − 1)까지이다. s라는 배열에서 첫 번째 배열 요소는 s[0]이다. 두 번째 배열 요소는 s[1]이다. 마지막 배열 요소는 s[9]가 된다. 배열 요소는 변수와 100% 동일하다. 따라서 값을 배열 요소에 저장할 수 있고 배열 요소에 저장된 값을 꺼낼 수도 있다.

```
s[5] = 80;       // 5번째 요소에 80을 저장한다.
s[3] = s[2];     // 2번째 요소를 3번째 요소로 복사한다.
s[k] = 100;      // k번째 요소에 100을 저장한다.
```

예제 #1

성적을 저장하는 s 배열을 선언하고 배열 요소에 10, 20, 30, 40, 50이라는 값을 저장하여 보자. 요소를 차례대로 처리할 때 유용하게 사용되는 것이 for 반복문이다.

```
score1.c
```
```
#include <stdio.h>
#define SIZE 5          각 학생들의 성적을 저장할 크기가 5인 배열을 선언한다.

int main(void)
{
    int i;
    int s[SIZE];          크기가 10인 정수형 배열을 정의한다.
    s[0] = 10;            배열의 요소에 값을 대입한다.
    s[1] = 20;
    s[2] = 30;
    s[3] = 40;
    s[4] = 50;
```

```
for (i = 0; i < SIZE; i++)
    printf("s[%d]=%d\n", i, s[i]);

    return 0;
}
```

배열의 요소를 반복문을 이용하여서 화면에 출력한다. 다음과 같이 5개의 문장을 사용하는 것보다 간결하다.

```
printf("s[0]=%d\n", s[0]);
printf("s[1]=%d\n", s[1]);
printf("s[2]=%d\n", s[2]);
printf("s[3]=%d\n", s[3]);
printf("s[4]=%d\n", s[4]);
```

또한, 변수를 인덱스로 사용할 수 있다는 점에 유의하자.

실행 결과

```
s[0]=10
s[1]=20
s[2]=30
s[3]=40
s[4]=50
```

예제 #2

이번에는 학생들의 성적을 받아서 배열에 저장하고 평균을 계산하여 출력해보자. scanf()를 사용할 때는 변수와 마찬가지로 배열 요소에 & 연산자를 사용하여서 배열 요소의 주소를 보내주어야 한다.

score2.c

```
#define _CRT_SECURE_NO_WARNINGS
#include <stdio.h>

#define STUDENTS 5

int main(void)
{
    int s[STUDENTS];
    int sum = 0;
    int i, average;

    for(i = 0; i < STUDENTS; i++)
    {
        printf("학생들의 성적을 입력하시오: ");
        scanf("%d", &s[i]);
    }

    for(i = 0; i < STUDENTS; i++)
        sum += s[i];
```

기호 상수를 사용하여 학생들의 수를 나타내었다. 차후에 학생들의 수를 변경하려면 이 기호 상수의 정의만 변경하면 된다.

각 학생들의 성적을 저장할 크기가 5인 정수형 배열을 선언한다.

성적의 합계를 저장할 변수 sum을 선언한다. sum에는 성적들이 계속 더해지므로 초깃값은 0이어야 한다.

for 루프를 반복하면서 사용자로부터 학생들의 성적을 입력받는다. s[i]는 배열 s의 i번째 요소이다. 배열의 요소도 하나의 변수이므로 배열의 요소에 & 연산자를 붙여서 &s[i]가 되었다. scanf()가 변수에 값을 저장하려면 변수의 주소가 필요하다.

for 루프를 반복하면서 성적들을 전부 합하여 성적들의 합계를 구한다. 한 번의 반복마다 i번째 학생의 성적인 s[i]가 sum에 더해진다.

```
        average = sum / STUDENTS;
        printf("성적 평균= %d\n", average);


        return 0;
}
```

sum을 값을 5로 나누어서 성적의 평균을 구하여 출력한다. sum이 정수이므로 정수 나눗셈이 되고 따라서 소수점 이하는 계산되지 않는다. 평균을 소수점까지 구하려면 부동 소수점 연산을 하여야 한다.

```
학생들의 성적을 입력하시오: 10
학생들의 성적을 입력하시오: 20
학생들의 성적을 입력하시오: 30
학생들의 성적을 입력하시오: 40
학생들의 성적을 입력하시오: 50
성적 평균= 30
```

예제 #3

우리는 여러 가지 자료형으로 배열을 만들 수 있다. 예를 들어서 문자형 배열도 만들 수 있다. 'a'부터 'z'까지의 문자를 저장하고 있는 문자형 배열 codes[]를 생성해서 'a', 'b', ... 'z'를 저장하고 다시 꺼내서 화면에 출력해보자.

code.c

```
#include <stdio.h>
#define SIZE 26

int main(void)
{
    int i;
    char codes[SIZE];

    for (i = 0; i < SIZE; i++)
        codes[i] = 'a' + i;

    for (i = 0; i < SIZE; i++)
        printf("%c ", codes[i]);

    printf("\n");

    return 0;
}
```

문자형 배열 codes[]를 정의한다.

문자 a의 아스키 코드인 'a'에 1을 더하면 'b'가 된다. 아스키 코드는 알파벳순으로 코드를 부여한다.

배열에 저장된 값을 문자 출력 형식인 %c로 출력한다.

```
a b c d e f g h i j k l m n o p q r s t u v w x y z
```

경고

배열을 사용할 때 조심하여야 하는 부분이 배열 인덱스의 범위이다. 인덱스가 배열의 크기를 벗어나게 되면 프로그램에 치명적인 오류를 발생시킨다. 컴파일러는 프로그래머가 유효 범위 안에 있는 인덱스를 사용하고 있는지를 확인하여 주지 않는다. C에서는 프로그래머가 인덱스가 범위를 벗어나지 않았는지를 확인하고 책임을 져야 한다. 예를 들어서 다음의 배열 선언이 있다고 하자.

```c
int s[10];
```

위의 배열에서 사용할 수 있는 인덱스의 범위는 0에서 9까지이다. 다음과 같은 문장은 오류이다. 배열의 인덱스는 0부터 시작한다.

```c
s[10] = 98;
```

 중간점검

1. n개의 요소를 가지는 배열의 경우, 첫 번째 요소의 번호는 무엇인가?
2. n개의 요소를 가지는 배열의 경우, 마지막 요소의 번호는 무엇인가?
3. 범위를 벗어나는 인덱스를 사용하면 어떻게 되는가? 즉 int a[10];과 같이 선언된 배열이 있는 경우, a[10]에 6을 대입하면 어떻게 되는가?

3. 배열의 초기화

우리는 변수를 어떻게 초기화하는지는 알고 있다. 그렇다면 배열은 어떻게 초기화할까? 배열은 여러 개의 변수가 모인 것이다. 따라서 초깃값도 하나가 아니고 배열 크기만큼의 값이 필요하다. 배열을 초기화하려면 초깃값들을 콤마로 분리하여 중괄호 { }로 감싼 후에 이것을 배열을 선언할 때 대입해주면 된다. 배열은 선언하면서 동시에 초기화할 수도 있다.

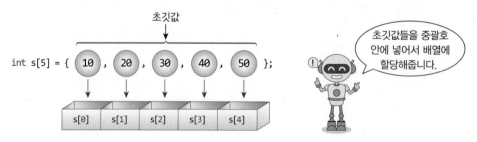

그림 7.3 기본적인 배열의 초기화

위의 문장에서는 5개의 요소로 된 배열 s를 선언한다. 첫 번째 요소 s[0]은 10으로 초기화되며, s[1]의 초깃값은 20이고 이런 식으로 계속된다. 만약 초깃값의 개수가 배열 요소의 개수보다 많은 경우에는 컴파일 오류가 된다.

만약 초깃값의 개수가 요소들의 개수보다 적은 경우에는 앞에 있는 요소들만 초기화된다. 그렇다면 나머지 배열 요소들은 어떻게 되는가? 나머지 배열 요소가 0으로 초기화된다.

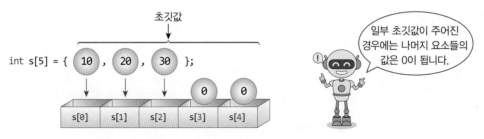

그림 7.4 일부만 초깃값이 주어진 경우에는 나머지 요소들의 값은 0이 된다

초기화만 하고 배열의 크기를 비워놓으면 컴파일러가 자동으로 초깃값들의 개수만큼 배열 크기를 잡는다. [그림 7.5]의 예제에서는 초깃값이 5개이므로 크기가 5인 s 배열이 만들어진다.

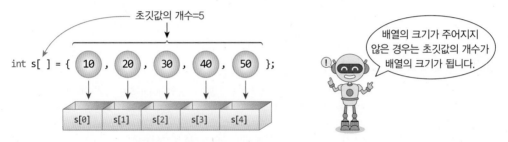

그림 7.5 초깃값만 주어지고 배열의 크기가 생략되는 경우

만약 초깃값이 주어지지 않았고 함수 안에 선언되었다면, 일반 변수와 마찬가지로 아무 의미 없는 쓰레기값이 들어가게 된다.

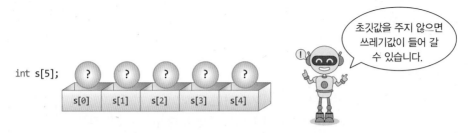

그림 7.6 초기화시키지 않으면 쓰레기값이 들어간다

예제 #1

성적을 나타내는 배열을 정의하고 초깃값을 이용하여 배열 요소의 값들을 {10, 20, 30, 40, 50}으로 초기화한 후에 배열 요소들을 화면에 출력한다.

score5.c

```c
#include <stdio.h>
#define SIZE 5

int main(void)
{
    int s[SIZE] = { 10, 20, 30, 40, 50 };    // 초깃값으로 배열을 초기화합니다.
    int i;

    for (i = 0; i < SIZE; i++)
        printf("s[%d] = %d\n", i, s[i]);

    return 0;
}
```

실행결과

```
s[0] = 10
s[1] = 20
s[2] = 30
s[3] = 40
s[4] = 50
```

팁: 배열 요소의 개수를 계산하는 방법

배열에 들어있는 자료를 처리하려면 항상 배열의 처음부터 끝까지 반복하여야 하는 경우가 많다. 따라서 배열의 크기는 꼭 알아야 하는 정보이다. 만약 배열의 크기를 명시적으로 지정하지 않고 주어진 초깃값의 개수로 결정하는 경우, 초깃값의 개수를 매번 세어보아야 한다. 예를 들면, 다음의 문장에서 scores[]의 크기는 비교적 쉽게 알 수 있지만, 만약 초깃값의 개수가 많아지게 되면 정확한 개수를 센다는 것이 어려울 수 있다.

```c
int scores[] = {10, 9, 5, 4, 1, 11, 21, 33, 98, 35, 63, 71};
```

배열 안에 들어 있는 요소의 개수를 자동적으로 계산하는 방법이 있다. 바로 sizeof 연산자를 사용하는 것이다. 우리가 알다시피 sizeof 연산자는 자료형이나 변수의 크기를 바이트 단위로 계산하는 연산자이다. sizeof 연산자를 이용하여 배열 전체의 크기를 구하고 이것을 배열 요소의 크기로 나누게 되면 배열 요소가 몇 개나 있는지 쉽게 계산할 수 있다.

```c
size = sizeof(scores) / sizeof(scores[0]);
```

배열의 복사

하나의 배열을 다른 배열로 복사하면 어떻게 하면 될까? 일단 다음 그림에서 왼쪽과 같이 b = a;와 같은 문장을 사용하여 하나의 배열을 다른 배열로 대입하는 것은 잘못된 방법이다.

① 잘못된 방법

```
int a[SIZE] = {1, 2, 3, 4, 5};
int b[SIZE];
```

```
b = a;
```

배열의 이름을 다른 배열에 대입한다고 해서 배열이 복사되지 않는다. C언어에서 배열의 이름은 배열의 시작을 가리킨다.

② 올바른 방법

```
int i;
int a[SIZE] = {1, 2, 3, 4, 5};
int b[SIZE];
```

```
for(i = 0; i < SIZE; i++)
    b[i] = a[i];
```

각 배열 요소를 복사해준다.

하나의 배열을 다른 배열로 복사하려면 위 그림의 오른쪽처럼 반복 구조를 사용하여서 배열의 요소를 하나씩 복사해주어야 한다.

배열의 비교

하나의 배열 전체를 다른 배열 전체와 비교할 수 있을까? 즉 배열 a와 배열 b를 비교하려면 어떻게 하여야 하는가? 배열 이름만 가지고 비교하는 것은 올바른 결과를 생성하지 않는다.

① 잘못된 방법

```
int a[SIZE] = { 1, 2, 3, 4, 5 };
int b[SIZE] = { 1, 2, 3, 4, 5 };
```

```
if( a == b )
    printf("같습니다.\n");
else
    printf("다릅니다\n");
```

배열의 이름은 배열이 저장된 메모리의 주소와 같다. 따라서 if 문은 배열의 내용을 비교하는 것이 아니라 각각의 배열 주소를 비교하는 것이다. 따라서 주소는 서로 다를 수밖에 없고 배열 요소들의 값이 일치해도 항상 같지 않다는 메시지가 출력된다.

② 올바른 방법

```
int a[SIZE] = { 1, 2, 3, 4, 5 };
int b[SIZE] = { 1, 2, 3, 4, 5 };
```

```
for(i = 0; i < SIZE ; i++) {
  if ( a[i] != b[i] ) {
      printf("다릅니다.\n");
      break;
  }
}
```

a[i]가 b[i]와 같지 않으면 for 루프는 중단된다. 따라서 for 루프가 중단되지 않고 종료하였다는 것은 모든 배열 요소가 일치함을 의미한다.

 중간점검

1. 배열 a[6]의 요소를 1, 2, 3, 4, 5, 6으로 초기화하는 문장을 작성하라.
2. 배열의 초기화에서 초깃값의 개수가 배열 요소의 개수보다 적은 경우에는 어떻게 되는가? 또 반대로 많은 경우에는 어떻게 되는가?
3. 배열의 크기를 주지 않고 초깃값의 개수로 배열의 크기를 결정할 수 있는가?

1913년에 몬테카를로 카지노의 룰렛 게임에서는 연속하여 구슬이 20번이나 검정색으로 떨어졌다고 한다. 도박사들은 다음에는 틀림없이 구슬이 빨강색으로 떨어질 것으로 예상하고 돈을 걸었지만 구슬은 추가로 6번이나 더 검정색으로 떨어졌다고 한다. 도박꾼들은 수백만 프랑을 잃었다. 주사위나 룰렛 게임에서 하나의 사건은 이전 사건과 독립적이다. 이전에 20번이나

검정색으로 떨어졌다고 다음에는 틀림없이 빨강색으로 떨어지는 것은 아니다. 빨강색이 나올 확률은 항상 50%이다. 연속하여 26번이나 검정색이 나올 확률은 1,368만 분의 1 정도로 매우 드문 경우였다.

이 실습에서는 주사위를 던져서 각 숫자들이 나오는 횟수를 출력하여 보자. 주사위를 던지는 동작은 난수 발생기가 대신한다. 즉 난수 발생 함수인 rand()를 호출하여 반환되는 값을 6으로 나눈 나머지가 주사위의 숫자를 나타낸다. 주사위를 10,000번 던져서 각 숫자들이 나오는 횟수를 계산하여 화면에 출력해보자.

```c
int face;
face = rand() % 6;
```

우리는 주사위 게임의 결과를 1차원 배열에 저장해보자. 주사위를 100번 던져서 나오는 값들의 횟수를 배열에 저장해서 출력해보자. 주사위 값들은 난수로 생성한다.

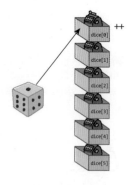

실행
결과

```
1: 16번
2: 22번
3: 12번
4: 13번
5: 14번
6: 23번
```

이때는 배열이 6개의 카운터를 저장하고 있다고 생각한다. 만약 주사위가 1이 나왔다면 dice[0]을 하나 증가한다. 만약 6이 나왔다면 dice[5]를 하나 증가한다.

Solution 주사위 게임의 결과 기록

`dice_roll.c`

```c
#include <stdio.h>
#include <stdlib.h>
#include <time.h>

#define SIZE 6

int main(void)
{
        int dice[SIZE] = { 0 };   // 1차원 배열 초기화
        int i, j;

        srand(time(NULL));   // 난수 생성을 위한 seed값 설정

        // 100번 주사위를 던져서 배열에 저장
        for (i = 0; i < 100; i++) {
                int result = rand() % SIZE;   // 주사위 값 생성
                dice[result]++;   // 주사위 값이 나올 때마다 해당 배열 요소를 증가시킨다.
        }

        // 배열 요소 출력
        for (j = 0; j < SIZE; j++) {
                printf("%d: %d번\n", j + 1, dice[j]);
        }
        return 0;
}
```

도전문제

1. 선생님은 기말고사 성적의 도수 분포표를 얻고 싶다. 선생님이 1번부터 30번까지의 점수를 입력하면 10점 단위로 각 점수에 몇 명의 학생이 있는지를 출력하는 프로그램을 작성하라. 배열을 이용한다면 어떻게 할 수 있을까?

| 난이도 ★★　주제 1차원 배열의 사용 |

배열을 이용하여 간단한 극장 예약 시스템을 작성하여 보자. 아주
작은 극장이라서 좌석이 10개밖에 안 된다. 사용자가 예약을 시작
하면 먼저 좌석 배치표를 보여준다. 예약이 끝난 좌석은 1로, 예약
이 안 된 좌석은 0으로 나타낸다.

```
좌석을 예약하시겠습니까?(y 또는 n) y
-------------------------------
  1 2 3 4 5 6 7 8 9 10
-------------------------------
  0 0 0 0 0 0 0 0 0 0
몇 번째 좌석을 예약하시겠습니까? 1
예약되었습니다.

좌석을 예약하시겠습니까?(y 또는 n) y
-------------------------------
  1 2 3 4 5 6 7 8 9 10
-------------------------------
  1 0 0 0 0 0 0 0 0 0
몇 번째 좌석을 예약하시겠습니까? 1
이미 예약된 자리입니다.
좌석을 예약하시겠습니까?(y 또는 n)
```

배열은 이런 종류의 어플리케이션에 적합하다. 좌석 예약 여부는 1차원 배열 seats[]에 저장하
면 된다. seats[i]가 1이면 i번째 좌석이 예약된 것이고 0이면 예약되지 않은 것이다. 처음에는
모든 좌석이 예약되지 않았으므로 0으로 초기화하여야 한다. 좌석이 예약되면 seats[i]의 값을
1로 변경하면 된다. 사용자가 예약 번호를 올바르게 입력하였는지도 반드시 체크하여야 한다.
즉, 좌석 번호는 1부터 10 사이어야 하므로 1보다 작거나 10보다 큰 번호를 입력하였으면 잘못
된 것이다.

Lab 가장 싼 물건 찾기

| 난이도 ★★   주제 1차원 배열, 최소값 찾기 알고리즘 |

우리는 인터넷에서 스마트폰과 같은 상품을 살 때, 가격 비교 사이트를 통하여 가장 싼 곳을 검색한다. 인터넷 쇼핑몰 10곳에 판매되는 스마트폰의 가격을 조사하여서 배열에 저장하였다고 하자. 배열에 저장된 가격 중에서 가장 낮은 가격을 찾아보자. 이러한 종류의 문제는 자주 등장하는 문제로서 일반적으로 배열에 들어 있는 정수 중에서 최솟값을 찾는 문제와 같다. 물론 최댓값을 찾는 문제도 거의 유사한 구조를 가진다.

```
------------------------------------
1    2    3    4    5    6    7    8    9    10
------------------------------------
26   63   9    57   41   15   50   26   98   13

최솟값은 9입니다.
```

스마트폰의 가격은 1차원 배열 prices[]에 저장하면 된다. 최솟값을 구할 때는 일단 배열의 첫 번째 요소를 최솟값으로 가정한다. 배열의 두 번째 요소부터 마지막 요소까지 이 최솟값과 비교한다. 만약 배열의 요소가 현재의 최솟값보다 작다면 이것을 새로운 최솟값으로 변경하면 된다.

배열 prices[]에 초깃값을 저장한다.
일단 첫 번째 요소를 최솟값 minimum이라고 가정한다.

```
for(i=1; i<배열의 크기; i++)
    if ( prices[i] < minimum )
        minimum = prices[i]
```

반복이 종료되면 minimum에 최솟값이 저장된다.

첫 번째 요소를 최솟값으로 가정하는 단계가 가장 중요합니다.

get_min.c

```c
#include <stdio.h>
#include <stdlib.h>
#include <time.h>
#define SIZE 10

int main(void)
{
    int prices[SIZE] = { 0 };
    int i, minimum;

    printf("---------------------------------\n");
    printf("1   2   3   4   5   6   7   8   9   10\n");
    printf("---------------------------------\n");
    srand( (unsigned)time( NULL ) );
    for(i = 0; i < SIZE; i++){
        prices[i] = (rand()%100)+1;
        printf("%-3d ",prices[i]);
    }
    printf("\n\n");

    minimum = prices[0];

    for(i = 1; i < SIZE; i++) {
        if( prices[i] < minimum )
            minimum = prices[i];
    }
    printf("최솟값은 %d입니다.\n", minimum);
    return 0;
}
```

배열을 난수로 초기화한다.

%-3d는 3자리의 필드에 왼쪽 정렬하여 출력하는 것을 의미한다.

첫 번째 배열 요소를 최솟값으로 가정한다.

현재의 최솟값보다 배열 요소가 작으면, 배열 요소를 최솟값으로 복사한다.

 참고

최솟값을 찾는 반복 루프가 1부터 시작했음을 유의하자. 0번째 요소는 검사할 필요가 없다.

 도전문제

1. 위의 프로그램에서 최댓값을 구하도록 코드를 수정해보자. 어디만 수정하면 되는가?

4. 버블 정렬

배열과 관련하여서 매우 흥미로운 문제가 정렬이다. **정렬**(sorting)은 물건을 크기순으로 나열하는 것을 의미한다. 예를 들어, 책들은 제목순이나 저자순, 또는 발간연도순으로 정렬이 가능하다. 사람도 나이나 키, 이름 등을 이용하여 정렬할 수 있다.

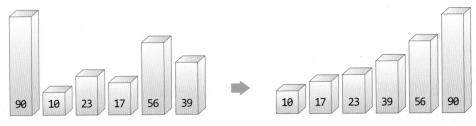

그림 7.7 정렬의 예

정렬은 컴퓨터공학 분야에서 가장 기본적이고 중요한 알고리즘 중의 하나로 일상생활에서 많이 사용된다. 여러분이 오픈마켓에서 물건을 구입할 때는 최저가 검색을 할 것이다. 정렬에는 많은 방법이 존재한다. 우리는 이중에서 가장 간단한 버블 정렬을 살펴보자. 버블 정렬은 가장 효율적인 정렬 방법은 아니지만, 가장 이해하기 쉽다. 다음 그림과 같이 블록들을 크기순으로 정렬한다고 하자.

(1) 인접한 블록 2개를 비교하여서 순서대로 되어 있지 않으면 위치를 바꾼다.

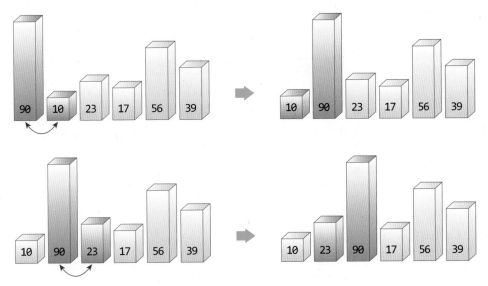

이 과정을 리스트의 마지막 블록까지 되풀이한다. 이것을 하나의 패스라고 하자. 첫 번째 패스가 종료되면 다음과 같은 모양이 된다. 가장 큰 값은 제 위치에 있다.

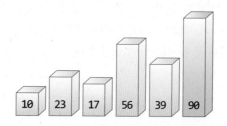

(2) 다시 인접한 블록 2개를 비교하여서 순서대로 되어 있지 않으면 위치를 바꾼다. 두 번째 패스가 끝나면 다음과 같은 모양이 된다.

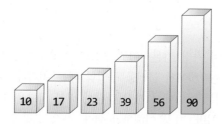

(3) 위의 과정을 블록의 개수만큼 되풀이하면 모든 블록이 크기순으로 정렬된다.

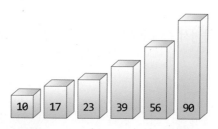

이것을 코드로 작성해보자. 먼저 다음과 같이 크기가 5인 정수형 배열을 생성하고 {16, 7, 9, 1, 3}으로 초기화한다. 인접한 요소들을 비교해서 순서대로 되어 있지 않으면 교환하자.

```c
int list[5] = { 16, 7, 9, 1, 3 };

int i;
for (i = 0; i < 5; i++) {
    if (list[i] > list[i + 1]) {
        // list[i]와 list[i+1]을 교환하는 코드를 여기에
    }
}
```

앞의 코드에는 중요한 오류가 있다. 혹시 눈치챘을 수도 있다. i의 값이 증가하여서 4가 되면 if 문에 있는 (i+1)은 5가 되는데 인덱스 5는 잘못된 인덱스이다. 배열의 크기가 5라면 올바른 인덱스의 범위는 0에서 4까지이다. 따라서 다음과 같이 반복 횟수를 하나 줄여야 한다.

```
int i;
for (i = 0; i < 4; i++) {
    if (list[i] > list[i + 1]) {
        // list[i]와 list[i+1]을 교환하는 코드를 여기에
    }
}
```

i번째 요소와 (i+1)번째 요소를 서로 교환하려면 어떻게 해야 하는가? 명백히 다음과 같이 하면 안 된다.

```
list[i] = list[i+1];       // list[i]의 값이 사라진다.
list[i+1] = list[i];
```

따라서 임시 변수 tmp를 사용하여서 다음과 같이 해주어야 한다.

```
tmp = list[i];
list[i] = list[i+1];
list[i+1] = tmp;
```

이제 이 코드를 원래의 반복 루프에 넣어보자.

```
int i;
for (i = 0; i < 4; i++) {
    if (list[i] > list[i + 1]) {
        int tmp = list[i];
        list[i] = list[i + 1];
        list[i + 1] = tmp;
    }
}
```

이러한 과정을 얼마나 되풀이해야 할까? 하나의 반복이 종료되면 제일 큰 값은 올바른 위치를 찾는다. 하지만 다른 값들은 아직도 정렬된 상태가 아니다. 따라서 배열 요소의 개수만큼 반복하면 된다. 따라서 다음과 같은 이중 루프가 된다.

```
int i, k;

for (k = 0; k < 5; k++) {
    for (i = 0; i < 4; i++) {
        if (list[i] > list[i + 1]) {
            int tmp = list[i];
            list[i] = list[i + 1];
            list[i + 1] = tmp;
        }
    }
}
```

전체 소스는 다음과 같다. 배열의 크기를 SIZE라는 기호 상수로 표시하였다.

bubble_sort.c

```
#include <stdio.h>
#define SIZE 5

int main(void)
{
    int i, k;
    int list[SIZE] = { 16, 7, 9, 1, 3 };

    // 배열의 요소를 정렬한다.
    for (k = 0; k < SIZE; k++) {
        for (i = 0; i < SIZE-1; i++) {
            if (list[i] > list[i + 1]) {   // 크기 순이 아니면
                // 서로 교환한다.
                int tmp = list[i];
                list[i] = list[i + 1];
                list[i + 1] = tmp;
            }
        }
    }

    // 배열의 요소를 출력한다.
    for (i = 0; i < SIZE; i++) {
        printf("%d ", list[i]);
    }
    return 0;
}
```

참고

본문에서는 버블 정렬을 쉽게 설명하기 위하여 안쪽 **for** 루프를 **(SIZE-1)**번 반복하였다. 하지만 《자료 구조와 알고리즘》이라는 책에서는 안쪽 **for** 루프가 다음과 같이 기술된다. 이것이 가능한 이유는 무엇인가?

```
for (k = 0; k < SIZE; k++) {
    for (i = 0; i < SIZE-k-1; i++) {
        if (list[i] > list[i + 1]) {
            int tmp = list[i]; list[i] = list[i + 1]; list[i + 1] = tmp;
        }
    }
}
```

도전문제

1. 버블 정렬의 하나의 패스에서 한 번도 교환이 없으면 정렬이 완료된 것으로 볼 수 있다. 이 부분을 본문의 코드에 추가하여 코드를 업그레이드해보자.

Lab 배열에서 특정한 값 탐색하기

| 난이도 ★★   주제 탐색 알고리즘, 배열 |

여기서는 정수들이 배열에 저장되어 있고 여기에서 사용자가 특정한 정수를 찾는다고 가정한다. 이러한 문제를 탐색이라고 한다. 사용자가 원하는 값을 입력받아서 배열의 요소와 하나씩 비교하면 된다. 만약 일치하면 그때의 인덱스를 화면에 출력한다.

```
[  10 20 30 40 50 60 70 80 90 100  ]
탐색할 값을 입력하시오:60
탐색 성공 인덱스= 5
```

이것은 순차 탐색이라는 불리는 알고리즘이다. 탐색하고자 하는 값과 배열에 저장된 값들을 하나씩 비교하게 된다.

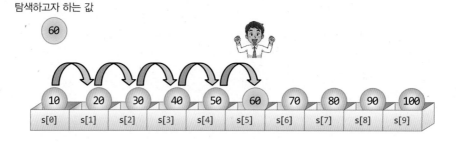

search.c

```
#define _CRT_SECURE_NO_WARNINGS
#include <stdio.h>
#define SIZE 10

int main(void)
{
    int key, i;
    int list[SIZE] = { 10, 20, 30, 40, 50, 60, 70, 80, 90, 100 };

    printf("[ ");
    for (i = 0; i < SIZE; i++) {
        printf("%d ", list[i]);
    }
    printf("]\n");

    printf("탐색할 값을 입력하시오:");
    scanf("%d", &key);

    for (i = 0; i < SIZE; i++) {
        if (list[i] == key) {
            printf("탐색 성공 인덱스= %d\n", i);
            return 0;
        }
    }

    printf("탐색 실패\n");
    return 0;
}
```

사용자로부터 탐색할 값을 입력받는다.

배열의 요소와 탐색할 값을 비교한다.

 도전문제

1. 배열에 정렬된 숫자가 들어 있다면 더 효율적인 탐색 알고리즘을 사용할 수 있을까?

5. 2차원 배열

1차원 배열은 배열 요소들이 1차원적으로 배열되어 있다. 다차원 배열은 배열 요소를 다차원으로 가질 수 있다. 다차원 배열에는 2차원 배열, 3차원 배열 등 일반적으로는 n차원 배열이 가능하다. 그러나 다차원이 되면 필요한 메모리 공간이 급격하게 늘어나게 되므로 주의하여야 한다.

```
int a[6];            // 1차원 배열
int b[4][6];         // 2차원 배열
int c[3][4][6];      // 3차원 배열
```

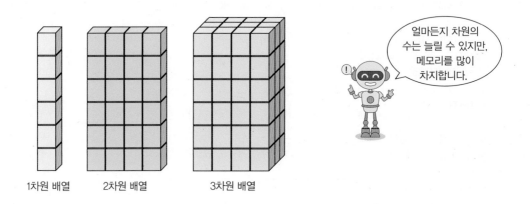

1차원 배열   2차원 배열   3차원 배열

> 얼마든지 차원의 수는 늘릴 수 있지만, 메모리를 많이 차지합니다.

2차원 배열

이 책에서는 2차원 배열만 살펴보자. 2차원 배열은 배열 요소들이 2차원으로 배열되어 있다. 따라서 2차원 배열은 행과 열을 나타내는 2개의 인덱스를 가진다. 엑셀의 워크시트와 같은 구조를 2차원 배열이라고 생각하면 된다. 2차원 구조로 된 데이터들이 많아서 2차원 배열은 상당히 많이 사용된다.

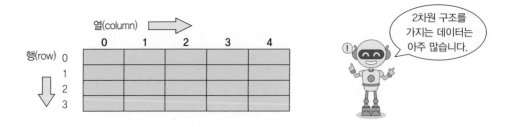

> 2차원 구조를 가지는 데이터는 아주 많습니다.

만약 예를 들어 어떤 학교에 학급이 3학급이 있고 각 학급의 학생 수가 5명이라고 가정하여

보자. 학생들의 성적을 간편하게 나타내려면 2차원 배열을 사용하여야 한다. 크기가 3×5인 2차원 배열은 다음과 같이 선언한다.

```
int s[3][5];
```

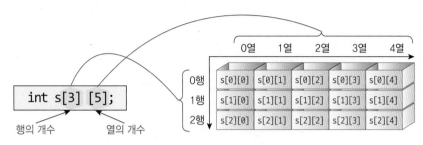

그림 7.8 2차원 배열의 구조

위의 배열은 s[0][0], s[0][1], s[0][2], ... , s[2][3], s[2][4]까지의 모두 15개의 요소를 가진다. 행(row)과 열(column)로 이야기를 하면 배열 s는 3개의 행으로 이루어졌고 각 행에는 5개의 요소가 있다고 할 수 있다. s[i][j]는 배열 s의 i번째 행과 j번째 열의 요소이다. 2차원 배열에서도 인덱스는 0부터 시작한다.

2차원 배열에서 요소 참조

2차원 배열에서 하나의 요소를 참조하려면 2개의 인덱스가 필요하다. 예를 들어서 2차원 배열 s의 첫 번째 요소는 s[0][0]과 같이 참조한다. 두 번째 요소는 s[0][1]이 된다. 일반적으로 s[i][j]는 배열 s의 i번째 행과 j번째 열에 있는 요소이다. 여기서 첫 번째 인덱스를 행 번호라고 하고 두 번째 인덱스를 열 번호라고 한다. 위의 배열은 s[0][0], s[0][1], s[0][2], ... , s[2][3], s[2][4]까지의 모두 15개의 요소를 가진다. 2차원 배열에서도 인덱스는 0부터 시작함을 유념하여야 한다.

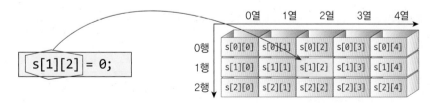

2차원 배열 전체를 초기화하려면 변수 i를 0에서 (행의 수−1)까지 변경시키고 변수 j를 0에서 (열의 수−1)까지 변경시키면서 s[i][j]에 값을 저장하면 된다.

2차원 배열의 초기화

2차원 배열도 1차원과 마찬가지로 선언과 동시에 초기화할 수 있다. 다만 같은 행에 속하는 초 깃값들을 중괄호 { }로 따로 묶어주어야 한다.

```c
int s[3][5] = {
   { 0,  1,  2,  3,  4 },    // 첫 번째 행의 요소들의 초깃값
   { 10, 11, 12, 13, 14 },   // 두 번째 행의 요소들의 초깃값
   { 20, 21, 22, 23, 24 }    // 세 번째 행의 요소들의 초깃값
};
```

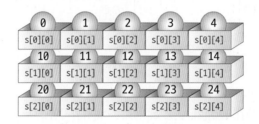

같은 행에 속하는 초깃값들은 하나의 집합으로 중괄호로 묶여진다. 전체 배열에 대한 초깃값은 이들 집합 모두를 중괄호로 한 번 더 묶으면 된다. 각 초깃값들은 쉼표로 구분된다.

예제 #1

간단한 2차원 배열을 선언하고 다음과 같이 초기화한 후에 각 배열 요소를 출력해보자.

	열 #0	열 #1	열 #2	열 #3	열 #4
행 #0	0	1	2	3	4
행 #1	0	1	2	3	4
행 #2	0	1	2	3	4

two_dim1.c

```c
#include <stdio.h>

int main(void)
{
   int i, j;
   // 3행과 5열을 가지는 2차원 배열 선언
   int a[3][5] = { { 0, 1, 2, 3, 4 }, { 0, 1, 2, 3, 4 }, { 0, 1, 2, 3, 4 } };
```

```
// 각 배열 요소의 값을 출력한다.
for (i = 0; i < 3; i++) {
    for (j = 0; j < 5; j++) {
        printf("a[%d][%d] = %d ", i, j, a[i][j]);
    }
    printf("\n");
}
return 0;
}
```

실행결과

```
a[0][0] = 0 a[0][1] = 1 a[0][2] = 2 a[0][3] = 3 a[0][4] = 4
a[1][0] = 0 a[1][1] = 1 a[1][2] = 2 a[1][3] = 3 a[1][4] = 4
a[2][0] = 0 a[2][1] = 1 a[2][2] = 2 a[2][3] = 3 a[2][4] = 4
```

중간점검

1. 다차원 배열 int a[3][2]에는 몇 개의 요소가 존재하는가?
2. 다차원 배열 int a[3][2]의 모든 요소를 0으로 초기화하는 문장을 작성하시오.

Lab 행렬의 덧셈

| 난이도 ★★   주제 2차원 배열 사용 |

행렬(matrix)은 자연과학에서 많은 문제를 해결하는 데 사용된다.

$$A = \begin{bmatrix} 2 & 3 & 0 \\ 8 & 9 & 1 \\ 7 & 0 & 5 \end{bmatrix} \quad B = \begin{bmatrix} 1 & 0 & 0 \\ 1 & 0 & 0 \\ 1 & 0 & 0 \end{bmatrix}$$

행렬을 어떻게 표현할 것인지를 생각해보자. 일반적으로 행렬을 표현하는 자연스러운 방법은 2차원 배열을 사용하는 것이다. 이 예제에서는 두 개의 행렬을 더하는 프로그램을 작성하여 보자.

```
3 3 0
9 9 1
8 0 5
```

---

matrix.c

```c
#include <stdio.h>
#define ROWS 3
#define COLS 3

int main(void)
{
    int r, c;

    int A[ROWS][COLS] = { { 2,3,0 }, { 8,9,1 }, { 7,0,5 } };
    int B[ROWS][COLS] = { { 1,0,0 }, { 1,0,0 }, { 1,0,0 } };
    int C[ROWS][COLS];

    // 두개의 행렬을 더한다.
    for (r = 0; r < ROWS; r++) {
        for (c = 0; c < COLS; c++) {
            C[r][c] = A[r][c] + B[r][c];
            printf("%d ", C[r][c]);
        }
        printf("\n");
    }

    return 0;
}
```

Lab   수리 타일 면적 구하기

| 난이도 ★★★   주제 2차원 배열 사용 |

어떤 꼬마가 벽에 3×3 사각형 2개를 그렸다. 부모는 꼬마가 칠한 타일을 수리하여야 한다. 벽의 크기는 10×10이다. 사각형은 서로 겹칠 수 있다. 꼬마가 그린 사각형 2개의 시작 좌표를 입력받아서, 수리해야 되는 타일의 개수를 계산하는 프로그램을 작성하라.

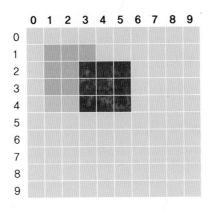

실행 결과

```
0번째 사각형: 1 1
1번째 사각형: 2 3

수리해야 하는 타일의 수=16
```

get_tiles.c

```c
#include <stdio.h>

int main(void)
{
    int x, y;
    int area = 0;
    int wall[10][10] = { 0 };     // 0으로 초기화

    for (int i = 0; i < 2; i++) {
        printf("%d번째 사각형: ", i);
        scanf("%d %d", &x, &y);
        for (int j = x; j < x + 3; j++) {
            for (int k = y; k < y + 3; k++) {
                wall[j][k] = 1;   // 해당 영역이 칠해짐
            }
        }
    }

    for (int i = 0; i <= 10; i++) {
        for (int j = 0; j <= 10; j++) {
            if (wall[i][j] == 1) {
                area++;           // 칠해진 영역이면 넓이를 증가시킴
            }
        }
    }

    printf("수리해야 하는 타일의 수=%d\n", area);
    return 0;
}
```

 도전문제

1. 사용자한테서 사각형의 시작 위치와 크기(예를 들어서 **1 1 3 3**)를 동시에 입력받아서 수리 타일의 개수를 계산하는 프로그램으로 수정해본다.

| 난이도 ★★★   주제 2차원 배열 사용 |

최근에 알파고(alphago)라는 인공지능 컴퓨터가 우리를 깜짝 놀라게 하고 있다. 우리는 바둑과 약간 유사한 Tic-Tac-Toe 게임을 구현하여 보자. Tic-Tac-Toe 게임은 2명의 경기자가 오른쪽과 같은 보드를 이용하여 번갈아가며 O와 X를 놓는 게임이다. 오목이 아닌 삼목이라고 할 수 있다. 같은 글자가 가로, 세로, 혹은 대각선상에 놓이면 이기게 된다. 물  론 최근의 블리자드와 같은 게임과 비교하면 아주 고전적인 게임이지만, 한번 구현해보기로 하자. 우리가 만들 게임은 사람과 사람이 대결하는 게임이다. 하지만 컴퓨터와 사람이 대결하는 프로그램도 "도전문제"로 시도하여 보자. 한 경기자씩 보드의 좌표를 입력한다.

```
(x, y) 좌표: 1 1
---|---|---
   |   |
---|---|---
   | X |
---|---|---
   |   |
---|---|---
(x, y) 좌표:
```

```
(x, y) 좌표: 0 0
---|---|---
 O |   |
---|---|---
   | X |
---|---|---
   |   |
---|---|---
(x, y) 좌표:
```

보드 게임에서는 보드를 board[][]라는 2차원 배열을 이용하여 표현하자. 의사 코드는 다음과 같다.

보드를 나타내는 2차원 배열 board[3][3]을 정의한다.
보드를 초기화한다.

```
for(k=0;k<9;k++) {
    사용자로부터 좌표 x, y를 받는다.
    보드를 화면에 출력한다.
    if( 현재 경기자가 'X'이면 )
        board[x][y] = 'X'
    else
        board[x][y] = 'O'
}
```

(1) 한번 놓은 곳에는 놓지 못하게 하라.
(2) 컴퓨터와 인간의 게임으로 업그레이드해보자. 컴퓨터가 다음 수를 결정하도록 프로그램을 변경하라. 가장 간단한 알고리즘을 사용한다. 예를 들면, 비어 있는 첫 번째 위치에 놓는다.

연습문제

1 배열이 10개의 원소를 가진다면 첫 번째 원소의 배열 번호는?

   ① −1   ② 0   ③ 1   ④ 0 또는 1

2 배열 char a[5][6]은 총 몇 개의 원소를 가지는가?

   ① 20   ② 24   ③ 30   ④ 42

3 배열 int a[10]의 마지막 요소의 인덱스는?

   ① 8   ② 9   ③ 10   ④ 11

4 int a[100] = { 10 };으로 선언된 배열에서 a[99]의 초깃값은 무엇인가?

   ① 0

   ② 알 수 없다.

   ③ 전역 변수이면 0, 지역 변수이면 알 수 없다.

   ④ 99

5 int a[2][2] = { 1, 2, 3, 4 }에서 a[1][1]의 값은?

   ① 1   ② 2   ③ 3   ④ 4

6 다음 중 잘못 초기화된 배열을 모두 선택하시오.

   ① int a[] = { 1, 2, 3, 4, 5 };

   ② int a[100] = { 1, 2, 3, 4, 5 };

   ③ int a[100] = { x, y, z }; // x, y, z는 변수

   ④ int a[100] = { 0, 0 };

7 int a[10]과 같이 선언된 배열을 a[20]과 같이 경계를 넘어가는 인덱스를 사용하면 어떤 일이 발생하는가?

① 컴파일 오류로 보고된다.

② 실행 파일을 만드는 단계에서 문제가 발생한다.

③ 컴파일은 되지만, 실행이 중지될 수도 있다.

④ 아무런 일도 발생하지 않는다.

8 다음 프로그램의 오류를 전부 수정하시오.

```c
#define MAX_SIZE 3
int main(void)
{
    int a[MAX_SIZE] = { 0, 1, 2, 3 };
    int b[3.0];

    for(i=0;i<=MAX_SIZE; i++)
        b[i]=a[i];
    return 0;
}
```

9 다음 코드의 실행 결과는 무엇인가?

```c
int a[] = { 1, 2, 3, 4, 5, 6, 7, 8, 9, 10 };
int i;
for ( i = 0 ; i < 5 ; i++ )
    printf("%d ", a[i]);
```

① 1 2 3 4

② 1 2 3 4 5

③ 1 2 3 4 5 6

④ 1 2 3 4 5 6 7 8 9 10

10 배열 요소들을 거꾸로 출력하기 위한 코드를 작성하여 본다. 빈칸을 채우시오.

```c
int a[] = { 1, 2, 3, 4, 5, 6, 7, 8, 9, 10 };
int i;
for ( i = _____ ; _____ ; _____ )
    printf("%d ", a[i]);
```

11 다음 코드가 출력하는 것은 무엇인가?

```c
int a[] = { 1, 2, 3, 4, 5, 6, 7, 8, 9, 10 };
int value = 0;
int i;
for ( i = 0; i < 10; i++ ) {
   value = value + a[i];
}
printf( "%d \n", value );
```

Programming

| 난이도 ★　주제 배열 초기화 |

1 배열 days[]를 아래와 같이 초기화하고 배열 원소의 값을 다음과 같이 출력하는 프로그램을 작성하라.

31, 29, 31, 30, 31, 30, 31, 31, 30, 31, 30, 31

> 실행 결과

```
1월은 31일까지 있습니다.
2월은 29일까지 있습니다.
3월은 31일까지 있습니다.
4월은 30일까지 있습니다.
5월은 31일까지 있습니다.
6월은 30일까지 있습니다.
...
```

| 난이도 ★　주제 배열 요소 접근 |

2 사용자로부터 n개의 정숫값을 읽어서 배열에 저장하고 다시 역순으로 출력하는 프로그램을 작성하라.

> 실행 결과

```
입력할 정수의 개수: 3
0번째 요소를 입력하시오: 10
1번째 요소를 입력하시오: 20
2번째 요소를 입력하시오: 30
30 20 10
```

| 난이도 ★　주제 배열 요소 접근 |

3 크기가 10인 1차원 배열에 난수를 저장한 후에, 최댓값과 최솟값을 출력하는 프로그램을 작성하시오. 난수는 rand() 함수를 호출하여 생성하라.

> 실행 결과

```
최댓값은 29358
최솟값은 41
```

4 0부터 9까지의 난수를 100번 생성하여 가장 많이 생성된 수를 출력하는 프로그램을 작성하시오. 난수는 rand() 함수를 사용하여 생성하라.

 가장 많이 나온 수=9

HINT 본문의 빈도수를 구하는 예제를 참고한다. 0에서 9까지의 난수는 rand()%10으로 구할 수 있다.

| 난이도 ★   주제 최솟값 알고리즘 이해 |

5 학생들의 시험 점수를 통계 처리하는 프로그램을 작성하여 보라. 각 학생들은 3번의 시험을 치른다.

학번	시험 #1	시험 #2	시험 #3
1	30	10	11
2	40	90	32
3	70	65	56

(1) 위의 표를 2차원 배열에 저장하라.

(2) 각 학생마다 평균 점수를 출력하도록 하라.

(3) 3번의 시험에서 최저 점수와 최고 점수를 찾아보자.

| 난이도 ★★   주제 2차원 배열 요소 접근 |

6 2차원 배열을 이용하여 세제곱근을 찾는 프로그램을 작성해보자. 먼저 10×2 크기의 2차원 배열을 만들고 첫 번째 열에는 정수를, 두 번째 열에는 세제곱값을 저장하라. 사용자에게 세제곱값을 입력하도록 하고 이 세제곱값을 배열에서 찾아서 첫 번째 열에 있는 값을 출력하도록 하여 보라.

 정수를 입력하시오: 27
27의 세제곱근은 3

HINT 2차원 배열을 순차 탐색하여서 사용자가 입력한 세제곱값을 찾은 후에 첫 번째 열에 저장된 값을 출력하면 그것이 세제곱근이 된다. 세제곱근이 없는 경우도 처리하도록 하자.

| 난이도 ★★★   주제 2차원 배열 요소 접근 |

7 사용자가 입력하는 10개의 실수 자료의 평균과 표준편차를 계산하는 프로그램을 작성하라. 평균은 n개의 실수가 주어져 있을 때, 다음과 같이 계산된다.

$$m = \frac{1}{n}\sum_{i=1}^{n} x_i$$

표준편차는 다음과 같이 계산된다. 표준편차는 자료가 평균값 주위에 어느 정도의 넓이로 분포하고 있는가를 나타내는 하나의 척도이다.

$$\sigma = \sqrt{\frac{1}{n}\sum_{i=1}^{n}(x_i - m)^2}$$

```
데이터를 입력하시오:10
데이터를 입력하시오:20
데이터를 입력하시오:30
데이터를 입력하시오:40
데이터를 입력하시오:50
데이터를 입력하시오:60
데이터를 입력하시오:70
데이터를 입력하시오:80
데이터를 입력하시오:90
데이터를 입력하시오:100
평균값은 55.000000
표준편차값은 28.722813
```

실행 결과

HINT 사용자가 입력하는 자료 값들은 모두 배열에 저장한다. 평균과 표준편차를 구하는 함수를 작성하고 함수의 인수로 배열을 넘기도록 하자.

| 난이도 ★★★ 주제 배열 요소 조작 |

8 배열에서 사용자가 원하는 데이터를 삭제하는 프로그램을 작성하라. 요소를 삭제한 후에, 뒤에 있는 요소들을 한 칸씩 앞으로 이동하여야 한다.

```
현재 배열: [ 1 2 3 4 5 6 7 8 9 10 ]
삭제할 데이터: 2
결과 배열: [ 1 3 4 5 6 7 8 9 10 ]
```

실행 결과

| 난이도 ★★ 주제 2차원 배열 |

9 본문의 코딩 테스트로 영화관 예약 프로그램이 나와 있다. 이것을 2차원으로 만들 수 있는가? 즉 2차원으로 좌석을 보여주고, 사용자는 행 번호와 열 번호를 이용하여 원하는 좌석을 예약한다.

```
0 0 0 0 0 0 0 0 0 0
0 0 0 0 0 0 0 0 0 0
0 0 0 0 0 0 0 0 0 0
0 0 0 0 0 0 0 0 0 0
0 0 0 0 0 0 0 0 0 0
```

몇 번째 좌석을 예약하시겠습니까(행, 열): 1 1

```
0 0 0 0 0 0 0 0 0 0
0 1 0 0 0 0 0 0 0 0
0 0 0 0 0 0 0 0 0 0
0 0 0 0 0 0 0 0 0 0
0 0 0 0 0 0 0 0 0 0
```

몇 번째 좌석을 예약하시겠습니까(행, 열):

| 난이도 ★★★   주제 2차원 배열 |

10 수학에서의 "random walk"라 불리는 문제를 프로그래밍하여 보자. 술에 취한 딱정벌레 가 10×10 크기의 타일 위에 있다. 딱정벌레는 임의(랜덤)의 위치를 선택하여 여기저기 걸 어다닌다. 현재의 위치에서 인접한 8개의 타일로 걸어가는 확률은 동일하다고 가정하자. 딱정벌레가 이동하는 경로를 다음과 같이 표시하라.

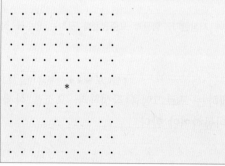
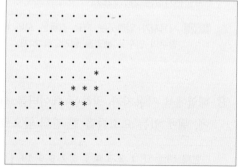

HINT 방 전체를 2차원 배열 tile[n][m]으로 모델링하고 처음에는 딱정벌레가 배열의 중앙에 있다고 가정하라. tile[][]의 초깃값은 0이다. 딱정벌레 가 타일을 지나갈 때마다 2차원 배열의 값을 1로 만들어서 딱정벌레가 지나갔음을 나타낸다. 0부터 7까지의 랜덤한 숫자를 생성하여 다음과 같이 움직인다. 즉 0이면 북쪽으로 이동하고 4면 남쪽으로 이동한다. 0부터 7까지의 랜덤한 숫자는 다음과 같이 생성할 수 있다. 즉 rand() 함수의 반환값을 8로 나누어 나머지를 취한다.

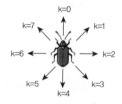

```
number = rand() % 8;
```

화면을 지우려면 system("cls")를 실행한다.

11 지뢰 찾기는 예전에 윈도우에 무조건 포함되어 있어서 상당히 많은 사람들이 즐겼던 프로그램이다. 2차원의 게임판 안에 지뢰가 숨겨져 있고 이 지뢰를 모두 찾아내는 게임이다. 10×10 크기의 2차원 배열을 만들고 여기에 30%의 위치에 지뢰를 숨긴다. 사용자가 지뢰가 없는 곳을 클릭했을 때는 * 문자가 나온다. 사용자가 지뢰를 열면 # 문자가 나오고 게임이 종료된다.

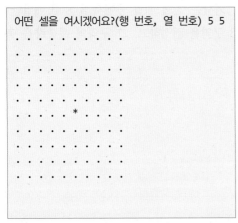

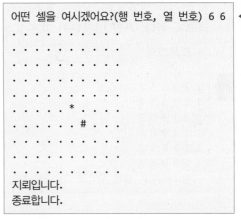

HINT 어떤 칸이 지뢰일 확률은 난수를 발생시켜서 결정한다. 전체의 30%를 지뢰로 하고 싶으면 0부터 99 사이의 난수를 생성하여서 30보다 적은 경우에만 지뢰를 놓으면 된다. 화면을 지우려면 system("cls")를 실행한다.

12 간단한 텍스트 기반의 게임을 작성해보자. 보드의 크기는 20×10이다. 주인공은 '#'로 표시되어 있다. 주인공이 금 'G'를 찾으면 게임이 종료된다. 중간에 몬스터 'M'이 있어서 금을 찾는 것을 방해한다. 주인공은 'w', 's', 'a', 'd' 키를 이용하여 상하좌우로 움직일 수 있다. 몬스터는 랜덤하게 움직이는 것으로 하라.

```
....................
.#..................
....................
....................
....................
.....M..............
.......M............
....................
....................
.........G..........
왼쪽(a) 오른쪽(d) 위쪽(w) 아래쪽(s): d
```

```
....................
..#.................
....................
....................
....................
...M................
......M.............
....................
....................
.........G..........
왼쪽(a) 오른쪽(d) 위쪽(w) 아래쪽(s):
```

HINT 사용자로부터 실시간으로 키를 받으려면 _getch() 함수를 사용해야 한다. 몬스터들은 난수만큼 자동으로 이동하도록 하라. 최대한 게임을 재미있게 만들어보자. 화면을 지우려면 system("cls")를 실행한다.

| 난이도 ★★★   주제 2차원 배열 |

13 어떤 석유 회사가 있다. 회사가 채굴하려고 하는 영역은 6행, 6열로 이루어진 36개의 셀로 분할된다. 회사는 시추 기술을 사용하여 각 셀의 잠재적 석유 매장량을 확인했다. 우리는 석유 매장량을 난수로 생성한다. 이 회사는 전체 배열 중에서 3 × 3 배열만을 빌리고자 한다. 가장 매장량이 많은 3 × 3 구역을 선정하고, 그 구역의 매장량을 출력하는 프로그램을 작성하라.

```
1 2 3 3 5 2
1 2 3 3 5 2
1 2 3 3 5 2
1 2 3 0 0 0
1 2 3 0 0 0
1 2 3 0 0 0
가장 매장량이 많은 구역의 매장량은 33입니다.
```

함수

▷ 함수의 개념과 필요성을 이해할 수 있다.

▷ 함수를 작성할 수 있다.

▷ 함수의 반환값과 매개 변수를 이해할 수 있다.

▷ 함수로 배열을 전달하여 적절하게 사용할 수 있다.

▷ 전역 변수와 지역 변수를 이해하고 사용할 수 있다.

▷ 순환 호출을 이해하고 사용할 수 있다.

CHAPTER 8 함수

1. 이번 장에서 만들 프로그램

이번 장에서는 함수에 대하여 알아본다. 함수(function)는 특별한 기능을 수행하는 코드의 묶음에 이름을 붙인 것이다. 우리는 이미 많은 함수들을 사용하였는데 이번 장에서는 우리가 직접 함수를 작성해서 사용해볼 것이다.

(1) 온도를 변환하는 함수를 정의하고 사용해본다.

```
화씨온도: 100
섭씨온도: 37.777778
```

(2) 난수를 이용하여 간단한 자동차 경주 게임을 작성해보자.

```
CAR #1:*****************************
CAR #2:*********************
```

(3) ATM(현금입출력기)을 구현해본다.

```
**********Welcome to 콘서트 ATM**********
****하나를 선택하시오****
<1>  잔고 확인
<2>  입금
<3>  인출
<4>  종료
2
****입금 금액을 입력하시오.
10000

새로운 잔고는 20000입니다.
```

2. 함수란?

함수(function)는 특정 작업을 수행하는 명령어들의 모음에 이름을 붙인 것이다. 함수는 입력을 받아서 특정한 작업을 수행하여서 결과를 반환하는 블랙박스(상자)와 같다. 각각의 함수에는 이름이 붙어 있으며, 우리는 함수를 호출하여서 작업을 시킬 수 있다. 함수는 작업에 필요한 데이터를 전달받을 수 있으며, 작업이 완료된 후에는 작업의 결과를 호출자에게 반환한다. 예를 들어서 아래 그림의 get_max() 함수는 외부로부터 정수 x, y를 받아서 둘 중에서 큰 수를 반환한다.

그림 8.1 함수는 이름으로 호출되며, 입력과 출력을 가진다

함수의 필요성

'청소하기'나 '세탁하기'처럼 우리가 일상생활에서 되풀이해야 하는 작업이 있다. 만약 청소나 세탁과 같이 귀찮은 작업을 대신해주는 가전제품(로봇 청소기나 세탁기)이 있다면 얼마나 좋을까?

'청소'나 '세탁'처럼 프로그램에서도 되풀이되는 작업이 있다. 예를 들어서 30개의 *를 출력하는 작업이 필요하다고 하자. 이 작업은 다음과 같은 코드로 작성할 수 있다.

```
for(int i=0; i<30; i++)
    printf("*");
```

이러한 코드가 프로그램 안의 여러 곳에서 사용된다고 하자.

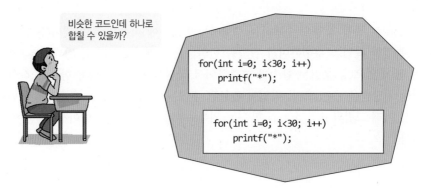

위의 그림을 보면 2개의 코드 조각은 동일하다. 이 2개의 코드 조각을 합쳐서 하나로 만들면 코드의 길이가 거의 절반으로 줄어들 것이다. 이러한 경우에 사용할 수 있는 도구가 함수이다. 함수를 이용하면 우리가 여러 번 반복해야 하는 처리 단계를 하나로 모아서 필요할 때 언제든지 호출하여 사용할 수 있다.

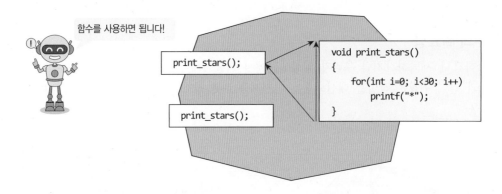

우리가 함수를 호출하면 컴퓨터는 호출된 함수 안의 명령어들을 수행하고 결과를 반환한다. 함수의 특징을 정리하여 보면 다음과 같다.

- 함수는 서로 구별되는 이름을 가지고 있다.
- 함수는 특정한 작업을 수행한다.
- 함수는 입력을 받을 수 있고 결과를 반환할 수 있다.

함수의 중요성

함수는 코드를 반복하지 않기 위하여 고안된 것이지만, 현대적인 프로그래밍에서는 그 이상의 의미를 지닌다. 함수를 사용하면 많은 장점들이 있다. 함수를 사용하면 코드를 재사용하고 프로그램의 모듈화를 촉진하여 코드의 가독성과 유지 보수성을 향상시킬 수 있다. 이를 통해 프로그램을 보다 쉽게 작성하고, 이해하고, 디버깅할 수 있다.

함수는 프로그램을 구성하는 기본적인 구성 요소라고 할 수 있다. 하나의 프로그램은 여러 함수들이 모여서 이루어진다. 함수는 프로그램을 이루는 부품으로 생각할 수 있다. 부품들을 조립하여서 자동차를 제작하듯이, 우리는 함수들을 조립하여서 프로그램을 작성하게 된다.

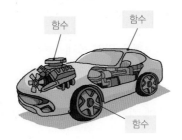

프로그램의 전체 설계가 끝나고, 각 함수들의 사양이 결정되면 각 함수들은 독자적으로 개발될 수 있다. 함수를 사용하게 되면 각 함수들을 독립적으로 업그레이드할 수 있어서 유지 보수가 쉬워지며, 타 프로그램들에서 이 함수들을 재사용할 수 있다. 결론적으로 함수를 사용하게 되면 코드의 재활용, 가독성, 유지 관리의 측면에서 많은 장점이 있다.

중간점검
1. 함수가 필요한 이유는 무엇인가?
2. 함수와 프로그램의 관계는 무엇인가?

3. 함수의 정의

지금부터는 함수를 어떻게 정의하는 지를 살펴보자. 함수의 이름, 함수의 입력, 함수의 출력, 작업에 필요한 문장들이 정의되어야 한다. 예를 들어서 2개의 정수를 받아서 합을 계산하여 반환하는 함수 add()를 정의해보자.

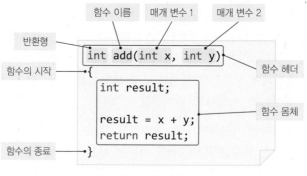

그림 8.2 함수의 구조

가장 먼저 함수가 반환하는 값의 자료형을 먼저 쓰게 되어 있다. 이것을 함수의 반환형(return type)이라고 한다. 이어서 함수의 이름, 매개 변수(parameter)들을 차례대로 적어주면 된다. 이것을 합쳐서 함수 헤더(function header)라고 한다. 함수의 몸체는 중괄호로 둘러싸인 부분으로, 함수가 수행하는 작업이 여기에 기술된다. 하나씩 자세히 살펴보자.

반환형

함수의 반환형은 함수가 작업을 종료한 후에 호출한 곳으로 반환하는 데이터의 유형을 말한다. 반환형은 C언어가 지원하는 자료형인 char, int, long, double 등이 될 수 있다. 만약 값을 반환하지 않는다면 void라고 표시한다. 값을 반환하려면 return 문장을 사용하면 된다. return 다음에 수식을 써주면 이 수식의 값이 반환된다. 예를 들어서 return 0;하면 0 값이 반환된다.

함수 이름

함수 이름은 변수의 이름과 동일한 규칙으로 만들 수 있다. 규칙만 따른다면 어떤 이름이라도 가능하다. 다만 소스 코드를 읽기 쉽게 하기 위하여, 함수의 기능을 암시하는 이름을 부여하는 것이 좋다. 일반적으로 함수의 목적을 설명하는 동사 또는 동사+명사를 사용하면 좋다. 다음은 함수 이름의 예이다.

```
square()              // 정수를 제곱하는 함수
compute_average()     // 평균을 구하는 함수
get_integer()         // 정수를 받아들이는 함수
```

매개 변수

함수를 호출할 때는 작업에 필요한 데이터들을 보낼 수 있다. 매개 변수(parameter)는 함수가 받는 데이터를 함수 몸체로 전달해주는 변수이다. 매개 변수는 여러 개가 될 수 있으며, 각 매개 변수는 쉼표로 분리된다. add() 함수의 매개 변수는 int x와 int y이다.

함수 몸체

함수 몸체는 중괄호 { }로 둘러싸여 있다. 함수 몸체에는 함수가 수행하는 작업에 필요한 문장들이 들어간다. 여기가 실제적인 작업이 이루어지는 곳이다. 이 문장들은 함수가 호출되면 처음부터 순차적으로 하나씩 실행되며, return 문장을 만나게 되면 함수의 실행이 종료되고 호출한 곳으로 되돌아간다.

참고

함수에는 얼마든지 많은 문장들을 넣을 수 있지만, 함수의 길이가 지나치게 길어지면 좋지 않다. 기본적으로 하나의 함수는 하나의 작업만을 수행하여야 한다. 일반적으로 하나의 함수는 30행을 넘지 않도록 하는 것이 좋다.

참고

만약 함수의 반환형을 명시하지 않으면 C 컴파일러는 `int` 형을 가정한다. 그러나 특별한 경우가 아니면 반환형을 생략하면 안 된다. 반환형이 `int`일지라도 항상 반환값의 형을 명시하는 것이 좋다. 또한 반환값이 있는 함수에서 값을 반환하지 않으면, 예측 불가능한 값이 전달될 수 있다. 또 반대로 반환값이 `void`로 지정된 함수에서 값을 반환하면 문법적인 오류가 발생한다.

4. 함수부터 만들어 보자

함수는 사용하기 전에 미리 만들어져 있어야 한다. 함수는 블랙박스(blackbox)와 같다고 생각하는 것이 편하다. 즉 외부에서는 함수의 이름과 입력, 출력만 보인다. 함수의 구체적인 코드는 모른다고 가정하는 편이 사용하는 측에서도 편리하다. 함수 내부에서도 마찬가지이다. 외부 상황을 신경 쓰지 말고 입력을 받아서 작업(처리)을 한 후에 그 결과를 내보내면 된다. 함수를 프로그램을 이루는 부품이라고 생각하고, 완제품에 앞서서 부품을 만든다고 가정하자.

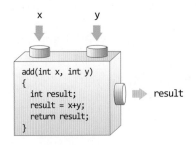

부품을 작성한다고 생각하고 먼저 함수를 작성하여 보세요.

예제 #1

첫 번째로 사용자로부터 정수를 받아서 반환해주는 함수를 작성해보자. 입문자들은 scanf() 를 사용하는 것이 어렵기 때문에 사용자로부터 정수를 받아서 반환해주는 함수가 제공된다면 편리할 것이다. 함수 이름은 get_integer()라고 하자. 반환값은 int형이어야 한다. 매개 변수는 없다. 지금까지 결정한 것을 적어보자.

```
반환값: int
함수 이름: get_integer
매개 변수: 없음
```

함수 몸체는 중괄호를 먼저 적고 그 안에 문장들을 넣으면 된다. 어떤 문장을 넣어야 할까? 정 수 변수를 하나 만들고 사용자한테 정수를 입력하라는 메시지를 출력한다. 정수를 scanf()로 받아서 반환하면 된다.

```c
int get_integer()
{
    int value;
    printf("정수를 입력하시오 : ");
    scanf("%d", &value);
    return value;
}
```

예제 #2

두 개의 정수 중에서 더 큰 수를 찾아서 반환하는 함수를 만들어보자. 함수 이름은 get_max 라고 하자. 반환되는 값은 역시 정수형이다. 이번에는 매개 변수가 두 개가 된다. 각각 x, y라고 하자. 지금까지 결정한 것을 적어보자.

```
반환값: int
함수 이름: get_max
매개 변수: int x, int y
```

이제 함수를 정의할 수 있다. 반환형을 먼저 쓰고 함수 이름, 매개 변수 순으로 쓰면 된다. 다음은 함수 몸체인데 중괄호를 먼저 적고 그 안에 문장들을 넣으면 된다. 어떤 문장을 넣어야 할까? 두 수 중에서 더 큰 수를 찾으려면 if 문을 사용하여 두 수를 비교해서 더 큰 값을 반환하면 된다. return 문이 두 번 사용된 것에 유의해야 한다. 수식 "x > y"가 참이면 x가 최댓값이 되고 그렇지 않으면 당연히 y가 최댓값이 된다. return 다음에는 괄호가 나와도 된다.

```c
int get_max(int x, int y)
{
    if (x > y) return(x);
    else return(y);
}
```

예제 #3

이번에는 정수 x의 거듭제곱 값 x^y을 계산하여 반환하는 함수를 작성하여 보자. 함수의 이름은 power라고 하자. 함수의 매개 변수는 x, y로 하고 함수의 반환형은 정수형으로 하면 될 것이다.

```
반환값: int
함수 이름: power
매개 변수: int x, int y
```

거듭제곱 값은 어떻게 계산해야 할 것인가? 반복문을 사용하면 될 것이다. x^y은 x를 y번 곱한다는 의미이므로 반복문을 사용하여 y번 반복하면서 x를 곱하면 된다.

```c
int power(int x, int y)
{
    int i, result = 1;

    for (i = 0; i < y; i++)       // y번 반복
        result *= x;              // result = result * x
    return result;
}
```

여기서는 result의 초깃값이 1인 것에 유의하여야 한다. 만약 초깃값이 0이면 아무리 다른 수를 곱해도 결과는 0일 것이다.

 중간점검

1. 함수 이름 앞에 **void**가 있다면 무슨 의미인가?
2. 함수가 작업을 수행하는 데 필요한 데이터로서 외부에서 주어지는 것을 무엇이라고 하는가?
3. 함수 몸체는 어떤 기호로 둘러싸여 있는가?
4. 함수의 몸체 안에서 정의되는 변수를 무엇이라고 하는가?

5. 함수를 호출하여 보자

함수를 사용하기 위해서는 함수를 호출(call)하여야 한다. 함수를 호출하려면 함수의 이름을 써주고 함수가 필요로 하는 데이터를 나열한 다음, 세미콜론을 붙이면 된다.

```
n = get_max(2, 3);
```

함수 호출은 세탁기에 옷들을 넣은 후에 전원 버튼을 누르는 것과 같다. 세탁기의 전원 버튼을 누르지 않으면 세탁이 되지 않듯이, 함수도 호출을 하지 않으면 실행되지 않는다.

함수 호출은 세탁기의 전원 버튼을 누르는 것과 같습니다.

함수를 호출하게 되면 현재 실행하고 있던 코드는 잠시 중단된다. 호출된 함수 안에 있는 문장들이 실행되며, 실행이 끝나면 호출한 위치로 되돌아간다. 이것은 일상생활에서 일을 하다가 중간에 전화가 오면 전화를 받고 통화가 끝나면 다시 이전의 일로 돌아가는 것과 같다. 예를 들어서 main() 함수에서 get_integer()와 get_max() 함수를 호출한다고 하면 다음과 같은 순서로 프로그램이 실행된다.

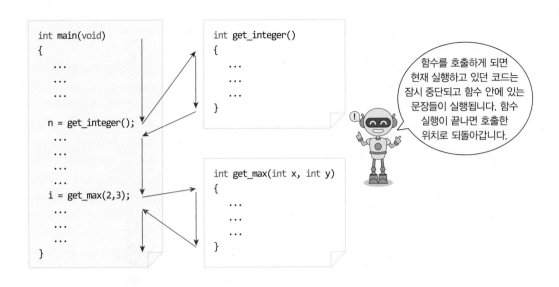

인수와 매개 변수

인수와 매개 변수는 함수 호출 시에 데이터를 주고받는 데 필요하다. 인수(argument)는 호출자가 함수에 실제로 전달하는 값이다. 매개 변수는 함수 안에 있는 변수로서 외부에서 전달되는 인수를 받는 역할을 한다. 함수가 호출될 때마다 인수는 함수의 매개 변수로 전달된다. 인수와 매개 변수는 책마다 용어가 약간씩 다르다. 인수를 인자 또는 실제 매개 변수라고도 하고 매개 변수는 형식 매개 변수라고 부르기도 한다.

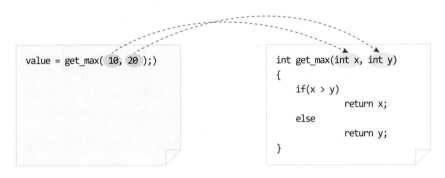

함수가 호출될 때마다 인수는 달라질 수 있다. 여기서 주의할 점은 매개 변수의 개수와 인자의 개수는 정확히 일치하여야 한다는 점이다. 즉, 매개 변수가 두 개이면 인수도 두 개를 전달하여야 한다. 매개 변수의 개수와 인수의 개수가 일치하지 않으면 아주 찾기 어려운 오류가 발생하게 된다. 또한 인수와 매개 변수의 타입은 서로 일치하여야 한다. 예를 들어서 매개 변수는 int형으로 정의되었는데 float형의 데이터를 전달하면 오류가 발생한다. 다음은 잘못된 함수 호출의 예이다.

```
get_max(10);              // 인수가 두 개이어야 한다.
get_max(0.1, 0.2);        // get_max() 인수의 타입은 정수이어야 한다.
get_max( );               // 인수가 두 개이어야 한다.
```

반환값

반환값(return value)은 함수가 반환하는 결괏값이다. 인수는 여러 개가 있을 수 있으나 반환값은 하나만 가능하다.

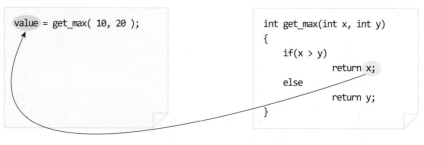

그림 8.3 반환값

호출한 곳으로 값을 반환하려면 return 문장을 적어 주고, 이어서 반환하고자 하는 수식을 넣어야 한다. 함수의 반환값은 결국 return 문장 뒤에 있는 수식의 계산값이 된다. return 뒤에 나오는 수식은 C언어에서 유효한 수식이면 무엇이든 가능하다. 다음은 모두 가능한 return 문장이다.

```
return 0;
return (x);
return x+y;
```

만약 반환되는 값이 없다면 어떻게 해야 하는가? 이 경우에는 return 키워드 다음에 아무것도 써주지 않으면 된다.

```
return;
```

또 한 가지 방법은 아예 return 문장을 사용하지 않는 것이다. 이 경우, 함수 안에 들어 있는 문장이 전부 실행되고 종료를 나타내는 중괄호 }를 만나게 되면 함수는 값을 반환하지 않고 종료한다.

참고

함수가 여러 개의 값을 반환하기 위해서는 '포인터'나 '구조체'라는 개념을 사용해야 한다. **10**장과 **11**장을 참조한다.

예제 #1

앞에서 작성하였던 함수 get_integer()를 호출하여 사용자가 입력하는 정수의 합을 계산해보자.

> func1.c

```c
#define _CRT_SECURE_NO_WARNINGS
#include <stdio.h>

int get_integer()                          ← 함수 정의
{
    int value;
    printf("정수를 입력하시오 : ");
    scanf("%d", &value);
    return value;
}

int main(void)
{
    int x = get_integer();                 ← 함수 호출
    int y = get_integer();
    int result = x + y;
    printf("두 수의 합 = %d \n", result);

    return 0;
}
```

> 실행결과

```
정수를 입력하시오 : 100
정수를 입력하시오 : 200
두 수의 합 = 300
```

예제 #2

앞에서 작성하였던 함수 get_max()를 호출하여 사용자가 입력한 정수 중에서 큰 수를 찾아보자. 이때 예제 #1에서 정의하였던 함수 get_integer()도 사용해보자. 편리하지 않은가?

```
#define _CRT_SECURE_NO_WARNINGS
#include <stdio.h>

// 함수를 정의한다.
int get_integer()
{
    int value;
    printf("정수를 입력하시오 : ");
    scanf("%d", &value);
    return value;
}

int get_max(int x, int y)
{
    if (x > y) return(x);
    else return(y);
}

int main(void)
{
    int a = get_integer();      // 함수 호출
    int b = get_integer();      // 함수 호출

    printf("두 수 중에서 큰 수는 %d입니다.\n", get_max(a, b));    // 함수 호출
    return 0;
}
```

get_max() 함수가 정의된다. 매개 변수 x와 y를 통하여 외부 데이터를 전달받는다. if 문을 이용하여 수식 x > y가 참이면 x가 더 큰 수이므로 x의 값을 return 문을 이용하여 반환하고 수식이 거짓이면 y가 더 큰 수이므로 y의 값을 return 문을 이용하여 반환한다.

printf 문 안에서 get_max() 함수가 호출된다. get_max() 함수의 인수는 변수 a와 b이다. printf()는 get_max()가 반환하는 값을 화면에 출력한다.

실행결과

```
정수를 입력하시오 : 100
정수를 입력하시오 : 200
두 수 중에서 큰 수는 200입니다.
```

예제 #3

앞에서 작성하였던 함수 power()를 호출하여 x의 y제곱을 계산해보자. 이때 예제 #1에서 정의하였던 함수 get_integer()도 사용해보자. 함수는 한 번 만들어두면 편리하게 사용할 수 있다.

power.c

```
#define _CRT_SECURE_NO_WARNINGS
#include <stdio.h>

int get_integer()
{
    int value;
```

```
    printf("정수를 입력하시오 : ");
    scanf("%d", &value);
    return value;
}
```
함수 정의

```
int power(int x, int y)
{
    int i, result = 1;

    for (i = 0; i < y; i++)
        result *= x;      // result = result * x
    return result;
}
```
함수 정의

```
int main(void)
{
    int x = get_integer();      // 함수 호출
    int y = get_integer();      // 함수 호출
    int result = power(x, y);   // 함수 호출
    printf("%d의 %d승 = %d \n", x, y, result);

    return 0;
}
```

실행결과

```
정수를 입력하시오 : 2
정수를 입력하시오 : 10
2의 10승 = 1024
```

중간점검

1. 인수와 매개 변수는 어떤 관계가 있는가?
2. 사용자로부터 실수를 받아서 반환하는 함수 get_real()을 작성하고 테스트하라.
3. 함수 정의의 첫 번째 줄에는 어떤 정보들이 포함되는가? 이것을 무엇이라고 부르는가?
4. 함수가 반환할 수 있는 값의 개수는?
5. 함수가 값을 반환하지 않는다면 반환형은 어떻게 정의되어야 하는가?

6. 함수 원형

일반적으로 함수를 사용할 때는 미리 컴파일러에게 함수에 대한 정보를 알려야 한다. 이것을 함수 원형(function prototype)이라고 한다. 함수 원형은 함수의 이름, 매개 변수, 반환형을 함수가 정의되기 전에 미리 한 번 적어주는 것이다. 함수 원형은 함수 헤더에 세미콜론(;)만을 추가한 것과 똑같다. 예를 들면 다음과 같다.

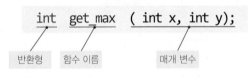

반환형   함수 이름   매개 변수

함수 원형(prototype)은 함수가 호출될 때 매개 변수와 반환형을 미리 정의해 놓는 것입니다.

위 함수 원형에서는 함수 이름이 get_max이고, int형 매개 변수 x와 y를 가지며, int형의 값을 반환한다는 것을 선언하고 있다. 함수 원형에서는 매개 변수의 이름은 적지 않아도 된다. 매개 변수의 자료형만 적으면 된다. 즉, get_max(int, int);라고 하여도 된다. 이렇게 함수 원형을 작성하면 소스의 다른 부분에서 함수를 호출할 때 해당 함수의 원형을 먼저 확인하여 인수와 반환형을 일치시키고, 함수를 호출할 수 있다.

예를 들어서 1부터 100까지의 합을 compute_sum()이라는 함수를 정의하여 계산해보자. 다음과 같이 소스의 첫 부분에서 compute_sum() 함수 원형을 정의하는 것이 좋다.

prototype.c

```
#include <stdio.h>

int compute_sum(int n);                          ← 함수 원형 정의

int main(void)
{
    int sum;
    sum = compute_sum(100);                      ← 함수 호출이 이루어진다. 함수 정의가 나오기 전
    printf("1부터 100까지의 합 = %d \n", sum);        에 함수 호출이 이루어진 것에 유의하라. 함수
    return 0;                                     원형을 적어주었기 때문에 가능하다.
}

int compute_sum(int n)
{
    int i, result = 0;

    for (i = 1; i <= n; i++)                      ← 함수 정의
        result += i;

    return result;
}
```

함수 원형은 왜 필요한 것일까? 함수 원형은 컴파일러에게 미리 함수에 대한 정보를 주어서 함수의 매개 변수 검사, 반환형 검사 등을 하기 위한 것이다. 만약 함수 원형이 없다면 컴파일러는 함수 compute_sum()이 어떤 매개 변수를 가지는 함수인지, 반환형은 무엇인지를 전혀 알수가 없다. 따라서 컴파일러가 하여야 할 중요한 검사를 할 수가 없게 된다. 함수 원형은 일반적으로 헤더 파일(.h)에 작성하고, 해당 헤더 파일을 함수를 사용하는 소스 파일에서 include하여 사용한다.

참고

함수 원형을 사용하지 않는 방법도 있다. 함수 원형이란 근본적으로 컴파일러에 함수에 대한 정보를 주기 위하여 만들어진 것이다. 따라서 사용하려는 함수의 정의가 먼저 등장한다면 구태여 함수 원형을 표시할 필요가 없다. 하지만 함수 호출이 서로 물고 물리는 경우에는 이 방법이 불가능하다. 따라서 대부분의 경우에 먼저 함수 원형을 적어 주는 것이 권장된다.

중간점검

1. 함수 정의와 함수 원형의 차이점은 무엇인가?
2. 함수 원형에 반드시 필요한 것은 아니지만, 대개 매개 변수들의 이름을 추가하는 이유는 무엇인가?
3. 다음과 같은 함수 원형을 보고 우리가 알 수 있는 정보는 어떤 것들인가?

```
double pow(double, double);
```

| 난이도 ★   주제 함수 작성 및 사용 |

섭씨 온도를 화씨 온도로 변환하여 반환하는 함수 FtoC()를 작성하고 테스트하라. 다음과 같은 함수 원형을 가지는 함수를 구현하도록 한다.

```
double FtoC(double temp_f);
```

> 화씨 온도: 100
> 섭씨 온도: 37.777778

---

temp.c

```c
#include <stdio.h>
double FtoC(double temp_f);        // 함수 원형 정의

int  main(void)
{
    double c, f;
    printf("화씨 온도: ");
    scanf("%lf", &f);
    printf("섭씨 온도: %lf \n\n", FtoC(f));
    return 0;
}

double FtoC(double temp_f)     // 함수 정의
{
    double  temp_c;
    temp_c = (5.0 * (temp_f - 32.0)) / 9.0;
    return temp_c;
}
```

도전문제

1. 섭씨 온도를 화씨 온도로 바꾸는 **double CtoF(double)** 함수도 작성해보자. 이것을 사용하여 위의 프로그램의 기능을 확장해보자. 사용자로부터 부동소수점수를 하나 입력받는 **get_double()** 함수도 작성하여 사용해보자.

Lab 1부터 100 사이의 소수 찾기

| 난이도 ★★ 주제 함수 작성 및 호출 |

중요한 수학 문제 중의 하나는 주어진 숫자가 소수(prime)인지를 결정하는 것이다. 양의 정수 n이 소수가 되려면 1과 자기 자신만을 약수로 가져야 한다. 예를 들어서 17은 1과 17만이 약수이므로 소수이다. 현재의 암호 체계의 일부는 소인수분해를 기본으로 한다. 아주 큰 수를 소인수분해하기는 정말 어렵다. 소인수분해했을 때만 암호가 풀리게 한다면 암호를 찾기가 아주 어렵게 될 것이다. 여기서는 소수를 판별하는 함수 check_prime()을 작성하여 1부터 100 사이의 소수를 모두 출력해보자.

1	2	3	4	5	6	7	8	9	10
11	12	13	14	15	16	17	18	19	20
21	22	23	24	25	26	27	28	29	30
31	32	33	34	35	36	37	38	39	40
41	42	43	44	45	46	47	48	49	50
51	52	53	54	55	56	57	58	59	60
61	62	63	64	65	66	67	68	69	70
71	72	73	74	75	76	77	78	79	80
81	82	83	84	85	86	87	88	89	90
91	92	93	94	95	96	97	98	99	100

실행 결과

```
1과 100 사이에서 소수를 찾습니다.
0 1 2 3 5 7 11 13 17 19 23 29 31 37 41 43 47 53 59 61 67 71 73 79 83 89 97
```

prime.c

```c
#define _CRT_SECURE_NO_WARNINGS
#include <stdio.h>
int check_prime(int);

int main(void)
{
        int i;

        printf("1과 100 사이에서 소수를 찾습니다.\n");
        for (i = 0; i < 100; i++) {
                if (check_prime(i) == 1) printf("%d ", i);
        }
        return 0;
}
int check_prime(int n) {
        int is_prime = 1;     // 일단 소수라고 가정한다.
        for (int i = 2; i < n; i++) {
                if (n % i == 0) {
                        is_prime = 0;
                        break;
                }
        }
        return is_prime;
}
```

7. 배열과 함수

배열도 함수로 전달할 수 있을까? 배열을 함수로 전달할 수 있으면 많은 작업들을 함수로 작성하여 편리하게 사용할 수 있다. 예를 들어서 배열에 들어 있는 값의 평균을 계산하는 함수를 작성해놓으면 평균이 필요할 때마다 이 함수를 호출하면 된다.

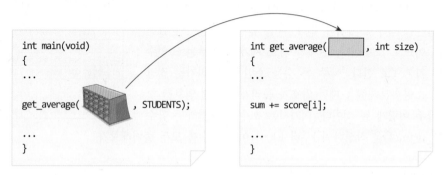

배열도 함수로 전달할 수 있다. 하지만 변수를 전달할 때와는 다르다. C에서의 함수 호출은 "값에 의한 호출"이다. '값에 의한 호출'이란 함수를 호출할 때 인수의 값이 매개 변수로 복사되는 것을 의미한다. 그러나 배열의 경우에는 단순한 '값에 의한 호출'이 아니다. 배열이 인수인 경우에는 배열의 주소가 매개 변수를 통하여 전달된다. 여기에 대한 설명은 포인터를 학습해야만 완전해진다. 지금으로는 그냥 배열의 경우에는 배열 원본이 전달된다고만 알아두자.

간단한 예를 들어 보자. 학생들의 성적을 저장하고 있는 정수 배열을 만들고 평균을 계산하는 함수를 작성하여 호출해보자.

func_array.c

```c
#include <stdio.h>
#define STUDENTS 5

int get_average(int scores[], int size);    // ①

int main(void)
{
    int scores[STUDENTS] = { 1, 2, 3, 4, 5 };
    int avg;

    avg = get_average(scores, STUDENTS);
    printf("평균은 %d입니다.\n", avg);
```

원형을 정의한다. 배열을 받는 매개 변수는 크기를 적어주지 않아도 된다. 물론 적어주어도 된다.

원본 배열이 전달된다.

```
    return 0;
}
// 배열에 들어 있는 값들의 평균을 계산하는 함수
int get_average(int scores[], int size)        // ②
{
    int i;
    int sum = 0;

    for(i = 0; i < size; i++)         ← 반복하면서 배열의 모든 요소들의 합을 계산한다.
        sum += scores[i];

    return sum / size;
}
```

실행결과

평균은 3입니다.

먼저 함수가 배열을 매개 변수로 받기 위해서는 위의 문장 ①, ②와 같이 원형 선언과 함수 정의를 하여야 한다. 먼저 첫 번째 매개 변수 int scores[]가 배열을 나타낸다. 매개 변수로 배열을 선언하는 경우에는 배열의 크기를 지정하지 않아도 된다. 왜냐하면 매개 변수를 선언할 때, 실제로 배열이 생성되는 것이 아니기 때문이다. 우리는 매개 변수 scores를 통하여 원본 배열 scores를 참조한다. 따라서 정확한 크기는 필요하지 않다. 물론 크기를 지정하여도 문제는 없다. get_average()가 호출되면, 인수로 전달되는 scores 배열과 매개 변수 scores 배열은 같아진다.

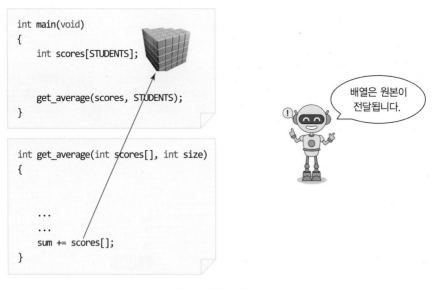

```
int main(void)
{
    int scores[STUDENTS];


    get_average(scores, STUDENTS);
}
```

```
int get_average(int scores[], int size)
{

    ...
    ...
    sum += scores[];
}
```

배열은 원본이
전달됩니다.

그림 8.4 배열 매개 변수

두 번째 매개 변수 int size는 배열의 크기를 받는 매개 변수이다. 호출된 함수에서는 scores가 배열이라는 것만 알 수 있고 배열의 크기는 모른다. 배열의 크기 정보가 있어야만이 올바르게 배열의 데이터를 처리할 수 있다. 따라서 일반적으로 배열의 크기를 별도의 매개 변수로 전달받는다. 물론 배열의 크기가 항상 일정하다면 그럴 필요가 없을 것이다.

원본 배열의 변경

배열은 매개 변수를 통하여 원본을 참조하는 것이기 때문에 항상 조심하여야 한다. 만약 함수 안에서 배열을 변경한다면 이것은 원본 배열을 변경시키는 결과를 가져온다. 하나의 예로 1차원 배열을 조작하는 다음과 같은 함수를 작성하고 사용하여 보자.

modify.c

```
#include <stdio.h>
#define SIZE 7

void modify_array(int a[], int size);
void print_array(int a[], int size);

int main(void)
{
    int list[SIZE] = { 1, 2, 3, 4, 5, 6, 7 } ;

    print_array(list, SIZE);          배열을 함수로 전달한다.
    modify_array(list, SIZE);  // 배열은 원본이 전달된다.
    print_array(list, SIZE);

    return 0;
}
// a[]를 변경하면 원본이 변경된다.
void modify_array(int a[], int size)
{
    int i;

    for(i = 0; i < size; i++)
        ++a[i];
}
// 배열 요소들을 화면에 출력한다.
void print_array(int a[], int size)
{
    int i;

    for(i = 0; i < size; i++)
        printf("%3d ", a[i]);
    printf("\n");
}
```

modify_array()는 배열을 인수로 받아서 배열 내의 모든 요소를 하나 증가시킨다. 배열은 원본이 전달되므로, 호출된 함수가 배열의 요소를 수정하면 원본 배열의 내용도 동시에 수정된다.

실행결과

1	2	3	4	5	6	7
2	3	4	5	6	7	8

modify_array()는 배열 a[]를 받아서 배열 요소를 하나 증가시킨다. 배열은 원본이 전달되므로, 호출된 함수가 배열의 요소를 수정하면 원본 배열의 내용도 동시에 수정된다.

오류 주의

배열이 아니고 배열 요소를 함수에 전달하면 복사본이 전달된다. 배열은 원본이 전달되지만, 배열 요소는 복사본이 전달되므로 착각하면 안 된다.

```
int main(void)
{      ...
       square_element(list[2]);               ← 복사본 전달
}
void square_element(int e)
{
       e = e * e;
}
```

원본 배열의 변경을 금지하는 방법

가끔은 프로그래밍 실수로 인하여, 의도하지 않았는데도 배열 요소의 값이 변경되는 경우가 발생한다. 이것을 방지하기 위하여 const 지정자를 사용할 수 있다.

const 지정자를 배열 매개 변수 앞에 붙이면 그 배열은 변경이 불가능해진다. 따라서 배열의 내용을 변경하지 않는 함수의 경우에는 const를 붙이는 것이 권장된다. 예를 들어서 print_array()와 같이 단순히 배열 요소를 출력하는 함수는 배열을 변경할 필요가 없다. 따라서 함수를 정의할 때 다음과 같이 const를 사용하는 것이 안전하다.

```
void print_array(const int a[], int size)
{
    ...                                    함수 안에서 a[]는 변경할 수 없다.
    a[0] = 100;   // 컴파일 오류!
}
```

중간점검

1. 배열을 함수로 전달하면 원본이 전달되는가? 아니면 복사본이 전달되는가?
2. 함수가 전달받은 배열을 변경하지 못하게 하려면 어떻게 하여야 하는가?

8. 지역 변수와 전역 변수

함수와 밀접하게 관련이 있는 것이 변수이다. 이제까지 우리는 함수 안에서만 변수를 정의하였지만, 함수 외부에서도 변수를 정의할 수 있다. 함수 안에서 정의되는 변수는 지역 변수라고 부르고 해당 함수 안에서만 사용이 가능하다. 함수의 외부에서 선언되는 변수는 전역 변수라고 부르고 소스 파일 어디에서나 사용이 가능하다.

그림 8.5 지역 변수와 전역 변수

지역 변수

지역 변수(local variable)는 함수 안에 선언되는 변수이다. 정확하게 말하자면 블록 안에 선언되는 변수이다. **블록**(block)이란 중괄호로 둘러싸인 영역이다. 함수의 몸체도 블록에 속한다. 지역 변수는 선언된 블록 안에서만 접근과 사용이 가능하다. 우리가 지금까지 사용한 변수들은 모두 지역 변수였다. 앞에 등장하였던 compute_sum() 함수를 살펴보자. i, result 등이 모두 지역 변수이다.

```
local.c

#include <stdio.h>
int compute_sum(int n);

int main(void)
{
    int sum;                                    지역 변수
    sum = compute_sum(100);
    printf("1부터 100까지의 합=%d \n", sum);
    return 0;
}
int compute_sum(int n)
{
```

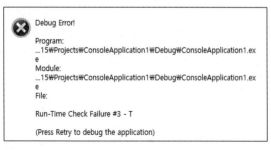

```
int i;
int result = 0;        ─── 지역 변수

    for (i = 1; i <= n; i++)
        result += i;
    return result;
}
```

실행결과

1부터 100까지의 합=5050

지역 변수는 정의된 함수 안에서만 사용이 가능하다. 위의 코드에서 변수 i와 result는 함수 compute_sum() 안에서만 사용이 가능하다. main()에서 i나 result를 사용하려고 하면 컴파일 오류가 발생한다. 지역 변수는 함수가 호출되어 시작될 때에 생성되고 함수 호출이 종료되면 자동으로 소멸된다.

지역 변수는 초기화시키지 않으면 쓰레기값을 가지게 된다. 따라서 지역 변수를 사용할 때는 반드시 초기화시켜야 한다. 만약 위의 코드에서 result를 0으로 초기화하지 않았다면 어떻게 될까? 쓰레기값에 변수 i의 값이 더해지게 된다. 비주얼 스튜디오에서는 초기화되지 않은 변수를 사용하는 경우에 다음과 같은 오류가 발생한다.

```
Debug Error!

Program:
...15₩Projects₩ConsoleApplication1₩Debug₩ConsoleApplication1.exe
Module:
...15₩Projects₩ConsoleApplication1₩Debug₩ConsoleApplication1.exe
File:

Run-Time Check Failure #3 - T

(Press Retry to debug the application)
```

지역 변수는 초기화하는 것이 좋습니다.

참고: 블록에서도 지역 변수를 선언할 수 있다.

블록은 중괄호 { }을 사용하여 만드는 구간이다. 여기서도 지역 변수를 선언할 수 있다. 블록이 종료되면 지역 변수도 같이 사라진다.

```
while(1) {
    int x; // 블록 안에서 선언된 지역 변수
    ...
}          // 변수 x는 여기서 사라진다.
```

참고: 함수의 매개 변수

함수의 헤더 부분에 정의되어 있는 매개 변수도 일종의 지역 변수이다. 즉, 지역 변수가 지니는 모든 특징을 가지고 있다. 지역 변수와 다른 점은 함수를 호출할 때 넣어주는 인수 값으로 초기화되어 있다는 점이다.

```c
int inc(int counter)      // counter도 지역 변수의 일종이라고 생각할 수 있다.
{
    counter++;            // 지역 변수처럼 사용할 수 있다.
    return counter;
}
```

참고: 함수만 다르면 같은 이름의 지역 변수를 선언할 수 있다.

지역이라는 의미는 변수가 특정 지역 안에서만 유효하다는 뜻으로 만약 다른 지역 안에 동일한 이름의 변수가 있어도 컴파일 오류가 아니다. 이름은 같지만 다른 지역에서 정의되었으므로 전혀 별개로 취급된다. sub1() 함수 안에 변수 x가 선언되어 있고 sub2()에도 똑같은 이름의 변수 x가 선언되어도 아무런 문제가 없다.

전역 변수

전역 변수(global variable)는 함수 외부에서 선언되는 변수이다. 전역 변수는 지금까지는 사용한 적이 없을 것이다. 지역 변수의 범위가 함수나 블록으로 제한되는 반면, 전역 변수의 범위는 소스 파일 전체이다. 즉 전역 변수는 소스 파일 안의 모든 함수에서 사용이 가능한 변수이다.

global.c

```c
#include <stdio.h>

int global_variable = 0;   // 전역 변수

void increment(void) {
    global_variable++;         ← 전역 변수 사용

}

void print_global_variable(void) {        전역 변수 사용
    printf("global_variable = %d\n", global_variable);
}

int main(void) {
```

```
    increment();           // 전역 변수 값을 1 증가시킴
    print_global_variable();       // 전역 변수 값을 출력함

    return 0;
}
```

프로그래머가 전역 변수를 초기화하지 않으면 컴파일러에 의하여 0으로 초기화된다. 그렇다면 전역 변수의 생존 기간은 어떻게 되는가? 전역 변수는 프로그램 시작과 동시에 생성되어 프로그램이 종료되기 전까지 메모리에 존재한다. 따라서 프로그램 시작과 동시에 접근이 가능하며, 종료되기 전까지 전체 영역에서 접근이 가능하다.

너무 엉켜있어서 먹기가…

전역 변수는 상당히 편리할 것처럼 생각되지만 전문가들은 사용을 권하지 않는다. 그 이유는 어디서나 접근이 가능하다는 장점이 도리어 단점이 될 수 있기 때문이다. 프로그램이 복잡해지다 보면 전역 변수를 도대체 어떤 부분에서 변경하고 있는지를 잘 모르는 경우가 허다하다. 이처럼 전역 변수들로 인하여 코드가 꼬이는 현상을 스파게티 코드(spaghetti code)라고 한다. 마치 스파게티처럼 복잡하게 꼬여 있다는 의미이다. 전역 변수를 사용하는 것은 코드의 유연성과 가독성을 떨어뜨릴 수 있기 때문에 사용에 대해 신중한 판단이 필요하다. 하지만 경우에 따라서는 전역 변수를 사용하는 것이 프로그램을 효율적으로 한다. 예를 들어서 여러 함수에서 공유해야 하는 정보가 있는 경우, 전역 변수는 모든 함수에서 공유해서 사용할 수 있으므로 정보를 전역 변수에 저장해두면 각 함수에서 필요할 때마다 접근하여 사용할 수 있다.

같은 이름의 전역 변수와 지역 변수

만약 전역 변수와 이름이 같은 지역 변수를 선언하면 어떻게 될까? 이때는 지역 변수가 전역 변수보다 우선시된다. 이것을 지역 변수가 전역 변수를 가린다고 한다. 다음 예제에서는 동일한 이름 sum을 가지는 전역 변수와 지역 변수가 선언되었다. main()에서 sum의 값을 출력한다면 어떤 변수의 값이 출력될까? 지역 변수가 우선해서 사용된다. 이것을 지역 변수가 전역 변수를 가린다고 한다.

shadow.c

```c
#include <stdio.h>

int sum = 123;          전역 변수

int main(void)          지역 변수
{
    int sum = 321;
    printf("sum=%d \n", sum);     전역 변수와 지역 변수가 이름이 같은 경우, 지
    return 0;                     역 변수가 사용된다.
}
```

실행결과

```
sum=321
```

도전문제

1. 변수의 범위에는 몇 가지의 종류가 있는가?
2. 블록 범위를 가지는 변수를 무엇이라고 하는가?
3. 지역 변수를 블록의 중간에서 정의할 수 있는가?
4. 똑같은 이름의 지역 변수가 서로 다른 함수 안에 정의될 수 있는가?
5. 지역 변수가 선언된 블록이 종료되면 지역 변수는 어떻게 되는가?
6. 지역 변수의 초깃값은 얼마인가?
7. 전역 변수는 어디에 선언되는가?
8. 전역 변수의 생존 기간과 초깃값은?
9. 똑같은 이름의 전역 변수와 지역 변수가 동시에 존재하면 어떻게 되는가?

Lab 자동차 경주 프로그램

| 난이도 ★★   주제 함수 인수 전달 |

난수를 이용하여서 자동차 게임을 작성하여 보자. 자동차가 1초에 달리는 거리가 난수에 의하여 결정된다. 주행한 거리를 *로 화면에 표시하면 된다. 사용자가 키를 누를 때마다 1초씩 주행하도록 하자.

```
CAR #1:*****************************
CAR #2:********************
```

실행
결과

여기서는 disp_car(int car_number, int distance)를 작성하여서 호출하자. disp_car()는 자동차가 지금까지 주행한 거리를 받아서 거리에 비례하는 *표를 출력한다.

car_race.c

```c
#include <stdlib.h>
#include <stdio.h>
#include <conio.h>
#include <time.h>

void disp_car(int car_number, int distance)
{
    int i;

    printf("CAR #%d:", car_number);
    for( i = 0; i < distance/10; i++ )
        printf("*");
    printf("\n");
}

int main(void)
{
    int i;
    int car1_dist=0, car2_dist=0;

    srand( (unsigned)time( NULL ) );

    for( i = 0; i < 20; i++ ) {
        system("cls");
        car1_dist += rand() % 100;
        car2_dist += rand() % 100;
        disp_car(1, car1_dist);
        disp_car(2, car2_dist);
        _getch();
    }
    return 0;
}
```

자동차가 주행한 거리만큼 *표를 화면에 표시한다. 반복 구조를 사용한다.
함수가 반환하는 값은 없다.

srand()는 난수 발생기의 시드(seed)를 설정한다. 가장 일반적인 방법은 현재의 시각을 시드로 사용하는 것이다.

화면을 지운다.

rand()를 이용하여서 난수를 발생한다. 난수의 범위는 % 연산자를 사용하여서 0에서 99로 제한하였다.

사용자가 아무 키나 누르기를 기다린다.

| 난이도 ★★★　주제 함수 작성 및 사용 |

어떤 정수가 소수 2개의 합으로 표시될 수 있는지를 검사하는 프로그램을 작성해보자.

```
양의 정수를 입력하시오: 56
56 = 3 + 53
56 = 13 + 43
56 = 19 + 37
56 = 37 + 19
56 = 43 + 13
56 = 53 + 3
```

이 예제는 함수를 사용하지 않으면 구현하기가 상당히 어렵다. 컴퓨터는 반복을 굉장히 쉽게 한다는 것을 이용한다. 컴퓨터는 순식간에 모든 경우의 수를 다 검사할 수 있다. 앞의 Lab에서 작성한 check_prime() 함수를 사용한다.

prime_sum.c

```c
#include <stdio.h>
int check_prime(int n);

int main(void) {
    int n;
    printf("양의 정수를 입력하시오: ");
    scanf("%d", &n);

    for (int i = 2; i < n; i++) {
        if (check_prime(i) == 1) {
            if (check_prime(n - i) == 1) {
                printf("%d = %d + %d\n", n, i, n - i);
            }
        }
    }
    return 0;
}
int check_prime(int n) {
        int is_prime = 1;      // 일단 소수라고 가정한다.
        for (int i = 2; i < n; ++i) {
                if (n % i == 0) {
                        is_prime = 0;
                        break;
                }
        }
        return is_prime;
}
```

Lab 다트 점수 계산 함수

다트를 한 번 던질 때 획득한 점수를 반환하는 함수 get_points (float x, float y)를 작성하고 테스트하자. 다트는 플레이어가 목표물에 다트를 던지는 게임이다. 다트 표적지에는 3가지의 원이 그려져 있다고 하자. 바깥쪽 원의 반지름은 10이고 가운데 원의 반지름은 5, 안쪽 원의 반지름은 1이다.

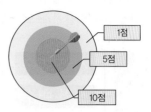

다트의 x, y 좌표를 입력하세요: 5 5
다트는 1점을 획득했습니다.

실행 결과

---

dart.c

```c
#include <stdio.h>
#include <math.h>

int get_points(float x, float y);

int main(void)
{
        float x, y;
        printf("다트의 x, y 좌표를 입력하세요: ");
        scanf("%f %f", &x, &y);
        int points = get_points(x, y);
        printf("다트는 %d점을 획득했습니다.\n", points);
        return 0;
}

int get_points(float x, float y) {
        float distance = sqrt(x * x + y * y);
        if (distance > 10)
                return 0;
        else if (distance > 5)
                return 1;
        else if (distance > 1)
                return 5;
        else
                return 10;
}
```

> 이 함수는 두 개의 float 타입 인수 x와 y를 받습니다. 그리고 원점으로부터의 거리를 계산하여 다트가 착지한 지점의 점수를 결정합니다. 문제에서 지정된 규칙에 따라 점수가 부여됩니다.

9. 정적 변수

지역 변수처럼 블록에서만 사용되지만, 블록을 벗어나도 자동으로 소멸되지 않는 변수를 만들 수 있을까? 지역 변수를 **정적 변수(static variable)**로 만들면 이것이 가능하다. 정적 변수는 전역 변수와 같이 프로그램이 시작할 때 생성되고 프로그램이 실행을 종료하면 소멸된다.

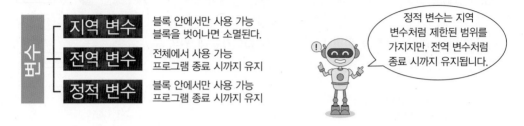

정적 변수는 해당 변수가 선언된 함수 블록 내에서만 유효하며, 함수를 호출할 때마다 생성되지 않고 프로그램이 처음 시작될 때 메모리에 할당되어 계속 유지되는 변수이다. 정적 변수는 함수 호출 간에 값을 유지하고, 함수가 재진입될 때 값이 재설정되지 않는다.

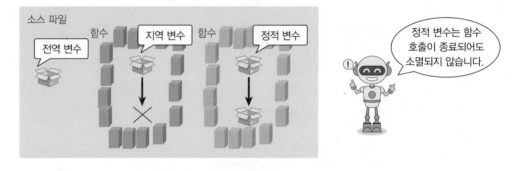

정적 변수는 다른 변수와 마찬가지로 자료형을 가질 수 있으며, 초깃값을 지정할 수 있다. 정적 변수는 전역 변수와 비슷한 측면이 있지만, 전역 변수는 프로그램 전체에서 유효한 반면, 정적 변수는 해당 변수가 선언된 함수 블록 내에서만 유효하다. 함수 안에 정적 변수와 지역 변수를 하나씩 만들어서 함수 호출 시마다 값을 출력해보자. 정적 변수는 변수 선언 시에 static을 앞에 붙여서 만든다.

```
static_var.c
```

```c
#include <stdio.h>

void sub(void)
{
    int auto_count = 0;              지역 변수
    static int static_count = 0;     정적 변수

    auto_count++;
    static_count++;
    printf("auto_count=%d\n", auto_count);
    printf("static_count=%d\n", static_count);
}

int main(void)
{
    sub();
    sub();
    sub();
    return 0;
}
```

실행결과

```
auto_count=1
static_count=1
auto_count=1
static_count=2
auto_count=1
static_count=3
```

sub()에서는 자동 지역 변수 auto_count와 정적 지역 변수 static_count를 선언하고 호출될 때마다 이들 변수를 증가시킨다. auto_count는 지역 변수이기 때문에 sub()가 호출되면 생성되고 sub()의 호출이 끝나면 소멸된다. 따라서 지역 변수는 이전 값을 기억할 수 없다. 또 지역 변수는 호출 때마다 다시 초기화되기 때문에 항상 1이 출력된다. static_count는 정적 변수로 선언된다. 정적 변수는 한번 생성되면 함수의 호출이 끝났어도 소멸되지 않는다. 따라서 이전 값을 유지할 수 있다. 정적 변수는 호출 때마다 1씩 증가함을 알 수 있다. 따라서 우리는 sub()가 몇 번이나 호출되었는지를 static_count의 값을 이용하여 알 수 있다.

10. 순환 호출

함수는 자기 자신을 호출할 수도 있다. 이것을 **순환**(recursion)라고 부른다. 순환은 함수가 자기 자신을 호출하여 문제를 해결하는 프로그래밍 기법이다. 이것은 처음에는 상당히 이상하게 보이지만, 사실 순환은 가장 흥미롭고 또 효과적인 프로그래밍 기법 중의 하나이다. 순환 호출

은 일반적으로 재귀적인 알고리즘을 구현할 때 사용된다. 예를 들어, 트리(tree) 구조를 탐색할 때나 피보나치 수열(fibonacci sequence)을 계산할 때 순환 호출을 사용할 수 있다.

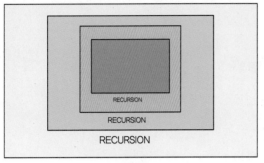

순환 호출이란 우리가 거울을 보는 것처럼 함수가 자기 자신을 호출하는 기법입니다.

예를 들어 정수의 팩토리얼은 다음과 같이 정의된다.

$$n! = \begin{cases} 1 & n=0 \\ n*(n-1)! & n \geq 1 \end{cases}$$

위의 정의에서는 팩토리얼 n!을 정의하는데 다시 팩토리얼 (n−1)!이 사용되었다. 이러한 정의를 순환적이라 한다. 위의 정의에 따라 n!을 구하는 함수 fact(n)을 제작하여 보자. n!을 계산하려면 먼저 (n−1)!을 구하여 여기에 n을 곱하여 주면 n!값을 계산할 수 있다. 그러면 (n−1)!은 어떻게 계산할 것인가? 현재 작성하고 있는 함수가 n!값을 계산하는 함수이므로 함수의 인수를 n−1로 변경하여 호출하면 구할 수 있을 것이다.

fact.c

```c
#define _CRT_SECURE_NO_WARNINGS
#include <stdio.h>
int fact(int n);

int main(void)
{
    int result = fact(5);
    printf("5!은 %d입니다.\n", result);

    return 0;
}

int fact(int n)
{
```

```
        printf("fact(%d)\n", n);

        if (n <= 1) return 1;          // 종료 조건
        else return n * fact(n - 1);   // 자기 자신을 호출
}
```

```
fact(5)
fact(4)
fact(3)
fact(2)
fact(1)
5!은 120입니다.
```

위의 프로그램은 팩토리얼의 순환적인 정의에 따라 이것을 C언어로 옮긴 것이다. 과연 위의 프로그램이 오류 없이 동작할 것인가? 순환을 사용해 보지 않은 사람들에게는 놀라운 일이겠지만, 위의 프로그램은 문제없이 동작한다.

그림 8.6 fact(3)에서의 순환 호출

만약 우리가 fact(5)라고 호출하였을 경우에 위의 프로그램에서 함수가 호출되는 순서를 자세히 살펴보자.

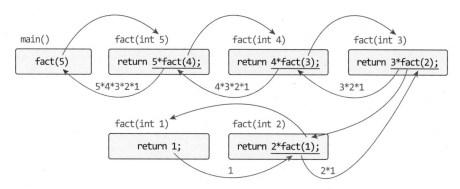

fact(5)가 호출되면 매개 변수 n이 5가 된다. if 문에서 n이 1보다 작거나 같지 않으므로 return 1은 수행되지 않는다. n*fact(n−1)이 수행된다. 현재 n의 값이 5이므로 5*fact(4)가 수행되고 따라서 fact(4)가 호출된다. fact(4)가 호출되면 다시 위와 같은 과정을 거쳐서 fact(3), fact(2), fact(1)이 차례대로 호출된다. fact(1)이 호출되면 if 문에서 n이 1과 같으므로 조건이 참이 되고 따라서 return 1;이 수행되어서 더 이상 순환 호출을 하지 않는다.

문제의 정의가 순환적으로 되어 있는 경우에는 순환 형태의 코드가 좀 더 이해하기 쉽다. 따라서 이런 경우에는 프로그램의 가독성이 증대되고 코딩도 더 간단하다. 순환 호출을 구현할 때는 종료 조건이 반드시 포함되어야 한다. 종료 조건이 없는 경우에는 무한히 함수가 호출되어 스택 오버플로우(stack overflow)가 발생할 수 있다. 또한, 순환 호출은 반복문과 달리 스택을 사용하고 함수가 호출될 때마다 스택에 추가적인 메모리가 할당되므로, 메모리 사용량에 대해 고려해야 한다. 그러나 순환을 사용하지 않으면 너무 복잡해서, 도저히 프로그램을 작성할 수 없는 경우가 종종 있다. 자료 구조에서 이진 트리 방문이 그렇다. 따라서 순환은 반드시 익혀두어야 하는 중요한 프로그래밍 기법이다.

 중간점검

1. fact() 함수를 순환을 사용하지 않고 반복문으로 다시 작성하여 보자.
2. fact() 함수 안에 if(n <= 1) return;이라는 문장이 없으면 어떻게 될까?

| 난이도 ★★   주제 순환 호출 응용 |

순환 호출을 사용하여 피보나치 수열을 출력하는 프로그램을 작성해보자. 피보나치 수열이란 다음과 같이 정의되는 수열이다.

$$fib(n) \begin{cases} 0 & n=0 \\ 1 & n=1 \\ fib(n-2)+fib(n-1) & otherwise \end{cases}$$

피보나치 수열에서는 앞의 두 개의 숫자를 더해서 뒤의 숫자를 만든다. 정의에 따라 수열을 만들어 보면 다음과 같다.

0, 1, 1, 2, 3, 5, 8, 13, 21, 34, 55, 89, 144, ...

실행 결과

```
0 1 1 2 3 5 8 13 21 34
```

fibo.c

```c
#include <stdio.h>

int fibbonacci(int n) {
    if (n == 0) {
        return 0;
    }
    else if (n == 1) {
        return 1;
    }
    else {
        return (fibbonacci(n - 1) + fibbonacci(n - 2));
    }
}

int main(void)
{
    for (int i = 0; i < 10; i++) {
        printf("%d ", fibbonacci(i));
    }
}
```

| 난이도 ★★★   주제 순환 호출 |

운동을 결심한 사람이 체중을 줄이기 위하여 계단 오르기 운동을 시작하였다. 이 사람은 한 번에 1계단이나 2계단씩 오를 수 있다. 이 사람이 n개의 계단을 오를 수 있는 모든 경우의 수를 계산하는 함수 count_ways(int n)을 작성하라. 계단의 수는 100개 이하라고 하자.

실행
결과

> 10개의 계단을 오를 수 있는 경우의 수는 89입니다.

- 첫 번째 계단을 올라가는 법: 1가지
- 두 번째 계단을 올라가는 법: 2가지(1칸이나 2칸)
- 특정한 k층에 올라가는 법은 (k-1)층에서 1칸 올라가는 방법과 (k-2)층에서 2칸을 오르는 방법이 있다.

step_prob.c

```c
#include <stdio.h>

int count_ways(int n)
{
        if (n == 1)
                return 1;
        else if (n == 2)
                return 2;
        else
                return count_ways(n - 1) + count_ways(n - 2);
}

int main(void)
{
        int n = 10;
        printf("%d개의 계단을 오를 수 있는 경우의 수는 %d입니다.", n, count_ways(n));
        return 0;
}
```

11. 라이브러리 함수

C언어에서는 다양한 라이브러리 함수를 제공하여, 프로그래머들이 간단하고 빠르게 필요한 기능을 구현할 수 있도록 지원한다. 이러한 라이브러리 함수는 stdio.h, stdlib.h, string.h, math.h, time.h 등의 헤더 파일에 선언되어 있다. 각각의 라이브러리 함수들은 자주 사용되는 기능들을 제공하며, 프로그래머가 직접 구현하지 않아도 되기 때문에 개발 시간을 단축할 수 있다. 일반적으로 라이브러리 함수의 원형이 들어 있는 헤더 파일을 포함시키면 된다. 예를 들어서 제곱근을 계산하는 sqrt()와 같은 수학 함수들을 사용하려면 math.h 파일을 포함하면 된다.

주요 라이브러리 함수들은 다음과 같다. 우리는 이중에서 중요한 함수들만 골라서 학습하기로 하자.

- stdio.h: 파일 입출력, 표준 입출력 관련 함수들을 제공한다. printf(), scanf(), fopen(), fclose(), fgets(), fputs() 등이 있다.
- stdlib.h: 동적 메모리 할당, 난수 생성, 시스템 명령어 실행 등의 함수들을 제공한다. malloc(), free(), rand(), system() 등이 있다.
- string.h: 문자열 관련 함수들을 제공한다. strlen(), strcpy(), strcat(), strcmp() 등이 있다.
- math.h: 수학 함수들을 제공한다. sqrt(), sin(), cos(), exp(), log() 등이 있다.
- time.h: 시간과 관련된 함수들을 제공한다. time(), ctime(), gmtime(), strftime() 등이 있다.

수학 함수

C언어에서 제공하는 수학 라이브러리 함수는 math.h 헤더 파일에 선언되어 있다. 이 라이브러리 함수들은 다양한 수학적 연산을 수행할 수 있도록 도와준다. 주요 함수들은 다음과 같다.

함수	설명	사용 예	반환값
sin(double x)	사인값 계산	sin(3.14/2.0)	1.0
cos(double x)	코사인값 계산	cos(3.14/2.0)	0.0
tan(double x)	탄젠트값 계산	tan(0.5)	0.546302
exp(double x)	e^x 계산	exp(10.0)	22026.5
log(double x)	자연 로그 $\log_e x$ 계산	log(10.0)	2.30259
log10(double x)	상용 로그 $\log_{10} x$ 계산	log10(100.0)	2.0
ceil(double x)	x보다 작지 않으면서 가장 작은 정수	ceil(3.8)	4.0
floor(double x)	x보다 크지 않으면서 가장 큰 정수	floor(3.8)	3.0
fabs(double x)	x의 절대값	fabs(−3.67)	3.67
pow(double x, double y)	x^y	pow(3.0,2.0)	9.0
sqrt(double x)	$\sqrt{x}$	sqrt(4.0)	2.0

이러한 수학 라이브러리 함수들은 대개 double형 변수를 입력받아 double형 결과를 반환한다. 따라서 사용자는 이 함수들을 호출하기 전에 반드시 math.h 헤더 파일을 포함하여야 한다. 주의할 점으로는 대부분의 수학 라이브러리 함수들은 값이 계산된 후 double 형태로 반환된다. 따라서 정수형 변수와 함께 사용할 경우 데이터 손실이 발생할 수 있으므로, 적절한 형변환을 수행해야 한다. sin()이나 cos() 함수는 라디안 단위의 각도를 받는다. 다음은 math.h 라이브러리의 수학 함수 중 하나인 sqrt() 함수를 사용하여, 사용자가 입력한 숫자의 제곱근을 계산하는 예제이다.

library1.c

```c
#include <stdio.h>
#include <math.h>

int main(void)
{
	double num, result;

	printf("실수를 입력하시오: ");
	scanf("%lf", &num);    // 사용자로부터 숫자 입력받기

	result = sqrt(num);    // 입력한 숫자의 제곱근 계산
	printf("%.2lf의 제곱근은 %.2lf입니다. \n", num, result);    // 결과 출력

	return 0;
}
```

실행결과

```
실수를 입력하시오: 25.0
25.00의 제곱근은 5.00입니다.
```

난수 생성 함수

C언어에서 난수를 생성하는 가장 기본적인 방법은 rand() 함수를 사용하는 것이다. rand() 함수는 0부터 RAND_MAX(보통 32,767)까지의 값을 무작위로 반환한다.

```c
int value = rand();
```

이때 반환되는 값은 기본으로 설정된 시드값을 이용하여 계산된 결과이기 때문에, 실행할 때마다 다른 난수값을 얻으려면 시드(seed)값을 변경해줘야 한다. 시드값을 변경하려면 srand() 함수를 사용한다. srand() 함수는 인자로 전달된 값을 시드값으로 이용하여, rand() 함수가 생성하는 난수의 패턴을 결정한다. 시드값을 변경하지 않으면, 프로그램이 실행될 때마다 동일한 패턴의 난수가 생성된다.

시드란 '씨앗'이라는 의미로, 시드는 난수 생성 시에 씨앗값이 된다. 시드값이 달라지면 이후 생성되는 모든 난수값이 달라진다. 어떠한 값도 시드값이 될 수 있으나 많이 사용하는 값은 예측이 불가능하면서 상황에 따라 변경되는 값이다. 어떠한 값이 가장 좋은 후보일까? 많은 사람들이 사용하는 값은 현재 시각이다. 왜냐하면 프로그램이 실행되는 시간은 다를 가능성이 많기 때문이다.

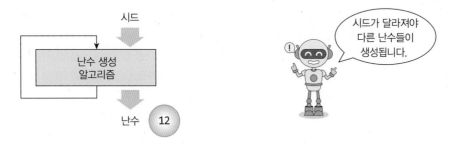

현재 시각은 어떻게 얻을까? 표준 라이브러리에서는 보통 time()을 사용한다. time()을 호출하면 1970년 1월 1일로부터 현재까지 경과된 시간을 초단위로 반환한다. 이것을 srand()라는 함수를 이용하여서 시드값으로 설정하면 된다.

```
srand((unsigned int)time(NULL));   // 현재 시각을 시드값으로 이용하여 초기화
```

예를 들어, 다음은 1부터 6까지의 값을 무작위로 반환하여 주사위를 굴리는 예제 코드이다. 난수의 값을 어떤 범위로 한정하려면 어떻게 해야 할까? % 연산자를 사용한다. 예를 들어서 1부터 6까지로 한정시키려면 rand()%6+1과 같이 한다.

library2.c

```c
#include <stdio.h>
#include <stdlib.h>
#include <time.h>  // time 함수를 사용하기 위한 헤더 파일

int main(void)
{
        int dice;

        srand((unsigned int)time(NULL));        // 현재 시간을 시드값으로 이용하여 초기화
        dice = rand() % 6 + 1;                   // 1부터 6까지의 값을 무작위로 반환
        printf("%d 값이 나왔습니다!\n", dice);    // 결과 출력
        return 0;
}
```

기타 라이브러리 함수

많이 사용되는 라이브러리 함수에 대하여 간단히 살펴보자.

함수	설명
exit()	exit()를 호출하면, 실행 중인 프로그램이 종료된다.
system("...")	system()은 운영 체제의 명령 프롬프트에 명령어를 전달하여서 실행시키는 함수이다. 예를 들어서 DOS 명령어인 DIR이나 COPY, TYPE, CLS, DEL, MKDIR와 같은 명령어들을 실행시킬 수 있다.
time(NULL)	현재 시각을 반환한다. 1970년 1월 1일부터 흘러온 초를 반환한다.
Sleep(millisec)	밀리 초만큼 프로그램을 일시 정지한다.

system.c

```c
#include <stdlib.h>             // system 함수를 사용하기 위한 헤더 파일
#include <stdio.h>
```

```
#include <windows.h>              // Sleep 함수를 사용하기 위한 헤더 파일

int main(void)
{
        system("dir");            // 현재 디렉토리의 파일 목록을 출력합니다.

        Sleep(2000);              // 2초간 프로그램을 일시 정지합니다.

        system("cls");            // cmd 창을 지우고 ipconfig 명령어를 실행합니다.
        system("ipconfig");

        return 0;
}
```

위 코드에서 system() 함수는 인자로 전달된 문자열을 명령 프롬프트(cmd)에서 실행한다. dir은
현재 디렉토리의 파일 목록을 보여주는 명령어이며, ipconfig은 IP 설정 정보를 보여주는 명령어
이다. 또한, windows.h 헤더 파일에 포함된 Sleep() 함수는 인자로 전달된 시간(ms 단위)만큼
프로그램을 일시 정지시키는 함수이다. 이 코드를 실행하면, cmd 창이 열리고 현재 디렉토리의
파일 목록이 출력된 후 2초간 대기한 후 cmd 창이 지워지고 IP 설정 정보가 출력된다.

```
 C 드라이브의 볼륨에는 이름이 없습니다.
 볼륨 일련 번호: 0AFF-804C

C:\Users\chun\source\repos\hello\hello 디렉터리

2023-04-26  오후 04:11 <DIR>              .
2023-04-26  오후 04:11 <DIR>              ..
2023-04-26  오후 04:11        448 hello.c
2023-04-05  오후 02:42      7,188 hello.vcxproj
2023-03-24  오전 11:30        981 hello.vcxproj.filters
2023-03-24  오전 11:23        168 hello.vcxproj.user
2023-03-24  오전 11:30 <DIR>            x64
             4개 파일            8,785 바이트
             3개 디렉터리  172,070,895,616 바이트 남음
```

```
Windows IP 구성

이더넷 어댑터 이더넷:

   연결별 DNS 접미사. . . . :
   링크-로컬 IPv6 주소 . . . . : fe80::dd9e:9d65:ea02:484%3
   IPv4 주소 . . . . . . . . . : 192.168.0.15
   서브넷 마스크 . . . . . . . : 255.255.255.0
   기본 게이트웨이 . . . . . . : 192.168.0.1
```

예제

사용자에게 정확한 시간을 예측하게 하는 게임을 만들어보자. 사용자에게 10초가 지나면 엔터
키를 누르라고 한 후에, 정확한 시간과 얼마나 차이가 나는지를 출력한다.

```
10초가 되면 아무 키나 누르세요.

종료되었습니다.
경과된 시간은 6 초입니다.
```

```c
#include <stdio.h>
#include <time.h>

int main(void)
{
    time_t start, end;  // time_t는 unsigned long과 동일하다.
    start = time(NULL);
    printf("10초가 되면 아무 키나 누르세요.\n");
    _getch();

    printf("종료되었습니다.\n");
    end = time(NULL);
    printf("경과된 시간은 %ld 초입니다. \n", end - start);
    return 0;
}
```

도전문제

1. 시간 오차에 따라 점수를 부여해보자. 예를 들어서 오차가 1초 이내이면 100점. 오차가 2초 이내이면 90점을 부여하는 식이다.

로또 프로그램

| 난이도 ★★   주제 난수 발생 함수 사용 |

하나의 예제로 로또 번호를 생성하는 프로그램을 작성하여 보자. 로또 번호는 1부터 45까지의 숫자 6개로 이루어진다. 따라서 6개의 난수를 생성하여야 한다. 번호는 중복되면 안 된다. 배열을 이용하여 중복 검사까지 해보자.

```
27 30 15 32 8 34
```
실행 결과

---

lotto.c

```c
#include <stdlib.h>
#include <stdio.h>          time() 함수를 위하여 필요하다.
#include <time.h>
#define MAX 45

int main(void)
{
    int i, k, lotto[6] = { 0 };
    int dup_check[MAX + 1] = { 0 };
    srand(time(NULL));
    for (i = 0; i < 6; i++)
    {
        k = 1 + (rand() % MAX);
        while (dup_check[k] == 1)
            k = 1 + (rand() % MAX);
        lotto[i] = k;
        dup_check[k] = 1;
        printf("%d ", lotto[i]);
    }
    return 0;
}
```

dup_check[] 배열은 중복 검사를 위한 배열이다. 번호 k가 생성되면 dup_check[k]가 1이 된다. 따라서 생성된 번호의 dup_check[k] 값이 1이면 이미 생성된 적이 있는 숫자라는 의미가 된다. 이때는 다른 숫자가 나올 때까지 반복한다.

| 난이도 ★★★　주제 라이브러리 함수 |

우리는 삼각 함수 라이브러리 함수를 학습하였다. 이것을 이용하여서 싸인 함수의 그래프를 그려보자. 구체적으로 0도부터 180도까지 싸인 함수를 화면에 그려보자. 윈도우의 GDI 함수인 SetPixel()을 사용한다. 이 출력은 윈도우 운영체제에서만 가능하고, 사용자가 콘솔 창의 크기를 변경하면 지워진다. 이점 많은 양해 부탁한다.

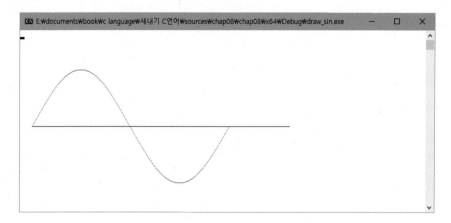

SetPixel() 함수는 화면의 (x, y) 위치에 한 점을 그리는 함수이다. 우리가 수학시간에 학습하였던 좌표계와 그래픽에서 사용되는 좌표계는 다음과 같은 점에서 차이가 있다.

- 그래픽 좌표계에서는 원점이 좌측 상단이고 수학 좌표계의 원점은 좌측 하단이다.
- 그래픽 좌표계에서는 y값이 증가할수록 아래로 내려간다. 수학 좌표계에서는 y값이 증가할수록 위로 올라간다.

draw_sin.c

```c
#include <windows.h>
#include <stdio.h>
#define _USE_MATH_DEFINES
#include <math.h>

double rad(double degree)
{
        return M_PI * degree / 180.0;
}
```

```
int main(void)
{
        int degree, x, y;
        double radian, result;

        HWND hwnd = GetForegroundWindow();
        HDC hdc = GetWindowDC(hwnd);

        MoveToEx(hdc, 30, 200, 0);
        LineTo(hdc, 500, 200);

        for (degree = 0; degree <= 360; degree++) {
                result = sin(rad((double)degree));
                x = degree + 30;
                y = 200 - (int)(100.0 * result);
                SetPixel(hdc, x, y, RGB(255, 0, 0));
        }
        _getch();
        return 0;
}
```

도전문제

1. 코사인 그래프를 그려보자.
2. exp( ) 함수를 이용하여 그래프를 그려보자.

Mini Project　ATM 만들기

| 난이도 ★★★　　주제 함수를 사용하여 프로그램 작성하기 |

은행에 설치되어 있는 ATM을 프로그램으로 구현해보자.

> **실행
> 결과**

```
**********Welcome to 콘서트 ATM**********
****하나를 선택하시오****
<1>  잔고 확인
<2>  입금
<3>  인출
<4>  종료
2
****입금 금액을 입력하시오.
10000

새로운 잔고는 20000입니다.
```

가능하다면 소스의 많은 부분을 함수로 구현해본다. 현재 계좌의 잔고는 전역 변수로 해보자
(전역 변수도 사용해봐야 한다). 메뉴를 표시하는 코드도 별도의 함수로 독립시킨다.

1 다음 중 올바른 함수 원형 정의가 아닌 것은?

   ① int funct(char x, char y);   ② double funct(char x)

   ③ void funct();   ④ char x();

2 "int func(char x, float v, double t);"와 같은 원형을 가지는 함수 func()의 반환값은?

   ① char   ② int   ③ float   ④ double

3 다음 중 올바른 함수 호출은?

   ① func;   ② func x, y;   ③ func();   ④ int func();

4 다음 중 함수 전체를 올바르게 구현한 것은?

   ① int func();

   ② int func(int x) {return x=x+1;}

   ③ void func(int) {printf("Hello")};

   ④ void func(x) {printf("Hello"); }

5 왼쪽 박스의 함수 원형 정의에 적합한 return 문을 오른쪽 박스에서 찾아서 서로 연결하시오.

• int f(void); • void g(int, int); • double h(double, int);

• return; • return 'a' + 1.0; • return 10 + 20;

6 다음 수식의 반환값의 범위는?

```
rand()%5 + 2
```

7 다음의 수학식을 C언어에서 계산하려면 어떤 문장으로 변환하여야 하는가?

$$y = \sin(x) + \sqrt{x^2 - 2a} + 2^{10}$$

8 다음 프로그램의 출력은?

```
#include <stdio.h>
int x = 10;
int main(void) {
        int x = 20;
        printf("%d \n", x);
        return 0;
}
```

9 다음 프로그램의 출력을 쓰시오.

```
#include <stdio.h>
int f(int x, int y);

int main(void)
{
        printf("%d\n", f(12, 3));
        return 0;
}
int f(int x, int y)
{
        if ((x % y) == 0)  return 1;
        else   return 0;
}
```

10 다음의 프로그램에서 박스 안의 코드를 함수로 작성하여 프로그램을 수정하시오. 함수
는 인수와 반환값을 갖도록 설계하시오.

```
#include <stdio.h>

int main(void)
{
        int i, n, sum = 0;

        printf("정수를 입력하시오: ");
        scanf("%d", &n);

        for (i = 0; i <= n; i++)          ─── 이 부분을 함수로 작성
                sum += i;

        printf("0부터 %d까지의 합은 %d입니다.\n", n, sum);
        return 0;
}
```

11 다음 함수에서 asterisk(5)를 호출할 때 화면에 출력되는 내용을 쓰시오.

```
void asterisk(int i)
{
        if (i > 1) {
                asterisk(i / 2);
                asterisk(i / 2);
        }
        printf("*");
}
```

Programming

| 난이도 ★   주제 함수 작성 연습 |

1 f(x, y) = 1.5*x+3.0*y를 계산하는 함수를 작성하고 테스트하여 본다.

```
x=0.000000, y=0.000000, f(x,y)=0.000000
x=0.000000, y=1.000000, f(x,y)=3.000000
x=0.000000, y=2.000000, f(x,y)=6.000000
...
```

| 난이도 ★   주제 함수 작성 연습 |

2 두 수 중에서 더 큰 수를 반환하는 함수 get_bigger()를 다음과 같이 작성하고 이것을 이용해서 사용자로부터 받은 실수 두 개 중에서 더 큰 수를 출력하는 프로그램을 작성하여 본다.

```
실수를 입력하시오: 1.23
실수를 입력하시오: 2.34
더 큰수는 2.340000입니다.
```

| 난이도 ★   주제 함수 작성 연습 |

3 다음과 같이 화면에 *****************를 출력하는 함수를 작성하고 이것을 호출하여서 다음과 같은 출력을 만들어 보자.

```c
void draw_stars(void)
{
        printf("******************************\n");
}
```

```
******************************
Hello World!
******************************
```

| 난이도 ★   주제 함수 작성 연습 |

4 주어진 정수의 약수를 모두 찾아내는 함수 get_divisor()를 작성하여 보라. 만약 8이 주어지면 1, 2, 4, 8을 화면에 출력하여야 한다. 이 함수를 테스트하기 위한 main()을 작성하시오.

```
8의 약수: 1 2 4 8
```

5 두 점 사이의 거리를 계산하는 함수를 작성하여 보자. 2차원 공간에서 두 점 (x_1, y_1)과 (x_2, y_2) 사이의 거리를 계산하는 dist_2d()를 작성하시오. 다음과 같은 두 점 사이의 거리를 계산하는 공식을 사용하라.

$$d = \sqrt{(x_1 - x_2)^2 + (y_1 - y_2)^2}$$

```
첫 번째 점의 좌표를 입력하시오:(x, y) 1  1
두 번째 점의 좌표를 입력하시오:(x, y) 2  2
두 점 사이의 거리는 1.414214입니다.
```

6 2차 방정식의 근을 계산하는 함수 quad_eqn()을 작성하시오. quad_eqn() 함수는 a, b, c를 나타내는 double형의 3개의 인수를 받는다. 판별식이 양수인 경우에만 근을 출력하시오. 만약 판별식의 값이 음수이면 근이 없다는 메시지를 출력하시오.

$$ax^2 + bx + c = 0$$

```
2차 방정식의 계수를 입력하시오:
a: 1
b: -5
c: 6
첫 번째 근=3.000000
두 번째 근=2.000000
```

7 난수 생성 함수를 이용하여 컴퓨터로 여러 가지 문제를 시뮬레이션하는 것을 흔히 몬테카를로(Monte Carlo) 시뮬레이션이라고 한다. 간단한 동전 던지기 게임을 시뮬레이션하여 보자. 컴퓨터가 동전을 던지고 사용자는 앞뒤를 말한다. 컴퓨터는 난수 생성 함수를 이용하여 난수를 생성한 후에 난수가 짝수이면 동전의 앞면으로 간주하고 홀수이면 동전의 뒷면으로 간주한다. 이것을 몇 번 반복하여 승패를 기록한다.

```
앞(0) 또는 뒤(1)를 선택하시오(종료는 -1):0
컴퓨터가 이겼습니다.
앞(0) 또는 뒤(1)를 선택하시오(종료는 -1):1
사용자가 이겼습니다.
앞(0) 또는 뒤(1)를 선택하시오(종료는 -1):-1
```

8 사용자와 컴퓨터가 주사위 게임을 한다고 하자. 주사위를 각 3번씩 굴려서 주사위 점수를 합한다. 합친 점수가 높은 쪽이 이긴다고 하자. 이 게임을 구현해보자.

```
사용자 주사위=(1,  4,  6)=11
컴퓨터 주사위=(2,  1,  3)=6
사용자 승리
```

9 덧셈, 뺄셈, 곱셈, 나눗셈을 지원하는 계산기 프로그램을 작성하여 보자. 이번에는 각 연산들이 몇 번씩 계산되었는지를 기억하게 하자. 각 연산을 지원하는 함수들은 자신이 호출된 횟수를 화면에 출력한다.

```
연산을 입력하시오(종료는 Ctrl-Z):10 + 20
덧셈은 총 1번 호출되었습니다.
연산 결과:30
연산을 입력하시오(종료는 Ctrl-Z):10 + 20
덧셈은 총 2번 호출되었습니다.
연산 결과:30
연산을 입력하시오(종료는 Ctrl-Z):10 − 20
뺄셈은 총 1번 호출되었습니다.
연산 결과:−10
연산을 입력하시오(종료는 Ctrl-Z):
```

(a) 정적 지역 변수를 사용하여 프로그램을 작성하라.

(b) 전역 변수를 사용하여 프로그램을 작성하라.

10 피보나치 수열을 계산하는 함수를 재귀적으로 작성하라. 정적 변수(정적 배열)를 활용하여 중간 계산 결과를 저장하도록 구현해보자. 순환 함수와 정적 변수를 활용하여 피보나치 수열을 계산하는 함수를 작성해보자.

```
몇 번째 항까지 출력할까요? 10
피보나치 수열: 0 1 1 2 3 5 8 13 21 34
```

HINT 정적 배열을 사용하여 중간 결과를 저장하고 만약 중간 결과가 없으면 순환 호출로 새롭게 계산한다. 한번 계산된 결과는 정적 배열에 저장한다.

11 순환 호출을 이용하여 정수의 각 자리수를 출력하는 함수 show_digit(int x)를 작성하고 테스트하라. 즉, 정수가 1234이면 화면에 1 2 3 4와 같이 출력한다. 함수는 일의 자리를 출력하고 나머지 부분을 대상으로 다시 같은 함수를 재귀 호출한다. 예를 들어서 1234의 4를 출력하고 나머지 123을 가지고 다시 같은 함수를 재귀 호출한다. 1234를 10으로 나누면 123이 되고 4는 1234를 10으로 나눈 나머지이다.

> 정수를 입력하시오: 1234
> 1 2 3 4

12 다음을 계산하는 순환적인 프로그램을 작성하시오.

$$1^3 + 2^3 + 3^3 + \cdots + n^3$$

> 정수를 입력하시오: 10
> 3025

13 정렬된 정수 배열과 타깃 값을 입력으로 받아 이진 탐색 알고리즘을 순환적으로 구현하자. 배열 {1, 3, 5, 7, 9, 11, 13, 15, 17, 19}에서 7을 찾으면 다음과 같은 출력이 나와야 한다. int binarySearchRecursive(int arr[], int target, int left, int right) 함수를 작성한다.

> 찾을 값을 입력하세요: 7
> 찾은 값 7의 인덱스는 3입니다.

9

포인터

1. 이번 장에서 만들 프로그램

이번 장에서는 포인터에 대하여 알아본다. 포인터는 메모리 주소를 가지고 있는 변수이다. 메모리의 주소만 있으면 메모리 안의 내용을 참조하거나 변경할 수 있다. 포인터는 위험하면서도 편리한 양날의 검과 같은 도구이다. 이번 장에서는 다음과 같은 프로그램을 작성해본다.

(1) 변수의 주소를 계산하는 프로그램을 작성해보자.

```
i의 주소: 0000003D69DDF974
c의 주소: 0000003D69DDF994
f의 주소: 0000003D69DDF9B8
```

(2) 변수 a와 b의 내용을 서로 바꾸는 함수 swap()을 작성해보자.

```
swap() 호출 전 a=10 b=20
swap() 호출 후 a=20 b=10
```

(3) 배열을 처리하는 함수들을 정의해서 사용해보자.

```
[ 10 20 30 40 50 ]
get_array_avg() 호출
배열 원소들의 평균 = 30.000000
```

2. 포인터란?

포인터(pointer)는 메모리의 주소(address)를 저장하는 변수이다. 포인터는 변수가 저장되는 주소와 깊은 관계가 있다. 먼저 변수의 주소에 대하여 살펴보자.

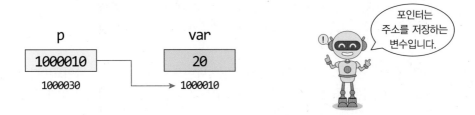

메모리 주소

우리가 살고 있는 아파트는 주소를 가지고 있고 이 주소를 이용하여 우리는 원하는 집을 찾을 수 있다. 컴퓨터에서 메모리는 바이트(byte) 단위로 주소가 매겨져 있다. 컴퓨터 메모리도 주소로 접근할 수 있고 주소를 이용하여 값을 저장하기도 하고 값을 읽기도 한다.

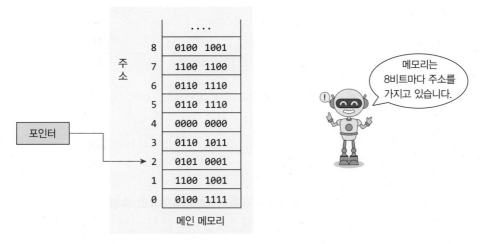

그림 9.1 집마다 주소가 있듯이 메모리 안의 각각의 바이트(8비트)들도 주소를 가지고 있다

변수는 컴퓨터 메모리에 만들어진다

이제까지 우리는 변수를 만들어서 사용하였다. 이들 변수는 어디에 만들어지는 것일까? 변수가 자료들을 저장하는 역할을 하므로 메모리(memory)에 만들어지는 것이 확실하다.

메모리의 단위는 바이트이다.

주소 0 1 2 3 4 5 6 7 8 9 10 11 12 13 14 15 16 17 18 19

그림 9.2 메모리의 구조

메모리는 어떤 식으로 액세스되는 것일까? 메모리는 바이트로 구성되고 각 바이트마다 고유한 주소를 가지고 있다. 예를 들어서 컴퓨터가 20바이트 크기의 메모리를 가지고 있다면 첫 번째 바이트의 주소는 0, 두 번째 바이트의 주소는 1, 세 번째 바이트의 주소는 2, 마지막 바이트의 주소는 19가 된다.

프로그램에서 변수를 만들면 이들 변수는 컴파일러에 의하여 메모리 공간에 배치된다. 변수가 메모리에 배치될 때 변수의 크기에 따라서 차지하는 메모리 공간의 크기가 달라진다. 일반적인 PC 환경에서 char형 변수는 1바이트, int형 변수는 4바이트, float형 변수는 4바이트를 차지한다. 다음의 프로그램을 살펴보자.

pointer0.c

```c
int main(void)
{
    int i = 10;
    char c = 69;
    float f = 12.3;
    return 0;
}
```

위와 같이 변수들을 생성하면 메모리상에는 다음과 같이 변수들이 배치될 수 있다. 물론 절대적인 주소값은 시스템에 따라 달라진다. 아래의 그림은 가능한 한 가지 예이다.

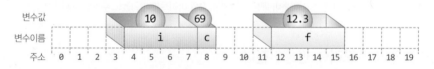

변수값   10   69   12.3
변수이름   i   c   f
주소   0 1 2 3 4 5 6 7 8 9 10 11 12 13 14 15 16 17 18 19

그림 9.3 변수의 종류에 따라서 메모리에서 차지하는 공간이 달라진다

변수의 주소

그렇다면 우리는 어떻게 변수의 주소를 알 수 있을까? C언어에는 변수의 주소를 계산하는 연

산자 &가 있다. 주소 연산자 &는 변수의 이름을 받아서 변수의 주소를 반환한다. 예를 들어 int i;라고 변수를 정의했으면 변수 i의 주소는 &i 하면 알 수 있다.

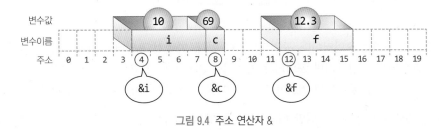

그림 9.4 주소 연산자 &

정수형 변수 i, 문자형 변수 c, 실수형 변수 f의 주소를 알아내서 화면에 출력하는 프로그램을 작성해보자. 주소를 출력하는 형식 지정자는 "%p"로서 16진수로 주소를 출력한다.

```
address_of.c
```
```c
#include <stdio.h>

int main(void)
{
    int i = 10;
    char c = 69;
    double f = 12.3;

    printf("i의 주소: %p\n", &i);    // 변수 i의 주소 출력
    printf("c의 주소: %p\n", &c);    // 변수 c의 주소 출력
    printf("f의 주소: %p\n", &f);    // 변수 f의 주소 출력

    return 0;
}
```

실행결과

```
i의 주소: 0000003D69DDF974
c의 주소: 0000003D69DDF994
f의 주소: 0000003D69DDF9B8
```

실제로 출력되는 주소를 보면 우리의 예상과는 상당히 다르다(주소들이 인접해 있지 않다). 메모리 공간에 변수를 배치하는 것은 컴파일러의 권한이라서 우리가 마음대로 할 수 없다.

포인터란?

포인터(pointer)는 가리킨다는 뜻의 동사 point에 er을 붙인 것이다. 따라서 가리키는 것이라는 뜻이다. 포인터는 가리키는 변수이다. 포인터가 저장하고 있는 것이 값이 아니라 변수의 주소이다. 정수를 가리키는 포인터는 다음과 같이 정의된다.

p는 정수를 가리키는 포인터이다. 포인터도 변수이다. 따라서 포인터도 사용하기 전에 선언되어야 한다. 포인터를 선언하려면 포인터가 가리키는 자료형을 쓰고 *를 붙인 다음, 변수의 이름을 쓴다. *는 수식에서는 곱셈 기호이지만, 여기서는 곱셈과는 아무런 상관이 없다.

위의 문장에서는 포인터를 선언만 하고 아직 초기화하지 않았으므로 포인터가 현재 가지고 있는 값은 아무 의미 없는 값이다. 지금까지 진행된 모습을 그림으로 보면 [그림 9.5]와 같다.

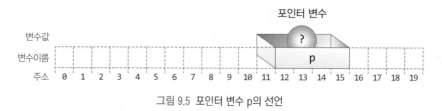

그림 9.5 포인터 변수 p의 선언

포인터는 사용하기 전에 반드시 초기화를 하여야 한다. 포인터에는 변수의 주소가 저장되어야 하므로 & 연산자를 이용하여 변수의 주소를 계산하여 포인터에 대입하여 주면 된다.

```
int number = 10;      // 정수형 변수 number 선언
int *p;               // 포인터 p의 선언
p = &number;          // 변수 number의 주소가 포인터 p로 대입
```

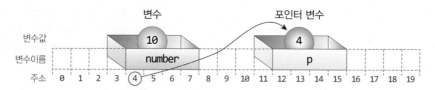

그림 9.6 p = &number 문장이 실행되면 변수 number의 주소인 4가 p에 저장된다. 포인터 p는 변수 number의 주소를 가지고 있는 변수이다

[그림 9.5]에서 p가 포인터이다. 변수 number의 주소가 4였다고 가정하고 p = &number의 연산을 실행하면 변수 number의 주소인 4가 p에 저장되어 [그림 9.6]과 같이 된다. 위와 같은 상황을 보통 "포인터 p가 변수 number를 가리킨다."라고 한다. 그리고 보통 p에서 number를 가리키는 화살표로 나타낸다.

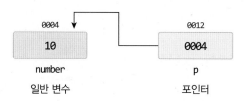

일반적으로 포인터는 지정된 자료형의 변수만을 가리킬 수 있다. 즉 int형 포인터는 오직 int형의 변수만을 가리킬 수 있고 char형 포인터는 char형의 변수만을 가리킬 수 있다. 물론 특별한 경우에는 포인터에 형변환을 하여 다른 자료형의 포인터로 바꾸어서 사용하는 경우도 있다.

간접 참조 연산자 *

포인터가 단순히 메모리의 주소만 저장할 수 있는 것이라면 별로 유용하지 않을 것이다. 포인터가 유용한 이유는 포인터를 통하여 포인터가 가리키는 위치의 값을 읽어오거나 변경할 수 있기 때문이다. 포인터 p가 가리키는 위치에 저장된 내용을 가져오려면 p 앞에 * 기호를 붙여서 *p 하면 된다. 이것을 포인터를 통하여 간접 참조(dereferencing, indirection)한다고 한다.

여기서도 * 기호는 곱셈하고는 아무런 상관이 없다. 여기서는 * 연산자는 단항 연산자로서 포인터가 가리키는 위치의 내용을 추출하는 간접 참조 연산자이다. * 연산자는 단항 연산자로서 괄호 다음으로 높은 우선순위를 가진다. 따라서 다른 연산자들보다 먼저 실행된다.

```
int number = 10;
int *p;
p = &number;

printf("%d\n", *p);  // 10이 출력된다.
```

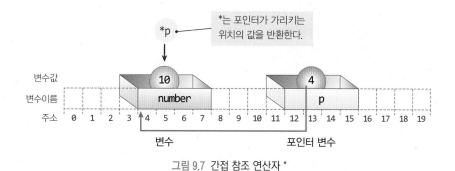

그림 9.7 간접 참조 연산자 *

정리하여 보자. 포인터와 관련된 2개의 연산자가 있다. 첫 번째는 주소 연산자인 &이다. 두 번째는 간접 참조 연산자인 *이다.

예제 #1

가장 기본적인 예제로 변수와 포인터를 연결한 후에 변수의 주소와 포인터의 값을 출력하여 보자. 또한 변수의 값과 포인터가 가리키는 값을 출력하여 비교하여 보자. 설명은 주석을 참조하라.

```
pointer1.c

#include <stdio.h>

int main(void)
{
    int number = 10;
    int *p;

    p = &number;

    printf("변수 number의 주소 = %p\n", &number);    // 변수의 주소 출력
    printf("포인터의 값 = %p\n", p);                  // 포인터의 값 출력
    printf("변수 number의 값 = %d\n", number);        // 변수의 값 출력
    printf("포인터가 가리키는 값 = %d\n", *p);         // 포인터를 통한 간접 참조 값 출력

    return 0;
}
```

```
변수 number의 주소 = 0000000F0039F684
포인터의 값 = 0000000F0039F684
변수 number의 값 = 10
포인터가 가리키는 값 = 10
```

예제 #2

간접 참조 연산자 *을 이용하여서 포인터가 가리키는 변수의 값을 변경할 수 있다. 예를 들어서 *p = 20은 포인터 p가 가리키는 위치에 20을 저장한다. 앞 예제에서 변수 number와 포인터 p가 연결되었다. 포인터 p를 통하여 변수 number의 값을 20으로 변경해보자.

```
#include <stdio.h>

int main(void)
{
    int number = 10;
    int *p;

    p = &number;
    printf("변수 number의 값 = %d\n", number);

    *p = 20;
    printf("변수 number의 값 = %d\n", number);

    return 0;
}
```

실행결과

```
변수 number의 값 = 10
변수 number의 값 = 20
```

 중간점검

1. 메모리는 어떤 단위를 기준으로 주소가 매겨지는가?
2. 포인터도 변수인가?
3. 변수의 주소를 추출하는 데 사용되는 연산자는 무엇인가?
4. 변수 x의 주소를 추출하여 변수 p에 대입하는 문장을 쓰시오.
5. 정수형 포인터 p가 가리키는 위치에 25를 저장하는 문장을 쓰시오.

엠베디드 시스템에서는 하드웨어 제어를 입출력 포트로 한다. 프로그램에서는 입출력 포트를 특정한 메모리 주소로 접근할 수 있다. 예를 들어서 LED가 붙어 있는 엠베디드 시스템을 가정하자. 0x30000000번지에 LED를 제어하는 입출력 포트가 매핑되어 있고, LED가 다음과 같이 입출력 포트에 붙어 있다고 가정하자.

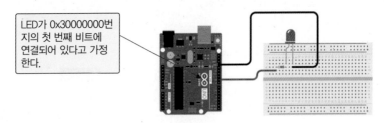

LED가 0x30000000번지의 첫 번째 비트에 연결되어 있다고 가정한다.

LED를 1초에 한 번씩 켰다가 끄고 싶다. 코드를 어떻게 만들어야 할까? 0x30000000번지의 첫 번째 비트를 1로 만들었다가 약 1초 후에 꺼야 한다. 따라서 포인터와 비트 연산을 동시에 사용하여야 한다.

```
volatile char* p = (volatile char*)0x30000000;
int i;
while (1) {
    *p |= 0x1;                  // 첫 번째 비트를 1로 만든다. 다른 비트들은 건드리지 않는다.
    for (i = 0; i < 100000; i++); // 시간 지연 루프
    *p &= ~(0x1);               // 첫 번째 비트를 0로 만든다. 다른 비트들은 건드리지 않는다.
    for (i = 0; i < 100000; i++); // 시간 지연 루프
}
```

포인터 변수 없이 그냥 메모리 주소만 사용하여도 된다.

```
while (1) {
    *(volatile char*)0x30000000 |= 0x1;
    for (i = 0; i < 100000; i++); // 시간 지연 루프
    *(volatile char*)0x30000000 &= ~(0x1);
    for (i = 0; i < 100000; i++); // 시간 지연 루프
}
```

3. 포인터 연산

포인터에 대해서는 덧셈과 **뺄셈** 연산만 가능하다. 포인터 p의 값이 1,000이라고 하자. 즉 포인터 p는 1,000번지를 가리키고 있다. 만약 p를 하나 증가시키면 p의 값은 어떻게 될까? 즉 p++하면 p의 값은 무엇이 되는가? 일반적으로는 1,001이 될 것 같지만, p가 어떤 자료형을 가리키는 포인터인가에 따라 그럴 수도 있고 아닐 수도 있다.

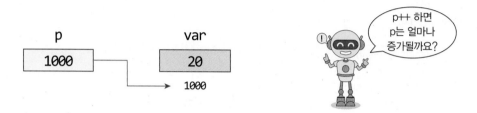

포인터 변수에 대한 연산은 일반적인 변수에 대한 연산과는 조금 다르다. 포인터에 증가 연산인 ++를 적용하였을 경우, 증가되는 값은 포인터가 가리키는 객체의 크기이다. 따라서 char형 포인터를 증가시키면 char형의 크기인 1바이트만큼 증가한다. int형 포인터를 증가시키면 int형의 크기인 4바이트만큼 증가한다. double형 포인터를 증가시키면 double형의 크기인 8바이트만큼 포인터의 값이 증가한다. -- 연산자를 사용하여 감소시킬 때도 마찬가지이다.

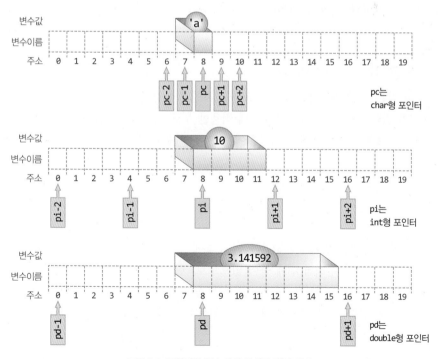

그림 9.8 포인터와 정수와의 덧셈과 뺄셈 연산

```
  pointer_arith1.c
```

```c
// 포인터의 증감 연산
#include <stdio.h>

int main(void)
{
    char *pc;                            char형 포인터 pc, int형 포인터 pi, double형
    int *pi;                             포인터 pd를 선언한다.
    double *pd;

    pc = (char *)10000;                  pc, pi, pd에 절대 주소 10000을 대입한다. 여기서는 보
    pi = (int *)10000;                   다 명확한 설명을 위하여 절대 주소를 사용하였다.
    pd = (double *)10000;
    printf(" pc=%u,   pc+1=%u,   pc+2= %u\n", pc, pc + 1, pc + 2);
    printf(" pi=%u,   pi+1=%u,   pi+2= %u\n", pi, pi + 1, pi + 2);
    printf(" pd=%u,   pd+1=%u,   pd+2= %u\n", pd, pd + 1, pd + 2);

    return 0;
}
```

실행
결과

```
pc=10000,   pc+1=10001,   pc+2= 10002        pc, pi, pd의 증가된 값을 출력한다. 포인터가 가리키는 대
pi=10000,   pi+1=10004,   pi+2= 10008        상의 크기에 따라 서로 다르게 증가됨을 알 수 있다.
pd=10000,   pd+1=10008,   pd+2= 10016
```

간접 참조 연산자와 증감 연산자

++나 --와 같은 증감 연산자는 간접 참조 연산자인 *와 같이 사용될 수 있다. 여기서 주의하여야 할 점이 있다. 증감 연산자를 포인터에 적용할 수도 있고 포인터가 가리키는 대상에 적용할 수도 있다. 이것을 잘 구별하여 사용하여야 한다. 다음과 같은 문장은 무엇을 증가하는 것일까?

```c
*p++;
```

이 문장은 p가 가리키는 위치에서 값을 가져온 후에 포인터 p를 증가시킨다. ++의 우선 순위가 *보다 높지만, ++가 수식의 뒤에 붙어 있으므로, 현재의 p값을 가지고, *p를 먼저 수행한 후에 p에 대하여 ++가 수행된다. 만약 포인터가 가리키는 대상의 값을 증가하려고 했으면 다음과 같이 하여야 한다. 이 문장에서 괄호가 * 연산자를 먼저 수행하게 만든다.

```c
(*p)++;
```

뺄셈에 대해서도 마찬가지이다. 다음의 표에 비교하여 정리하였다.

수식	의미
v = *p++	p가 가리키는 값을 v에 대입한 후에 p를 증가한다.
v = (*p)++	p가 가리키는 값을 v에 대입한 후에 p가 가리키는 값을 증가한다.
v = *++p	p를 증가시킨 후에 p가 가리키는 값을 v에 대입한다.
v = ++*p	p가 가리키는 값을 가져온 후에 그 값을 증가하여 v에 대입한다.

아래 예제 프로그램을 통하여 이것을 확인하자.

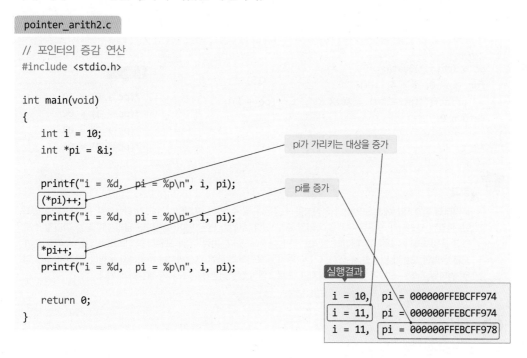

pointer_arith2.c

```
// 포인터의 증감 연산
#include <stdio.h>

int main(void)
{
    int i = 10;
    int *pi = &i;

    printf("i = %d,  pi = %p\n", i, pi);
    (*pi)++;
    printf("i = %d,  pi = %p\n", i, pi);

    *pi++;
    printf("i = %d,  pi = %p\n", i, pi);

    return 0;
}
```

pi가 가리키는 대상을 증가

pi를 증가

실행결과
```
i = 10,  pi = 000000FFEBCFF974
i = 11,  pi = 000000FFEBCFF974
i = 11,  pi = 000000FFEBCFF978
```

포인터의 형변환

C언어에서는 명시적으로 포인터의 타입을 변경할 수 있다. 예를 들어서 doube형 포인터를 int형 포인터로 타입을 변경할 수 있다. 이 경우에는 반드시 형변환 연산자를 앞에 써주어야 한다. 만약 형변환 연산자를 써주지 않으면 경고가 발생한다.

```
double *pd = &f;
int *pi;

pi = (int *)pd;
```

double형 포인터를 int형 포인터로 변환

앞에서 살펴보았듯이 포인터의 타입을 바꾸어서 메모리에 접근하는 것은 아주 조심스럽게 하여야 한다. 자신이 접근할 수 있는 범위를 넘어서 이웃 바이트를 건드리면 안 된다. 하나의 예제로 정수 변수를 생성하고, char형 포인터를 이용하여 정수 변수 안의 각각의 바이트들을 출력하여 보자.

pointer_arith3.c

```c
#include <stdio.h>

int main(void)
{
    int data = 0x0A0B0C0D;
    char *pc;
    int i;

    pc = (char *)&data;
    for (i = 0; i < 4; i++)
        printf("*(pc + %d) = %02X \n", i, *(pc + i));
    return 0;
}
```

실행결과
```
*(pc + 0) = 0D
*(pc + 1) = 0C
*(pc + 2) = 0B
*(pc + 3) = 0A
```

 참고

포인터의 증감 연산에서 포인터의 위험성을 조금은 느낄 수 있다. 포인터는 우리가 마음대로 증감시킬 수 있지만, 증감된 포인터가 잘못된 위치를 가리킬 수도 있다. 우리가 만든 데이터가 아닌 남의 데이터를 가리킬 수도 있고 운영체제가 사용하는 데이터 영역을 가리킬 수도 있다. 이런 경우, 포인터를 이용하여 값을 쓰거나 읽게 되면 심각한 오류가 발생할 수 있다. C 컴파일러는 포인터의 증감 연산까지는 추적하지 못한다. 따라서 이런 경우, 컴파일 시에는 오류가 발생하지 않지만, 프로그램이 실행되면 실행 오류가 발생하게 된다.

 중간점검

1. 포인터에 대하여 적용할 수 있는 연산에는 어떤 것들이 있는가?
2. int형 포인터 p가 80번지를 가리키고 있었다면 (p+1)은 몇 번지를 가리키는가?
3. p가 포인터라고 하면 *p++와 (*p)++의 차이점은 무엇인가?
4. p가 포인터라고 하면 *(p+3)의 의미는 무엇인가?

4. 함수와 포인터

포인터는 어디에 가장 많이 사용되는 것일까? 다른 사람에게 넘겨주어야 하는 정보가 상당히 방대하다고 하자. 이런 경우에는 전체를 복사해서 주는 것보다는 차라리 백과사전의 위치를 알려주고, 백과사전의 p.300에서 p.320까지를 보라고 알려주는 편이 좋을 수 있다.

프로그램에서도 동일한 일이 발생할 수 있다. 데이터를 전부 복사해서 함수로 넘기는 것보다 데이터가 있는 위치를 함수에 포인터로 알려주는 편이 효율적일 수 있다. 복사하는 데 상당한 시간이 소요되기 때문이다. 프로그래밍 언어에서 함수가 외부로부터 데이터를 받는 방법에는 2가지가 있다.

- 값에 의한 호출(call-by-value): 함수가 호출될 때 복사본이 함수로 전달되면 값에 의한 호출이다. 함수 안에서 매개 변수를 변경하여도 원본에는 영향을 주지 않는다.
- 참조에 의한 호출(call-by-reference): 만약 함수가 호출될 때 원본을 함수로 전달하는 방법이다. 함수 안에서 매개 변수를 변경하면 원본 변수가 변경된다.

C언어에서는 기본적으로 '값에 의한 호출'만 가능하다. 즉 함수 안에서 매개 변수를 변경하더라도 원본 변수는 변경되지 않는다. 하지만 포인터를 함수에 전달하면 '참조에 의한 호출'을 흉내낼 수 있다.

여러분이 서류를 가지고 있다고 하자. 서류를 함수 sign()으로 넘겼다고 하자. 만약 '값에 의한 호출'이라면 서류가 복사되어서 sign()으로 전달되므로 sign()에서 서류에 서명을 추가하더라도 원본 서류가 변경되지 않는다.

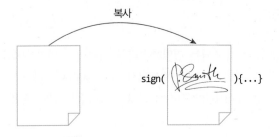

복사

하지만 '참조에 의한 호출'이라면 원본 서류도 변경된다.

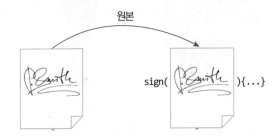

원본

값에 의한 호출

다음과 같은 간단한 프로그램을 작성하여 '값에 의한 호출'을 알아보자.

call_by_value.c

```c
#include <stdio.h>

void modify(int value)
{
    value = 99;      // 매개 변수를 변경한다.
}

int main(void)
{
    int number = 1;

    modify(number);
    printf("number = %d\n", number);

    return 0;
}
```

함수 안에서 매개 변수를 99로 변경하였지만, 원본 변수는 변경되지 않는다.

실행결과
```
number = 1
```

modify()에서 매개 변수 value의 값을 99로 변경하였다. main()에서 modify()를 호출할 때, 변수 number를 전달한다. 함수 호출 후에 변수 number의 값이 변경될까? C언어에서는 '값에 의한 호출'이 원칙이기 때문에 실행 결과에서 보듯이 number의 값은 변경되지 않았다.

참조에 의한 호출

'값에 의한 호출' 방법은 버그를 막을 수 있는 좋은 정책이다. 하지만 경우에 따라서는 원본을 그대로 보내는 것이 필요한 경우도 있다. 하나의 예로 백과사전을 함수에 전달하여야 한다고 하자. 백과사전을 전부 복사하는 것은 현명한 행동은 아니다(시간이 많이 걸린다). 이때는 백과사전의 주소만을 보내서 함수가 필요한 부분을 찾게 하는 편이 효율적이다. 이때 포인터를 사용할 수 있다. 함수가 원본을 변경할 필요가 있을 때도 포인터를 사용할 수 있다. 간단한 예제로 포인터를 이용한 '참조에 의한 호출' 흉내내기를 살펴보자.

```
call_by_ref.c

#include <stdio.h>

void modify(int *ptr)
{
    *ptr = 99;        // 매개 변수를 통하여 원본을 변경한다.
}

int main(void)
{
    int number = 1;

    modify(&number); // 주소를 계산해서 보낸다.
    printf("number = %d\n", number);

    return 0;
}
```

포인터를 함수로 보내면 함수의 매개 변수를 통하여 원본 변수를 변경할 수 있다.

실행결과
```
number = 99
```

modify() 함수를 호출할 때 number 변수의 주소를 계산하여 전달하였다. modify() 함수에서는 이 주소를 포인터 ptr에 저장한다. ptr이 가리키는 위치의 값을 99로 변경하고 있다. 변수의 주소를 전달하였기 때문에 modify() 함수에서 주소를 이용하여 원본 변수의 값을 변경할 수 있었다. 우리가 집 주소를 택배 회사에 알려주면 택배가 집으로 올 수 있는 것과 마찬가지이다.

scanf() 함수

'참조에 의한 호출'을 사용하는 전형적인 예가 바로 scanf() 함수이다. 이때까지 이유는 잘 설명이 안 되었지만, scanf()는 항상 변수들의 주소를 요구했다. 그 이유를 이제는 이야기할 수 있다. 변수의 이름만 전달하게 되면 scanf()는 변수에 값을 저장할 수 없다. 이유는 지금까지 설명한 대로 C에서는 기본적인 인수 전달 방식이 '값에 의한 호출'이기 때문이다. 따라서 변수의 주소를 scanf()에 보내서 사용자로부터 받은 값이 변수에 저장되도록 해야 한다.

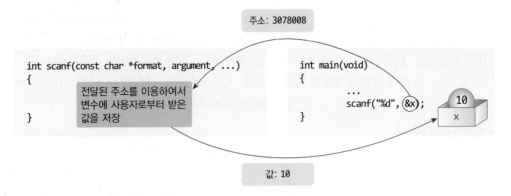

Q 값에 의한 호출과 참조에 의한 호출은 어떤 경우에 사용해야 하는가?

A 일반적으로 값에 의한 호출을 사용하여야 한다. 반면 함수가 외부에서 선언된 변수의 값을 변경할 필요가 있다면 포인터를 이용하여 '참조에 의한 호출' 효과를 낼 수 있다.

참고

함수가 포인터를 통하여 값을 변경할 수 없게 하려면?

만약 프로그래머가 포인터를 통하여 원본 변수의 값이 변경되지 않도록 지정하고 싶으면 함수의 매개 변수를 선언할 때 앞에 const를 붙이면 된다. const를 앞에 붙이면 포인터가 가리키는 내용이 변경 불가능한 상수라는 뜻이 된다. 위의 코드에서 sub()가 매개 변수 p를 통하여 p가 가리키는 값을 변경하는 것을 방지하고 싶으면 다음과 같이 한다.

```
void sub(const int *p)
{
    *p = 0; // 오류!! const로 선언되면 매개 변수 p를 통하여 값을 변경할 수 없다.
}
```

예제

만약 함수가 하나 이상의 값을 반환하여야 한다면 포인터를 사용하는 것이 하나의 방법이다. C언어에서 return 문장은 하나의 값만을 반환할 수 있다. 따라서 하나 이상의 값을 반환할 때는 포인터 인수를 사용하여 반환하는 것이 보통이다. 다음의 프로그램은 직선의 기울기와 y절편의 값을 구하는 함수를 작성해 본 것이다. 점 (x_1, y_2), (x_2, y_2)를 지나는 직선의 기울기는

$$slope = \frac{y_2 - y_1}{x_2 - x_1}$$

와 같고 y절편은

$$y\,intercept = y_1 - slope * x_1$$

으로 구할 수 있다. 문제는 이 함수가 반환해야 하는 값이 2개라는 점이다. 포인터 인수를 이용하여 2개의 값을 반환해보자.

```
slope.c
#include <stdio.h>

// 기울기와 y절편을 계산한다.
int get_line_parameter(int x1, int y1, int x2, int y2, float *slope, float *yintercept)
{                                                        포인터를 통하여 값들을 반환
    if( x1 == x2 )
        return -1;
    else
    {
        *slope = (float)(y2 - y1)/(float)(x2 - x1);
        *yintercept = y1 - (*slope)*x1;
        return 0;
    }
}

int main(void)
{
    float s, y;

    if( get_line_parameter(3, 3, 6, 6, &s, &y) == -1 )
        printf("에러\n");
    else
        printf("기울기는 %.2f \n y절편은 %.2f\n", s, y);

    return 0;
}
```

실행결과
```
기울기는 1.00
y절편은 0.00
```

포인터를 사용하는 반환값

함수의 반환값으로도 포인터를 사용할 수 있다. 한 가지 주의해야 할 점은 함수가 종료되더라도 남아 있는 변수의 주소를 반환해야 한다는 점이다. 예를 들어서 지역 변수의 경우, 함수가 종료되면 사라지기 때문에 지역 변수의 주소를 반환하면 안 된다. 예를 들어서 다음 함수는 지역 변수의 주소를 반환하기 때문에 잘못되었다.

```c
int *add(int x, int y)
{
    int result;

    result = x + y;
    return &result;
}
```

오류: 함수가 종료되면 소멸되는 변수의 주소를 반환하면 안 된다.

포인터를 반환하는 함수의 예는 문자열 처리 함수에서 많이 등장한다. 12장의 문자열 처리 함수에서 자세히 살펴보도록 하자.

중간점검

1. 함수에 매개 변수로 변수의 복사본이 전달되는 것을 _____라고 한다.
2. 함수에 매개 변수로 변수의 원본이 전달되는 것을 _____라고 한다.
3. 함수 안에서 외부 변수를 변경해야 하는 경우에는 어떤 방법을 사용하여 인수를 전달하여야 하는가?

| 난이도 ★★   주제 함수로 포인터 전달 |

swap()은 주어진 변수의 값을 교환하는 함수이다. swap(a, b)와 같이 호출하면 변수 a와 변수 b의 값이 교환되어야 한다. 즉, 변수 a의 값이 변수 b로 가고 b의 값은 a로 간다. swap() 함수를 다음과 같이 구현하면 안 된다.

swap1.c

```c
#include <stdio.h>
void swap(int x, int y)
{
    int tmp;

    tmp = x;
    x = y;
    y = tmp;
}

int main(void)
{
    int a = 10, b = 20;

    printf("swap() 호출 전 a=%d b=%d\n", a, b);
    swap(a, b);
    printf("swap() 호출 후 a=%d b=%d\n", a, b);
    return 0;
}
```

실행결과

```
swap() 호출 전 a=10 b=20
swap() 호출 후 a=10 b=20
```

C에서는 함수 호출이 기본적으로 '값에 의한 호출'이기 때문에 매개 변수인 x, y를 교환했다고 해서 원본 변수 a, b가 교환되지 않는다. 어떻게 해야 원본 변수의 값을 변경할 수 있을까? 정답을 보기 전에 생각해보자.

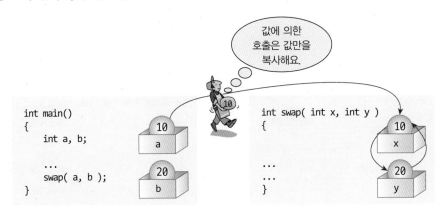

Solution   swap() 함수 작성하기

변수의 주소를 함수에 넘겨주면 호출된 함수에서는 이 포인터를 이용하여 원본 변수의 값을 수정할 수 있다.

swap2.c

```
#include <stdio.h>
void swap(int *px, int *py);

int main(void)
{
    int a = 10, b = 20;

    printf("swap() 호출 전 a=%d b=%d\n", a, b);
    swap(&a, &b);
    printf("swap() 호출 후 a=%d b=%d\n", a, b);

    return 0;
}

void swap(int *px, int *py)
{
    int tmp;

    tmp = *px;       // tmp = a;와 같다.
    *px = *py;       // a = b;와 같다.
    *py = tmp;       // b = tmp;와 같다.
}
```

> 함수 호출 시 인수가 a, b가 아니고 &a, &b인 것에 유의하여야 한다. 즉, 변수의 값을 전달하는 것이 아니라 변수의 주소를 전달한다.

> swap()에서는 매개 변수 px, py가 전달된 변수의 주소를 받아야 한다. 주소를 받을 수 있는 자료형은 포인터이다. 따라서 swap()은 다음과 같이 정의되어야 한다.

실행결과
```
swap() 호출 전 a=10 b=20
swap() 호출 후 a=20 b=10
```

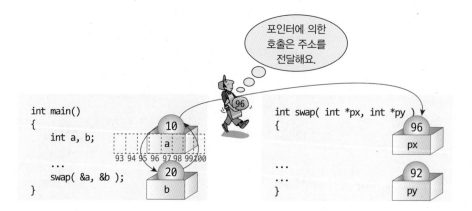

포인터에 의한 호출은 주소를 전달해요.

5. 포인터 사용 시 주의할 점

초기화하지 않고 사용하기

포인터는 강력한 도구이지만, 프로그램에서 오류를 발생시키는 원천이기도 하다. 가장 흔한 오류는 초기화가 안 된 포인터를 사용하지 않는 것이다. 만약 포인터가 선언만 되고 초기화되지 않았다면 포인터는 임의의 주소를 가리키게 된다. 따라서 이런 상태에서 포인터를 이용하여 메모리의 내용을 변경한다면 문제가 발생할 수 있다. 예를 들어 다음과 같은 코드는 포인터 p를 초기화시키지 않고 포인터 p가 가리키는 곳에 값 100을 대입하고 있어 위험한 코드이다. 만약 우연히 p가 중요한 영역을 가리키고 있었다면 중요한 정보를 덮어 쓸 수도 있으며, 따라서 전체 시스템을 다운시킬 수도 있다. 보통의 경우에는 운영체제가 이러한 잘못된 메모리의 접근을 차단하게 되지만, 이러한 코드는 사용하지 않는 것이 좋다.

pt_error1.c

```
int main(void)
{
    int *p;       // 포인터 p는 초기화가 안 되어 있음

    *p = 100;                      ─ 아주 위험한 코드!!
    return 0;
}
```

그림 9.9 초기화가 안 된 상태에서 포인터를 사용하는 것은 위험하다

널 포인터의 사용

포인터가 아무것도 가리키고 있지 않을 때는 NULL(0)로 설정하는 것이 바람직하다. NULL은

stdio.h에 정수 0으로 정의되어 있다.

```
int *p = NULL;
```

왜냐하면 주소 0을 액세스하려고 하면 시스템에서 자동적으로 오류를 감지하고 이것을 해결할 수 있기 때문이다. 주소 0은 운영체제만 사용하는 영역이어서 일반 프로그램은 주소 0에 접근할 수 없다. 그리고 포인터를 사용하기 전에 NULL인지 아닌지를 체크하는 것도 안전한 코드를 만드는 데 도움이 된다.

포인터 자료형과 변수의 자료형은 일치하여야 한다

포인터에는 가리키는 자료형에 따라 여러 가지 종류가 존재한다. 즉 int형 포인터는 int형만을 가리킬 수 있다. 마찬가지로 double형 포인터는 double형만을 가리킬 수 있다. 포인터는 메모리의 어디든지 가리킬 수 있지만, 포인터에 의하여 참조되는 객체가 얼마만큼의 크기이고 무엇이 어떤 형식으로 저장되어 있는지를 결정하는 것은 포인터의 자료형이다. 다음의 코드를 살펴보자.

pt_error2.c

```
#include <stdio.h>

int main(void)
{
    int i;
    double *pd;

    pd = &i;   // 오류! double형 포인터에 int형 변수의 주소를 대입
    *pd = 36.5;

    return 0;
}
```

위의 코드를 실행하였을 경우, 어떤 일이 발생하는가? 위의 코드는 문법적으로 잘못되지는 않았지만, 심각한 실행 오류가 있다. double형 포인터 pd에 int형 변수의 주소가 대입되었다. 이어서 pd가 가리키는 곳에 double형 상수인 36.5가 대입되었다. 보통은 int가 double보다 작기 때문에 따라서 36.5를 변수 i의 주소에 쓰게 되면 변수 i의 범위를 넘어서 이웃 바이트들을 덮어쓰게 된다. 일반적인 경우에 int가 4바이트이고 double은 8바이트이므로 double을 int에 저장할 경우, 이웃 4바이트의 값이 변경된다. 따라서 특별한 경우가 아니면 포인터로 다른 타입

의 데이터를 가리키게 하면 안 된다.

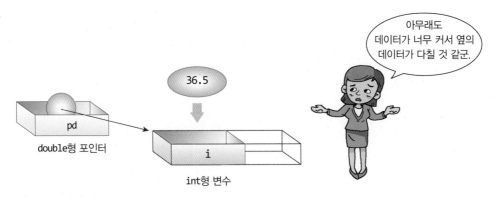

그림 9.10 포인터 자료형과 변수의 자료형이 다른 경우

6. 배열과 포인터

포인터를 학습하는 도중에 배열이 나오는 것에 대하여 의아하게 생각하는 사람도 있을 것이다. 배열과 포인터는 아주 밀접한 관계를 가지고 있다. 왜냐하면 배열 이름 그 자체가 포인터이기 때문이다. 배열 이름은 첫 번째 배열 원소의 주소와 같다.

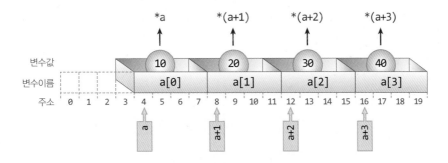

배열을 하나 선언하고 배열의 이름과 첫 번째 원소의 주소를 나란히 출력해보자.

```
p_array1.c
```

```c
#include <stdio.h>

int main(void)
{
    int a[] = { 10, 20, 30, 40, 50 };

    printf("배열의 이름 = %u\n", a);          배열 이름을 주소 형식으로 출력하였다.
    printf("첫 번째 원소= %u\n", &a[0]);      배열의 첫 번째 원소는 a[0]이다. 이 첫 번째 원소의
                                               주소는 &a[0]가 된다.
    return 0;
}
```

실행결과

```
배열의 이름 = 000000F9E42FFB08
첫 번째 원소= 000000F9E42FFB08
```

위의 프로그램에서 알게 된 몇 가지 사실을 정리하여 보자. 배열 요소들은 메모리에서 연속된 공간을 차지하고 있다. a가 int형 배열이므로 각 요소들이 차지하는 공간은 4바이트이다. 놀라운 사실은 배열의 이름을 정수 형식으로 출력하면 배열의 첫 번째 요소의 주소와 같다는 사실이다.

포인터를 배열처럼 사용

배열 이름이 포인터라면 역으로 포인터도 배열 이름처럼 사용할 수 있을까? 포인터도 배열 이름처럼 간주될 수 있고 배열과 똑같이 사용할 수 있다. 이것은 상당히 편리한 기능이다. 다음의 예제를 참조하라.

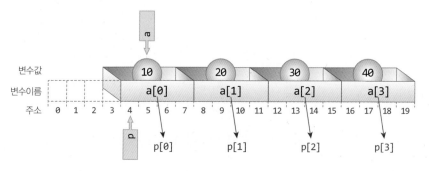

그림 9.11 포인터를 배열의 이름처럼 사용할 수도 있다

정수형 배열을 하나 선언하자. 배열의 원소를 a[0], a[1], a[2]와 같이 출력해본다. 포인터 p를 하나 선언하여서 배열의 시작 주소를 가리키게 한다. p[0], p[1], p[2]를 출력해보자. 어떤 값이 출력되는가?

```
#include <stdio.h>

int main(void)
{
    int a[] = { 10, 20, 30, 40, 50 };
    int *p;

    p = a;
    printf("a[0]=%d a[1]=%d a[2]=%d \n", a[0], a[1], a[2]);
    printf("p[0]=%d p[1]=%d p[2]=%d \n\n", p[0], p[1], p[2]);

    return 0;
}
```

포인터 p에 배열의 이름 a을 대입하면 배열의 첫 번째 주소가 p에 대입되는 것과 똑같다. 이 문장이 끝나면 p와 a는 똑같은 곳을 가리키게 된다.

배열 이름을 사용하여 원소에 접근하는 것이나 포인터를 배열처럼 사용하여 원소에 접근하는 것은 똑같다.

실행결과

```
a[0]=10 a[1]=20 a[2]=30
p[0]=10 p[1]=20 p[2]=30
```

중간점검

1. 배열 a[ ]에서 *a의 의미는 무엇인가?
2. 배열의 이름에 다른 변수의 주소를 대입할 수 있는가?
3. 포인터를 이용하여 배열의 원소들을 참조할 수 있는가?
4. 포인터를 배열의 이름처럼 사용할 수 있는가?

배열 매개 변수

배열이 함수로 전달되는 경우를 자세히 살펴보자. 7장에서도 간단히 살펴보았지만, 배열 매개 변수는 다른 자료형의 매개 변수들과는 큰 차이가 있다.

먼저 일반적인 자료형의 매개 변수부터 살펴보자. 왼쪽 그림에서 정수형 매개 변수 x가 다음과 같이 선언되었다면 변수 x에는 실제로 기억 장소가 할당된다. x는 지역 변수와 동일하다. 하지만 오른쪽과 같이 매개 변수로 배열을 선언하게 되면 매개 변수 b에서는 실제로 배열이 생성되지 않는다. b는 외부에서 전달되는 배열의 주소를 저장하는 포인터로 생성된다.

```
// 일반적인 매개 변수의 경우
void sub(int x)
{
    ...
}
```

x에 실제로 기억 장소가 할당된다.

```
// 배열 매개 변수인 경우
void sub(int b[], int size)
{
    ...
}
```

실제로 배열 b가 생성되지 않는다. b는 배열을 가리키는 포인터로서 외부에서 전달된 배열의 주소가 전달된다.

함수를 호출할 때 배열을 전달하면 자동으로 배열의 주소가 전달된다. 앞에서 배열의 이름은 배열을 가리키는 포인터와 같다고 이야기한 바 있다. 그것이 실제로 여기에서 적용되는 것이다. 아래의 왼쪽 박스에서 sub()를 호출할 때, 배열의 이름 a를 전달하고 있다. 이것이 오른쪽 박스의 매개 변수 b로 복사되는 것이다. sub()의 매개 변수 b는 배열을 가리키는 포인터처럼 동작한다. b를 통하여 배열 원소에 접근하면 배열 a의 원소들이 접근한다.

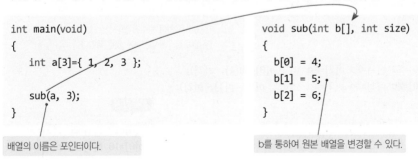

```c
int main(void)
{
    int a[3]={ 1, 2, 3 };

    sub(a, 3);
}
```
배열의 이름은 포인터이다.

```c
void sub(int b[], int size)
{
    b[0] = 4;
    b[1] = 5;
    b[2] = 6;
}
```
b를 통하여 원본 배열을 변경할 수 있다.

완전한 프로그램으로 살펴보자.

p_func.c

```c
#include <stdio.h>

void sub(int b[], int size );

int main(void)
{
    int a[3] = { 1, 2, 3 };

    printf("%d %d %d\n", a[0], a[1], a[2]);
    sub(a, 3);
    printf("%d %d %d\n", a[0], a[1], a[2]);

    return 0;
}

void sub(int b[], int size)
{
    b[0] = 4;
    b[1] = 5;
    b[2] = 6;
}
```

배열 a를 sub()로 전달한다. 배열의 이름은 배열의 주소이므로 배열의 주소가 전달된다.

매개 변수 b는 전달된 배열을 가리키는 포인터이다.

b[]를 통하여 원본 배열 a[]가 변경된다.

원본 배열이 변경된다.

실행결과
```
1 2 3
4 5 6
```

함수에서 배열을 받을 때, 매개 변수를 포인터로 선언할 수도 있다. 아래의 방법은 위의 코드와 100% 동일하다.

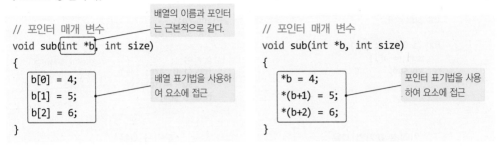

```
// 포인터 매개 변수
void sub(int *b, int size)
{
    b[0] = 4;
    b[1] = 5;
    b[2] = 6;
}
```

배열의 이름과 포인터는 근본적으로 같다.

배열 표기법을 사용하여 요소에 접근

```
// 포인터 매개 변수
void sub(int *b, int size)
{
    *b = 4;
    *(b+1) = 5;
    *(b+2) = 6;
}
```

포인터 표기법을 사용하여 요소에 접근

왜 다른 변수와 배열을 차별 대우하는 것일까? 다른 변수들은 기억 장소를 할당하여도 별 문제가 없지만, 배열은 문제가 있을 수 있다. 배열은 크기가 상당히 클 수도 있고 따라서 원본 배열에서 복사본 배열로 전체 내용을 복사해 주려면 상당한 시간을 필요로 한다. 예를 들어서 도서관에 사전과 같은 아주 두꺼운 책이 있다면 이것을 복사하여서 주는 것보다는 책의 위치를 알려주고 직접 도서관에 와서 보도록 하는 것이 더 효과적인 것이나 마찬가지이다.

주의

만약 크기가 **10000**인 배열 전체를 전달하려는 생각에 다음과 같이 함수 호출을 하면 안 된다.

    sub(a[10000], 10000);

a[10000]에는 2가지의 오류가 있는데, 먼저 a[10000]은 전체 배열을 의미하는 것이 아니고 단지 배열에서 10,000번째 원소를 나타낸다. 두 번째로 a[]의 원소는 0에서 9,999까지만 가능하다. 따라서 **10,000**번째 원소는 존재하지 않는다.

예제 #1

포인터를 이용하여 배열의 요소에 접근하는 것은 인덱스를 사용하는 것보다 복잡해 보인다. 왜 그냥 인덱스를 사용하지 않고 포인터를 통하여 배열의 요소를 참조하는 것일까? 장점이 있기 때문이다. 배열의 요소들은 메모리에서 연속된 주소를 할당받기 때문에 포인터의 증가 연산을 사용하면 빠르게 전체 요소에 접근할 수 있다. 우리는 배열을 인수로 받아서 배열 요소의 합을 구하는 함수를 여러 가지 방법으로 작성하여 보자. 함수가 배열을 인수로 받을 때는 배열 원본이 전달됨을 잊지 말자.

```
int get_sum1(int a[], int n)
{
    int i;
    int sum = 0;

    for (i=0; i<n; i++)
        sum += a[i]
    return sum;
}
```

인덱스 표기법 사용

```
int get_sum2(int a[], int n)
{
    int i;
    int *p;
    int sum = 0;

    p = a;
    for (i=0; i<n; i++)
        sum += *p++;
    return sum;
}
```

포인터만 증가하면
다음 요소가 된다.

포인터 사용

● 배열의 인덱스를 사용하는 방법

가장 평범한 방법이다. 배열의 요소에 순차적으로 접근하기 위하여 인덱스를 사용한다. 우리가 a[i]처럼 배열의 요소를 인덱스를 사용하여 참조하면 컴파일러는 내부적으로 a[i]의 주소를 (시작 주소 + sizeof(int) * i)와 같이 계산한다. 예를 들어서 a가 1,000번지부터 시작한다면 a[2]의 주소는 (1000 + 4 * 2)와 같이 계산된다. 따라서 a[i]와 같은 표기법을 사용하면 요소의 주소를 계산하는 시간이 필요하다(물론 아주 작은 시간이긴 하다).

● 포인터를 사용하는 방법

포인터 p는 배열의 이름 a로 초기화되었다. 배열의 이름은 첫 번째 요소의 주소와 같으므로 p는 첫 번째 요소를 가리킨다. for 루프에서 *p를 sum에 더하고 p를 하나 증가시킨다. p가 증가되면 p는 배열의 다음 요소를 가리키게 된다. 이와 같은 방식에서는 매번 반복 때마다 배열 요소의 주소를 다시 계산할 필요가 없어서 시간이 더 적게 걸리게 되므로 약간 효율적이다. 주의할 점은 약간 효율적이라고 해서 항상 배열의 요소를 포인터를 사용하여 참조하라는 이야기는 절대 아니다. 상황에 따라서 포인터를 사용하는 편이 더 간단하고 효율적인 경우가 있다는 의미이다. 영상 처리와 같이 큰 데이터를 다루는 경우에는, 포인터를 이용하는 방법이 약간 더 효율적이다.

 중간점검

1. 함수에 매개 변수로 변수의 복사본이 전달되는 것을 _____라고 한다.
2. 함수에 매개 변수로 변수의 원본이 전달되는 것을 _____라고 한다.
3. 배열을 함수의 매개 변수로 지정하는 경우, 배열의 복사가 일어나는가?

7. 이중 포인터

포인터는 주소값을 가지고 있는 변수이다. 포인터가 포인터를 가리키도록 할 수 있을까? 왜 그런 것이 필요한지는 나중에 설명하기로 하고 과연 그것이 가능할지만 생각해보자. 두 개의 포인터 p와 q를 가정하자. 포인터 p도 변수이기 때문에 주소가 있다. 따라서 포인터 p의 주소를 다른 포인터 q에 넣으면 포인터 q가 포인터 p를 가리키게 된다. 이것을 포인터의 포인터 (pointer to pointer) 또는 이중 포인터(double pointer)라고도 한다.

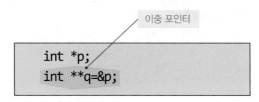

이중 포인터도 어차피 주소가 저장되므로 다른 포인터와 마찬가지로 4바이트의 메모리 공간이 필요하다.

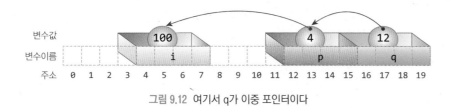

그림 9.12 여기서 q가 이중 포인터이다

예를 들어서 정수형 포인터를 가리키는 이중 포인터는 다음과 같이 선언된다.

```
int **q;   // int형 포인터에 대한 이중 포인터 선언
```

* 기호를 두 개를 사용했음을 유의하여야 한다. * 기호를 한 개 사용하면 보통의 포인터가 되고 두 개 사용하면 이중 포인터가 되는 것이다. 포인터를 해석할 때는 * 연산자를 '...을 가리키는 포인터'로 바꾸어 생각하면 이해하기 쉽다. 그렇다면 이중 포인터는 포인터와 어떻게 연결되는 것인가? 다음과 같이 정수형 변수 i와 정수형 포인터 p, 이중 포인터 q를 선언하고 이들을 연결하여 보자.

```
int i = 100; // i는 int형 변수
int *p = &i; // p는 i를 가리키는 포인터
int **q = &p; // q는 포인터 p를 가리키는 이중 포인터
```

p는 정수형 포인터로 현재는 변수 i를 가리키게 초기화되었다. 즉 p는 변수 i의 주소를 가지고 있다. 포인터도 일종의 변수임을 잊지 말아야 한다. 따라서 포인터도 주소를 가지고 있다. q는 정수형 포인터를 가리키는 포인터로 정의되었다. 여기에 정수형 포인터인 p의 주소가 초깃값으로 대입되었다. 위의 3개의 문장이 끝나면 [그림 9.13]과 같은 상태가 된다.

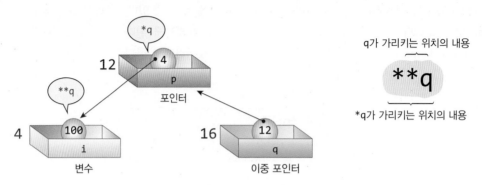

그림 9.13 이중 포인터는 포인터를 가리키는 포인터이다

포인터 p를 통해서도 변수 i의 값을 변경할 수 있고 이중 포인터 q를 통해서도 변수 i의 값을 변경할 수 있다.

```
*p = 200;      // 변수 i의 값이 200으로 변경된다.
**q = 300;        // 변수 i의 값이 300으로 변경된다.
```

**q는 *(*q)로 생각할 수 있다. 즉 q가 가리키는 값인 *q가 다시 포인터가 되고, 이 포인터 *q가 가리키는 값이 *(*q)이다.

예제 #1

이제까지의 설명을 프로그램으로 살펴보자.

```
dp1.c
```

```
// 이중 포인터 프로그램
#include <stdio.h>

int main(void)
{                              이중 포인터
   int i = 100;          // 정수 변수 선언
   int *p = &i;          // 포인터 p는 i를 가리킨다.
   int **q = &p;         // 이중 포인터 q는 p를 가리킨다.
```

```
    *p = 200;              // p를 통하여 i에 200 저장
    printf("i=%d\n", i);

    **q = 300;             // q를 통하여 i에 300 저장
    printf("i=%d\n", i);

    return 0;
}
```

```
i=200
i=300
```

예제 #2

이중 포인터가 가장 많이 사용되는 상황은 외부에서 정의된 포인터 값을 함수 안에서 변경하려
고 하는 경우이다.

dp2.c

```
#include <stdio.h>

void set_pointer(char **q);
int main(void)
{
    char *p;
    set_pointer(&p);                    포인터 p의 주소를 전달한다.
    printf("오늘의 격언: %s \n", p);
    return 0;
}
void set_pointer(char **q)              이중 포인터 q를 통하여 외부의 포인터 p를 변경한다.
{
    *q = "All that glisters is not gold.";
}
```

```
오늘의 격언: All that glisters is
not gold.
```

프로그램 설명

이 프로그램에서는 함수 외부에 선언된 포인터를 인수로 받아서 변경하는 전형적인 코드를 보여준다. main()에서 char형
포인터 p가 선언되었다. p를 set_pointer()의 인수로 전달하여 p의 값을 변경하려고 한다. 외부에서 선언된 변수의 값을
인수로 받아서 변경하려면 반드시 변수의 주소를 함수에 전달하여야 한다. 따라서 p의 주소를 보내야 한다. p는 이미 char
형 포인터이므로 p의 주소를 set_pointer()로 전달해야 한다. 인수로 받은 이중 포인터 q를 이용하여 *q에 "All that
glisters is not gold."를 대입한다.

여기서 주의할 점은 다음과 같이 하면 안 된다는 것이다. 잠시 왜 안 되는지를 생각하여 보라.

```
int main(void)
{
    ...
   set_pointer(p);
    ...                    포인터의 값만 복사된다. 따라서 q를 변경하여도 p는 변경되지 않는다.
}
void set_pointer(char *q)
{
    q = "All that glisters is not gold.";
}
```

언뜻 보면 맞는 거 같지만, 사실은 잘못되어 있다. 함수 호출 시에 인수들은 복사본이 전달된다. set_pointer()를 호출할 때 p를 넘겨주면 p가 가지고 있던 주소값만 복사된다. 따라서 p 자체는 변경할 수 없다. p 자체를 변경하려면 p의 주소를 넘겨주어야 하는 것이다.

중간점검

1. double형 포인터를 가리키는 이중 포인터 dp를 선언하여 보자.
2. char c; char *p; char **dp; p = &c; dp =&p;와 같이 정의되었을 때 **dp는 무엇을 가리키는가?

8. 포인터 배열

포인터 배열(an array of pointers)은 포인터들을 모아서 배열로 만든 것이다. 즉, 배열의 요소가 포인터이다. 다음은 정수형 포인터 배열을 정의한 것이다.

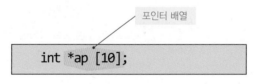

그림 9.14 포인터 배열

위의 정수형 포인터 배열을 좀 자세히 분석하여 보자. 변수 이름 ap에 [] 연산자와 * 연산자가 붙어 있다. 어떻게 해석하여야 되는가? 이럴 때 연산자의 우선순위가 적용된다. 이 경우에는, [] 연산자가 * 연산자보다 우선순위가 높으므로 먼저 적용되어서 변수 ap는 일단 배열이 된다. 어떤 배열이냐 하면 int *들의 배열이 된다. 즉, 정수를 가리키는 포인터들의 배열이 된다. 포인터 배열 ap에는 10개의 배열 요소가 있고 각각의 요소들은 정수형 포인터이므로 정수형 변수들의 주소가 저장될 수 있다. 정수형 포인터 배열을 초기화하여 보자. 각 변수들의 주소를 다음과 같이 대입 연산으로 넣어주면 된다.

```c
int a = 10, b = 20, c = 30, d = 40, e = 50;
int *ap[5] = { &a, &b, &c, &d, &e };
```

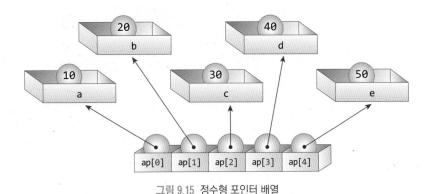

그림 9.15 정수형 포인터 배열

예제

포인터 배열을 사용하여 3개의 정수 배열을 관리하는 예제를 작성하여 보자.

ptr_array.c

```c
#include <stdio.h>

int main(void)
{
        int arr1[] = { 1, 2, 3 };
        int arr2[] = { 4, 5, 6 };
        int arr3[] = { 7, 8, 9 };

        int* arr[] = { arr1, arr2, arr3 };

        for (int i = 0; i < 3; i++) {
                for (int j = 0; j < 3; j++) {
                        printf("%d ", arr[i][j]);
                }
                printf("\n");
        }

        return 0;
}
```

하나의 포인터 배열 안에 3개의 배열을 저장한다. 배열의 이름은 포인터라는 것을 항상 잊지 말자.

실행결과

```
1 2 3
4 5 6
7 8 9
```

9. 함수 포인터

지금까지의 포인터는 주로 변수를 가리키는 포인터였다. 하지만 포인터는 변수뿐만이 아니라 함수도 가리킬 수 있다. 함수도 실행이 시작되는 주소를 가지고 있기 때문에 이 주소를 포인터에 넣을 수가 있는 것이다. 포인터에 저장된 함수 주소를 이용하여 우리는 함수를 호출할 수 있다. 함수를 가리키는 포인터를 **함수 포인터**(function pointer)라고 한다. 일반적인 포인터는 변수가 저장된 주소를 가리키지만, 함수 포인터는 함수가 시작되는 주소를 가리킨다.

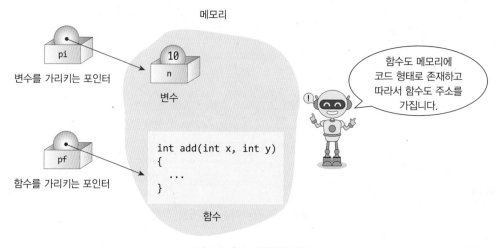

그림 9.16 함수 포인터의 개념

변수를 가리키는 포인터는 int *pi와 같이 가리키는 자료형만 알려주면 되므로 상대적으로 간단하다. 하지만 포인터를 이용하여 함수를 호출하려면 포인터가 함수를 가리킨다는 것도 알려줘야 하고 함수 호출에 필요한 인수, 반환형도 함께 알려주어야 한다. 이 모든 것은 다음과 같은 선언으로 해결된다.

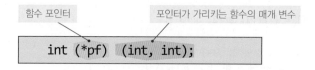

위에서는 정수형 매개 변수 2개를 가지며, 정수형을 반환하는 함수 포인터 pf를 선언하였다. 이렇게 선언된 함수 포인터는 반환형, 매개 변수 등이 정확히 일치하는 함수만을 가리킬 수 있다. 함수 포인터가 함수를 가리키게 하려면 다음과 같이 함수의 이름을 포인터에 대입하면 된다.

```
int add(int, int);        // 함수 원형 정의

int (*pf)(int, int);      // 함수 포인터 정의
pf = add;                 // 함수의 이름을 함수 포인터에 대입
```

위의 대입문은 함수 포인터 pf에 add()의 시작 주소를 대입하는 것으로 pf가 add()를 가리키게 된다. 함수의 이름은 함수의 시작 주소를 나타내는 포인터 상수로 간주된다. 따라서 배열의 경우와 마찬가지로 함수의 이름 앞에 & 연산자를 사용할 필요가 없다. 만약 반환형과 매개 변수만 일치하면 이름이 다르더라도 함수를 바꿔가며 가리킬 수 있다.

함수 포인터가 특정한 함수를 가리키게 하였으면 이제 이 함수 포인터를 이용하여 함수를 호출할 수 있다.

```
result = (*pf)(10, 20);
```

pf가 함수의 주소를 가지고 있으므로 *pf는 함수 add()와 같다. 따라서 (*pf)(10, 20)은 add(10, 20)과 같다. 이 때 괄호를 꼭 사용해야 하는 이유는 *pf(10, 20)으로 하면 * 연산자보다 ( ) 연산자가 더 우선순위가 높아서 *(pf(10, 20))과 같은 의미가 된다. 따라서 함수 호출 pf(10, 20)이 먼저 실행되고 함수의 반환값이 가리키는 내용이 되어 버린다. 따라서 * 연산자가 먼저 실행되도록 (*pf)와 같이 반드시 괄호가 있어야 한다.

(*pf)라는 표현이 약간 번거롭기 때문에 대부분의 컴파일러에서는 pf를 함수 이름처럼 사용해서 호출하는 것을 허용한다. pf는 어차피 컴파일러가 함수 포인터로 알고 있기 때문에 (*pf)라는 표현 대신에 pf를 마치 함수 이름처럼 사용해도 문제가 없다.

```
result = pf(10, 20);
```

예제 #1

```
fp1.c
```

```
#include <stdio.h>

int add(int, int);          ── 함수 원형 정의
int sub(int, int);

int main(void)
{
```

```
    int result;
    int (*pf)(int, int);          ← 함수 포인터 정의

    pf = add;                     ← 함수 포인터에 함수 add()의 주소 대입
    result = pf(10, 20);          ← 함수 포인터를 통한 함수 add() 호출
    printf("10+20은 %d\n", result);

    pf = sub;              // 함수 포인터에 함수 sub()의 주소 대입
    result = pf(10, 20);   // 함수 포인터를 통한 함수 sub() 호출
    printf("10-20은 %d\n", result);

    return 0;
}

int add(int x, int y)
{
    return x+y;
}

int sub(int x, int y)
{
    return x-y;
}
```


실행결과

```
10+20은  30
10-20은  -10
```

함수 포인터의 배열

함수 포인터의 배열을 만들 수 있을까? 함수 포인터도 함수의 주소가 들어 있는 변수이기 때문에 배열로 만들 수 있다. 다만 표기법이 상당히 복잡해진다. 아마 포인터 중에서 최고로 복잡한 표기법이 될 듯하다. 하지만 함수 포인터의 배열은 실제 응용 프로그램에서 비교적 많이 사용된다.

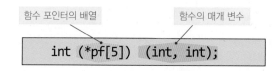

예를 들어서 크기가 5인 함수 포인터 배열을 선언하면 위와 같다. 각 배열 요소는 반환형이 int 이고 두 개의 매개 변수를 가지는 함수를 가리키는 함수 포인터가 된다. 여기서 함수 포인터는 결국은 함수의 시작 번지이므로 배열의 요소에 저장되는 것은 결국 단순한 주소이다.

예제 #2

함수 포인터는 상당히 많이 사용된다. 예를 들어서 메뉴를 구현할 때 함수 포인터를 사용할 수 있다. 사용자에게 메뉴를 제시하고 사용자가 메뉴를 선택하면 선택된 번호를 함수 포인터 배열의 인덱스로 사용한다. 사칙 연산을 수행하는 프로그램을 함수 포인터 배열을 이용하여 작성해보자.

실행 결과

```
====================
0. 덧셈
1. 뺄셈
2. 곱셈
3. 나눗셈
4. 종료
====================
메뉴를 선택하시오:0
2개의 정수를 입력하시오:10 20
연산 결과 = 30
```

fp2.c

```c
// 함수 포인터 배열
#include <stdio.h>

// 함수 원형 정의
void menu(void);
int add(int x, int y);
int sub(int x, int y);
int mul(int x, int y);
int div(int x, int y);

void menu(void)
{
    printf("====================\n");
    printf("0. 덧셈\n");
    printf("1. 뺄셈\n");
    printf("2. 곱셈\n");
    printf("3. 나눗셈\n");
    printf("4. 종료\n");
    printf("====================\n");
}

int main(void)
```

```
{
    int choice, result, x, y;

    int (*pf[4])(int, int) = { add, sub, mul, div };     함수 포인터 배열 요소를 함수의 주소들
                                                          로 초기화한다.

    while(1)
    {
        menu();

        printf("메뉴를 선택하시오:");
        scanf("%d", &choice);

        if( choice < 0 || choice >=4 )
            break;

        printf("2개의 정수를 입력하시오:");
        scanf("%d %d", &x, &y);

        result = pf[choice](x, y);  // 함수 포인터를 이용한 함수 호출

        printf("연산 결과 = %d\n",result);
    }
    return 0;
}

int add(int x, int y)
{
    return x + y;
}

int sub(int x, int y)
{
    return x - y;
}

int mul(int x, int y)
{
    return x * y;
}

int div(int x, int y)
{
    return x / y;
}
```

예제 #3

함수 포인터도 변수이기 때문에 함수 호출 시에 인수로 전달이 가능하다. 함수 포인터가 인수로 전달되면 전달받은 함수 측에서는 이 함수 포인터를 이용하여 함수 호출을 할 수 있다. 이 기능을 이용하면 호출된 함수가 특정한 함수를 호출해주도록 호출하는 측에서 결정할 수가 있다. 예를 들어서 다음과 같은 수식을 계산하여 보자.

$$\sum_{1}^{n}(f^2(k)+f(k)+1)$$

여기서 $f(k)$는 다양한 함수가 될 수 있다. 예를 들면 $f(k) = \dfrac{1}{k}$ 또는 $f(k) = \cos(k)$ 등이 될 수 있다. 따라서 프로그램에서 위의 수식을 계산하는 함수를 만드는 경우에 함수 포인터를 사용하여 $f(k)$를 표현하는 것이 바람직하다.

```
fp3.c
#include <stdio.h>
#include <math.h>

double f1(double k);
double f2(double k);
double formula(double (*pf)(double), int n);

int main(void)
{
    printf("%.2f\n", formula(f1, 10));        f1을 인수로 하여서 formula()를 호출한다.
    printf("%.2f\n", formula(f2, 10));
}

double formula(double (*pf)(double), int n)    함수 포인터를 매개 변수로 받는다.
{
    int i;
    double sum = 0.0;

    for(i = 1; i < n; i++)                     함수 포인터를 이용하여서 수식을 계산한다.
        sum += pf(i) * pf(i) + pf(i) + 1;
    return sum;
}

double f1(double k)
{
    return 1.0 / k;
}
```

```
double f2(double k)
{
    return cos(k);
}
```

실행결과
13.36
12.71

 중간점검

1. int 값을 반환하고 double 값을 인수로 받는 함수의 포인터 pf를 선언하여 보자.
2. 1번의 함수 포인터를 통하여 3.0을 인수로 하여 함수를 호출하는 문장을 작성하라.

10. 다차원 배열과 포인터

배열의 이름은 사실상의 포인터이고, 배열의 이름을 포인터처럼 사용할 수 있었다. 하지만 9장에서는 일차원 배열에 대해서만 살펴보았다. 그렇다면 다차원 배열의 경우는 어떨까? 즉, 다차원 배열의 이름은 무엇을 가리키는 포인터일까? 정수형 2차원 배열 m을 가정하자. 2차원 배열은 배열 요소들이 2차원적으로 배치되어 있는 배열이다. 배열 m은 3개의 행(row)과 3개의 열(column)을 가지는 구조이다.

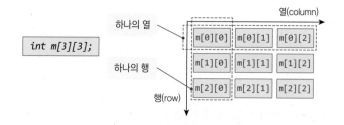

2차원 배열은 메모리에 어떤 식으로 저장될까? 메모리는 우리가 알다시피 1차원적인 구조이다. 따라서 2차원 배열을 메모리에 저장하려면 두 가지 방법 중의 하나로 저장하여야 한다. 첫 번째 방법은 행 우선 방법(row-major)으로 행을 기준으로 하여서 2차원 배열을 메모리에 저장하는 방법이다. 즉 0번째 행을 먼저 저장한 후에, 1번째 행에 속하는 요소들을 저장하는 방법이다. 두 번째 방법은 열 우선 방법(column-major)으로 열을 기준으로 메모리에 저장하는 방법이다. 프로그래밍 언어에 따라서 이들 두 가지의 방법 중에서 하나를 선택하고 있다. C에서는 행 우선 방법이 사용된다.

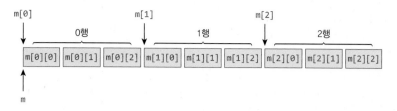

그림 9.17 2차원 배열은 행 우선 방법으로 저장된다

2차원 배열 m은 [그림 9.17]과 같이 메모리에 저장된다. 그렇다면 2차원 배열 이름이 어디를 가리키는지를 생각하여 보자. 다차원 배열을 배열의 배열로 생각하면 이해가 쉬워진다. m이라는 배열은 m[0], m[1], m[2]의 세 개의 요소로 되어 있는 배열이고 다시 m[0]는 m[0][0], m[0][1], m[0][2]로 되어 있는 배열이라는 식으로 생각하는 것이다. 따라서 m[0], m[1], m[2]도 배열의 이름으로 생각할 수 있다. 다음 그림을 참조하라.

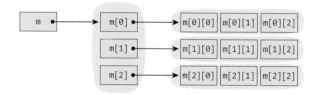

그림 9.18 다차원 배열의 해석

예제 #1

2차원 배열을 포인터를 이용하여 방문하는 프로그램을 작성해보자. 먼저 포인터 p가 배열의 첫 번째 요소를 가리키게 한다. endp는 배열의 마지막 요소를 가리키게 한다. 반복하면서 p가 가리키는 값을 sum에 합한 후에 p를 증가시킨다. p가 endp와 같아지면 반복을 중단하면 된다.

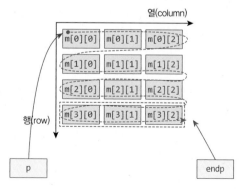

그림 9.19 행의 평균을 구하는 경우

```c
#include <stdio.h>

#define ROWS 3
#define COLS 3
double get_total_avg(int m[][COLS])
{
        int* p, * endp;
        double sum = 0.0;

        p = &m[0][0];                    // p는 0행의 시작 주소
        endp = &m[ROWS - 1][COLS - 1];   // endp는 (ROWS-1)행의 종료 주소

        while (p <= endp)                // p가 종료 주소보다 작거나 같으면
                sum += *p++;             // sum에 p가 가리키는 값 누적

        sum /= ROWS * COLS;              // 평균 계산
        return sum;
}

int main(void)
{
        int scores[ROWS][COLS] = { { 10, 20, 30},
                                   { 40, 50, 60},
                                   { 70, 80, 90} };
        double avg = get_total_avg(scores);
        printf("평균성적=%.2f \n", avg);
        return 0;
}
```

실행결과

평균성적=50.00

 중간점검

1. m[10][10]에서 m[0]의 의미는 무엇인가?
2. m[10][10]에서 (m+1)의 의미는 무엇인가?

11. const 포인터, volatile 포인터, void 포인터

const 키워드

우리가 알다시피 const는 변하지 않음을 나타내는 키워드이다. const 키워드를 포인터에 붙이면 어떤 작용을 할까? const를 붙이는 위치에 따라서 상당히 다르게 해석된다.

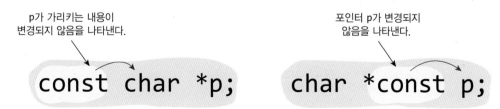

p가 가리키는 내용이 변경되지 않음을 나타낸다.

```
const char *p;
```

포인터 p가 변경되지 않음을 나타낸다.

```
char *const p;
```

먼저 왼쪽과 같이 const 키워드가 * 연산자 앞에 있으면 포인터가 가리키는 대상이 변경되지 않는다는 것을 의미한다. 그러나 포인터는 변경이 가능하다. 반면에 const 키워드가 * 연산자 다음에 있으면 포인터 자체가 변경되지 않는다는 것을 의미한다. 간단한 예제를 작성하여서 살펴보자.

constpointer.c

```
#include <stdio.h>

int main(void)
{
    char s[] = "Barking dogs seldom bite.";
    char t[] = "A bad workman blames his tools";
    const char * p=s;
    char * const q=s;

    //p[3] = 'a';          p가 가리키는 곳의 내용을 변경할 수 없다.
    p = t;                 하지만 p는 변경이 가능하다.

    q[3] = 'a';            q가 가리키는 곳의 내용은 변경할 수 있다.
    //q = t;               하지만 q는 변경이 불가능하다.

    return 0;
}
```

volatile 키워드

변수나 포인터 앞에 volatile 키워드가 있는 경우가 있다. volatile은 주로 동일한 메모리를 여러 개의 프로세스나 스레드가 사용할 때 필요하다. 또 하드웨어의 상태를 나타내는 비트를 읽는 데 필요하다. volatile은 다른 프로세스나 스레드, 하드웨어가 값을 불시에 변경할 수 있으니 값을 사용할 때마다 다시 메모리에서 읽으라는 것을 의미한다. 어떤 변수가 volatile로 지정되면 컴파일러는 프로그램에 의하여 변수가 접근될 때마다 메모리에서 값을 다시 로드한다. 따라서 이것은 컴파일러의 최적화를 방해한다. 하지만 불시에 변경되는 값을 처리하는 경우에는 불가피하다.

p가 가리키는 내용이 수시로 변경되니
사용할 때마다 다시 로드하라는 의미이다.

```
volatile char *p;
```

void 포인터

포인터는 선언할 때 반드시 무엇을 가리키는지를 명시하여야 한다. 하지만 포인터를 선언할 당시에는 아직 구체적으로 대상물이 정해지지 않은 경우도 있다. 이러한 경우에 **void 포인터**가 사용된다. void 포인터는 순수하게 메모리의 주소만을 가지고 있는 변수이다. **제네릭 포인터** (generic pointer)라고도 한다.

```
void *p;
```

이 주소를 이용해서 어떤 대상물을 가리킬 것인지는 아직 정해지지 않았다. 따라서 void형 포인터에는 * 연산자를 사용할 수 없다. 그 이유는 가리키는 대상이 없기 때문이다. 만약 * 연산자를 사용하려면 반드시 명시적인 대상을 가리키는 포인터 타입으로 형변환을 하여야 한다.

```
int a = 10;
void *p;                  // void 포인터 p 선언

p = &a;                   // p는 변수 a의 주소를 가지고 있다.
// printf("%d", *p);      // 오류!!
printf("%d", *(int *)p);  // OK!
```

예제 #1

void 포인터는 어디에 유용한가? void 포인터를 이용하면 어떤 타입의 포인터도 받을 수 있는 함수를 작성할 수 있다. 예를 들어서 전달받은 메모리를 0으로 채우는 함수를 작성해보면 다음과 같다. memzero() 함수는 void 포인터를 받아서 이것을 문자형 포인터로 형변환한 후에 포인터가 가리키는 곳에 0을 저장한다.

```
vp.c
```

```c
#include <stdio.h>
void memzero(void *ptr, size_t len)
{
    for (; len > 0; len--) {
        *(char *)ptr = 0;         void 포인터를 char 포인터로 형변환하여
    }                             서 크기 만큼의 메모리를 0으로 초기화한다.
}

int main(void)
{
    char a[10];
    memzero(a, sizeof(a));

    int b[10];
    memzero(b, sizeof(b));

    double c[10];
    memzero(c, sizeof(c));

    return 0;
}
```

 중간점검

1. void형 포인터 vp를 int형 포인터 ip로 형변환하는 문장을 작성하라.

| 난이도 ★★   주제 함수로 배열 전달 |

정수 배열에 대하여 평균을 계산하고 배열을 출력하는 함수를 작성하고 사용해보자. 통상적으로 배열을 전달할 때는 배열의 크기도 함께 함수로 전달한다. 그래야만이 함수 안에서 배열의 크기를 알 수 있다.

2가지의 함수를 작성해보자.

- double get_array_avg(int values[], int n); 정수 배열을 받아서 배열 요소의 평균값을 계산하여 반환한다.
- void print_array(int values[], int n); 정수 배열을 받아서 배열 요소들을 출력한다. n은 배열의 크기이다.

위의 2가지 함수를 이용하여서 {10, 20, 30, 40, 50}을 가지고 있는 정수 배열을 이들 함수에 전달하여 다음과 같은 출력을 생성하는 프로그램을 작성한다.

```
[ 10 20 30 40 50 ]
get_array_avg() 호출
배열 원소들의 평균 = 30.000000
```

함수를 다음과 같이 정의하여도 마찬가지이다.

- double get_array_avg(int *values, int n);
- void print_array(int *values, int n);

우리는 앞에서 배열 이름이나 포인터는 동일하게 취급할 수 있다고 배웠다. 함수의 매개 변수를 포인터로 선언하여도 똑같은 결과를 생성한다. 포인터도 배열처럼 사용할 수도 있다는 것을 기억하기 바란다.

array_func.c

```c
#include <stdio.h>
#define SIZE 5
double get_array_avg(int values[], int n);
void print_array(int values[], int n);

int main(void)
{
    int i;
    int data[SIZE] = { 10, 20, 30, 40, 50 };
    double result;

    print_array(data, SIZE);
    result = get_array_avg(data, SIZE);
    printf("배열 원소들의 평균 = %f\n", result);
    return 0;
}

// 배열 요소의 평균을 계산하는 함수
double get_array_avg(int values[], int n)
{
    int i;
    double sum = 0.0;
    printf("get_array_avg() 호출\n");
    for (i = 0; i < n; i++)
        sum += values[i];
    return sum / n;
}

// 배열 요소의 평균을 계산하는 함수
void print_array(int values[], int n)
{
    int i;
    printf("[ ");
    for (i = 0; i < n; i++)
        printf("%d ", values[i]);
    printf("]\n");
}
```

12. 포인터 사용의 장점

포인터를 사용하게 되면 어떤 장점이 있는 것일까? 많은 장점이 있겠지만, 몇 가지만을 생각하여 보자.

포인터를 이용하면 연결 리스트나 이진 트리 등의 향상된 자료 구조를 만들 수 있다

연결 리스트는 포인터를 사용하여 메모리에 흩어져 있는 데이터들을 연결하는 자료 구조이다. 포인터가 데이터가 저장된 곳을 가리킬 수 있기 때문에 포인터들로 연결된 다음과 같은 구조를 생각해 볼 수 있다.

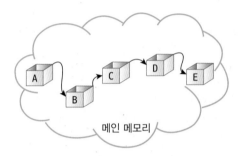

그림 9.20 연결 리스트의 개념

[그림 9.20]과 같은 구조를 연결 리스트(linked list)라고 한다. 연결 리스트는 줄로 연결된 상자라고 생각할 수 있다. 상자 안에는 데이터가 들어가고 상자에 연결된 줄을 따라가면 다음 상자를 찾을 수 있다. 연결 리스트는 일단 데이터를 한군데 모아두는 것을 포기하는 것이다. 데이터들은 메인 메모리상의 어디에나 흩어져서 존재할 수 있다. 이점은 배열과는 정반대이다. 배열의 요소들은 반드시 기억 장소에서 연속적인 위치를 차지하여야 한다. 그러면 연결 리스트에서 다음 데이터는 어떻게 찾을 수 있을까? 앞의 데이터는 뒤의 데이터를 가리키는 줄을 가진다. 앞의 데이터에서 다음 데이터를 찾아가려면 앞의 데이터의 줄을 따라가면 된다. 연결 리스트에서는 이런 식으로 물리적으로 흩어져 있는 자료들을 서로 연결하여 하나로 묶는다. 상자를 연결하는 줄이 바로 포인터(pointer)로 구현한다.

메모리 매핑 하드웨어

엠베디드 시스템에서는 흔히 포인터를 이용하여서 메모리 매핑 하드웨어(memory-mapped hardware)를 직접 조작한다. 메모리 매핑 하드웨어란 메모리처럼 접근할 수 있는 하드웨어 장치를 의미한다. 예를 들어서 아두이노에서 LED 제어 모듈을 메모리 주소로 접근하는 것이다. 예를 들어서 제어 모듈을 가리키는 int형 포인터를 정의하고 주소 0x7FFF로 초기화한 후에 여기에 어떤 값을 쓸 수 있다.

```
volatile int *hw_address = (volatile int *)0x7FFF;
*hw_address = 0x0001;      // 주소 0x7FFF에 있는 장치에 0x0001 값을 쓴다.
```

참조에 의한 호출

C언어에서는 기본적으로 '값에 의한 호출'을 지원하지만, 포인터를 이용하면 '참조에 의한 호출'을 구현할 수 있다. 즉, 포인터 매개 변수를 통하여 외부의 변수나 배열에 접근하여서 값을 변경할 수 있다. 또한 함수가 하나 이상의 값을 반환할 때도 포인터를 사용할 수 있다.

동적 메모리 할당

13장에서 동적 메모리 할당을 학습하게 된다. 동적 메모리 할당이란 프로그램이 실행 도중에 운영체제로부터 메모리를 실시간으로 할당받는 중요한 기법이다. 만약 포인터가 없다면 우리는 동적 메모리를 사용하기가 어려워질 것이다. 13장에서 자세하게 학습하여 보자.

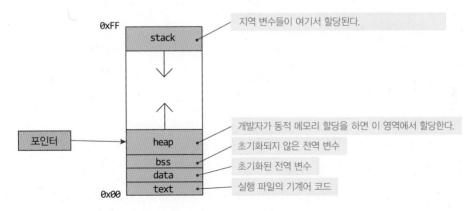

참고

프로그램이 실행되기 위해서는 메모리 공간이 필요하다. 메모리는 크게 코드, 데이터, 스택, 힙 등의 영역으로 나뉜다.

* 코드 영역(text)

코드 영역은 실행 파일의 기계어 코드가 저장되는 영역이다. 프로그램이 실행되면 운영체제는 코드 영역을 읽어 CPU가 처리할 수 있는 형태로 변환한다. 코드 영역은 읽기 전용(Read Only)으로 메모리에 적재된다.

* 데이터 영역(data)

데이터 영역은 전역 변수와 정적 변수가 저장되는 영역이다. 초기화된 데이터는 데이터 영역에 저장되며, 초기화되지 않은 데이터는 BSS(Block Started by Symbol) 영역에 저장된다. 데이터 영역은 읽고 쓰기(Read and Write)가 가능하다.

* 스택 영역(stack)

스택 영역은 함수의 호출과 관련된 지역 변수와 매개 변수가 저장되는 영역이다. 스택은 **Last In First Out(LIFO)** 구조를 가지고 있어서 함수 호출 시에는 새로운 스택 프레임이 생성되고, 함수가 반환될 때에는 해당 스택 프레임이 제거된다. 스택 영역은 메모리 주소 값이 낮은 쪽에서 높은 쪽으로 증가한다.

* 히프 영역(heap)

히프 영역은 동적으로 할당된 메모리가 저장되는 영역이다. 프로그래머가 필요에 따라 메모리를 할당하고 해제할 수 있다. 히프 영역은 메모리 주소 값이 높은 쪽에서 낮은 쪽으로 증가한다.

Mini Project   어드벤처 게임 업그레이드

| 난이도 ★★★   주제 배열과 포인터 |

텍스트 기반의 어드벤처 게임을 작성해보자. 주인공은 '#'으로 표시되어 있다. 주인공이 금 'G'를 찾으면 게임이 종료된다. 중간에 몬스터 'M'이 있어서 금을 찾는 것을 방해한다. 주인공은 'w', 's', 'a', 'd' 키를 이용하여 상하좌우로 움직일 수 있다. 몬스터는 랜덤하게 움직이는 것으로 한다.

프로그램을 작성할 때, 배열을 전달받는 함수를 작성하여 사용해보자. 예를 들어서 승리를 판정하는 함수 check_win(int map[][])을 작성하여 사용할 수 있다. 가능하다면 맵(map)을 배열 위에 그려도 된다. 즉, 게임 캐릭터들이 움직일 수 없는 벽이나 강을 만들어보자. 이럴 경우에는 배열의 크기를 조금 크게 하여야 할 것이다.

```
...#...............
.#.................
...................
...................
...................
.....M.............
........M..........
...................
...................
.........G.........
왼쪽(a) 오른쪽(d) 위쪽(w) 아래쪽(s): d
```

```
....#..............
..#................
...................
...................
...................
...M...............
.......M...........
...................
...................
.........G.........
왼쪽(a) 오른쪽(d) 위쪽(w) 아래쪽(s):
```

HINT 사용자로부터 실시간으로 키를 받으려면 _getch() 함수를 사용해야 한다. 몬스터들은 난수만큼 자동으로 이동하도록 하라. 최대한 게임을 재미있게 만들어보자. 화면을 지우려면 system("cls")를 실행한다.

1 다음 중 올바른 포인터 선언은?

　① int x;　　　　　② int &x;　　　　③ ptr x;　　　　④ int *x;

2 다음 중 정수 변수 x의 메모리 주소를 계산하는 수식은?

　① *x;　　　　　② x;　　　　③ &x;　　　　④ address(x);

3 포인터 p가 가리키는 메모리의 내용을 계산하는 수식은?

　① p;　　　　　② *p;　　　　③ &p;　　　　④ address(p);

4 void 포인터는 몇 바이트인가?

　① 0　　　　　② 1　　　　③ 4　　　　④ 8

5 다음과 같이 선언되어 있다고 가정한다.

```
int A[] = {2, 6, 5, 1, 3};
int *p;
p=A;
```

다음 수식의 값을 적어보시오.

　(a) *p　　　　　(b) *p+2　　　　(c) *(p+2)

6 다음 중 문자형 포인터를 정의하는 문장은?

　① char p;　　　　② char &p;　　　③ char *p;　　　④ char ^p;

7 다음 프로그램의 출력은 무엇인가?

```c
#include <stdio.h>
int main(void)
{
    int a[10] = { 1, 2, 3, 4, 5, 6 };
    int *p = a;
    int *q = a + 3;

    printf("%d\n", *(a+1));
    printf("%d\n", *(p+2));
    printf("%d\n", *(q+3));
    return 0;
}
```

8 크기가 100인 배열 array의 첫 번째 원소의 주소를 올바르게 계산한 수식은?

① array[0];　　　② array;　　　③ &array;　　　④ &array[1];

9 int a[]={10, 20, 30, 40, 50}으로 정의되었다고 가정하자. *(a+2)의 값은?

① 10　　　② 20　　　③ 30　　　④ 40　　　⑤ 50

Programming

1 1차원 배열을 받아서 배열 요소들의 합을 계산하는 함수 int get_array_sum(int *A, int size)를 구현하고 int data[10] = { 1, 2, 3, 4, 5, 6, 7, 8, 9 };를 가지고 테스트하라.

```
print_array()
1 2 3 4 5 6 7 8 9 0
배열 요소의 합=45
```

2 포인터를 이용하여서 크기가 5인 1차원 정수 배열에 저장된 값을 역순으로 출력하여 보자.

```
5개의 정수를 입력하시오: 1 2 3 4 5
역순: 5 4 3 2 1
```

3 정수 배열 A[]를 다른 정수 배열 B[]에 복사하는 함수를 작성하고 테스트하라.

```
A[] = 1 2 3 0 0 0 0 0 0 0
B[] = 1 2 3 0 0 0 0 0 0 0
```

```c
void array_copy(int *A, int *B, int size) {
    int i;
    for(i=0 ; i<size ; i++) {
        ...
    }
}
```

4 직원들의 월급이 저장된 배열에서 월급이 200만 원인 사람을 찾고 싶을 때가 있다. 주어진 값을 배열 A[]에서 탐색하여 배열 요소의 인덱스를 반환하는 함수를 작성하고 테스트하라.

```
월급 200만 원인 사람의 인덱스=3
```

```
int search(int *A, int size, int search_value) {
    int i;
    for(i=0 ; i<size ; i++) {
        if( A[i] == search_value ) ...
    }
}
```

| 난이도 ★★   주제 포인터를 이용한 값 반환 |

5 2차 방정식의 근을 계산하는 함수를 작성하고 이 함수를 호출하여서 2차 방정식의 근을
출력하는 프로그램을 작성하여 보자. 매개 변수로 포인터를 사용하면 함수가 2개 이상의
값을 반환할 수 있다. 다음과 같이 두 개의 근을 모두 포인터를 이용하여서 반환하도록
한다.

$$x = \frac{-b \pm \sqrt{b^2 - 4ac}}{2a}$$

```
void quadratic (int a, int b, int c, double* xplus, double* xminus)
{
    *xminus  = (-b - sqrt (b * b - 4 * a * c))/ (2 * a);
    *xplus  = (-b + sqrt (b * b - 4 * a * c))/ (2 * a);
}
```

```
첫 번째 실근: -1.000000
두 번째 실근: -3.000000
```

| 난이도 ★★   주제 포인터를 이용한 값 반환 |

6 실수 3.14를 보내면 정수부 3과 소수부 0.14를 나누어서 보내주는 함수 void get(double
value, int *i_part, double *f_part)을 구현해보자. 매개 변수로 포인터를 사용하면
함수가 2개 이상의 값을 반환할 수 있다.

```
전달받은 실수=3.1400000
정수부=3
소수부=0.140000
```

7 간단한 영상 처리 프로그램을 작성하여 보자. 디지털 영상은 미세한 점들로 이루어져 있다. 이러한 점을 픽셀(pixel)이라고 한다. 픽셀의 밝기 정보는 숫자로 표현된다. 예를 들어서 크기가 10×10인 디지털 영상의 한 예이다.

0	0	0	0	9	0	0	0	0	0
0	0	0	9	9	0	0	0	0	0
0	0	9	0	9	0	0	0	0	0
0	0	0	0	8	0	0	0	0	0
0	0	0	0	9	0	0	0	0	0
0	0	0	0	7	0	0	0	0	0
0	0	0	0	8	0	0	0	0	0
0	0	0	0	9	0	0	0	0	0
0	0	0	0	9	0	0	0	0	0
0	0	6	6	9	7	7	0	0	0

각 픽셀의 밝기는 0에서 9까지 변화할 수 있다고 가정하고 디지털 영상을 1차원 배열 char image[HEIGHT * WIDTH];로 표현하고 각 픽셀의 밝기를 1씩 줄이는 프로그램을 작성하여 보자. 포인터에 대한 이해를 높이기 위하여 영상의 밝기를 줄이는 함수 void brighten_image(char *p, int w, int h)를 작성하고 영상을 담고 있는 1차원 배열을 매개 변수로 전달하도록 하라.

8 주어진 정수 배열에서 최댓값과 최솟값을 찾는 함수를 작성하라. 이때, 포인터를 이용하여 최댓값과 최솟값을 전달한다. void findMinMax(const int* arr, int size, int* max, int* min)을 작성한다.

```
배열 내용: 9 5 2 7 11 3 8
최댓값: 11
최솟값: 2
```

9 2개의 정렬된 정수 배열 A[]와 B[]가 있다고 가정하자. 이 2개의 배열을 합쳐서 하나의 정렬된 배열 C[]로 만드는 함수를 작성하고 테스트한다. 다음과 같은 함수 원형을 가진다고 가정하라.

```
void merge(int *A, int *B, int *C, int size) {
    ...
}
```

여기서 배열 A[], B[]는 똑같은 크기로 정의되어 있다고 가정한다. 배열 C[]에는 충분한 공간이 확보되어 있다고 가정하자. 합치는 알고리즘은 다음과 같다. 먼저 A[0]와 B[0]를 비교한다. 만약 A[0]가 B[0]보다 작으면 A[0]를 C[0]에 복사한다. 다음에는 A[1]과 B[0]를 비교한다. 이번에는 B[0]가 A[1]보다 작다면 B[0]를 C[1]에 저장한다. 똑같은 방식으로 남아 있는 요소들을 비교하여 더 작은 요소를 C[]로 복사한다. 만약 A[]나 B[] 중에서 어느 하나가 먼저 끝나게 되면 남아 있는 요소들을 전부 C[]로 이동한다.

```
A[] = 2 5 7 8
B[] = 1 3 4 6
C[] = 1 2 3 4 5 6 7 8
```

## CHAPTER 10

문자열

▷ 문자열이 컴퓨터 내부에서 어떻게 표현되는지를 이해할 수 있다.

▷ 문자열 입출력 함수들을 사용할 수 있다.

▷ 문자열을 비교하고 복사할 수 있다.

▷ 여러 개의 문자열을 저장하고 처리할 수 있다.

1. 이번 장에서 만들 프로그램

이번 장에서는 문자열에 대하여 알아본다. 문자열은 문자들의 모임으로 사람과 사람이 컴퓨터를 통하여 정보를 교환하는 데 필요하다. 다음과 같은 프로그램을 작성해본다.

(1) '행맨' 게임을 작성해보자.

```
문자열을 입력하시오: ____ __ _____
글자를 추측하시오:
문자열을 입력하시오: m___ __ m_____
글자를 추측하시오:
문자열을 입력하시오: mee_ __ m_____
글자를 추측하시오:
문자열을 입력하시오: mee_ a_ m_____
글자를 추측하시오:
문자열을 입력하시오: meet at m_____t
글자를 추측하시오:
```

(2) 영어 단어 스크램블 게임을 작성해보자.

```
epalp의 원래단어를 맞춰보세요: alppe
epalp의 원래단어를 맞춰보세요: appel
epalp의 원래단어를 맞춰보세요: apple
축하합니다.
```

(3) 텍스트를 암호화하는 프로그램을 작성해보자.

```
텍스트를 입력하시오: The quick brown fox jumps over the lazy dog.
키를 입력하시오: s

암호화된 문자열: 'ᄒᄃᄑᄰᅂᄓᅦᄓᅧᄀᄑᄰ
복원된 문자열: The quick brown fox jumps over the lazy dog.
```

2. 문자열

컴퓨터는 근본적으로 숫자를 처리하는 기계이지만, 인간을 상대하여야 하므로 텍스트를 처리하는 작업도 무척 중요하다. 인간은 텍스트를 이용하여 정보를 저장하고 전달하기 때문이다. 우리가 최근에 ChatGPT에 열광하고 있는 것도 ChatGPT가 인간이 사용하는 텍스트를 이해하는 것처럼 보이기 때문이다. 컴퓨터에 명령을 내리는 프로그램도 텍스트 형태로 되어 있지 않은가?

이번 장에서는 C에서의 문자와 문자열 처리 방법에 대하여 자세히 살펴볼 것이다. C에서는 문자열을 위한 별도의 자료형이 없어서 처음에는 조금 어렵고 불편한 것처럼 보이지만, 익숙해지면 다른 언어보다 정교하게 문자열을 처리할 수 있다.

문자와 문자열

문자와 문자열을 구분하지 않는 파이썬과 같은 프로그래밍 언어도 있지만, C언어에서는 문자와 문자열을 구분한다. 문자(character)는 하나의 글자이며, 작은따옴표를 이용하여 'A'와 같이 표기한다. 문자열(string)은 문자들의 모임으로 큰따옴표를 이용하여 "ABC"와 같이 표기한다. "A"와 "Hello World!"는 모두 문자열이다.

문자   문자열

문자열은 어디에 저장될까?

문자는 어디에 저장할 수 있을까? C에는 문자를 저장하기 위하여 만들어진 자료형인 char형이 있다. char형의 변수를 사용하면 하나의 문자를 저장할 수 있다. 하지만 문자열은 어디에

저장할 수 있을까? 문자열은 여러 개의 문자가 모인 것이므로 char형의 배열을 이용하면 된다.

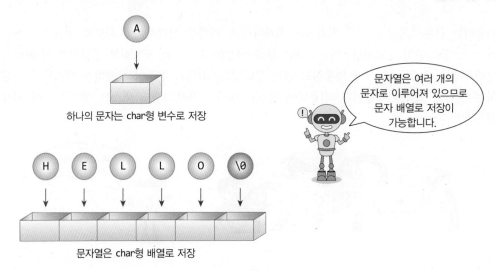

하나의 문자는 char형 변수로 저장

문자열은 여러 개의 문자로 이루어져 있으므로 문자 배열로 저장이 가능합니다.

문자열은 char형 배열로 저장

그림 10.1 문자와 문자열

위의 그림에서는 "HELLO"라는 문자열을 문자 배열에 저장하였다. 여기서 한 가지 이상한 것은 문자열의 끝에 '\0'이라는 문자가 저장되어 있는 것이다. 이것은 NULL(널) 문자라고 불린다. 문자열의 끝은 반드시 NULL 문자로 표시를 해주어야 한다.

예를 들어 문자열 "Hello"를 저장하려면 다음과 같이 문자형 배열을 선언하고 초기화한다.

```
char str[6] = "Hello";
```

각각의 문자는 배열 요소에 저장된다. 여기서 한 가지 의문은 "Hello"에는 5개의 문자만 있는데 왜 배열의 크기는 6일까? 그 이유는 C에서는 문자열의 끝이 반드시 NULL 문자(null character)라는 특수한 값으로 끝나야 하기 때문이다. NULL 문자는 아스키 코드값이 0이고 문자로는 '\0'으로 표현된다.

예를 들어 문자열 "Hello"를 저장한다고 하면 문자 배열에는 'H', 'e', 'l', 'l', 'o' 등의 5개의 문자가 저장되고 맨 마지막에는 NULL 문자인 '\0'이 저장된다. 따라서 문자열을 저장하는 문자 배열은 문자열의 크기보다 항상 하나 더 커야 한다. 이것은 C에서 항상 많은 혼동을 가져오는 문제이니만큼 확실하게 이해를 하여야 한다.

그림 10.2 문자열의 끝에는 항상 NULL 문자가 들어가야 한다

왜 문자열의 끝은 반드시 표시를 해주어야 하는 것인가? 정수형 변수의 경우는 끝을 표시할 필요가 없었다. 정수형 변수에 사용되는 바이트의 개수는 항상 일정하기 때문이다. 정수형 변수의 경우 항상 4바이트가 할당된다. 하지만 문자열의 경우, 문자열을 저장하기 위하여 10바이트 크기의 문자 배열을 잡았다고 가정하자. 문자열 "Hello"를 이 문자 배열에 저장하면 10바이트 중에서 5바이트가 사용된다. 나머지 5바이트는 사용되지 않는다. 이 나머지 5바이트에는 아무런 의미가 없는 쓰레기값이 들어 있을 수 있다.

그림 10.3 NULL 문자가 없다면 문자열과 쓰레기값을 분리할 수 없다

사람은 "Hello"만이 의미 있는 문자열이고 "#%?&$"은 쓰레기 문자라는 것을 알지만, 컴퓨터는 어디서부터 어디까지가 의미 있는 문자열인지 알지 못한다. 왜냐하면 '#'나 '%'들도 당당한 하나의 문자이기 때문이다. 따라서 문자열의 경우, 문자열의 끝을 표시하여야만 어디까지가 의미 있는 문자열인지를 확실하게 할 수 있다.

예제 #1

문자 배열을 선언하고 여기에 문자열을 저장하고 출력하는 간단한 예를 살펴보자. 문자 배열도 배열의 일종이므로 인덱스를 이용하여서 얼마든지 배열 원소에 접근하고 변경할 수 있다. 왜 문자열의 끝에는 NULL 문자가 있어야 하는지를 여기서 실감하여 보자.

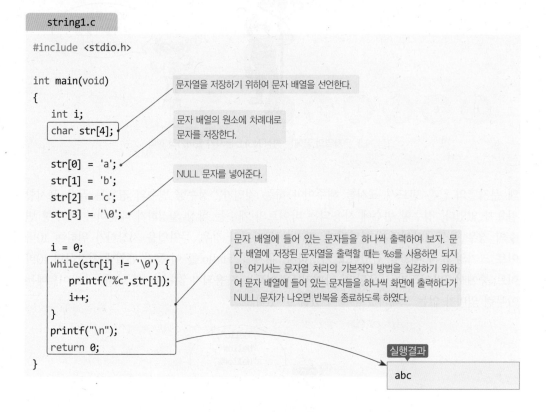

```c
#include <stdio.h>

int main(void)
{
    int i;
    char str[4];

    str[0] = 'a';
    str[1] = 'b';
    str[2] = 'c';
    str[3] = '\0';

    i = 0;
    while(str[i] != '\0') {
        printf("%c",str[i]);
        i++;
    }
    printf("\n");
    return 0;
}
```

string1.c

문자열을 저장하기 위하여 문자 배열을 선언한다.

문자 배열의 원소에 차례대로 문자를 저장한다.

NULL 문자를 넣어준다.

문자 배열에 들어 있는 문자들을 하나씩 출력하여 보자. 문자 배열에 저장된 문자열을 출력할 때는 %s를 사용하면 되지만, 여기서는 문자열 처리의 기본적인 방법을 실감하기 위하여 문자 배열에 들어 있는 문자들을 하나씩 화면에 출력하다가 NULL 문자가 나오면 반복을 종료하도록 하였다.

실행결과
abc

문자 배열의 초기화

문자 배열을 초기화하는 방법을 살펴보자. 많은 방법이 있다.

① 첫 번째 방법은 배열을 초기화하듯이 각 배열 요소 값들을 중괄호 안에 나열하는 방법이다. 이 경우 배열의 마지막 요소에는 반드시 NULL 문자를 넣어주어야 한다.

```c
char str[4] = { 'a', 'b', 'c', '\0' };
```

② 두 번째 방법은 문자열을 사용하여 문자형 배열을 초기화하는 방법이다. 배열에는 문자열 안의 문자들이 자동으로 저장된다. 이 방법을 사용하면 컴파일러가 자동으로 배열의 끝에 NULL 문자를 추가한다. 문자형 배열의 크기는 문자열의 크기보다 커야 한다. 만약 문자형 배열의 크기가 초기화 문자열보다 크면 나머지는 NULL 문자로 채워진다. 반대로 작으면 NULL 문자가 저장되지 않을 수 있다.

```
char str[4] = "abc";
```

str

만약 문자 배열의 크기가 충분하지 않으면 컴파일러는 경고한다. 이 경우, 일부 문자는 저장되지 않으며, NULL 문자도 추가되지 않는다.

```
char str[4] = "abcdef";
```

경고: 'str': 배열 범위에 오버플로우가 발생했습니다.

만약 반대로 문자 배열의 크기가 초기화 문자열보다 크다면 남는 공간은 모두 NULL 문자로 초기화한다. 이것은 배열에서도 학습한 적이 있다. 배열의 초기화에서 초깃값이 없는 공간은 0으로 초기화된다.

```
char str[6] = "abc";
```

str

③ 만약 NULL 문자열로 초기화하려면 다음과 같은 문장을 사용한다.

```
char str[4] = "";
```

str

④ 만약 초기화 문자열은 있는데, 배열의 크기를 지정하지 않으면 컴파일러가 자동으로 배열의 크기를 초기화 문자열에 맞추어 설정한다. 이 방법은 문자열을 이루는 문자의 개수를 셀 필요가 없어서 편리하다.

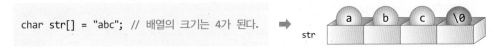

```
char str[] = "abc";  // 배열의 크기는 4가 된다.
```

str

예제 #2

문자열 "A bird in hand is worth two in the bush."를 여러 가지 방법들로 문자 배열에 저장하고 출력하여 보자.

string2.c

```
#include <stdio.h>

int main(void)
{
    char str1[7] = "A bird";
    char str2[3] = { 'i', 'n', '\0' };
    char str3[ ] = "hand is worth two in the bush.";

    printf("%s %s %s\n", str1, str2, str3);
}
```

> 문자열의 끝을 나타내는 문자인 NULL 문자를 위한 공간이 필요하기 때문에 문자열의 길이는 6이지만 문자 배열의 크기는 7로 잡아주었다.

실행결과

```
A bird in hand is worth two in the bush.
```

예제 #3

"computer"를 저장하려고 했는데 잘못하여 "komputer"라고 초기화하였다. 첫 번째 문자를 'k'에서 'c'로 변경하는 프로그램을 작성하여 보자.

실행 결과

```
komputer
computer
```

string3.c

```
#include <stdio.h>

int main(void)
{
    char str[] = "komputer";

    printf("%s\n", str);
    str[0] = 'c';
    printf("%s\n", str);

    return 0;
}
```

k	o	m	p	u	t	e	r	\0
str[0]	str[1]	str[2]	str[3]	str[4]	str[5]	str[6]	str[7]	str[8]

예제 #4

주어진 문자열의 길이를 구하는 방법을 살펴보자. 문자열의 길이는 라이브러리 함수 strlen() 를 이용하면 쉽게 알 수 있으나 여기서는 직접 문자 배열을 처리하여 길이를 구해보자.

```
#include <stdio.h>

int main(void)
{
    char str[] = "A barking dog never bites";
    int i = 0;

    while (str[i] != 0)
        i++;
    printf("문자열 %s의 길이는 %d입니다.\n", str, i);

    return 0;
}
```

실행결과

문자열 A barking dog never bites의 길이는
25입니다.

 참고

여기서 잠깐 C언어 퀴즈를 풀고 지나가
자. C언어 코드에서 A, 'A', "A"의 차이
를 생각해보자.

A: 컴파일러는 A를 변수의 이름으로 간
　　주한다.
'A': 문자 A를 나타낸다.
"A": 문자 A만으로 이루어진 문자열을 나타낸다. 'A'와는 다르다.

'A'와 "A"의
차이점에
주의하세요!

여기서 주의해야 할 것은 'A'와 "A"의 차이점이다. 'A'는 하나의 문자를 나타내며, 문자 A에 대한 아스키 코드
와 같다. "A"는 문자열이며, A의 아스키 코드에 문자열 끝을 나타내는 NULL 문자가 추가된다.

 중간점검

1. C에서 문자열은 어떻게 정의되는가?
2. 문자열에서 NULL 문자의 역할은 무엇인가?
3. NULL 문자의 아스키 코드 값은 얼마인가?
4. NULL 문자로 끝나지 않는 문자열을 출력하면 어떻게 되는가?
5. B, 'B', "B"의 차이점을 설명하라.
6. 변경 가능한 문자열은 어디에 저장되는가?
7. 문자열의 크기보다 문자 배열의 크기를 하나 더 크게 하는 이유는 무엇인가?
8. 문자 배열을 문자열로 초기화하는 방법을 아는 대로 설명하라.

Lab 문자열 처리하기

자연어 처리 분야에서는 문자열을 받아서 알파벳 문자만 남기고 특수 기호들은 다 제거하기도 한다. 알파벳 문자로 이루어진 단어가 제일 중요하기 때문이고, 현재 기술로는 단어만 처리하는 것도 힘에 벅차다. 사용자로부터 문자열을 받아서 특수 기호들을 제거하고 알파벳 문자만 남기는 프로그램을 작성해보자.

실행결과

```
입력 문자열: ##@computer##
출력 문자열: computer
```

HINT 여러 가지 방법이 있겠지만, 또 하나의 문자 배열을 생성하고 여기에 알파벳 문자만 이동시키는 방법이 있다.

---

strip.c

```c
#include <stdio.h>

int main(void)
{
        char line[100] = "##@computer##";
        char line2[100] = "";

        int k = 0;
        for (int i = 0; line[i] != NULL; ++i) {
                while (line[i] >= 'A' && line[i] <= 'z') {
                        line2[k++] = line[i++];
                }
        }
        line2[k] = '\0';
        printf("입력 문자열: %s\n", line);
        printf("출력 문자열: %s\n", line2);
        return 0;
}
```

도전문제

1. 이 기능을 strip(char buf[], int size)라는 함수로 작성할 수 있는가?

3. 문자와 문자열 입출력

문자 입출력 함수

사용자로부터 문자를 입력받으려면 다음과 같은 함수를 사용할 수 있다.

표 10.1 문자 입출력 함수

입출력 함수	설명
int getchar(void)	하나의 문자를 읽어서 반환한다(버퍼를 사용한다).
void putchar(int c)	변수 c에 저장된 문자를 출력한다(버퍼를 사용한다).
int _getch(void)	하나의 문자를 읽어서 반환한다(버퍼를 사용하지 않는다).
void _putch(int c)	변수 c에 저장된 문자를 출력한다(버퍼를 사용하지 않는다).
scanf("%c", &c)	하나의 문자를 읽어서 변수 c에 저장한다.
printf("%c", c);	변수 c에 저장된 문자를 출력한다.

getchar()과 putchar()

이들 함수를 사용하려면 〈stdio.h〉를 포함하여야 한다. 함수 반환형이 int형이어서 조금 이상할 것이다. char형으로 하지 않고 int형으로 하는 이유는 입력의 끝을 나타내는 EOF(End of File) 문자를 체크하기 위해서이다. EOF 문자는 보통 32비트의 −1(0xFFFFFFFF)로 정의된다. 일반 문자는 32비트 중에서 하위 8비트(0x00부터 0xFF까지)만을 사용하여 전달한다. 이렇게 하면 일반 문자와 EOF를 확실하게 구분할 수 있다. 예제로 살펴보자.

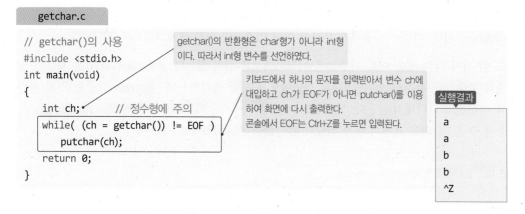

```
getchar.c

// getchar()의 사용
#include <stdio.h>
int main(void)
{
    int ch;        // 정수형에 주의
    while( (ch = getchar()) != EOF )
        putchar(ch);
    return 0;
}
```

getchar()의 반환형은 char형가 아니라 int형이다. 따라서 int형 변수를 선언하였다.

키보드에서 하나의 문자를 입력받아서 변수 ch에 대입하고 ch가 EOF가 아니면 putchar()를 이용하여 화면에 다시 출력한다.
콘솔에서 EOF는 Ctrl+Z를 누르면 입력된다.

실행결과

```
a
a
b
b
^Z
```

실제로 getchar()를 사용해 보면 조금 이상한 점을 하나 더 느낄 수 있다. 즉 키보드에서 하나의 문자를 입력해도 전혀 반응이 없다. 여러분이 엔터키를 쳐야만 이전에 입력하였던 문자를 받는다. 왜 그럴까? 이것은 getchar()가 버퍼를 사용하고 있기 때문이다. 사용자가 키보드를 이용하여 문자를 입력하면 이들 문자는 곧바로 프로그램으로 가는 것이 아니라 버퍼라고 불리는 저장 공간으로 간다. 엔터키가 눌러지면, 비로소 버퍼에 저장되었던 문자들이 프로그램으로 전달된다. 보통 입력이나 출력에 버퍼를 사용하는 것은 다중 사용자 환경에서 컴퓨터를 효율적으로 사용하기 위해서이다. 따라서 PC 환경에서 즉각적인 응답을 원할 때는 _getch()라는 함수를 사용하여야 한다. _getch()는 getchar()와 동일하지만, 버퍼를 사용하지 않는다.

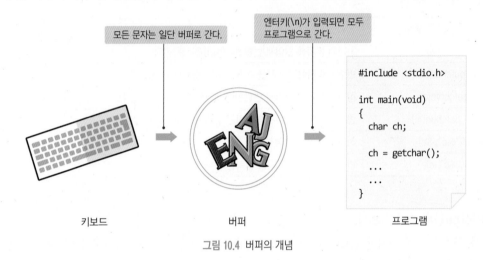

그림 10.4 버퍼의 개념

_getch()과 _putch()

문자를 받거나 출력할 때 _getch()와 _putch()를 사용할 수도 있다. 이들 함수는 getchar()와 putchar() 함수와 아주 유사하지만, 에코가 없으며 버퍼를 사용하지 않는다. 이들 함수를 사용하려면 〈conio.h〉를 포함하여야 한다. 이들 함수는 버퍼를 사용하지 않는 문자 단위 입출력 함수들이다. 따라서 사용자가 문자를 하나 입력하면 바로 프로그램으로 전달된다.

또 한 가지 다른 점은 이들 함수들은 에코(echo)를 하지 않는다. getchar()와 같은 보통의 입출력 함수들은 문자를 입력받으면서 화면에도 문자를 출력하는데 _getch() 함수는 전혀 화면에 아무것도 나타내지 않는다. 만약 _getch()를 사용하는데 에코가 필요하면 _getche()를 사용할 수 있다. 다음 표에서 문자 입출력 함수들을 비교하였다.

표 10.2 문자 입출력 함수

	헤더 파일	버퍼 사용 여부	에코 여부	응답성	문자 수정 여부
getchar()	〈stdio.h〉	사용함 (엔터키를 눌러 입력됨)	에코	줄 단위	가능

| _getch() | ⟨conio.h⟩ | 사용하지 않음 | 에코하지 않음 | 문자 단위 | 불가능 |
| _getche() | ⟨conio.h⟩ | 사용하지 않음 | 에코 | 문자 단위 | 불가능 |

'q'를 입력할 때까지 입력된 문자를 그대로 출력하는 프로그램을 _getch()와 _putch()를 이용해서 작성하여 보자.

getch.c

```
#include <stdio.h>
#include <conio.h>

int main(void)
{
    int ch;
    while( (ch = _getch()) != 'q' )
        _putch(ch);
    return 0;
}
```

getch()의 반환형도 int형이다. 따라서 int형 변수를 선언하였다.

이번에는 EOF를 사용할 수 없다. Ctrl도 하나의 문자로 입력되기 때문이다. 'q'를 받으면 반복을 중단하는 것으로 하였다.

키보드에서 하나의 문자를 입력받아서 그 문자가 q이면 while 루프를 중단하고 빠져 나간다. q가 아니면 그 문자를 putchar()를 이용하여 화면에 다시 출력한다. 여기서는 에코를 하지 않는 것에 유의하여야 한다. 에코를 원한다면 _getche()와 _putche()를 사용하여야 한다.

실행결과

abc

중간점검

1. getchar()와 _getch()가 다른 점은 무엇인가?
2. 하나의 문자를 입력받는 방법에는 몇 가지가 있는가?

문자열 입출력 함수

문자열을 입력하거나 출력하려면 다음과 같은 함수들을 사용할 수 있다.

표 10.3 문자열 입출력 함수

입출력 함수	설명
scanf("%s", s)	문자열을 읽어서 배열 s[]에 저장한다.
printf("%s", s)	배열 s[]에 저장되어 있는 문자열을 출력한다.
gets_s(char s[], int length)	한 줄의 문자열을 읽어서 배열 s[]에 저장한다.
puts(char s[])	배열 s[]에 저장되어 있는 한 줄의 문자열을 출력한다.

scanf()와 printf()를 이용한 문자열 입출력

printf()에서 형식 지정자 %s를 사용하면 문자열을 출력할 수 있다. scanf()에서 %s를 사용하면 문자열을 입력받을 수 있다. 이름과 주소는 문자열 형태로 사용자로부터 입력받는 프로그램을 살펴보자.

scanf.c

```c
#define _CRT_SECURE_NO_WARNINGS
#include <stdio.h>

int main(void)
{
    char name[100];
    char address[100];

    printf("이름을 입력하시오: ");
    scanf("%s", name);
    printf("현재 거주하는 주소를 입력하시오: ");
    scanf("%s", address);

    printf("안녕하세요, %s에 사는 %s씨.\n", address, name);
    return 0;
}
```

실행 결과

```
이름을 입력하시오: 홍길동
현재 거주하는 주소를 입력하시오: 서울시 종로구 1번지

안녕하세요. 서울시에 사는 홍길동씨.
```

실행 결과를 보면 약간의 문제가 있음을 알 수 있다. 여러 단어로 이루어진 주소를 올바르게 입력받지 못한다. scanf()의 %s 형식 지정자는 사용자로부터 하나의 단어만 입력받을 수 있다. 따라서 여러 단어로 이루어진 문자열을 입력받으려면 gets_s()를 사용하여야 한다.

gets_s()와 puts()를 이용한 문자열 입출력

gets_s()는 표준 입력에서 엔터키, 즉 줄바꿈 문자('\n')가 나올 때까지 한 줄 전체를 문자열로 입력받을 수 있다. 문자열에 줄바꿈 문자('\n')는 포함되지 않으며, 대신에 자동으로 NULL 문자('\0')를 추가한다. 입력받은 문자열은 buffer가 가리키는 주소에 저장된다. 만약 성공적으로 입력받았으면 인수 buffer가 그대로 반환된다. 만약 실패하였으면 NULL값이 반환된다.

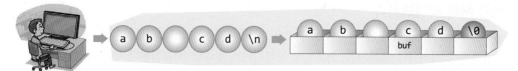

그림 10.5 gets_s()는 한 줄의 입력을 받아서 줄바꿈 문자를 NULL 문자로 변환하여 배열에 저장한다

puts()는 str가 가리키는 문자열을 받아서 화면에 출력하는 함수이다. 이때 문자열의 끝에 있는 NULL 문자('\0')는 줄바꿈 문자('\n')로 변경된다. 만약 출력 작업이 성공적이었으면 음수가 아닌 값이 반환된다. 만약 실패하였으면 EOF(End of File)이 반환된다.

gets.c

```
#include <stdio.h>

int main(void)
{
        char name[100];
        char address[100];

        printf("이름을 입력하시오: ");
        gets_s(name, sizeof(name));
        printf("현재 거주하는 주소를 입력하시오: ");
        gets_s(address, sizeof(address));

        printf("안녕하세요, %s에 사는 %s씨.\n", address, name);
        return 0;
}
```

> 배열의 이름이 배열의 주소이므로 &name과 같이 하지 않도록 조심한다.

> gets_s()를 이용하여 한 줄의 문자열을 입력받는다. 입력은 배열의 크기로 제한된다. gets_s()를 사용하여 지정된 개수 이상이 입력되면 입력을 중지한다.

실행 결과

```
이름을 입력하시오: 홍길동
현재 거주하는 주소를 입력하시오: 서울시 종로구 1번지

안녕하세요? 서울시 종로구 1번지에 사는 홍길동씨.
```

경고

이전에 사용하던 **gets()** 함수는 안전성 문제로 최근의 C언어 표준에서 완전히 금지되었다. 되도록 사용하지 않도록 하자.

중간점검

1. 한 줄의 텍스트를 입력받는 문장을 작성하라.
2. 사용자로부터 하나의 단어를 입력받는 문장을 작성하라.

문자 처리 라이브러리

문자를 처리하는 작업은 많은 사람들이 필요로 하는 기능이므로 라이브러리로 제공된다. 주로 문자들을 검사하거나 대문자를 소문자로 변환시키는 함수들이 포함된다. 이러한 함수들은 헤더 파일 ctype.h에 정의된다. 따라서 이들 함수를 사용하려면 반드시 ctype.h를 포함하여야 한다.

문자에 대한 검사는 주로 영문 알파벳인지 숫자인지 대문자인지 소문자인지와 같은 것들을 검사하게 된다. 문자를 검사하는 함수 이름은 is...()로 시작된다. 만약 검사 결과가 참이면 1이 반환되고 거짓이면 0이 반환된다. 인수는 int형으로 선언되고 반환값도 int형이 된다.

표 10.4 문자 검사 라이브러리 함수

함수	설명
isalpha(c)	c가 영문자인가?(a-z, A-Z)
isupper(c)	c가 대문자인가?(A-Z)
islower(c)	c가 소문자인가?(a-z)
isdigit(c)	c가 숫자인가?(0-9)
isalnum(c)	c가 영문자이나 숫자인가?(a-z, A-Z, 0-9)
isxdigit(c)	c가 16진수의 숫자인가?(0-9, A-F, a-f)
isspace(c)	c가 공백 문자인가?(' ', '\n', '\t', '\v', '\r')
ispunct(c)	c가 구두점 문자인가?
isprint(c)	c가 출력 가능한 문자인가?
iscntrl(c)	c가 제어 문자인가?
isascii(c)	c가 아스키 코드인가?

문자에 대한 변환은 대표적으로 대문자를 소문자로 바꾸는 함수를 예로 들 수 있다. 문자를 변환하는 함수 이름은 to...()로 시작된다. 반환값은 변환된 문자이다. 이들 함수들은 모두 int형 인수를 받고 반환형도 int형이다.

표 10.5 문자 변환 라이브러리 함수

함수	설명
toupper(c)	c를 대문자로 바꾼다.
tolower(c)	c를 소문자로 바꾼다.
toascii(c)	c를 아스키 코드로 바꾼다.

간단한 예제로 키보드에서 입력된 문자를 검사하여 소문자이면 대문자로 바꾸어 주는 프로그램을 작성하여 보자.

char_process.c

```c
#include <stdio.h>
#include <ctype.h>          문자 처리 함수들의 원형이 정의되어 있다.



int main(void)
{
    int c;
    while ((c = getchar()) != EOF) {      파일의 끝이 아니면 반복, 여기서는 입력의
        if (islower(c))                   끝을 나타낸다.
            c = toupper(c);               islower()를 사용하여 소문자인지를 검
        putchar(c);                       사하고 소문자이면 toupper()를 이용하
                                          여 대문자로 변환한다. 변환된 문자는
                                          putchar()를 이용하여 화면에 출력한다.
    }
    return 0;
}                         괄호에 의하여 getchar()가 반환하는 값이
                          먼저 c에 대입되고 c의 값이 EOF와 다른지
                          가 검사된다.
```

실행결과

```
abcdef
ABCDEF
^Z
```

| 난이도 ★★★ 주제 문자 배열, 문자 입출력 함수 |

사용자가 유효한 암호를 입력하였는지를 검사하는 프로그램을 작성해보자. 암호는 최대 12글자이고 최소 7글자, 하나 이상의 소문자, 하나의 대문자, 하나 이상의 숫자를 포함해야 한다. islower(), isupper(), isdigit()를 사용해보자. 흔히 패스워드를 입력받을 때는 사용자가 입력한 문자 대신에 '*' 문자를 표시한다. _getch()를 이용하여 사용자가 입력한 문자를 비밀스럽게 입력받는 프로그램을 작성해보자.

실행 결과

패스워드를 입력하시오: ********
12345678은 유효한 암호가 아닙니다.

패스워드를 입력하시오: *********
123ABab90은 유효한 암호입니다.

---

passwd.c

```c
#include <stdio.h>
#include <string.h>
#include <ctype.h>

int main(void)
{
        int lower_case_count = 0;    // 소문자 개수
        int upper_case_count = 0;    // 대문자 개수
        int digit_count = 0;         // 숫자 개수
        char pass[100]="";           // 널 문자열로 초기화한다.
        int len, i;

        printf("패스워드를 입력하시오: ");
        for (i = 0; i < 12; i++) {
                int ch = _getch();
                if (ch == '\r') break;
                pass[i] = ch;
                _putch('*');
        }
        len = strlen(pass);    // 문자열의 길이
        for (i = 0; i < len; i++) {
                if (islower(pass[i])) ++lower_case_count;
                if (isupper(pass[i])) ++upper_case_count;
                if (isdigit(pass[i])) ++digit_count;
        }
        if (len >= 7 && lower_case_count > 0 &&
                upper_case_count > 0 && digit_count > 0)
                printf("\n%s은 유효한 암호입니다. \n", pass);
        else
                printf("\n%s은 유효한 암호가 아닙니다. \n", pass);
        return 0;
}
```

> 캐리지 리턴 문자이면 엔터키를 눌렀다는 것이므로 반복 루프를 빠져나간다.

4. 문자열 처리

문자열을 사용하다 보면 두 개의 문자열을 붙이는 작업이나 두 개의 문자열을 서로 비교하는 작업들이 필요해진다. 이러한 문자열 처리 작업을 프로그래머가 직접 함수로 작성하여 사용하는 것도 물론 가능하다. 하지만 무척 시간이 많이 소모되는 작업이고 또한 작성된 함수에 오류가 있을 가능성도 있다. C에서는 이러한 문자열 조작을 처리해주는 많은 라이브러리 함수들을 제공하고 있다.

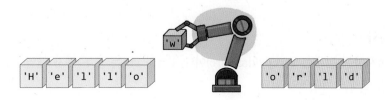

문자열 함수들은 string.h에 선언되어 있다. 따라서 이들 함수들을 사용하려면 string.h를 프로그램의 첫 부분에서 포함시켜야 한다.

```
#include <string.h>
```

문자열 처리 라이브러리는 상당히 복잡하다. 따라서 여기서는 가장 기초적인 몇 가지만 살펴볼 것이다.

표 10.6 문자열 라이브러리 함수

함수	설명
strlen(s)	문자열 s의 길이를 구한다.
strcpy(s1, s2)	s2를 s1에 복사한다.
strcat(s1, s2)	s2를 s1의 끝에 붙여 넣는다.
strcmp(s1, s2)	s1과 s2를 비교한다.
strncpy(s1, s2, n)	s2의 최대 n개의 문자를 s1에 복사한다.
strncat(s1, s2, n)	s2의 최대 n개의 문자를 s1의 끝에 붙여 넣는다.
strncmp(s1, s2, n)	최대 n개의 문자까지 s1과 s2를 비교한다.
strchr(s, c)	문자열 s 안에서 문자 c를 찾는다.
strstr(s1, s2)	문자열 s1에서 문자열 s2를 찾는다.
char *strtok(s, delimit);	문자열 s를 delimit를 이용하여 토큰으로 분리한다.

문자열 길이

문자열의 길이를 계산하는 함수는 strlen()이다. 문자열 안에 있는 문자들의 개수를 반환한다. 이때 NULL 문자는 포함되지 않는다.

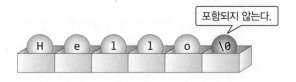

포함되지 않는다.

```
int len = strlen("Hello");  // len은 5가 된다.
```

문자열 복사

문자열을 복사하는 함수는 strcpy(dst, src)이다. dst와 src는 모두 문자 배열로 src를 dst로 복사한다. 방향에 주의하여야 한다.

```
char src[] = "Hello";
char dst[6];

strcpy(dst, src);    // dst는 "Hello"가 된다.
```

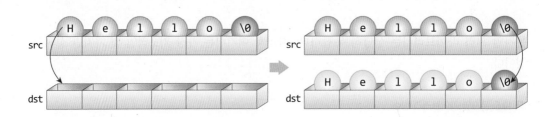

만약 복사할 문자의 개수를 제한하려면 strncpy()를 사용하면 된다. strncpy()는 복사되는 문자의 개수가 인수로 주어지는 n을 넘을 수 없다. 만약 src 문자열의 길이가 n보다 작으면 전체 src 문자열이 복사된다. strncpy()가 strcpy()보다 안전한 함수이다.

```
char src[] = "Hello";
char dst[6];

strncpy(dst, src, 6);    // dst는 "Hello"가 된다.
```

문자열 연결

두 개의 문자열이 있는 경우, 이 두 개의 문자열을 연결하여 하나의 문자열로 만들려면 어떻게 해야 할까? 구체적으로 문자열 뒤에 다른 문자열을 연결하려면 다음과 같이 strcat() 함수를 사용하면 된다.

```c
char s[11] = "Hello";
strcat(s, "World");      // s는 "HelloWorld"가 된다.
```

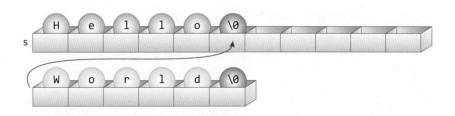

구체적으로 배열 s에 "Hello"가 저장되어 있는 경우, strcat(s, "World")를 호출하면 위의 그림과 같이 "Hello" 끝에 "World"가 연결된다.

예제 #1: strcpy()와 strcat()의 사용

`strcpy_strcat.c`

```c
#define _CRT_SECURE_NO_WARNINGS
#include <string.h>
#include <stdio.h>

int main( void )
{
    char string[80];                       // 크기가 80인 문자 배열을 정의한다.

    strcpy( string, "Hello world from " );  // strpcy() 함수를 이용하여 문자 배열 string[]에
                                            // Hello world from을 복사한다.
    strcat( string, "strcpy " );            // strcat() 함수를 이용하여 기존의 문자열의 끝에
    strcat( string, "and " );               // 새로운 문자열을 붙인다.
    strcat( string, "strcat!"`);
    printf( "string = %s\n", string );      // 최종 문자열을 화면에 출력한다.
    return 0;
}
```

```
string = Hello world from strcpy and strcat!
```
실행
결과

문자열 비교

strcmp()는 문자열 s1과 s2를 비교하여 사전적인(lexicographic) 순서에서 어떤 문자열이 앞에 있는지를 나타내는 숫자를 반환한다. s1이 s2 앞에 있으면 음수가 반환되고 s1과 s2가 같으면 0이, s1이 s2의 뒤에 있으면 양수가 반환된다. 여기서 사전적인 순서란 영어사전 등의 사전에서 문자열이 나타나는 순서이다.

```
int result1 = strcmp("bat", "cat");    // -1이 반환된다.
int result2 = strcmp("cat", "cat");    // 0이 반환된다.
int result3 = strcmp("dog", "cat");    // +1이 반환된다.
```

반환값	s1과 s2의 관계
< 0	s1이 s2보다 앞에 있다.
0	s1 == s2
> 0	s1이 s2보다 뒤에 있다.

그림 10.6 사전적인 순서

예제 #2: strcmp()의 사용

사용자로부터 문자열 2개를 받아서 어떤 문자열이 사전에서 먼저 나오는지를 출력하는 프로그램을 작성해보자.

실행
결과
> 첫 번째 단어를 입력하시오: cat
> 두 번째 단어를 입력하시오: dog
> cat가 dog보다 앞에 있습니다.

strcmp.c

```c
#include <string.h>
#include <stdio.h>

int main(void)
{
    char s1[80];   // 첫 번째 단어를 저장할 문자 배열
    char s2[80];   // 두 번째 단어를 저장할 문자 배열
    int result;

    printf("첫 번째 단어를 입력하시오:");
```

```
        scanf("%s", s1);          사용자한테 단어를 입력하라는 메시지를 출력하고 scanf()를 이
        printf("두 번째 단어를 입력하시오:");   용하여 단어를 입력받는다. 여기서 배열 이름에 & 기호를 붙이지
        scanf("%s", s2);          않았음에 유의하여야 한다. 배열의 이름은 그 자체가 포인터이기
                                   때문에 & 기호를 사용할 필요가 없다.

        result = strcmp(s1, s2);   strcmp()를 이용하여 s1과 s2에 저장된 문자열을
        if (result < 0)           비교한다. 만약 s1이 s2보다 앞서 있으면 음수가,
           printf("%s가 %s보다 앞에 있습니다.\n", s1, s2);   같으면 0이, s1이 뒤에 있으면 양수가 반환된다.
        else if (result == 0)
           printf("%s가 %s와 같습니다.\n", s1, s2);
        else
           printf("%s가 %s보다 뒤에 있습니다.\n", s1, s2);
        return 0;
}
```

문자열 검색

주어진 문자열 안에 특정한 문자열이 있는지를 검색하려면 strstr()을 이용한다. 이 함수도 경우에 따라서는 상당히 편리한 함수이다.

$$\text{char *p = strstr("dog and cat", "cat");}$$

> strstr() 함수는 문자열 s 안에서 부분 문자열(substring)을 검색하는 함수이다. 만약 부분 문자열이 발견되면 그 위치의 주소를 반환한다. 만약 부분 문자열을 찾지 못하면 NULL값이 반환된다.

문장에서 특정 문자열을 찾아서 그 위치를 출력하는 프로그램을 작성하여 보자.

`strstr.c`

```
#include <string.h>      strstr()를 사용하기 위해서는 string.h 헤더 파일이
#include <stdio.h>        필요하다.

int main( void )
{
    char s[] = "A bird in hand is worth two in the bush";
    char sub[] = "bird";      검색하고 싶은 부분 문자열
    char *p;
    int loc;
                                위의 예제 코드에서 strstr()은 문자열 s에서 맨 처음 나오는 "joy"를 찾는다.
                                "joy"는 배열 s에서 s[2]에서 발견되고 따라서 s[2]의 주소인 &s[2]가 반환값
    p = strstr(s, sub);        으로 반환된다. 따라서 포인터 p는 &s[2]로 대입된다.
```

```
        if ( p == NULL )                    부분 문자열의 주소에서 전체 문자열의 시작 주소를 빼서 위치를 계산한다.
            printf( "%s가 발견되지 않았음\n", sub );
        else {
            loc = (int)(p - s);
            printf( "%s에서 첫 번째 %s가 %d에서 발견되었음\n", s, sub, loc );
        }
        return 0;
    }
```

 A bird in hand is worth two in the bush에서 첫 번째 bird가 2에서 발견되었음

문자열 토큰 분리

strtok()은 상당히 많이 사용되는 편리한 함수이다. 이 함수를 사용하면 문장에서 단어를 쉽게 분리할 수 있다. 예를 들어서 "Hello World!"를 "Hello"와 "World!"로 분리할 수 있다. strtok()에서는 단어를 분리하는 기호인 분리자를 사용자가 마음대로 지정할 수 있다.

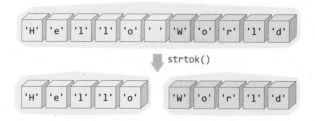

char *p = strtok("Hello World", " ");

문자열을 스페이스 문자를 사용하여 단어들로 분리한다.

strtok 함수는 두 번째 매개 변수를 단어를 분리하는 분리자로 생각한다. 예를 들어서 문자열에서 ' ' 문자를 분리자로 사용하여서 첫 번째 단어를 얻으려면 strtok(s, " ")와 같이 호출한다. strtok()는 첫 번째 단어를 가리키는 포인터를 반환한다. 만약 계속하여서 다음 단어를 읽으려면 s 대신에 NULL을 넣으면 된다. 즉 나머지 토큰들은 연속적인 strtok(NULL, " ") 호출에 의하여 추출된다.

```
t1 = strtok("Hello World", " ");          // 첫 번째 토큰 "Hello"
t2 = strtok(NULL, " ");                    // 두 번째 토큰 "World"
```

분리자를 여러 개 지정하려면 분리자들을 모아서 문자열로 만든다. 예를 들어서 '/'과 '|'를 동시

에 분리자로 사용하려면 "/|"와 같이 지정하면 된다.

```c
t1 = strtok("Hello/World", "/|");
```

스페이스 문자(' ')와 쉼표(','), 탭 문자('\t'), 줄바꿈 문자('\n')들을 분리자로 사용하여서 문장
에서 단어들을 분리하는 예제를 작성하여 보자.

strtok.c

```c
#include <string.h>
#include <stdio.h>

int main( void )
{
    char s[] = "Man is immortal, because he has a soul";
    char seps[]   = " ,\t\n";          분리자는 스페이스 문자와 쉼표, 탭 문자. 줄바꿈 문자이다.
    char *token;

    token = strtok( s, seps );          문자열에서 첫 번째 토큰을 얻는다.

                                        문자열 s에 토큰이 있는 동안 반복한다.
    while( token != NULL )  {
        printf( "토큰: %s\n", token );
        token = strtok( NULL, seps );
    }
    return 0;                           다음 토큰을 얻으려면 NULL을
}                                       인수로 준다.
```

실행결과

```
토큰: Man
토큰: is
토큰: immortal
토큰: because
토큰: he
토큰: has
토큰: a
토큰: soul
```

여기서 분리자만 바꾸면 다양한 작업을 할 수 있음에 유의하라. 만약 "100:200:300" 문자열에
서 ':' 문자를 분리자로 사용하여서 "100", "200", "300"으로 분리하려면 strtok(s, ":")와 같이
적어주면 된다. 어떤 문자도 분리자로 사용할 수 있다.

> **참고: 문자열을 비교할 때 다음과 같이 하면 안 되는지?**
>
> ```c
> char *s;
> if( s == "langauge" )
> ```
>
> C언어는 문자들의 배열로 문자열을 나타낸다. C에서는 배열을 다른 배열과 연산자로 비교할 수는 없다. 두 개의
> 문자열을 비교하려면 반드시 strcmp()를 사용하여야 한다.
>
> ```c
> if( strcmp(s, "language") == 0 )
> ```

5. 문자열 〈—〉 숫자

때때로 문자열을 수치로 변환해야 하는 상황도 가끔 발생한다. 예를 들어서 문자열 "36.5"가 있다면 이것은 실수값 36.5와는 엄연히 다르다. 문자열 "36.5"는 메모리에 [그림 10.7]의 (a)와 같이 문자 배열로 저장된다. 실수값 36.5는 [그림 10.7]의 (b)와 같이 double형의 변수 안에 저장될 것이다.

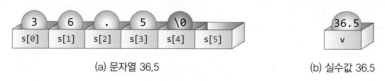

(a) 문자열 36.5   (b) 실수값 36.5

그림 10.7 문자열 36.5와 실수값 36.5

그렇다면 문자열을 수치로 바꾸고 싶을 때는 어떻게 하면 되고 그 반대의 경우에는 어떻게 해야 하는가? 몇 가지의 방법이 존재한다. 먼저 sscanf()와 sprintf()에 대하여 살펴보자.

sscanf()와 sprintf()

이들 함수는 scanf()와 printf() 앞에 s를 붙인 것으로 s는 문자열(string)을 의미한다. sscanf()는 키보드에서 입력받는 대신에 문자열에서 입력받는다. 또한 sprintf()는 모니터로 출력하는 대신에 문자열로 출력한다. 이들 함수의 첫 번째 매개 변수는 항상 문자열이고 나머지 매개 변수는 printf()나 scanf()와 동일하다.

표 10.7 sscanf()와 sprintf()

함수	설명
sscanf(s, ...)	문자열 s로부터 지정된 형식으로 수치를 읽어서 변수에 저장한다.
sprintf(s, ...)	변수의 값을 형식 지정자에 따라 문자열 형태로 문자 배열 s에 저장한다.

간단한 예를 들어보자. "file 12"와 같이 저장된 문자열이 있다고 가정하자. 이 문자열에서 문자열과 정수를 sscanf()로 추출하여 보자.

sscanf.c

```c
#include <stdio.h>

int main( void )
{
    char instring[]="file 12";
    char name[10]; int number;

    sscanf(instring, "%s %d", name, &number);
    printf("name = %s \n", name);
    printf("number = %d \n", number);
    return 0;
}
```

문자열 instring에서 "%s" 형식과 "%d"로 읽어서 name과 number에 저장한다.

실행결과
```
name = file
number = 12
```

sprintf.c

```c
#include <stdio.h>

int main( void )
{
    char buffer[50];
    int x=10, y=20, result;

    result = x + y;
    sprintf(buffer, "%d+%d=%d", x, y, result);
    printf("%s \n", buffer);
    return 0;
}
```

buffer에 변수들의 값을 문자열로 저장한다.

실행결과
```
10+20=30
```

전용 함수 사용

간단하게 문자열을 정수나 실수로 변환하는 경우에는 전용 함수를 사용하는 것도 바람직하다. 문자열을 수치값으로 변환하는 전용 함수로는 atoi(), atof()가 있다.

표 10.8 문자열을 수치로 변환하는 함수

함수	설명
int atoi(const char *str);	str을 int형으로 변환한다.
double atof(const char *str);	str을 double형으로 변환한다.

문자열을 정수와 실수로 바꾸어서 더하여 출력하는 프로그램을 작성하여 보자.

atoi.c

```c
#include <stdio.h>
#include <stdlib.h>        ← atoi()와 같은 전용 함수들을 사용하려면
                             헤더 파일 stdlib.h를 포함하여야 한다.

int main( void )
{
    char s1[] = "100";
    char s2[] = "12.93";
    int i;
    double d, result;

    i = atoi(s1);          ← s1에서 정수를 추출한다.
    d = atof(s2);          ← s2에서 실수를 추출한다.

    result = i + d;

    printf("연산 결과는 %.2f입니다.\n", result);

    return 0;
}
```

실행결과

연산 결과는 112.93입니다.

중간점검

1. 실수값 3.141592와 문자열 "3.141592"가 차지하는 메모리 공간을 비교하라.
2. 문자열 "3.141592"를 실수값으로 변환하고자 할 때 사용할 수 있는 함수에는 어떤 것들이 있는가?
3. printf()와 sprintf()가 다른 점은 무엇인가?

| 난이도 ★★   주제 sprintf() 함수 |

프로그래밍을 하다 보면, 파일 이름을 자동으로 생성하는 것이 필요한 경우도 있다. 예를 들어서 화면 캡처 프로그램에서 캡처된 이미지에 순차적으로 번호를 붙여서 파일로 저장할 수도 있다. 다음과 같은 파일 이름을 반복 구문을 사용하여 자동 생성해보자.

```
image0.jpg
image1.jpg
image2.jpg
...
```

실행
결과

sprintf.c

```c
#include <stdio.h>
#include <string.h>

int main(void)
{
    char filename[100];
    int i;

    for(i=0; i < 6; i++){
        sprintf(filename, "image%d.jpg", i);
        printf("%s \n", filename);
    }
    return 0;
}
```

sprintf()는 아주 편리한 함수이다. 하나의 큰 문자열에 각종 변수와 문자열을 붙여서 출력할수 있다. 반드시 기억해야 하는 함수이다. printf()와 100% 동일하고 다만 출력 대상이 문자배열이라는 점만 다르다. 아래 그림은 변수 i의 값이 3일 때의 문자 배열에 저장되는 내용을 보여준다.

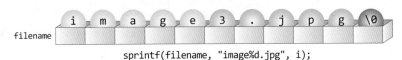

sprintf(filename, "image%d.jpg", i);

6. 문자열과 포인터

문자열을 저장할 때, 이제까지는 문자 배열만을 사용하였다. 하지만 하나의 방법이 더 있다. 문자 포인터를 선언하고 여기에 문자열의 주소를 저장하는 방법이다.

① 아래 문장은 문자 배열 s[]를 사용하여 문자열을 저장한다. 다음과 같이 메모리에 문자 배열이 생성되고 "HelloWorld"로 초기화된다.

```
char s[] = "HelloWorld";
```

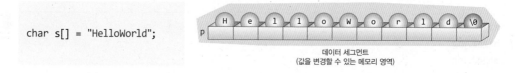

데이터 세그먼트
(값을 변경할 수 있는 메모리 영역)

② 아래 문장은 문자형 포인터 p를 선언하는 문장이다. 문자열 상수 "HelloWorld"는 읽기 전용 메모리에 저장되고 주소가 반환되어서 포인터 p에 저장된다.

```
char *p = "HelloWorld";
```

데이터 세그먼트
(값을 변경할 수 있는
메모리 영역)

텍스트 세그먼트
(값을 읽기만 하고 변경할 수는 없는 메모리 영역)

②와 같은 방법은 변경되지 않는 문자열들을 저장할 때 사용하면 좋다. 프로그램을 짜다 보면 변경되지 않는 문자열들도 무척 많다. 예를 들어서 프로그램의 메뉴는 여간하여 변경되지 않는다. 이런 경우에는 ②와 같은 방법을 사용하면 편리하면서도 메모리를 절약할 수 있다. ②에서도 포인터를 변경하면 다른 문자열을 가리킬 수 있다.

```
char *p = "HelloWorld";
p = "Goodbye";
```

데이터 세그먼트
(값을 변경할 수 있는
메모리 영역)

텍스트 세그먼트
(값을 읽기만 하고 변경할 수는 없는 메모리 영역)

예제 #1: 문자열과 포인터

앞의 2가지 방법을 구현하여 살펴보자.

`char_pointer.c`

```c
#include <stdio.h>

int main(void)
{
    char s[] = "HelloWorld";
    char *p = "HelloWorld";

    s[0] = 'h';        // 변경 가능하다.
    // p[0] = 'h';     // 이 문장을 실행하면 프로그램의 작동이 중지된다.

    printf("포인터가 가리키는 문자열 = %s \n", p);
    p = "Goodbye";     // 이것은 가능하다. 큰 장점이다.
    printf("포인터가 가리키는 문자열 = %s \n", p);
    return 0;
}
```

```
포인터가 가리키는 문자열 = HelloWorld
포인터가 가리키는 문자열 = Goodbye
```

실행
결과

7. 문자열 여러 개를 저장하는 방법

2차원 문자 배열을 사용하는 방법

문자열을 문자 배열에 저장할 수 있다는 것은 앞에서 이야기하였다. 그렇다면 문자열이 여러 개 있는 경우에는 어떤 구조를 사용하여 저장하면 제일 좋을까? 예를 들어서 화면에 메뉴를 출력하는 함수에서는 여러 개의 문자열이 필요하다. 여러 개의 문자열을 저장하려면, 문자열의 배열을 만드는 것이 여러모로 간편하다. 문자열이 하나의 문자 배열에 저장되므로 문자열의 배열은 2차원 문자 배열이 된다.

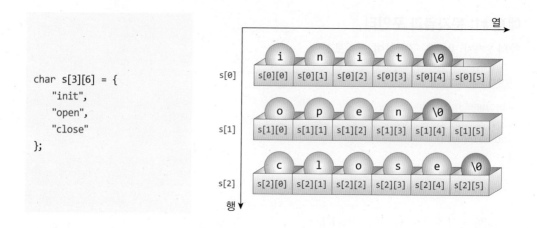

```
char s[3][6] = {
    "init",
    "open",
    "close"
};
```

위와 같이 2차원 문자 배열을 생성하면 2차원 배열의 각 행이 주어진 문자열로 초기화된다. 위에서 2차원 배열 s의 각각의 행은 s[0], s[1], s[2]와 같이 접근할 수 있다. 즉 s[0]는 s의 0번째 행을 나타내며, 여기에는 문자열 "init"가 저장되어 있다. 따라서 s의 0번째 행에 저장된 문자열을 출력하려면 다음과 같이 하면 된다.

```
printf("%s", s[0]);      // "init"가 출력된다.
```

문자 포인터 배열을 사용하는 방법

만약 문자열의 길이가 서로 다르면 길이가 짧은 문자열이 저장된 행은 낭비되는 공간이 많아진다. 메모리의 낭비를 막으려면 포인터의 개념을 사용하면 된다. 다음과 같이 포인터의 배열을 이용하게 되면 메모리 공간을 정확하게 문자열의 크기에 맞추어 사용할 수 있다.

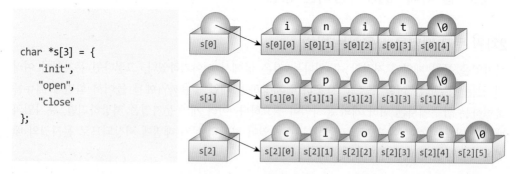

```
char *s[3] = {
    "init",
    "open",
    "close"
};
```

위의 s는 3개의 포인터를 요소로 가지는 배열이다. 각 포인터는 메모리에 저장된 문자열 상수의 주소를 가지고 있다. 문자열 상수는 문자열의 크기만큼만 자리를 차지한다. 따라서 공간을 절약할 수 있다. 하지만 한번 문자열이 결정되면 문자열의 내용을 변경할 수 없다는 단점도 있다.

예제 #1: 2차원 문자 배열 사용

stringarray1.c

```c
#include <stdio.h>

int main(void)
{
    int i;
    char menu[5][10] = {        // 문자 포인터 배열을 5개의 문자열로 초기화한다.
        "init",
        "open",
        "close",
        "read",
        "write"
    };

    for (i = 0; i < 5; i++)        // 반복 루프를 이용하여 각각의 문자열을 화면에 출력한다.
        printf("%d 번째 메뉴: %s \n", i, menu[i]);
                                        // i번째 문자열

    return 0;
}
```

실행결과

```
0 번째 메뉴: init
1 번째 메뉴: open
2 번째 메뉴: close
3 번째 메뉴: read
4 번째 메뉴: write
```

예제 #2: 포인터 배열 사용

위의 프로그램을 포인터 배열 형태로 바꾸어보자.

stringarray2.c

```c
#include <stdio.h>

int main(void)
{
    int i;
    char *menu[5] = {        // 포인터의 배열에 문자열이 상수 형태로 저장되
        "init",                //  어 있다. 문자열의 변경은 불가능하다.
        "open",
        "close",
        "read",
        "write"
    };

    for (i = 0; i < 5; i++)
```

```
        printf("%d 번째 메뉴: %s \n", i, menu[i]);

    return 0;
}
```

예제 #3: 한영 사전의 구현

3차원 문자열 배열을 이용하여 간단한 한영사전을 구현하여 보자. 영어 단어가 dic[i][0]에 저장된다. 한글 설명은 dic[i][1]에 저장된다. 사용자가 단어를 입력하면 strcmp()를 이용하여 일치하는 단어를 배열 dic에서 찾는다. 일치하는 단어가 있으면 화면에 출력하여 종료하고 만약 일치하는 단어가 없으면 오류 메시지를 출력하고 종료한다.

실행
결과

단어를 입력하시오: boy
boy: 소년

dic.c

```
#include <stdio.h>
#include <string.h>

#define WORDS 5
```
                          단어의 개수
```
int main(void)
{
                          0이면 영어, 1이면 한글
    int i;
                          문자열의 최대 길이
```
3차원 배열에
미니 영한사전
을 저장한다.
```
    char dic[WORDS][2][30] = {
        {"book", "책"},
        {"boy", "소년"},
        {"computer", "컴퓨터"},
        {"lanuguage", "언어"},
        {"rain", "비"},
    };
    char word[30];
    printf("단어를 입력하시오:");
```
사용자로부터
단어를 입력받
는다.
```
    scanf("%s", word);
    for (i = 0; i < WORDS; i++)
```
                          일치하는 문자열이 발견되면
배열에 저장된
모든 단어와 일
치하는지를 검
사한다.
```
    {
        if (strcmp(dic[i][0], word) == 0) {
```

```
            printf("%s: %s\n", word, dic[i][1]);          ← 단어의 설명을 출력한다.
            return 0;
        }
    }
    printf("사전에서 발견되지 않았습니다.\n");
    return 0;
}
```

Lab   단답형 퀴즈 채점

| 난이도 ★★   주제 문자열 처리 함수 |

실행
결과

임베디드 장치에 가장 많이 사용되는 언어는? Java
임베디드 장치에 가장 많이 사용되는 언어는? Python
임베디드 장치에 가장 많이 사용되는 언어는? C
맞았습니다!

단답형 문제를 채점하는 프로그램을 작성해보자. 사용자가 정답을 입력할 때까지 반복한다. 단답형 문제이기 때문에 문자열이 일치하는지를 검사한다.

do-while 루프를 사용하는 것이 좋을 것 같다. strcmp()를 이용하여 문자열이 일치하는지를 검사한다.

quiz.c

```c
#include <stdio.h>
#include <string.h>

int main(void)
{
    char key[] = "C";
    char buffer[80] = "";

    do {
        printf("임베디드 장치에 가장 많이 사용되는 언어는? ");
        gets_s(buffer, sizeof(buffer));
    } while (strcmp(key, buffer) != 0);

    printf("맞았습니다!");
    return 0;
}
```

도전문제

1. "C언어", "c언어" 등의 유사 문자열도 다 정답이 될 수 있다. 이들도 정답으로 인정하도록 위의 프로그램을 확장해보자.
2. 여러 개의 문제를 출제하고 정답을 채점하도록 업그레이드해보자. 문제도 문자 배열에 저장해보자. 점수도 출력한다.

| 난이도 ★★★　주제 문자 배열 처리, strcmp() 함수 |

행맨(hangman)과 같은 단어 게임을 제작하여 보자. 빈칸으로 구성된 문자열이 주어지고 사용자는 문자열에 들어갈 글자들을 하나씩 추측해서 맞추는 게임이다. 사용자가 문자열에 들어 있는 글자를 정확하게 입력했으면 화면에 그 글자를 출력한다. 일정한 횟수만 시도할 수 있게 하라.

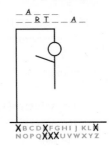

문자열을 입력하시오: ____ __ _____
글자를 추측하시오:
문자열을 입력하시오: m___ __ m_____
글자를 추측하시오:
문자열을 입력하시오: mee_ __ m_____
글자를 추측하시오:
문자열을 입력하시오: mee_ a_ m_____
글자를 추측하시오:
문자열을 입력하시오: meet at m_____t
글자를 추측하시오:

힌트

먼저 정답이 들어 있는 문자 배열 solution[]과 사용자가 입력하는 값들이 저장되는 문자 배열 answer[]를 생성한다. 사용자가 입력하는 문자는 getch()를 호출하여 받는다. 사용자가 입력한 문자가 정답에 있는지를 검사하는 반복 루프를 작성한다. 반복 루프에서는 정답이 들어 있는 배열과 현재까지 맞춘 문자 배열을 비교하여서 모두 일치하면 반복 루프를 탈출한다.

hangman.c

```c
#define _CRT_SECURE_NO_WARNINGS
#include <stdio.h>

int main(void)
{
    char solution[100] = "meet at midnight";    // 정답이 들어 있는 문자 배열
    char answer[100] = "____ __ _____"; // 현재까지 사용자가 맞춘 문자열
    char ch;
    int i;

    while (1) {
        printf("\n문자열을 입력하시오: %s \n", answer);
        printf("글자를 추측하시오: ");
        ch = _getch();

        // 사용자가 입력한 문자를 answer[]에 넣어서 정답을 비교한다.
        for (i = 0; solution[i] != NULL; i++) {

            // 사용자가 맞추었으면 글자를 보이게 한다.
            if (solution[i] == ch)
                answer[i] = ch;
        }
        if (strcmp(solution, answer) == 0) break; // 정답과 일치하는지를 검사
    }
    return 0;
}
```

도전문제

1. 여러 개의 문자열 중에서, 하나를 정답으로 선택하도록 위의 프로그램을 업그레이드하여 보자.
2. solution 문자열에서 "_____" 문자열을 자동으로 생성해보자.

Lab 단어 애나그램 게임

| 난이도 ★★★   주제 문자 배열 처리, strcmp() 함수 |

단어 애나그램(anagram) 게임을 작성해보자. 영어 단어를 이루는 글자들이 뒤죽박죽 섞인 것을 받아서 순서대로 재배치하는 게임을 애나그램 게임이라고 한다.

```
epalp의 원래 단어를 맞춰보세요: alppe
epalp의 원래 단어를 맞춰보세요: appel
epalp의 원래 단어를 맞춰보세요: apple
축하합니다.
```

문자열 안의 글자들을 섞으려면 난수가 필요하다. 2개의 난수를 발생시켜서 그 위치의 글자들을 서로 바꾸면 된다. 이것을 문자열의 길이만큼 반복한다. 물론 난수의 범위는 문자열 안이어야 한다.

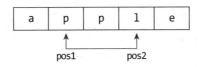

```
for (i = 0; i < len; i++) {
    int pos1 = rand() % len;
    int pos2 = rand() % len;
    char tmp = s[pos1];
    s[pos1] = s[pos2];
    s[pos2] = tmp;
}
```

anagram.c

```c
#define _CRT_SECURE_NO_WARNINGS
#include <stdio.h>
#define SOL "apple"

int main(void)
{
    char s[100] = SOL;
    char ans[100];
    int i, len;

    len = strlen(s);
    for (i = 0; i<len; i++) {
        int pos1 = rand() % len;
        int pos2 = rand() % len;
        char tmp = s[pos1];
        s[pos1] = s[pos2];
        s[pos2] = tmp;
    }

    do {
        printf("%s의 원래 단어를 맞춰보세요: ", s);
        scanf("%s", ans);
    } while (strcmp(ans, SOL) != 0);

    printf("축하합니다. \n");
    return 0;
}
```

 도전문제

1. 10개 정도의 단어를 2차원 문자 배열에 저장하여 랜덤하게 하나를 선택하도록 하자.

| 난이도 ★★★   주제 strcmp(), strcpy() 함수 |

우리는 7장에서 숫자들을 정렬시키는 버블 정렬을 학습하였다. 문자열들을 알파벳순으로 정렬할 수 있을까? 2개의 문자열이 순서대로 되어 있는지를 비교하는 함수가 필요하다. strcmp() 함수를 이용하면 2개의 문자열을 가나다순으로 비교할 수 있다.

```
apple
avocado
banana
pear
pineapple
tomato
```

버블 정렬은 잊어버리지 않았을 것이다. 버블 정렬을 이용하되 숫자를 비교하는 코드를 strcmp()로 바꿔주면 된다.

```
for (k = 0; k < SIZE; k++) {
    for (i = 0; i < SIZE - 1; i++) {
        // 순서대로 되어 있지 않으면
        if (strcmp(fruits[i], fruits[i + 1]) > 0) {
        // 문자열을 교환한다.
        }
    }
}
```

2개의 문자열을 서로 교환하는 것은 다음과 같이 strcpy()를 이용한다.

```
char tmp[20];
strcpy(tmp, fruits[i]);              // i번째를 저장한다.
strcpy(fruits[i], fruits[i + 1]);    // (i+1)번째 → i번째
strcpy(fruits[i + 1], tmp);          // 저장했던 값을 (i+1)번째로 이동
```

```c
#define _CRT_SECURE_NO_WARNINGS
#include <stdio.h>

#define SIZE 6
int main(void)
{
    int i, k;
    char fruits[SIZE][20] = {
        "pineapple",
        "banana",
        "apple",
        "tomato",
        "pear",
        "avocado"
    };

    for (k = 0; k < SIZE; k++) {
        for (i = 0; i < SIZE - 1; i++) {
            if (strcmp(fruits[i], fruits[i + 1]) > 0) {
                char tmp[20];
                strcpy(tmp, fruits[i]);
                strcpy(fruits[i], fruits[i + 1]);
                strcpy(fruits[i + 1], tmp);
            }
        }
    }
    for (k = 0; k < SIZE; k++)
        printf("%s \n", fruits[k]);
    return 0;
}
```

도전문제

1. 10개 정도의 단어를 2차원 문자 배열에 저장하여 랜덤하게 하나를 선택하도록 하자.

Coding Test 메시지 암호화(시저 암호)

| 난이도 ★★   주제 문자 배열 처리 |

메시지를 암호화하는 간단한 기법 중의 하나는 줄리어스 시저가 사용한 암호화 기법이다. 이 방법은 평문에 단순히 더하기(즉, 영어의 알파벳을 왼쪽으로 이동하던지 오른쪽으로 이동하는 것)를 하여 암호문을 얻는다. 즉 예를 들어 다음과 같이 변경하여 전송하였다.

평 문	a	b	c	d	e	f	g	h	i	j	k	l	m	n	o	p	q	r	s	t	u	v	w	x	y	z
암호문	A	B	C	D	E	F	G	H	I	J	K	L	M	N	O	P	Q	R	S	T	U	V	W	X	Y	Z

예를 들어서 "meet at midnight"을 위의 표에 의하여 변환하면 "phhw dw plgqjkw"가 된다. 사용자가 제시한 문자열을 암호화하거나 복호화하는 프로그램을 작성하라.

```
문자열을 입력하시오: meet at midnight
암호화된 문자열: phhw dw plgqljkw
```

힌트

먼저 사용자로부터 문자열을 받아야 한다. 우리는 한 줄 전체를 받아야 하므로 `gets_s()`를 사용하여야 한다. 또 암호화하는 함수 `encrypt()`를 작성하여서 사용하자. `encrypt()`는 문자 배열을 받아서 암호화한다. 암호화할 때는 먼저 문자 배열에 들어 있는 문자를 꺼내서 알파벳인지를 검사한다. 알파벳이면 문자에 `shift`를 더한다. 알파벳만 이동하여야 한다. 다른 특수문자들은 이동하면 안 된다. 또 알파벳을 이동한 후에 `'z'`를 넘어갔는지를 검사한다. `'z'`를 넘어갔으면 26을 빼서 앞으로 이동시킨다. 만약 `shift`가 음수일 수도 있다면 `'A'`보다 작은지도 검사하여서 26을 더해야 할 것이다.

Coding Test 메시지 암호화(XOR 암호)

| 난이도 ★★★　주제 문자 배열 처리, 비트 연산자 |

이번 미니 프로젝트에서는 주어진 텍스트를 암호화시켜 보자. 사용자는 암호화 알고리즘을 마음대로 선택할 수 있다.

| 평문 | 암호화 복호화 | 암호문 |

권장하는 암호화 방법은 XOR 암호화 방법이다. 이 알고리즘에서는 암호키와 문자열의 모든 문자에 대하여 비트 XOR 연산자를 적용하여 문자열을 암호화한다. 출력을 해독하려면 동일한 키를 사용하여 XOR 함수를 다시 적용하기만 하면 암호가 제거된다.

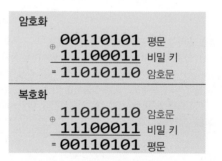

암호화
$\oplus$ **00110101** 평문
11100011 비밀 키
= **11010110** 암호문

복호화
$\oplus$ **11010110** 암호문
11100011 비밀 키
= **00110101** 평문

실행 결과

텍스트를 입력하시오: The quick brown fox jumps over the lazy dog.
키를 입력하시오: s

암호화된 문자열: ʊʊʃʃʃSʃʃSʃSʃʃ
복원된 문자열: The quick brown fox jumps over the lazy dog.

HINT output[i] = data[i] ^ key[i % keyLen]; 연산을 사용하여서 암호화할 수 있다. 복호화도 동일한 문장을 사용할 수 있다.

간단한 텍스트 압축 프로그램을 작성해본다. 어떤 압축 방법을 선택해도 좋다. 텍스트는 사용자로부터 직접 입력된다. 알파벳 영문자로 한정한다.

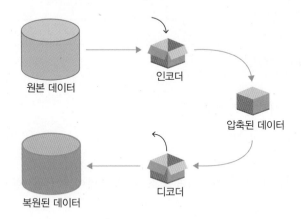

권장하는 방법은 런길이 엔코딩(run length encoding)이다. 런길이 부호화는 무손실 압축 방법 중 하나로서 텍스트를 압축할 때 반복되는 문자가 있으면, 이것을 반복되는 개수와 반복되는 문자로 바꾸는 방법이다. 예를 들어서 "wwwsssssssssschh"는 "3w9s1c2h"로 압축하는 것이다. 전체 데이터양이 줄어든 것을 알 수 있다. 동일한 문자가 반복되는 데이터를 압축할 때 유용하며, 이미지를 압축하는 용도로도 사용할 수 있다.

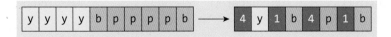

```
문자열을 입력하시오: cccccccccccoooncert
12c3o1n1c1e1r1t
```
실행
결과

HINT 문자열의 각 위치에서 동일한 문자가 얼마나 반복되는지를 검사한다. 반복 루프를 사용해보자.

1 다음의 문장의 오류 여부를 말하고 오류가 있는 경우 그 이유를 써라.

(a) strcat(s, '?');   _____   _____

(b) if(s != "value")   _____   _____

(c) char a[20];   _____   _____
     a = "Hello World!";

2 문자열의 끝을 표시하는 특수문자는?

① '.'   ② '\n'   ③ '\0'   ④ '\e'

3 문자열 "Hello, World"를 저장하려면 최소 몇 개의 바이트가 필요한가?

① 12   ② 13   ③ 14   ④ 15

4 다음 중 올바른 문자열 상수를 모두 선택하시오.

① String   ② "String"   ③ 'String'   ④ 'String"

5 2개의 문자열을 비교하는 함수는?

① compare()   ② str_compare()   ③ cmp()   ④ strcmp()

6 하나의 문자열의 끝에 다른 문자열을 붙이는 함수는?

① append()   ② add()   ③ strcpy()   ④ strcpy()

7 다음 프로그램의 실행 결과는?

```c
char s[11] = "Hello";
char t[10] = "World";
strcat(s, t);
printf("%s \n", s);
```

8 다음의 설명에 부합하는 함수를 아래 박스에서 선택하여 빈칸에 적으시오.

> strcmp(),   strtok(),   strcat(),   strcpy(),   strlen(),   sprintf(),   gets_s()

(a) _____ 함수는 하나의 문자열의 끝에 다른 문자열을 연결한다.

(b) _____ 함수는 문자열을 복사한다.

(c) _____ 함수는 표준 입력에서 하나의 문자열을 읽는다.

(d) _____ 함수는 문자열을 이루는 문자의 개수를 반환한다.

9 다음 프로그램의 실행 결과는?

```
char s[] = "Hello, World";
char t[] = "Hello, World";
if (strcmp(s, t))
    printf("문자열이 동일합니다. \n");
else
    printf("문자열이 동일하지 않습니다. \n");
```

10 다음 중 두 개의 문자열이 동일한지를 검사하는 문장을 올바르게 작성한 것은?

① if(s1 == "Hello")

② if(strcmp(s1, "Hello"))

③ if(strcmp(s1, "Hello") < 0)

④ if(strcmp(s1, "Hello") == 0)

11 다음 프로그램의 실행 결과는?

```
char a[2][6] = {"hello", "world"};
printf("%s \n", a[0]);
printf("%s \n", a[1]);
```

Programming

| 난이도 ★　주제 문자 배열처리 |

1 문자열 안에 포함된 문자들의 등장 횟수를 계산하는 프로그램을 작성한다. 예를 들어서 문자열 "abc"라면 'a', 'b', 'c' 문자가 한 번씩 등장한다.

```
텍스트를 입력하시오: programming
a 문자가 1번 등장하였음!
g 문자가 2번 등장하였음!
i 문자가 1번 등장하였음!
m 문자가 2번 등장하였음!
n 문자가 1번 등장하였음!
o 문자가 1번 등장하였음!
p 문자가 1번 등장하였음!
r 문자가 2번 등장하였음!
```

| 난이도 ★★　주제 문자 배열처리 |

2 문자열을 사용자로부터 받아서 알파벳 문자의 개수, 숫자의 개수, 기타 특수 문자의 개수를 출력하는 프로그램을 작성해보자.

```
문자열을 입력하시오: Hello2!

문자열 안의 알파벳 문자의 개수: 5
문자열 안의 숫자의 개수: 1
문자열 안의 기타 문자의 개수: 1
```

HINT 문자열 안의 문자들을 아스키 코드 값에 따라 분류한다.

| 난이도 ★　주제 문자 배열처리 |

3 사용자로부터 텍스트를 입력받아서 텍스트를 모두 대문자로 출력하는 프로그램을 작성하여 보자. 어떤 라이브러리 함수를 사용하여도 좋다.

```
텍스트를 입력하시오: C language is easy
대문자 출력: C LANGUAGE IS EASY
```

HINT 소문자를 대문자로 변경해주는 toupper() 함수를 사용한다.

4 텍스트 안에 포함된 과도한 공백을 없애는 프로그램을 작성하여 보자.

텍스트를 입력하시오: I am a   boy.
공백이 제거된 텍스트: I am a boy.

5 텍스트 안의 모음을 전부 삭제하는 프로그램을 작성하여 본다.

텍스트를 입력하시오: this is a pen
모음이 제거된 텍스트: ths s pn

6 간단한 철자 교정 프로그램을 작성하여 보자. 문장의 끝에 마침표가 존재하는지를 검사
한다. 역시 마침표가 없으면 넣어준다. 또한 문자열의 첫 번째 문자가 대문자인지를 검사
한다. 만약 대문자가 아니면 대문자로 변환한다. 즉 입력된 문자열이 "pointer is easy"
라면 "Pointer is easy."로 변환하여 화면에 출력한다.

텍스트를 입력하시오: pointer is easy
교정된 텍스트: Pointer is easy.

7 주어진 문자열에서 숫자만 추출하여 정수로 반환하는 함수 int extractNumber(char
*)를 작성하고 테스트하라.

입력 문자열: -123abcdef
추출된 숫자: -123

HINT result = result * 10 + (str[i] - '0'); 문장을 이용하여 숫자를 찾아서 정수로 변환한다. 앞
에 '-'가 있으면 음수로 한다.

8 사용자가 입력한 문자열에서 단어의 개수를 계산하여 화면에 출력하는 프로그램을 작성하여 보자.

 실행 결과

문자열을 입력하시오: I am a boy
단어의 수는 4입니다.

HINT strtok() 함수를 사용하여 보자. 첫 번째 호출은 strtok(s, " ")이고 두 번째 호출부터는 strtok(NULL, " ")과 같이 호출한다. 더 이상 단어가 없으면 NULL을 반환한다.

9 이메일 주소를 "@" 문자를 기준으로 두 개의 부분으로 나누어서 출력하는 프로그램을 작성한다. strstr() 함수를 사용하여 "@" 문자가 등장하는 위치를 찾아서 문자열을 분리하라.

 실행 결과

입력 이메일 주소: kim@example.com
이메일 아이디: kim
도메인: example.com

HINT strstr() 함수는 이와 같이 문자열 내에서 특정 부분 문자열을 찾고, 해당 부분 문자열의 위치를 반환하는 데에 유용하게 사용된다.

10 간단한 '찾아 바꾸기' 기능을 구현하여 보자. 첫 번째로 사용자에게 최대 80문자의 문자열을 입력하도록 한다. 두 번째로 찾을 문자열을 입력받는다. 세 번째로 바꿀 문자열을 입력받는다. 문자열을 찾아서 바꾼 후에 결과 문자열을 화면에 출력한다.

 실행 결과

문자열을 입력하시오: A fool and his money are sonn parted.
찾을 문자열: sonn
바꿀 문자열: soon
수정된 문자열: A fool and his money are soon parted.

HINT 역시 문자열에서 단어를 추출할 때는 strtok() 함수를 사용하고 문자열들이 서로 일치하는지를 비교할 때는 strcmp()를 사용한다.

11 사용자로부터 받은 문자열이 회문(회문은 앞뒤로 동일한 단어이다. 예를 들어서 reviver)인지를 점검하는 프로그램을 작성하라.

 실행 결과

텍스트를 입력하시오: repaper
repaper는 회문입니다.

12 다음과 같이 연산의 이름을 문자열로 받아서 해당 연산을 실행하는 프로그램을 작성하라. 연산을 나타내는 문자열은 "add", "sub", "mul", "div"로 하라.

```
연산을 입력하시오: add 3 5
연산의 결과: 8
```

실행
결과

13 1960년대에 채팅봇의 원조라고 하는 ELIZA가 등장하였다. ELIZA는 상당한 기능을 가지고 있어서 상담하는 사람들이 진짜 인간이라고 믿었다고 한다. 우리는 아주 간단한 채팅 봇을 만들어보자. 사용자가 질문을 하면 그럴싸한 답변을 한다. 사용자의 이름도 물어봐서 저장해두었다가 사용해보자. 사용자가 한 이야기에 맞장구를 치는 것도 하나의 채팅 기법이다.

```
>hi
좀 더 말해주세요.
>What's your name?
계속하세요. 나는 듣고 있어요.
>
```

실행
결과

14 요즘 길거리에서는 글자들이 흘러가는 LED 전광판을 볼 수 있다. 이것을 프로그램으로 구현하여 보자.

```
텍스트를 입력하시오: call NOW and you'll get free shipping

call NOW and you'll get free shipping
all NOW and you'll get free shipping c
ll NOW and you'll get free shipping ca
l NOW and you'll get free shipping cal
...
```

실행
결과

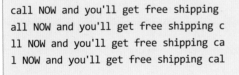

HINT　여러 가지 방법들이 있을 수 있다. 먼저 매 반복마다 실제로 문자 배열의 내용을 수정할 수도 있다. 또는 포인터를 이용하여서 현재 위치에서 일정 길이만큼을 화면에 표시하는 것이다. 문자열의 길이보다 먼저 끝나게 되면 처음으로 돌아간다.

구조체, 공용체, 열거형

▷ 구조체를 이해할 수 있다.
▷ 구조체의 선언과 초기화 방법을 이해할 수 있다.
▷ 구조체의 선언과 구조 변수 선언의 차이점을 알 수 있다.
▷ 구조체를 포인터로 가리킬 수 있다.
▷ 공용체를 이해하고 사용할 수 있다.
▷ typedef을 이용하여 사용자 정의 자료형을 만들 수 있다.

1. 이번 장에서 만들 프로그램

이번 장에서는 구조체에 대하여 알아본다. 구조체는 타입이 다른 변수들을 하나로 묶는 방법이다. 구조체를 사용하면 어떤 사물의 속성을 표현할 수 있다. 이번 장에서는 다음과 같은 프로그램을 작성해본다.

(1) 4지 선다 퀴즈를 표시하고 채점하는 프로그램을 작성해본다.

```
임베디드 장치에 가장 적합한 프로그래밍 언어는?
1. Python   2. Java   3. C   4. Javascript   3
맞았습니다.

서로 다른 자료형을 모을 수 있는 구조는?
1. 배열   2. 변수   3. 구조체   4. 포인터   3
맞았습니다.
```

(2) 구조체의 배열을 이용하여 연락처를 저장하고 검색하는 프로그램을 작성해본다.

```
=========================================
1. 이름으로 연락처 찾기
2. 전화번호로 연락처 찾기
3. 이메일로 연락처 찾기
4. 새로운 연락처 추가
5. 모든 연락처 출력
6. 종료
=========================================
메뉴 중에서 하나를 선택하세요:
```

2. 구조체란 무엇인가?

C언어에서의 자료형

C에서의 자료형은 기초 자료형과 파생 자료형으로 분류할 수 있다. 기초 자료형은 int, double, char와 같은 자료형이다. 파생 자료형은 이들 기본 자료형에서 파생된 것으로 배열, 구조체, 공용체, 포인터 등을 들 수 있다. **구조체(structure)**는 파생 자료형 중에서도 가장 중요하고 많이 사용되는 자료형이다.

구조체란?

우리는 지금까지 동일한 종류의 데이터를 하나로 묶기 위하여 배열을 사용하였다. 그러나 만약 서로 다른 종류의 데이터들을 하나로 묶어야 된다면 어떻게 할 것인가? 예를 들어서 학생에 대한 데이터는 학번, 이름, 학점 등을 생각할 수 있는데 이들은 모두 자료형이 다르다. 학번은 정수형, 이름은 문자열이며, 학점은 실수형이다.

이러한 경우에 사용할 수 있는 방법이 **구조체(structure)**이다. 구조체는 프로그래머가 여러 개의 변수들을 묶어서 새로운 자료형을 정의할 수 있는 방법이다. 구조체는 객체 지향 프로그래밍에서 말하는 클래스의 모체가 된다. 예를 들어서 학생들의 데이터를 표현하여 보자. 학생들의 데이터는 학번, 이름, 학점이라고 하자. 각 데이터마다 자료형이 다르다. 즉 학번은 정수이고 이름은 문자열, 학점은 실수이다.

```
int number;        // 학번
char name[10];     // 이름
double grade;      // 학점
```

number	
name	□ □ □ □ □ □ □ □
grade	

위의 데이터들은 서로 묶여 있지 않으므로 다루기가 상당히 불편하다. 한 학생에 대한 데이터를 하나로 묶어서 취급할 수 있다면 편리할 것이다. 이럴 때는 다음과 같이 구조체를 사용할 수 있다.

```
struct student {
    int number;        // 학번
    char name[10];     // 이름
    double grade;      // 학점
};
```

student
number	
name	□ □ □ □ □ □ □ □
grade	

배열이 같은 자료형의 변수들을 하나로 묶는 것이라면, 구조체는 서로 다른 자료형의 변수들을 하나로 묶는 것이다.

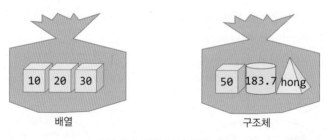

그림 11.1 배열과 구조체의 비교

 중간점검

1. 구조체와 배열의 차이점을 이야기해보라.
2. 복소수, 날짜, 화면의 좌표, 사각형 등을 표현하는 데 필요한 데이터를 나열해보라.

3. 구조체의 정의, 초기화, 사용

구조체의 정의

구조체는 서로 다른 자료형의 변수들을 묶어서 새로운 자료형을 만드는 것이다. 구조체는 struct라는 키워드를 사용하여 정의한다. 간단한 구조체 정의의 예를 살펴보자. 학생에 대한 데이터는 다음과 같은 구조체로 표현할 수 있다.

위의 구조체 선언에서는 학생에 대한 데이터를 구조체 student로 표현하고 있다. struct는 구조체를 선언할 때 사용하는 키워드이다. 이어서 나오는 student는 **구조체 태그(tag)**라고 한다. 태그는 구조체에 붙여지는 이름으로 구조체와 구조체를 구별하는 역할을 한다. 그 뒤에 중괄호를 붙이고, 중괄호 사이에 구조체에 포함시키기를 원하는 변수들을 선언하면 된다. 이렇게 선언된 number, name, grade를 **구조체 멤버(structure member)**라고 한다. 어떠한 자료형의 변수도 구조체의 멤버가 될 수 있지만, 모두 유일한 이름을 가져야 한다. 구조체의 선언이 끝나면 반드시 세미콜론을 붙여주어야 한다. 구조체를 선언하는 것도 하나의 문장에 해당하기 때문이다.

여기서 주의할 점은 위의 구조체 정의는 변수 선언이 아니라는 점이다. 구조체 정의는 구조체 안에 어떤 변수들이 들어간다는 것만 말해주는 것이다. 즉 위의 구조체 정의는 구조체의 형태(틀)만 정의한 것이다. 아직 구조체를 이용하여 변수는 하나도 만들지 않았다! 이는 마치 와플을 만드는 틀만 만든 것이고 아직 와플(변수)은 하나도 만들지 않은 것과 같다. 즉, 아직은 데이터를 저장할 수는 없다.

구조체를 정의하는 것은
와플이나 붕어빵을 만드는
틀을 정의하는 것과 같다.

와플이나 붕어빵을 실제로
만들기 위해서는 구조체
변수를 선언하여야 한다.

구조체를 정의하였다고
변수가 만들어지는
것은 아닙니다. 틀만
정의된 것입니다.

구조체   구조체 변수

그림 11.2 구조체 정의와 구조체 변수와의 차이점

구조체 변수 생성

일단 구조체를 정의하였으면 이 구조체를 이용하여 구조체 변수를 생성하여 보자. 구조체 변수는 앞에 struct student를 붙여서 변수들을 생성하면 된다.

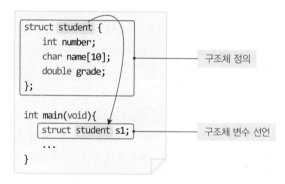

```
struct student {
    int number;
    char name[10];
    double grade;
};

int main(void){
    struct student s1;
    ...
}
```

구조체 정의

구조체 변수 선언

그림 11.3 구조체 변수의 선언

위의 문장은 student라는 구조체를 이용하여 s1이라는 구조체 변수를 만든 것이다. s1이라는 변수 안에는 구조체의 멤버인 number, name, grade가 들어 있다. s1에는 실제 메모리 공간이 할당되며, s1이 차지하는 메모리 공간의 크기는 각 멤버들의 크기를 합치면 알 수 있는데 대략 4+10+8=22바이트가 된다. 컴파일러는 액세스 속도를 빠르게 하기 위하여 더 많은 메모리를 할당하는 경우도 있으므로 sizeof 연산자를 이용하는 편이 정확하다.

s1

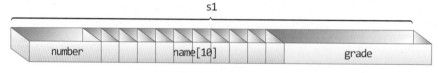

| number | name[10] | grade |

그림 11.4 구조체 변수 s1

구조체의 초기화

구조체 변수의 초기화는 배열과 비슷하다. 배열의 경우, 요소들의 초깃값들을 중괄호 안에서 나열하였다. 구조체의 경우, 멤버들의 초기값을 중괄호 안에서 나열하면 된다. 아래 코드에서 중괄호 안에 있는 값 24, "Kim", 4.3은 차례대로 구조체 멤버인 number, name, grade에 할당된다.

```
struct student {
    int number;
    char name[10];
    double grade;
};
struct student s1 = { 24, "Kim", 4.3 };
```

그림 11.5 구조체 변수 s1의 초기화

구조체 멤버 참조

지금까지 구조체를 정의하고 구조체 변수를 선언하는 방법을 살펴보았다. 그러나 구조체에서 정작 중요한 것은 멤버 변수들을 참조하는 것이다. 구조체 변수를 통하여 멤버들을 참조하려면 특별한 연산자가 필요하다. 구조체의 멤버는 멤버 연산자(.)를 이용하여 액세스할 수 있다. 구조체 변수 이름을 쓰고 멤버 연산자를 찍은 다음, 멤버 변수의 이름을 써주면 된다. 예를 들어 구조체 변수 s1의 멤버인 number에 24를 대입하는 문장은 다음과 같다.

만약 멤버가 문자열이라면 멤버에 값을 대입할 때, strcpy()를 사용해야 한다.

```
strcpy(s1.name, "Kim");
s1.grade = 4.3;
```

예제 #1: 구조제 정의 및 사용

본문에서 설명한 대로 student 구조체를 선언하고 구조체 변수를 정의해보자. 구조체 멤버에 값을 대입한 후에 멤버의 값들을 다시 참조하여 화면에 출력하여 보자.

```
student1.c
1   #include <stdio.h>
2   #include <stdlib.h>
3
4   struct student {
5       int number;
6       char name[10];          구조체 정의
7       double grade;
8   };
9
10  int main(void)
11  {
12      struct student s;        구조체 변수 정의
13
14      s.number = 24;
15      strcpy(s.name, "Kim");   구조체 멤버 참조
16      s.grade = 4.3;
17
18      printf("학번: %d\n", s.number);
19      printf("이름: %s\n", s.name);
20      printf("학점: %f\n", s.grade);
21
22      return 0;
23  }
```

실행결과
```
학번: 24
이름: Kim
학점: 4.3
```

프로그램 설명

4-8   구조체 student를 선언한다. student는 number, name, grade의 3개의 멤버로 정의된다. 아직 구조체 변수는 선언되지 않았다. 구조체를 함수의 외부에 선언하면 파일의 모든 함수에서 사용할 수 있다. 만약 구조체를 함수의 내부에서 선언하면 해당 함수 내부에서만 사용이 가능하다.

12   구조체 student의 변수 s가 선언된다. 선언되는 위치가 함수 내부이므로 지역 변수가 되고 따라서 초깃값은 쓰레기값이 된다.

14-16 구조체 변수 s의 멤버에 값들을 대입한다. number는 정수형이므로 정수를, name[]은 문자 배열이므로 문자열을, grade는 double형이므로 실수를 대입한다. 문자 배열 name[]의 경우, 다음과 같은 문장은 허용되지 않는다. 따라서 strcpy() 함수를 사용하여야 한다.
      name = "홍길동"; // 허용되지 않음!!

18-20 구조체 변수 s에 저장된 값들을 printf()를 이용하여 화면에 출력하였다. 멤버 연산자(.)는 구조체의 멤버를 참조하는 연산자이다.

예제 #2

이번에는 사용자로부터 데이터를 받아서 구조체의 멤버에 저장해보자.

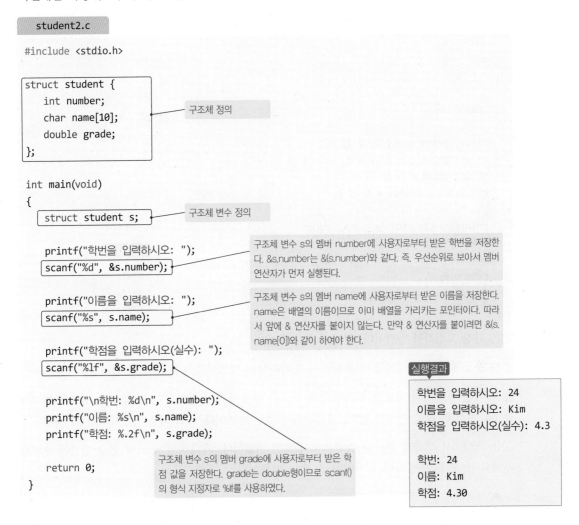

```
student2.c
```

```
#include <stdio.h>

struct student {
    int number;
    char name[10];          구조체 정의
    double grade;
};

int main(void)
{
    struct student s;       구조체 변수 정의

    printf("학번을 입력하시오: ");
    scanf("%d", &s.number);

    printf("이름을 입력하시오: ");
    scanf("%s", s.name);

    printf("학점을 입력하시오(실수): ");
    scanf("%lf", &s.grade);

    printf("\n학번: %d\n", s.number);
    printf("이름: %s\n", s.name);
    printf("학점: %.2f\n", s.grade);

    return 0;
}
```

구조체 변수 s의 멤버 number에 사용자로부터 받은 학번을 저장한다. &s.number는 &(s.number)와 같다. 즉, 우선순위로 보아서 멤버 연산자가 먼저 실행된다.

구조체 변수 s의 멤버 name에 사용자로부터 받은 이름을 저장한다. name은 배열의 이름이므로 이미 배열을 가리키는 포인터이다. 따라서 앞에 & 연산자를 붙이지 않는다. 만약 & 연산자를 붙이려면 &(s. name[0])와 같이 하여야 한다.

구조체 변수 s의 멤버 grade에 사용자로부터 받은 학점 값을 저장한다. grade는 double형이므로 scanf()의 형식 지정자로 %lf를 사용하였다.

```
실행결과
학번을 입력하시오: 24
이름을 입력하시오: Kim
학점을 입력하시오(실수): 4.3

학번: 24
이름: Kim
학점: 4.30
```

새로운 초기화 방법

C언어의 최신 버전에서는 새로운 구조체 초기화 방법이 추가되었다. 예제를 보자. 먼저 2차원 공간의 점을 구조체로 나타내었다. 구조체의 멤버로는 x좌표와 y좌표가 있다.

```
point_struct.c
```

```c
#include <stdio.h>

struct point {                              2차원 공간의 점을 구조체로 나타낸다.
   int    x;
   int    y;
};

int main(void)
{
   struct point p = { 1, 2 };              // ①
   struct point q = { .y = 2, .x = 1 };    // ②
   struct point r = p;                     // ③
   r = (struct point) { 1, 2 };            // ④ C99 버전

   printf("p=(%d, %d) \n", p.x, p.y);
   printf("q=(%d, %d) \n", q.x, q.y);
   printf("r=(%d, %d) \n", r.x, r.y);
   return 0;
}
```

실행결과

```
p=(1, 2)
q=(1, 2)
r=(1, 2)
```

①은 가장 고전적인 방법이다. 앞에서 학습하였다.

②는 구조체의 멤버 이름을 이용하여서 초기화하는 방법이다. y는 구조체 멤버 y를 나타낸다.

③은 다른 구조체의 내용을 복사하여서 새로운 구조체를 초기화하는 방법이다. 구조체 변수 r
은 p와 동일한 값을 가지게 된다. 예전부터 있었던 방법이다. 구조체끼리는 복사가 가능하다.

④는 C99에서 새롭게 추가된 방법으로 중요한 기법이다. 왜냐하면 구조체 변수 선언이 종료된
후에도 {1, 2}를 사용하여 초기화할 수 있기 때문이다.

 중간점검

1. 구조체 안에 선언된 각각의 변수들을 _____이라고 한다.
2. 구조체의 선언에 사용하는 키워드는 _____이다.
3. 구조체의 태그는 왜 필요하며, 태그를 사용하는 경우와 사용하지 않은 경우가 어떻게 다른가?
4. 구조체의 선언만으로 변수가 만들어지는가?
5. 구조체의 멤버를 참조하는 연산자는 무엇인가?

| 난이도 ★★   주제 구조체 선언 및 사용 |

사용자로부터 두 점의 좌표를 입력받아서 두 점 사이의 거리를 계산하여 보자. 점의 좌표를 구조체로 표현한다. 두 점 사이의 거리는 $\sqrt{(x_1-x_2)^2+(y_1-y_2)^2}$ 으로 계산한다.

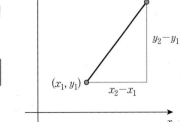

```
점의 좌표를 입력하시오(x y): 10 10
점의 좌표를 입력하시오(x y): 20 20
거리는 14.142136입니다.
```
실행 결과

---

point.c

```c
#define _CRT_SECURE_NO_WARNINGS
#include <stdio.h>
#include <math.h>

struct point {
    int x;
    int y;
};

int main(void)
{
    struct point p1, p2;
    int xdiff, ydiff;
    double dist;

    printf("점의 좌표를 입력하시오(x  y): ");
    scanf("%d %d", &p1.x, &p1.y);

    printf("점의 좌표를 입력하시오(x  y): ");
    scanf("%d %d", &p2.x, &p2.y);

    xdiff = p1.x - p2.x;
    ydiff = p1.y - p2.y;

    dist = sqrt(xdiff * xdiff + ydiff * ydiff);
    printf("거리는 %f입니다.\n", dist);
    return 0;
}
```

구조체 point를 선언한다. point는 2개의 멤버 x와 y로 정의된다. 아직 구조체 변수는 선언되지 않았다.

구조체 student의 변수 p1과 p2가 선언된다. 선언되는 위치가 함수 내부이므로 자동 변수가 되고 따라서 초깃값은 쓰레기값이 된다.

x좌표의 차이를 저장할 변수 xdiff와 y좌표의 차이를 저장할 변수 ydiff를 선언한다. 두 점 사이의 거리는 일반적으로 실수값이므로 double형 변수 dist를 선언한다.

사용자에게 점의 좌표를 입력받아서 구조체 변수에 저장한다.

x 좌표값의 차이와 y 좌표값의 차이를 계산한다. 이 값들은 음수가 될 수도 있다. 하지만 제곱하는 과정에서 양수로 바뀌므로 걱정할 것은 없다.

제곱근을 계산하는 함수 sqrt()를 호출하여 $\sqrt{(x_1-x_2)^2+(y_1-y_2)^2}$ 값을 계산한다. sqrt()는 double형을 받아서 double형을 반환한다.

4. 구조체 응용

구조체를 멤버로 가지는 구조체

어떤 자료형도 구조체의 변수가 될 수 있다. 구조체도 다른 구조체의 멤버가 될 수 있다. 포인터도 구조체의 멤버가 될 수 있다. 예를 들어서 학생을 나타내는 구조체에 생년월일을 추가하여 보자. 생년월일을 처리하려면 날짜를 나타내는 구조체를 별도로 정의하는 것이 편리하다.

```
struct date {            struct student {
   int year;                int number;          구조체 안에 구조체를 포함시킬 수 있다.
   int month;               char name[10];
   int day;                 struct date dob;    // date of birth
};                          double grade;
                            };
                         struct student s1;
```

date 구조체를 student의 멤버로 추가한다. student 구조체 안의 멤버 dob에 값을 대입하려면 다음과 같이 하면 된다.

```
s1.dob.year = 2000;
s1.dob.month = 03;
s1.dob.day = 29;
```

구조체 대입

구조체 변수에 허용되는 연산은 어떤 것들이 있을까? 구조체 변수를 다른 구조체 변수에 대입하는 것은 가능하다. 즉, 하나의 구조체 변수에 들어 있는 자료들을 다른 구조체 변수로 복사할 수 있다. 이것이 개별 변수들을 사용하는 것보다 구조체를 사용하는 것이 편리한 이유이다. 예를 들어 보자. 2차원 공간에서 점의 위치를 나타내는 구조체가 다음과 같이 선언되었다고 하자.

```
struct point {
   int x;
   int y;
};
struct point p1 = {10, 20};
struct point p2 = {30, 40};
```

여기서 왼쪽 아래와 같이 p2에 p1을 대입하는 연산이 가능하다. 왼쪽의 문장을 실행하면 p1과 p2의 좌표값이 (10, 20)으로 같아진다. 왼쪽의 문장은 오른쪽 문장과 동일하다. 구조체 대입 연산을 사용하면 많은 시간을 절약할 수 있다.

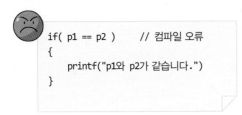

구조체 비교

그러나 구조체 변수를 서로 비교하는 것은 허용되지 않는다. 구조체 변수를 비교하려면 멤버마다 별도의 비교 수식을 적어주어야 한다.

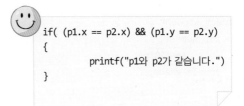

 중간점검

1. 구조체의 변수끼리 허용되는 연산에는 어떤 것들이 있는가?
2. 구조체 태그와 구조체 변수의 차이점은 무엇인가?
3. 구조체 멤버로 구조체를 넣을 수 있는가?
4. 구조체는 배열을 멤버로 가질 수 있는가?

5. 구조체의 배열

구조체 배열이란?

우리가 예로 살펴보았던 student 구조체 변수는 학생 한 명의 데이터만을 저장할 수 있다. 그러나 보통은 많은 학생들의 데이터를 처리하게 된다. 따라서 여러 개의 구조체가 필요하게 된다. 이런 경우에는 통상적으로 구조체의 배열을 사용하게 된다. 구조체의 배열이란 배열 원소가 구조체인 것을 말한다. 즉 구조체가 여러 개 모인 것이다.

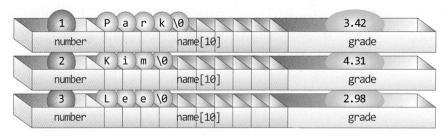

number   name[10]   grade

number   name[10]   grade

number   name[10]   grade

그림 11.6 구조체의 배열

구조체 배열의 선언

구조체의 배열은 int나 char 배열을 선언하는 것과 비슷하다. 다만 앞에 struct가 붙는 것이 다를 뿐이다.

```
struct student {
    int number;
    char name[20];
    double grade;
};

struct student list[100];   // 구조체 배열 선언
```

위에서는 student 구조체의 배열을 list[]란 이름으로 선언하였다. 이 배열은 100명의 학생의 데이터를 저장할 수 있다. 각 학생들의 데이터는 구조체로 표현되어 있다. 배열의 첫 번째 요소에 값을 저장하여 보자. 배열의 인덱스는 0부터 시작됨을 잊어서는 안 된다.

```
list[0].number = 1;
strcpy(list[0].name, "Park");
list[0].grade = 3.42;
```

구조체 배열의 초기화

구조체의 배열도 초기화가 가능하다. 다만 배열 초기화 안에 구조체 초기화가 들어가야 하므로 중괄호 안에 또 중괄호가 필요하게 된다.

```
struct student list[3] = {
    { 1, "Park", 3.42 },
    { 2, "Kim",  4.31 },
    { 3, "Lee",  2.98 }
};
```

여기서 주의할 점은 각 요소들의 초기화 값 사이에는 콤마가 있어야 한다. 다만 맨 마지막 원소 다음에는 콤마를 붙이지 않는다.

예제 #1: 구조체 배열 사용

다음 예제는 구조체의 배열을 사용하는 예를 보여준다. 학생들의 데이터를 반복 구조를 사용하여 입력받는다. 데이터들은 구조체의 배열에 저장된다.

```
학번을 입력하시오: 1
이름을 입력하시오: Park
학점을 입력하시오(실수): 3.42

학번을 입력하시오: 2
이름을 입력하시오: Kim
학점을 입력하시오(실수): 4.31

학번을 입력하시오: 3
이름을 입력하시오: Lee
학점을 입력하시오(실수): 2.98


============================================
학번: 1, 이름: Park,   학점: 3.420000
학번: 2, 이름: Kim,   학점: 4.310000
학번: 3, 이름: Lee,   학점: 2.980000
============================================
```

실행
결과

array_of_struct.c

```
1    #include <stdio.h>
2    #define SIZE 3
3
4    struct student {
5        int number;
6        char name[20];
7        double grade;
8    };
9
10   int main(void)
11   {
12       struct student list[SIZE];
13       int i;
14
```

```
15    for (i = 0; i < SIZE; i++)
16    {
17        printf("학번을 입력하시오: ");
18        scanf("%d", &list[i].number);
19        printf("이름을 입력하시오: ");
20        scanf("%s", list[i].name);
21        printf("학점을 입력하시오(실수): ");
22        scanf("%lf", &list[i].grade);
23        printf("\n");
24    }
25
26    printf("================================================\n");
27    for (i = 0; i < SIZE; i++)
28        printf("학번: %d, 이름: %s,   학점: %f\n", list[i].number, list[i].name, list[i].grade);
29    printf("================================================\n");
30    return 0;
31 }
```

프로그램 설명

4-8 구조체 student를 선언한다. student는 number, name, grade의 3개의 멤버로 정의된다. 아직 구조체 변수는 선언되지 않았다. 구조체를 함수의 외부에 선언하면 파일의 모든 함수에서 사용할 수 있다. 만약 구조체를 함수의 내부에서 선언하면 해당 함수 내부에서만 사용이 가능하다.

12 구조체 student의 배열 list[]가 선언된다. 역시 선언되는 위치가 함수 내부이므로 자동 변수가 되고 따라서 배열 원소의 초깃값은 쓰레기값이 된다.

15-23 반복 루프를 이용하여 사용자로부터 값을 입력받아 배열 원소들에 대입한다. name[]은 문자 배열이므로 scanf() 에서 주소 연산자 &을 사용하지 않았다. 배열의 이름은 그 자체로 포인터이다. &list[i].name은 연산자의 우선순위에 의하여 &((list[i]).name)이나 마찬가지이다.

27-28 반복 루프를 이용하여 배열 list[]에 저장된 값들을 화면에 출력한다.

 중간점검

1. 상품 5개의 정보를 저장할 수 있는 구조체의 배열을 정의해보라. 상품은 번호와 이름, 가격을 멤버로 가진다.

| 난이도 ★★★　주제 구조체의 배열 |

여러 개의 4지 선다형 문제를 저장하고 있다가 사용자에게 출력하고 사용자로부터 입력을 받아서 정답 여부를 출력해주는 프로그램을 작성해보자. 문제와 항목, 정답은 구조체에 저장할 수 있다. 문제가 여러 개이므로 구조체의 배열을 사용한다.

임베디드 장치에 가장 적합한 프로그래밍 언어는?
1. Python　2. Java　3. C　4. Javascript　3
맞았습니다.

서로 다른 자료형을 모을 수 있는 구조는?
1. 배열　2. 변수　3. 구조체　4. 포인터　3
맞았습니다.

HINT 다음과 같은 구조체를 고려해본다.

```
struct QUESTION {
    char question[SIZE];
    char item1[SIZE];
    char item2[SIZE];
    char item3[SIZE];
    char item4[SIZE];
    int solution;
};
```

도전문제

1. 10문제 정도 추가해보라.
2. 위의 프로그램에서 전체 문제 중에서 몇 문제를 맞추었는지를 표시하는 기능을 추가하라.
3. 문제가 랜덤하게 제시되도록 프로그램을 수정해보자. 한 번 제시한 문제가 다시 나오면 안 된다.

```c
#define _CRT_SECURE_NO_WARNINGS
#include<stdio.h>
#include<stdlib.h>
#define SIZE 100

struct QUESTION {
    char question[SIZE];
    char item1[SIZE];
    char item2[SIZE];
    char item3[SIZE];
    char item4[SIZE];
    int solution;
};

struct QUESTION bank[100] = {
    {"임베디드 장치에 가장 적합한 프로그래밍 언어는?", "1. Python", "2. Java", "3. C", "4.
Javascript", 3 },
    {"서로 다른 자료형을 모을 수 있는 구조는?", "1. 배열", "2. 변수", "3. 구조체", "4. 포인
터", 3 },
};

int main(void)
{
    int select, i;
    for (i = 0; i < 2; i++) {
        printf("%s\n", bank[i].question);
        printf("%s    ", bank[i].item1);
        printf("%s    ", bank[i].item2);
        printf("%s    ", bank[i].item3);
        printf("%s    ", bank[i].item4);
        scanf("%d", &select);
        if (select == bank[i].solution)
            printf("맞았습니다.\n\n");
        else
            printf("틀렸습니다.\n\n");
    }
    return 0;
}
```

6. 구조체와 포인터

구조체에서 포인터가 사용되는 경우는 다음의 2가지이다.

① 구조체를 가리키는 포인터
② 포인터를 멤버로 가지는 구조체

구조체를 가리키는 포인터

변수를 가리키는 포인터를 만들 수 있는 것처럼 구조체를 가리키는 포인터도 만들 수 있다. 구조체 포인터는 다음과 같이 선언된다. 아래 코드에서 포인터 p는 student 구조체를 가리킬 수 있는 포인터이다. 구조체 포인터 p와 구조체 s를 연결하려면 s의 주소를 추출하여 p에 대입해 주면 된다.

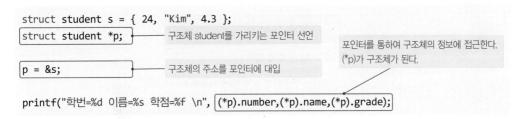

```
struct student s = { 24, "Kim", 4.3 };
struct student *p;          ────── 구조체 student를 가리키는 포인터 선언

                                    포인터를 통하여 구조체의 정보에 접근한다.
                                    (*p)가 구조체가 된다.
p = &s;                     ────── 구조체의 주소를 포인터에 대입

printf("학번=%d 이름=%s 학점=%f \n", (*p).number,(*p).name,(*p).grade);
```

구조체 포인터를 이용하여 구조체의 멤버를 액세스하려면 위와 같이 (*p).number와 같이 하면 된다. *p가 구조체를 가리키고 여기에 마침표 기호를 붙이면 멤버가 되는 것이다.

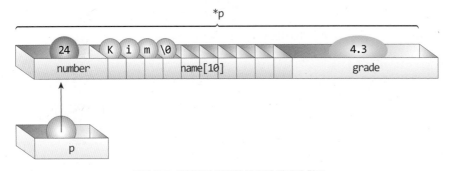

그림 11.7 포인터를 이용한 구조체 멤버의 참조

포인터를 이용하여 구조체의 멤버를 가리키는 것은 프로그램에서 자주 등장하기 때문에 이 것을 위한 특수한 연산자 ->가 있다. -> 연산자는 **간접 멤버 연산자**(indirect membership operator)라고 불리는 것으로 구조체 포인터를 이용하여 멤버에 접근하기 위하여 사용된다.

```
p->number;  ——  (*p).number와 같다.
```

어떤 표현을 사용하든지 의미는 완전히 일치하지만 -> 연산자가 훨씬 간편하여 많이 사용된다. p->number의 의미는 포인터 p가 가리키는 구조체의 멤버 number라는 의미이다.

```
printf("학번=%d 이름=%s 학점=%f\n", p->number, p->name, p->grade);
```

다음은 혼동하기 쉬운 구조체 변수와 구조체 포인터의 조합을 비교 정리한 것이다.

● (*p).number

포인터 p가 가리키는 구조체의 멤버 number를 의미한다.

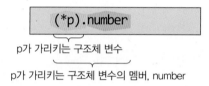

p가 가리키는 구조체 변수

p가 가리키는 구조체 변수의 멤버, number

● p->number

포인터 p가 가리키는 구조체의 멤버 number를 의미하며, (*p).number와 완전히 동일하다.

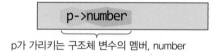

p가 가리키는 구조체 변수의 멤버, number

위의 내용들을 예제로 정리하여 보자.

pointer_to_st.c

```c
// 포인터를 통한 구조체 참조
#include <stdio.h>

struct student {
    int number;
    char name[20];
    double grade;
};
```

```
int main(void)
{
```
구조체 변수 s를 선언하고 초기화하였다. student 구조체를 가리킬 수 있는 포인터 p를 선언한다.

```
    struct student s = { 1, "Kim", 4.3 };
    struct student *p;
```

구조체 변수 s의 주소값을 구조체 포인터 p에 대입하여 p가 s를 가리키도록 하였다.

```
    p = &s;
```

구조체 포인터 p를 이용하여 구조체 변수 s의 멤버를 참조한다. (*p)는 s와 동일하고 따라서 (*p).number는 s.number와 동일하다.

```
    printf("학번=%d 이름=%s 학점=%.2f \n", s.number, s.name, s.grade);
    printf("학번=%d 이름=%s 학점=%.2f \n", (*p).number,(*p).name,(*p).grade);
    printf("학번=%d 이름=%s 학점=%.2f \n", p->number, p->name, p->grade);

    return 0;
}
```

구조체 포인터 p를 이용하여 구조체 변수 s의 멤버를 참조하는 또 다른 방법을 보여준다. -> 연산자는 간접 멤버 연산자로서 구조체 포인터에서 바로 구조체의 멤버로 접근할 수 있다.

```
학번=1 이름=Kim 학점=4.30
학번=1 이름=Kim 학점=4.30
학번=1 이름=Kim 학점=4.30
```

포인터를 멤버로 가지는 구조체

구조체는 멤버로 포인터를 가질 수 있다. int형이나 double형에 대한 포인터도 가능하고 다른 구조체에 대한 포인터도 가능하다. 구조체 포인터를 멤버로 가지는 구조체를 정의하고 사용하여 보자.

st_pointer.c

```
1   #include <stdio.h>
2
3   struct date {
4       int month;
5       int day;
6       int year;
7   };
8
9   struct student {
10      int number;
11      char name[20];
12      double grade;
13      struct date *dob;        ← 포인터가 구조체의 멤버
14  };
15
16  int main(void)
```

```
17   int main(void)
18   {
19       struct date d = { 3, 20, 2000 };        ← 구조체 변수들을 선언하고 초기화한다.
20       struct student s = { 1, "Kim", 4.3 };
21
22       s.dob = &d;                              ← 구조체 변수 s의 멤버인 포인터 dob
                                                     에 구조체 d의 주소를 대입하였다.
23
24       printf("학번: %d\n", s.number);
25       printf("이름: %s\n", s.name);
26       printf("학점: %.2f\n", s.grade);
27       printf("생년월일: %d년 %d월 %d일\n", s.dob->year, s.dob->month, s.dob->day);
28
29       return 0;
30   }
```

실행결과

학번: 1
이름: Kim
학점: 4.30
생년월일: 2000년 3월 20일

위의 예제에서는 13번째 라인에서 구조체를 가리킬 수 있는 구조체 포인터를 멤버로 선언하였다. 19번째와 20번째 라인에서 구조체 변수들을 선언하고 초기화하였다. 22번째 라인에서는 구조체 변수 s의 멤버인 포인터 dob에 구조체 d의 주소를 대입하였다. 따라서 dob는 구조체 d를 가리키게 된다.

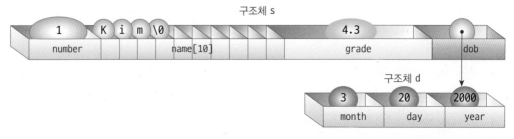

그림 11.8 구조체의 변수로 포인터를 가지는 예

7. 구조체와 함수

함수의 인수로 구조체를 넘기면 어떻게 될까? 또 함수에서 반환값으로 구조체를 반환할 수 있을까? 결론부터 말하자면 구조체는 함수의 인수로도 사용이 가능하고 함수에서 반환값으로 반환될 수 있다. 구조체가 인수나 반환값으로 사용될 때는 '값에 의한 호출' 원칙이 적용된다.

즉, 구조체 변수의 모든 내용이 복사되어 함수로 전달되고 반환된다. 따라서 함수에는 구조체의 복사본이 인수로 전달되므로 함수 안에서 구조체가 변경되더라도 원본 구조체에 영향을 주지 않는다. 단점으로 만약 구조체의 크기가 클 경우에는 상당한 시간이 소요된다.

구조체를 함수의 인수로 넘기는 방법

구조체를 함수의 인수로 넘기는 경우, 다른 기본 자료형을 넘길 때와 별반 다르지 않다. 즉 구조체의 복사본이 함수로 전달되게 된다. 따라서 만약 구조체의 크기가 크면 그만큼 시간과 메모리가 소요된다. 예를 들어 두 명의 학생들의 데이터를 받아서 학번이 같으면 동일한 학생이라고 판정하는 함수를 작성하여 보자. 구조체가 함수로 전달된다.

```
                              구조체의 경우 복사된다.    int main(void)
                                                    {
int equal(struct student (s1,) struct student (s2))      struct student a = { 1, "hong", 3.8 };
{                                                        struct student b = { 2, "kim", 4.0 };
    if( s1.number == s2.number )                         if( equal(a, b) == 1 ){
        return 1;                                            printf("같은 학생 \n");
    else                                                 }
        return 0;                                        else {
}                                                            printf("다른 학생 \n");
                                                         }
                                                    }
```

이 함수의 매개 변수는 2개이며 모두 구조체이다. 구조체 변수 a, b가 함수의 매개 변수 s1, s2로 복사된다. 두 개의 구조체 s1, s2를 받아서 멤버인 number가 같은지를 검사한다. 만약 number가 같으면 1을 반환하고 다르면 0을 반환한다. 만약 구조체의 크기가 크다면, 적지 않은 시간과 메모리 공간을 차지할 수 있다. 따라서 이런 경우에는 구조체를 직접 보내는 것이 아니라 구조체의 포인터를 인수로 보내는 것이 좋다. 포인터는 항상 일정한 크기임을 잊지 말아야 한다. 함수는 이 포인터를 이용하여 구조체에 접근하면 된다. 앞에서의 함수를 수정하여 보자.

```
                          구조체의 포인터를 보낸다.        int main(void)
                                                          {
int equal(struct student *p1, struct student *p2)            struct student a = { 1, "hong", 3.8 };
{                                                            struct student b = { 2, "kim", 4.0 };
    if( p1->number == p2->number )                           if( equal(&a, &b) == 1 ){
        return 1;                                                printf("같은 학생 \n");
    else                                                     }
        return 0;                                            else {
}            포인터를 통하여 구조체에 접근한다.                  printf("다른 학생 \n");
                                                             }
                                                          }
```

여기서 간접 멤버 연산자인 -> 연산자를 사용하였다. 이러한 방식이 장점만 있는 것은 아니다. 포인터를 잘못 사용하게 되면 원본 데이터를 훼손할 수도 있다. 앞에서의 구조체를 직접 보내는 방식에서는 복사본이기 때문에 아무리 변경하여도 원본에 영향을 주지는 않았다. 이러한 점을 방지하려면 한 가지 방법이 있다. 원본을 읽기만 하고 수정할 필요는 없는 경우, 매개 변수를 정의할 때 다음과 같이 const 키워드를 써주면 된다. const 키워드가 구조체 앞에 있으면 이 포인터가 가리키는 구조체의 값을 변경할 수 없다는 의미이다.

```
int equal(const struct student *p1, const struct student *p2)
{
    if( p1->number == p2->number )
        return 1;
    else
        return 0;
}
```
이 포인터를 통하여 구조체를 변경하는 것은 금지된다.

구조체를 함수의 반환값으로 넘기는 방법

지금까지는 정수나 실수 등의 기본 자료형을 반환값으로 넘기는 예제만을 다루었다. 그렇다면 함수가 구조체를 반환할 수도 있을까? 물론 얼마든지 가능하다. 함수의 반환값을 구조체로 표시해주면 된다. 예를 들면 다음과 같다. 함수가 구조체를 반환할 때도 원본이 아닌 복사본이 전달된다. 구조체를 사용하면 함수가 여러 개의 값을 반환할 수 있다.

```
struct student  create()
{
    struct student s;
    s.number = 3;
    strcpy(s.name,"park");
    s.grade = 4.0;
    return s;
}
```

구조체 s가 구조체 a로 복사된다.

```
int main(void)
{
    struct student a;
    a = create();

    return 0;
}
```

예제 #1

벡터(vector) 연산을 수행하는 함수를 제작하여 보자. 많은 벡터 연산
들이 있으나 여기서는 가장 기본적인 두 벡터의 합을 구하는 함수 get_
vector_sum()을 제작하여 보자. 이 함수는 두 개의 벡터를 인수로 받
아서 덧셈을 하고 덧셈의 결과로 생성된 벡터를 반환한다.

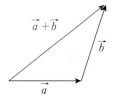

벡터의 합은 (7.0, 9.0)입니다.

vector.c

```
#include <stdio.h>

struct vector {
    double x;
    double y;
};

struct vector get_vector_sum(struct vector a, struct vector b);
```

구조체 vector를 선언한다. point의 멤버는 실수형인 x와 y이다. 선언되는 위
치가 함수 외부이므로 같은 소스 파일에 있는 모든 함수가 사용할 수 있다.

get_vector_sum()의 원형을 정의하였다. 원형에서 구조체의 정의가 필요하므
로 구조체 정의가 끝난 후에 함수의 원형을 정의하였다. 구조체를 반환한다.

구조체를 매개 변수로 받는다.

```
int main(void)
{
    struct vector a = { 2.0, 3.0 };
    struct vector b = { 5.0, 6.0 };
    struct vector sum;

    sum = get_vector_sum(a, b);
    printf("벡터의 합은 (%.1f, %.1f) 입니다.\n", sum.x, sum.y);

    return 0;
}
```

구조체 vector를 이용하여 구조체 변수 a, b, sum을 선언한다. a와
b는 초기화 값이 주어진다. sum은 벡터의 합이 저장될 예정이므로
초기화되지 않았다.

get_vector_sum()을 호출하여 벡터 a와 벡터 b의 합을 계산하였다.
인수로 2개의 구조체 변수 a와 b가 전달되었다. 이들 구조체 변수의
복사본이 함수로 전달된다. 함수에서 반환되는 구조체를 sum에 대입
한다.

```
struct vector get_vector_sum(struct vector a, struct vector b)
{
    struct vector result;
    result.x = a.x + b.x;
    result.y = a.y + b.y;

    return result;
}
```

> 매개 변수 a와 b를 통하여 2개의 구조체 변수를 전달받는다. 두 벡터의 합을 구하고 연산의 결과인 구조체 변수 result를 반환한다. 구조체를 반환하는 경우에도 복사본이 반환된다.

도전문제

1. 구조체 포인터를 이용하여 위의 프로그램을 다시 작성해보자. 즉 vector 구조체의 포인터를 함수 get_vector_sum()으로 전달하여 보자.

중간점검

1. 구조체를 함수의 인수로 전달하면 원본이 전달되는가? 아니면 복사본이 전달되는가?
2. 원본 구조체를 포인터로 함수에 전달하는 경우, 원본 구조체를 훼손하지 않게 하려면 어떻게 하면 되는가?

8. 공용체

C에서는 같은 메모리 영역을 여러 개의 변수들이 공유할 수 있게 하는 기능이 있다. 이것을 **공용체(union)**라고 부른다. 같은 메모리 영역을 여러 개의 변수가 공유하도록 하는 것은 메모리를 절약하기 위해서이다. 공용체를 선언하고 사용하는 방법은 구조체와 아주 비슷하며, 구조체와 똑같은 방법으로 태그를 붙여서 사용한다. 다만 공용체는 멤버들이 같은 공간을 공유하기 때문에 동시에 모든 멤버 변수들의 값을 저장할 수는 없으며, 어떤 순간에는 하나의 멤버만 존재할 수 있다. 학생은 학번으로 식별되거나, 이름을 사용하여 식별된다고 가정하자. 다음과 같은 공용체를 생각할 수 있다. 공용체 선언과 변수 생성을 동시에 하였다. 공용체 변수의 크기는 멤버 중에서 메모리를 가장 많이 요구하는 멤버의 크기와 같다. 공용체 student의 크기는 멤버 중에서 크기가 가장 큰 name 배열의 크기와 같게 되어 12바이트가 된다.

```
union student
{
    int number;
    char name[12];
} s;
```

```
12 byte
<---------------->
number(4byte)
name(12byte)
<-------------------------->
```

그림 11.9 공용체는 멤버들이 같은 공간을 공유한다

만약 위와 같이 공용체가 정의되었다면 공용체 변수 s에는 멤버 중에서 가장 큰 멤버(즉 12바이트)만큼만의 공간이 할당된다. 12바이트를 변수 number와 배열 name이 공유하게 된다.

참고로 구조체는 각 멤버가 독립된 공간을 할당받는다. 반면에, 공용체에는 가장 큰 멤버의 크기만큼의 메모리가 할당된다.

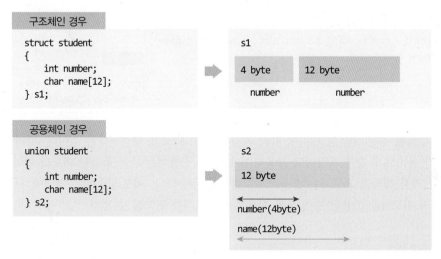

그림 11.10 구조체와 공용체의 비교

여기서 union은 키워드이고 student는 공용체 태그 이름이며, 변수 number와 배열 name은 공용체 멤버 변수이다. student 공용체는 변수 number와 변수 name이 같은 기억 장소를 공유한다. 따라서 어떤 순간에 공용체 안에는 둘 중의 하나만 존재할 수 있다. 공용체에서 멤버 접근 방법은 구조체와 동일하다. 즉 멤버 연산자인 . 연산자를 이용하여 접근하면 된다.

예제 #1: 공용체 선언과 사용

본문에서 설명한 내용을 코드로 확인해보자.

union.c

```
#include <stdio.h>

union student {
    int number;
    char name[12];
};

int main(void)
```

```
{
    union student s;

    s.number = 24;
    printf("s.number=%d    s.name=%s\n", s.number, s.name);

    strcpy(s.name, "Kim");
    printf("s.number=%d    s.name=%s\n", s.number, s.name);
    return 0;
}
```

공용체 student의 변수 s를 선언한다. 이 변수는 student의 두 멤버 중에서 큰 것을 수용할 수 있어야 한다. number가 4바이트, name이 12바이트이므로 12바이트가 할당된다. 정확한 메모리의 양은 sizeof()를 사용해야 한다.

int형의 멤버 number에 24를 대입한다. 대입 후에 공용체의 각 멤버들을 출력하여 보면 멤버 number만 값이 제대로 나온 것을 알 수 있다. 다른 멤버를 통하여 출력하면 메모리의 같은 부분을 다르게 해석하여 이상한 값이 출력된다.

실행결과
```
s.number=24      s.name=
s.number=7170379     s.name=Kim
```

여기서 주의할 점은 선택된 멤버에 따라 저장된 값이 다르게 해석된다는 점이다. 따라서 프로그래머가 올바르게 값을 저장하고 사용하여야 한다. 공용체는 주로 동일한 메모리 영역에 대하여 여러 가지 해석을 요구하는 응용프로그램에서 유용하다. 메모리의 같은 영역에 서로 다른 여러 가지 자료형을 사용할 수 있도록 함으로써 메모리를 절약할 수 있다.

 중간점검

1. 공용체의 선언에 사용하는 키워드는 _____이다.
2. 공용체에 할당되는 메모리의 크기는 어떻게 결정되는가?

9. 열거형

열거형(enumeration)이란 변수가 가질 수 있는 값들을 미리 열거해놓은 자료형이다. 예를 들어서 요일을 저장하고 있는 변수는 { 일요일, 월요일, 화요일, 수요일, 목요일, 금요일, 토요일 } 중의 하나의 값만 가질 수 있을 것이다. 또한 월을 저장하고 있는 변수는 { 1월, 2월, ..., 12월 } 중의 하나의 값만 가질 수 있을 것이다. 색상을 저장하고 있는 변수가 { white, red, blue, green, black } 중의 하나의 값만 가질 수 있다면 이것도 열거형으로 선언할 수 있다.

그림 11.11 요일을 나타내는 열거형

열거형(enumeration)은 여러 개의 상수를 하나의 자료형으로 정의할 수 있는 기능을 제공합니다. 열거형을 사용하면 상수를 정의할 때 가독성을 높이고 코드를 유지 보수하기 쉽게 만들 수 있습니다.

열거형은 enum이라는 키워드를 사용하여 만들어진다.

형식

``
enum 열거형명 {
    열거형상수1,
    열거형상수2,
    열거형상수3
    //...
};
``

예

``
enum levels {
    low,
    medium,
    high
};
``

열거형도 사용자가 새로운 자료형을 정의하는 방법의 하나이다. 위의 문장은 새로운 자료형 level을 선언한다. 열거형 level은 low, medium, high 중에서 하나의 값만을 가질 수 있다. level 안에 들어 있는 열거형 상수들은 컴파일러에 의하여 0에서 시작하여 1씩 증가하는 값으로 설정된다. 즉 low가 0이고, medium은 1이며, high는 2이다. 이러한 값들의 배정은 사용자가 변경할 수 있다. 만약 1부터 시작하려면 다음과 같이 첫 번째 식별자 뒤에 =1을 붙여주면 된다.

```
enum levels { low=1, medium, high };          // low=1, medium=2, high=3
```

위의 문장을 실행하면 low는 값이 1이 되며, 이후 1씩 증가하면서 high는 3이 된다. 필요한 경우에 사용자가 모든 식별자들의 값을 지정할 수도 있다.

```
enum levels { low=10, medium=20, high=30 };   // low=10, medium=20, high=30
```

위의 문장들은 열거형 자체를 정의하기 위한 문장이다. 즉 변수를 선언하는 문장은 아니다. 정의된 열거형을 이용하여 열거형 변수를 선언하려면 다음과 같이 한다. 이점은 구조체나 공용체와 같다.

```
enum levels english;
english = high;
```

english는 열거형 변수로서 열거형 levels에 정의된 값들만을 가질 수 있다. 열거형은 주로 프로그램의 가독성을 높이기 위해 사용된다. 예를 들어, 프로그램에서 특정한 상태를 나타내는 값을 지정할 때, 열거형을 사용하여 상태에 대한 가독성을 높일 수 있다. 또한, 열거형 상수를 사용하면 개발자의 실수로 상수의 값을 잘못 지정하는 등의 오류를 방지할 수 있다.

예제 #1

계절을 나타내는 열거형을 정의하고 이것을 이용하여 다음과 같이 출력하여 보자. 이 예제는 열거형을 사용하여 가독성을 높이고, 계절에 대한 정의를 명확하게 하여 코드를 유지 보수하기 쉽게 만들었다.

enum1.c

```c
#include <stdio.h>

enum season {    SPRING, SUMMER, FALL, WINTER  };
```

> enum season은 SPRING, SUMMER, FALL, WINTER와 같은 계절을 정의하는 열거형이다.

```c
int main(void)
{
        enum season s = FALL;
        switch (s) {
        case SPRING:
                printf("봄입니다.\n");
                break;
        case SUMMER:
                printf("여름입니다.\n");
                break;
        case FALL:
                printf("가을입니다.\n");
                break;
        case WINTER:
                printf("겨울입니다.\n");
                break;
        default:
                printf("잘못된 값입니다.\n");
                break;
```

> s 변수는 FALL 값으로 초기화되고, switch 문을 이용하여 s 변수의 값에 따라 각각의 계절을 출력하도록 구현되어 있다.

```
        }
        return 0;
}
```

실행결과

가을입니다.

열거형의 장점

- 가독성 향상: 숫자나 문자열 등의 값 대신, 의미 있는 이름을 사용하여 코드를 작성할 수 있다. 이렇게 함으로써 코드의 가독성을 향상시킬 수 있다.
- 유지 보수 용이성: 코드에서 사용되는 상수 값들이 어떤 의미를 가지고 있는지 명확하게 알 수 있으므로 코드를 이해하고 수정하는 데 도움이 된다.
- 타입 안정성: 열거형은 정의된 값 외에 다른 값을 사용할 수 없다. 따라서 컴파일러가 타입 체크를 수행하여 잘못된 값이 사용되는 것을 방지할 수 있다.
- 중복 정의 방지: 여러 곳에서 동일한 상수 값이 사용되는 것을 방지할 수 있다. 열거형을 사용하면 상수 값을 한 번 정의하고, 이후에는 열거형을 참조하여 사용할 수 있다.
- 코드의 간결성: 열거형을 사용하면 상수 값을 선언할 필요 없이, 열거형 이름과 멤버 이름만으로 상수 값을 사용할 수 있다. 이로 인해 코드가 더 간결해진다.

다른 방법과의 비교

기본적으로 열거형은 정수 형태의 기호 상수를 정의하는 경우에 사용된다. 다른 방법들과 비교하여 보자.

정수 사용	기호 상수	열거형
	`#define LCD 1` `#define OLED 2`	`enum tvtype { LCD, OLED };` `enum tvtype code;`

`switch(code) {`
  `case 1:`
    `printf("LCD TV\n");`
    `break;`
  `case 2:`
    `printf("OLED TV\n");`
    `break;`
`}`
	`switch(code) {`
	  `case LCD:`
	    `printf("LCD TV\n");`
	    `break;`
	  `case OLED:`
	    `printf("OLED TV\n");`
	    `break;`
	`}`
		`switch(code) {`
		  `case LCD:`
		    `printf("LCD TV\n");`
		    `break;`
		  `case OLED:`
		    `printf("OLED TV\n");`
		    `break;`
		`}`

컴퓨터는 알기 쉬우나 사람은 기억하기 어렵다.	기호 상수를 정의할 때 오류를 범할 수 있다.	컴파일러가 중복이 일어나지 않도록 체크한다.

열거형을 사용하면 특정한 숫자 대신에 기호를 사용함으로써 프로그램의 이해도를 향상시킬 수 있고, 변수가 열거된 값 이외의 값을 취하는 것을 막아서 오류를 줄여준다.

 중간점검

1. 열거형의 선언에 사용하는 키워드는 _____이다.
2. 열거형은 어떤 경우에 사용되는가?
3. 열거형에서 특별히 값을 지정하지 않으면 자동으로 정수 상수값이 할당되는가?

10. typedef

typedef의 개념

구조체는 사용자가 기존의 자료형들을 모아서 새로운 자료형을 정의한다고 볼 수 있다. 그러나 기존의 자료형과는 다르게 항상 앞에 struct를 써주어야 한다. C에서는 이것을 극복할 수 있는 방법을 제공한다. 바로 typedef을 이용하는 것이다. typedef은 말 그대로 새로운 자료형 (type)을 정의(define)하는 것이다. 이 키워드는 C의 기본 자료형을 확장시키는 역할을 한다. 즉 C가 기본적으로 제공하는 int형이나 float형 같은 자료형에 사용자가 새로운 자료형을 추가할 수 있도록 한다.

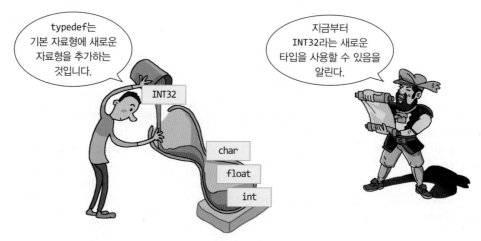

그림 11.12 typedef는 기본 자료형에 사용자가 정의한 자료형을 추가한다

typedef의 사용 형식은 다음과 같다. old_type은 기존의 자료형이다. new_type은 새롭게 정의하려고 하는 자료형의 이름이다. 새로운 자료형 new_type을 정의하는 것으로 그 내용은

old_type과 같다는 의미가 된다.

typedef를 이용한 간단한 예를 하나 들어보면 위와 같다. 실제 프로그래밍에서 많이 사용하는 예이다. unsigned char형은 작은 정수를 저장하는 데도 많이 사용된다. 문자가 아니고 정수를 저장한다는 것을 강조하기 위하여 typedef를 사용하여 unsigned char형을 BYTE라는 이름으로 다시 정의할 수 있다. 이렇게 정의된 BYTE라는 자료형은 기본 자료형과 똑같이 변수를 정의하는 데 사용될 수 있다.

```
typedef unsigned char BYTE;
```

유사하게 INT32와 UNIT32도 정의해 보면 다음과 같다.

```
typedef int    INT32;
typedef unsigned int   UINT32;

INT32 i;      // int i;와 같다.
UINT32 k;     // unsigned int k;와 같다.
```

구조체로 새로운 자료형 만들기

기존의 자료형에 새로운 이름을 붙이는 것은 큰 이점이 없어 보인다. 그러나 typedef 문은 상당히 복잡한 데이터의 형식도 새로운 자료형으로 만들 수 있는 능력이 있다. 예를 들어 다음과 같은 구조체를 만들었다고 하자.

```
struct point {
    int x;
    int y;
};
```

위의 구조체를 새로운 타입으로 정의하려면 다음과 같이 typedef를 이용한다.

기존의 자료형 / 새로운 자료형

```
typedef struct point POINT;
```

즉, struct point를 새로운 타입인 POINT로 정의하는 것이다. 지금부터는 POINT라는 새로운 자료형이 생성된 것이므로 앞에 struct를 붙일 필요가 없다. 즉, point 구조체 변수를 생성하려면 다음과 같이 하면 된다.

```
POINT a, b;
```

여기서 구조체의 선언과 typedef를 같이 사용할 수도 있다.

```
typedef struct point {
    int x;
    int y;
} POINT;
```

예제 #1: typedef의 사용

typedef의 대표적인 예제로는 자료형 이름을 간결하게 만들어 주는 것을 들 수 있다. 예를 들어, unsigned long long 자료형은 매우 긴 이름을 가지기 때문에 코드를 작성할 때 불편함이 있다. 이때 typedef를 사용하여 이 자료형에 새로운 이름을 정의하면 코드의 가독성과 이해도를 높일 수 있다.

typedef1.c

```c
#include <stdio.h>

typedef unsigned long long ull;

int main(void)
{
        ull x = 12345678901234567890ull;
        printf("%llu\n", x);
        return 0;
}
```

실행결과

```
12345678901234567890
```

위 코드는 unsigned long long 자료형에 대해 ull이라는 이름을 정의한다. 이제 ull을 사용하여 변수를 선언할 수 있다. 위 코드에서 x는 unsigned long long 자료형과 동일한 크기와 범위를 가지는 ull 자료형의 변수이다. typedef를 사용하면 변수를 선언할 때 더 간결한 코드를 작성할 수 있다.

예제 #2: 구조체를 새로운 자료형으로 정의

컴퓨터 그래픽에서 많이 등장하는 점의 평행이동에 관한 프로그램을 작성하여 보자. 2차원 공간에서의 점을 구조체로 표현한 다음에 이 구조체를 typedef를 이용하여 새로운 타입인 POINT로 정의한다. translate() 함수의 인수로 원래 점의 좌표와 이동된 거리를 전달하여서 점의 평행이동을 계산한다.

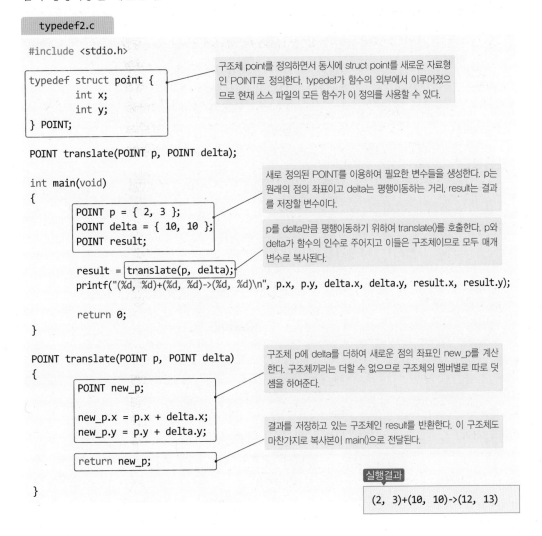

typedef2.c

```c
#include <stdio.h>

typedef struct point {
        int x;
        int y;
} POINT;
```
> 구조체 point를 정의하면서 동시에 struct point를 새로운 자료형인 POINT로 정의한다. typedef가 함수의 외부에서 이루어졌으므로 현재 소스 파일의 모든 함수가 이 정의를 사용할 수 있다.

```c
POINT translate(POINT p, POINT delta);

int main(void)
{
        POINT p = { 2, 3 };
        POINT delta = { 10, 10 };
        POINT result;
```
> 새로 정의된 POINT를 이용하여 필요한 변수들을 생성한다. p는 원래의 점 좌표이고 delta는 평행이동하는 거리, result는 결과를 저장할 변수이다.

```c
        result = translate(p, delta);
        printf("(%d, %d)+(%d, %d)->(%d, %d)\n", p.x, p.y, delta.x, delta.y, result.x, result.y);

        return 0;
}
```
> p를 delta만큼 평행이동하기 위하여 translate()를 호출한다. p와 delta가 함수의 인수로 주어지고 이들은 구조체이므로 모두 매개변수로 복사된다.

```c
POINT translate(POINT p, POINT delta)
{
        POINT new_p;

        new_p.x = p.x + delta.x;
        new_p.y = p.y + delta.y;
```
> 구조체 p에 delta를 더하여 새로운 점의 좌표인 new_p를 계산한다. 구조체끼리는 더할 수 없으므로 구조체의 멤버별로 따로 덧셈을 하여준다.

```c
        return new_p;
}
```
> 결과를 저장하고 있는 구조체인 result를 반환한다. 이 구조체도 마찬가지로 복사본이 main()으로 전달된다.

실행결과

```
(2, 3)+(10, 10)->(12, 13)
```

노트

배열과 같은 복잡한 자료형도 새로운 자료형으로 다시 정의할 수 있다.

```
typedef float VECTOR[2];          // VECTOR는 실수 2개로 이루어진 1차원 배열
typedef float MATRIX[10][10];     // MATRIX는 실수 100개로 이루어진 2차원 배열

VECTOR v1, v2;                    // v1과 v2는 1차원 배열
MATRIX m1, m2;                    // m1과 m2는 2차원 배열
```

중간점검

1. typedef의 용도는 무엇인가?
2. typedef의 장점은 무엇인가?
3. 사원을 나타내는 구조체를 정의하고 이것을 typedef를 사용하여서 employee라는 새로운 타입으로 정의하여 보자.

구조체를 이용하여서 현재 시간을 표현한다. 사용자로부터 2개의 시간을 입력받아서 두 시간 사이의 차이를 계산하여 출력하는 프로그램을 작성한다. 2개의 시간을 받아서 시각 차이를 계산하는 diff_time() 함수를 작성하여 사용한다.

> 실행 결과

```
시작 시간(시, 분, 초): 1 30 30
종료 시간(시, 분, 초): 3 20 20

소요시간: 2시간 10분 10초
```

HINT　모든 시간을 초 단위의 시간으로 바꾸어서 초 단위의 차이를 계산한 후에 다시 시:분:초로 바꾼다. 다음 코드를 참조한다. 추가로 typedef를 사용하여도 좋다.

```c
struct time {
        int hours;
        int minutes;
        int seconds;
};

int time_to_secs(struct time t) {
        return t.hours * 3600 + t.minutes * 60 + t.seconds;
}

struct time secs_to_time(int secs) {
        struct time t;
        t.hours = secs / 3600;
        t.minutes = (secs % 3600) / 60;
        t.seconds = secs % 60;
        return t;
}
```

Coding Test 연락처 관리 프로그램

| 난이도 ★★★ 주제 구조체 배열 |

이름, 전화번호, 이메일 등의 정보를 포함하는 구조체를 만들어 연락처 정보를 저장하고 관리하는 프로그램을 구현해보자. 연락처 정보를 저장할 수 있는 구조체를 정의한다. 구조체는 이름, 전화번호, 이메일 등의 정보를 저장할 수 있어야 한다. 많은 연락처를 저장하려면 구조체의 배열을 생성하여야 할 것이다.

다음과 같은 메뉴를 생성한 후에 각 메뉴 항목을 구현한다.

```
==========================================
1. 이름으로 연락처 찾기
2. 전화번호로 연락처 찾기
3. 이메일로 연락처 찾기
4. 새로운 연락처 추가
5. 모든 연락처 출력
6. 종료
==========================================
메뉴 중에서 하나를 선택하세요:
```

1 Employee 구조체로 정의된 변수 e에는 salary라는 필드가 있다. 이 필드를 올바르게 참조한 것은?

   ① e->salary   ② e.salary   ③ (*e).salary   ④ e-salary

2 포인터 p는 Employee 구조체로 정의된 변수 e를 가리킨다. Employee 구조체는 salary 라는 필드를 가진다. p를 이용하여 salary를 올바르게 참조한 것을 모두 고르시오.

   ① p->salary   ② p.salary   ③ (*p).salary   ④ p-salary

3 설명에 맞는 항목을 서로 연결하시오.

- 여러 개의 변수가 메모리 공간을 공유하는 것   • typedef
- 서로 다른 자료형의 변수들을 묶은 것   • 열거형
- 여러 개의 기호 상수를 정의한 것   • 공용체
- 사용자 정의 자료형을 정의하는 키워드   • 구조체

4 다음 중 올바르게 정의된 구조체는?

   ① struct { int a; }   ② struct foo { int a; }

   ③ struct foo int a;   ④ struct foo { int a; };

5 구조체 foo의 변수를 올바르게 선언한 것은?

   ① struct foo;   ② struct foo var;

   ③ foo;   ④ int foo;

6 다음 열거형의 정의를 보고 각 식별자의 정수값을 예측하여 보시오.

enum colors { white, red=3, blue, green, black=9 };

식별자	white	red	blue	green	black
값					

7 다음과 같은 데이터들을 가지는 구조체를 정의하고 c1이라는 이름의 구조체 변수를 정의
하여 보라.

```
struct _____ {
        _____      _____;
        _____      _____;
        _____      _____;
};
_____  _____;     // 구조체 변수 선언
```

```
Customer
char name[20]
int zip_code
long mileage
```

8 다음의 구조체 배열은 직원들의 정보를 저장하고 있다. 배열의 인덱스 1번 요소에 { "철
수", 300 } 값을 저장하는 문장을 작성하라.

```
struct employee {
    char name[30];
    int salary;
};

struct employee emp[10];
_____; // name에 "철수" 저장
_____; // salary에 300 저장
```

9 구조체 배열의 인덱스 2번 요소에 사용자가 입력한 직원 정보를 저장하는 문장을 작성해
보자.

```
struct employee {
    char name[30];
    int salary;
};

struct employee emp[10];
_____; // name에 사용자가 입력한 이름을 저장
_____; // salary에 사용자가 입력한 숫자를 저장
```

10 2차원 평면에서 점은 (x, y) 좌표로 나타낼 수 있다. 따라서 하나의 점은 다음과 같은 point라는 구조체로 정의할 수 있다. 이 point 구조체를 받아서 다음과 같은 기능을 하는 함수를 작성하고 테스트하라.

```
struct point {
    int x, y;        }
};
```

(a) 두 점의 좌표가 일치하면 1을 반환하고 그렇지 않으면 0을 반환하는 함수 int equal(struct point p1, struct point p2)

(b) 점의 좌표를 받아서 이 점이 어떤 사분면에 속하는지를 반환하는 함수, 점이 속하는 사분면의 번호를 반환하는 함수 int quadrant(struct point p)

Programming

1 학생을 나타내는 구조체 student를 정의하고 테스트한다. student는 주민등록번호(정수), 이름(문자열), 전화번호(문자열)로 구성된다. 구조체 안에서 공용체를 사용하여 주민등록번호 또는 학번 중에서 하나를 사용할 수 있도록 구조체를 정의해보자.

실행결과
```
학생 정보:
주민등록번호: 1234567
이름: 홍길동
전화번호: 010-1234-5678
```

2 구조체를 이용하여 이메일을 표현할 수 있는 구조체를 정의하고, 적당한 초기값을 부여하고 출력하는 프로그램을 작성하라. 구조체의 멤버는 제목, 수신자, 발신자, 내용, 날짜, 우선순위 등으로 구성된다.

실행결과
```
이메일 정보:
제목: 회의 일정 안내
수신자: john@example.com
발신자: admin@example.com
내용:
안녕하세요,
회의 일정을 안내드립니다.
날짜: 2023년 7월 20일
시간: 오전 10시
장소: 회의실 2호
감사합니다.
날짜: 2023-07-19
우선순위: 2
```

3 두 개의 복소수를 더하는 프로그램을 작성하여 보자. 복소수 a+bi와 c+di의 덧셈은 다음과 같다.

$$(a+bi)+(c+di)=(a+b)+(c+d)i$$

복소수는 구조체를 사용하여 표현하여 보자. 복소수의 덧셈을 수행하는 함수 add_complex()를 정의하여 사용한다.

```
첫 번째 복소수를 입력하시오(a, b): 1.0 3.0
두 번째 복소수를 입력하시오(a, b): 5.0 2.0
6.0 + 5.0i
```

4 직원을 나타내는 구조체 employee는 사번(정수), 이름(문자열), 전화번호(문자열), 나이(정수) 등으로 구성된다. 크기가 10인 구조체 배열을 선언하고 이름은 "홍길동1"-"홍길동10"으로, 나이, 전화 번호, 사번은 난수로 초기화하라. 이 중에서 나이가 20 이상 30 이하인 직원을 찾아서 출력하도록 하라.

```
홍길동1
홍길동3
```

5 주식의 이름, 현재 가격, 전일 대비 변동률을 저장하는 구조체를 정의하고, 구조체 배열을 이용하여 여러 주식의 가격 변동을 저장하는 프로그램을 작성하라.

```
주식 1 정보
주식 이름: ABC
현재 가격: 1000.50
전일 대비 변동률: 2.75%
...
```

6 열거형을 사용하여 사람과 컴퓨터 사이의 가위, 바위, 보 게임을 구현하여 보자.

```
가위(0), 바위(1), 보(2)를 입력하세요: 0
컴퓨터: 1
컴퓨터가 이겼습니다.
```

7 사각형과 원을 동시에 표현할 수 있는 공용체를 설계하라. 사각형은 가로와 세로, 원은 반지름만을 저장하도록 하라. 현재의 공용체가 표현하고 있는 도형의 종류는 열거형 변수를 사용하여 나타낸다. 사용자로부터 도형의 종류와 도형의 데이터를 받아서 도형의 면적을 계산하는 프로그램을 작성하라.

```
도형의 타입을 입력하시오(사각형:0, 원:1): 0
너비와 높이를 입력하시오: 100 200
면적은 20000입니다.
```

8 typedef를 이용하여 구조체 struct {char name[20]; int age;}를 Person이라는 이름의 자료형으로 정의해보자. Person을 이용하여 변수 p를 선언한 후에 사용자로부터 이름과 나이를 입력받아서 저장해보자.

```
이름: Kim
나이: 22

이름은 Kim이고 나이는 20살입니다.
```

9 옷의 사이즈를 나타내는 열거형 Size를 정의해보자. 열거형 Size 안에는 XS, S, M, L, XL, XXL 등의 상수가 정의되어야 한다. 자신의 옷 사이즈를 변수에 저장한 후에 다시 출력해보자.

```
나의 옷 사이즈는 XL입니다.
```

10 영화의 제목, 감독, 장르, 평점을 저장하는 구조체를 정의하고, 구조체 배열을 이용하여 영화 정보를 입력하고 저장하는 프로그램을 작성하라.

```
영화 1 정보
영화 제목: Interstellar
감독: Christopher Nolan
장르: Sci-Fi
평점: 8.90
```

12

파일 입출력

1. 이번 장에서 만들 프로그램

이번 장에서는 파일을 사용하여 데이터를 저장하고 읽어본다. 구체적으로 다음과 같은 프로그램을 작성하여 보자.

(1) 텍스트 파일을 복사하는 프로그램을 작성해보자.

alphabet.txt

abcdefghijklmnopqrstuvwxyz

copy.txt

abcdefghijklmnopqrstuvwxyz

(2) 이미지 파일을 읽어서 화면에 표시하는 프로그램을 작성해보자.

2. 스트림

프로그램에서는 화면이나 키보드, 파일 등의 입출력 장치에서 데이터를 입력하거나 출력할 필요가 있다. 장치마다 입출력하는 방법은 아주 다르지만, C에서는 스트림(stream)이라는 개념을 사용하여서 동일한 방법으로 입출력할 수 있다. 즉, 키보드와 하드디스크는 구조나 기능이 아주 다르지만, C에서는 동일한 라이브러리 함수로 입출력할 수 있다. 스트림이란 모든 입력과 출력을 바이트(byte)들의 흐름으로 생각하는 것이다. 어떤 입출력 장치던지 상관없이 바이트 단위로 입출력이 이루어진다.

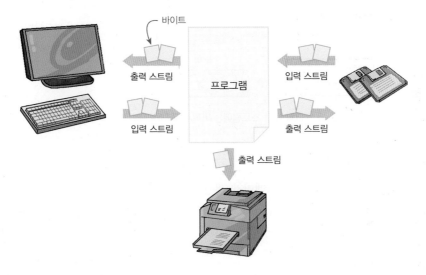

스트림의 최대 장점은 장치 독립성이다. 입출력 장치에 상관없이 우리는 동일한 함수를 사용하여 프로그램을 작성할 수 있다. 예를 들어서 fgetc()라고 하는 함수를 사용하여 키보드에서 하나의 문자를 받을 수도 있고 하드디스크에 있는 파일에서 하나의 문자를 읽을 수도 있다. 입력 장치가 무엇이건 출력 장치가 무엇이건 간에 입력과 출력은 무조건 연속된 바이트의 스트림이라고 생각하면 된다. 바이트들이 물 위에서 둥둥 떠서 이동하는 모습을 상상하면 된다.

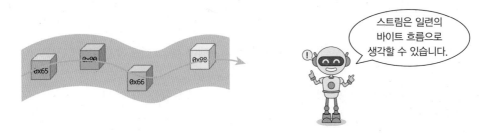

스트림은 일련의 바이트 흐름으로 생각할 수 있습니다.

스트림의 또 하나의 특징은 기본적으로 **버퍼(buffer)**를 사용한다는 점이다. 일반적으로 CPU
의 속도가 입출력 장치보다 훨씬 빠르기 때문에 CPU가 하나의 바이트가 입출력되기를 기다리
는 것은 아주 비효율적이다. 따라서 CPU와 입출력 장치 중간에 버퍼를 설치한다. 입력 장치는
버퍼에 데이터들을 저장하고, 버퍼에 어느 정도 데이터가 쌓이면 CPU가 한 번에 데이터를 가
져간다. 출력의 경우에도 CPU가 버퍼로 대량의 데이터를 전송하면, 출력 장치가 시간이 날 때
마다 버퍼에서 데이터를 가져가게 된다.

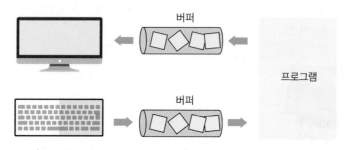

그림 12.1 스트림에는 버퍼가 포함되어 있다

표준 입출력 스트림

몇 개의 기본적인 스트림들은 프로그래머가 생성하지 않아도 자동으로 생성된다. 이것을 표준
입출력 스트림(standard input/output stream)이라고 한다. 이들 스트림들은 프로그램이 시
작될 때 자동으로 만들어지고, 프로그램이 종료될 때 자동으로 소멸된다. [표 12.1]은 표준 입
출력 스트림들을 나타낸다.

표 12.1 표준 입출력 스트림

이름	스트림	연결 장치
stdin	표준 입력 스트림	키보드
stdout	표준 출력 스트림	모니터
stderr	표준 오류 스트림	모니터

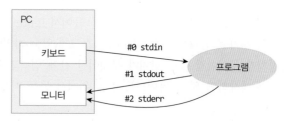

프로그래머에게 제공되는 스트림의 최대 개수는 시스템에 따라 다르지만 512개 정도인데, 이
들 3개의 표준 입출력 스트림이 첫 부분을 차지하고 있다. stdin은 표준 입력 스트림을 의미
한다. 우리가 scanf()를 사용하게 되면 바로 이 stdin 스트림을 사용하는 것이다. stdout은
표준 출력 스트림이다. 우리가 printf()를 사용하게 되면 바로 이 stdout을 사용하는 것이다.
stderr은 오류를 따로 출력하기 위하여 만들어진 스트림이다. stderr는 프로그래머가 다르게
정의할 수도 있으나 보통은 stdout과 같이 모니터의 화면을 의미한다. 나머지 스트림은 개발자

가 파일을 연결해서 사용할 수도 있고 여러 가지 통신 포트를 연결하여 사용할 수 있다.

3. 파일의 기초

이때까지 우리는 모든 데이터를 변수에 저장하였다. 변수는 메모리에서 생성되고 메모리는 우리가 잘 알다시피 영구적인 기억장치가 아니다. 즉 전원이 꺼지면 메모리에 있었던 데이터는 사라지게 된다. 여러분들도 정전이 되어서 컴퓨터에 입력하고 있던 데이터를 잃어버린 경험이 있을 것이다. 또한 전원을 끄지 않더라도 프로그램이 종료되면 프로그램 안에 있었던 데이터는 역시 사라지게 된다. 따라서 데이터를 영구적으로 보관하려면 디스크와 같은 보조 기억 장치에 보관하여야 한다. C에서는 디스크에 파일을 생성시켜서 데이터를 보관할 수 있다. 이번 장에서는 파일을 생성하여 데이터를 저장하고 읽어오는 방법에 대하여 살펴본다.

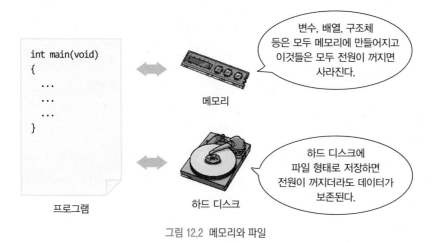

그림 12.2 메모리와 파일

파일의 개념

C에서의 모든 입출력은 스트림을 통하여 이루어진다. 파일도 예외가 아니다. 파일도 스트림으로 취급되기 때문에 파일도 일련의 연속된 바이트라고 생각하면 된다. 따라서 파일에 대한 입

출력도 표준 입출력과 동일한 함수들로 이루어진다. 이것이 바로 스트림의 장점이라고 할 수 있다.

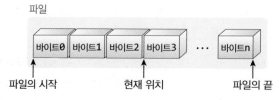

그림 12.3 파일은 일련의 연속된 바이트이다

텍스트 파일

C는 **텍스트 파일(text file)**과 **이진 파일(bianry file)**의 두 가지 파일 유형을 지원한다. 텍스트 파일은 사람이 읽을 수 있는 텍스트가 들어 있는 파일이다. 소스 파일이나 메모장 파일이 텍스트 파일의 예이다. 텍스트 파일에는 문자들이 들어 있고 이들 문자들은 아스키 코드를 이용하여 표현된다. 텍스트 파일이 중요한 이유는 모니터, 키보드, 프린터 등이 모두 문자 데이터만을 처리하기 때문이다. 텍스트 파일은 연속적인 줄(line)들로 구성된다. 각 줄은 여러 개의 문자들을 포함할 수 있으며, 줄의 끝을 알리는 줄바꿈 문자로 종료된다. [그림 12.4]를 참조한다.

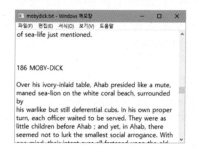

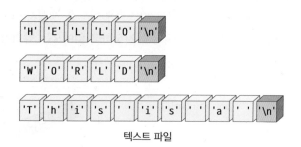

텍스트 파일

그림 12.4 텍스트 파일

줄의 끝을 알리는 문자는 운영체제마다 조금씩 다르다. 윈도우에서는 줄의 끝이 캐리지 리턴과 줄바꿈 문자(CR-LF)의 조합으로 이루어진다. 캐리지 리턴(Carriage Return)은 옛날 타자기에서 사용되던 개념으로, 타자기의 헤드를 종이의 맨 처음으로 이동시키는 역할을 한다. 줄바꿈 문자(Line Feed)는 타자기에서 종이를 돌려서 새 줄을 만드는 것을 상상하면 된다. 유닉스에서는 줄바꿈 문자(LF)만을 사용한다. 이러한 변환은 라이브러리 함수가 자동적으로 수행한다. 따라서 프로그래머들은 줄의 끝에 줄바꿈 문자만 있다고 생각하면 된다.

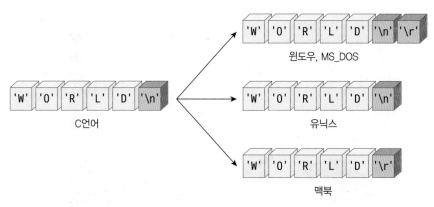

원도우, MS_DOS

C언어

유닉스

맥북

그림 12.5 텍스트 파일에서 라인의 끝 표시는 시스템마다 다르다

예를 들어서 윈도우에서는 텍스트 파일이 [그림 12.6]과 같이 저장된다.

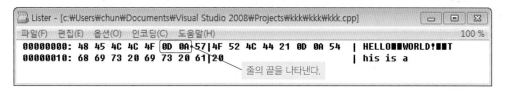

그림 12.6 윈도우에서 저장된 텍스트 파일

이진 파일

이진 파일은 사람이 읽을 수는 없으나 컴퓨터는 읽을 수 있는 파일이다. 즉 문자 데이터가 아니라 이진 데이터가 직접 저장되어 있는 파일이다. 이진 파일은 텍스트 파일과는 달리, 줄들로 분리되지 않는다. 모든 데이터들은 문자열 형태가 아닌, 이진수 형태로 저장된다. 따라서 텍스트 파일처럼 한 줄이라는 개념이 없기 때문에 줄의 끝을 표시할 필요가 없으며, NULL이나 CR, LF와 같은 문자들도 특별한 의미를 가지지 않고 단순히 데이터로 취급된다. 이진 파일은 특정 프로그램에 의해서만 판독이 가능하다. 실행 파일, 사운드 파일, 이미지 파일 등이 이진 파일의 예이다.

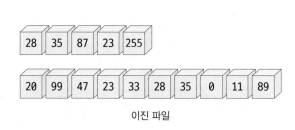

이진 파일

그림 12.7 이진 파일

파일 처리의 개요

프로그램에서 파일을 **연다**(open)는 것은 파일에서 데이터를 읽거나 쓸 수 있도록 모든 준비를 마치는 것을 의미한다. 내부적으로는 파일과 연결된 스트림을 만들게 된다. 파일을 연 다음에는 데이터를 읽고 쓸 수 있다. 파일을 사용한 후에는 파일을 **닫아야**(close) 한다. 따라서 파일을 다룰 때는 반드시 다음과 같은 순서를 지켜야 한다.

파일 열기   파일 읽기와 쓰기   파일 닫기

그림 12.8 파일 처리의 순서

파일 열기

파일을 열려면 fopen() 함수를 사용한다.

변수 이름   파일 열기 모드

fopen()은 주어진 파일 이름을 가지고 파일을 생성하여 FILE 포인터를 반환한다. FILE은 stdio.h에 선언된 구조체이다. FILE 구조체에는 파일의 열기, 읽기, 쓰기, 닫기에 관련된 모든 상태 정보가 들어 있다. 각각의 파일에 대하여 FILE 포인터가 하나씩 필요하다. 파일을 연 다음, 이후에 뒤따르는 모든 동작에서 이 FILE 포인터가 필요하다. 만약 fopen()이 실패하면 NULL 포인터가 반환된다. 예를 들어 잘못된 파일 이름을 가지고 파일을 열고자 하는 경우, NULL이 반환된다.

첫 번째 매개 변수는 파일의 이름을 나타내는 문자열이다. 두 번째 매개 변수는 파일을 여는 모드를 의미한다. 파일 모드는 파일과 관련된 여러 가지 선택 사항을 결정하는 문자열이다. 모드는 파일의 유형이 텍스트 파일인지 이진 파일인지, 파일에 데이터를 쓸 것인지 파일에서 데이터를 읽을 것인지를 나타내는 데 사용된다. 예를 들어서 만약 파일 모드가 "r"이면 읽기 작업을 위하여 파일을 여는 것이다. 만약 파일 모드가 "w"이면 파일에 데이터를 쓰기 위하여 파일을 생성하는 것이다. 다음 표에서 모드에 허용되는 값을 정리하였다.

표 12.2 파일 모드

모드	설명
"r"	읽기 모드로 파일을 연다. 만약 파일이 존재하지 않으면 오류가 발생한다.
"w"	쓰기 모드로 새로운 파일을 생성한다. 파일이 이미 존재하면 기존의 내용이 지워진다.
"a"	추가 모드로 파일을 연다. 만약 기존의 파일이 있으면 데이터가 파일의 끝에 추가된다. 파일이 없으면 새로운 파일을 만든다.
"r+"	읽기 모드로 파일을 연다. 쓰기 모드로 전환할 수 있다. 파일이 반드시 존재하여야 한다.
"w+"	쓰기 모드로 새로운 파일을 생성한다. 읽기 모드로 전환할 수 있다. 파일이 이미 존재하면 기존의 내용이 지워진다.
"a+"	추가 모드로 파일을 연다. 읽기 모드로 전환할 수 있다. 데이터를 추가하면 EOF 마커를 추가된 데이터의 뒤로 이동한다. 파일이 없으면 새로운 파일을 만든다.

"r"
파일의 처음부터 읽는다.

"w"
파일의 처음부터 쓴다.
만약 파일이 존재하면 기존의
내용이 지워진다.

"a"
파일의 끝에 쓴다.
파일이 없으면 생성된다.

그림 12.9 기본적인 파일 모드

기본적인 파일 모드에 "t"나 "b"를 붙일 수 있다. 텍스트 파일을 열 때는 "t"를 붙이고, 이진 파일을 열 때는 "b"를 붙인다. 예를 들어서 읽기 모드로 이진 파일을 열려면 "rb"로 모드 값을 주어야 한다. 만약 "t"나 "b"를 붙이지 않았으면 텍스트 파일로 간주한다.

"a" 모드는 추가 모드(append mode)라고 한다. 추가 모드로 파일이 열리면, 모든 쓰기 동작은 파일의 끝에서 일어난다. 따라서 파일 안에 있었던 기존의 데이터는 절대 지워지지 않는다.

"r+", "w+", "a+" 파일 모드가 지정되면 읽고 쓰기가 모두 가능하다. 이러한 모드를 수정 모드(update mode)라고 한다. 즉, 파일의 내용을 수정하는 데 사용되는 모드라는 의미이다. 그러나 읽기 모드에서 쓰기 모드로, 또는 쓰기 모드에서 읽기 모드로 전환하려면 반드시 fflush(), fsetpos(), fseek(), rewind() 중의 하나를 호출하여야 한다. 즉, 예를 들어서 "r+" 모드로 파일을 열면, 일단은 읽기 모드가 된다. 모드를 전환하지 않으면 읽기만 가능하다. 만약 쓰기 모드로 전환하려면 앞에서 언급하였던 함수들 중의 하나를 호출하여야 한다.

파일 닫기

사용이 끝나면 반드시 파일을 닫아야 한다. 파일을 닫는 함수는 fclose()이다. fclose()는 stdio.h에 정의되어 있다. 성공적으로 파일을 닫는 경우에는 0이 반환된다. 만약 실패한 경우에는 −1이 반환된다.

fclose(fp);

FILE 포인터

예제 #1

예를 들어서 파일 이름이 "sample.txt"인 파일을 쓰기 모드로 열었다가 닫아보자. 현재 디렉토리에 파일이 생성된다.

file_open.c

```c
#include <stdio.h>

int main(void)
{
    FILE *fp = NULL;        FILE을 가리키는 포인터 fp를 선언한다.

                            쓰기 모드로 파일을 연다. 파일이 없으면 생성된다.
    fp = fopen("sample.txt", "w");
    if (fp == NULL) {       fopen()에서 반환되는 값은 반드시 NULL이 아닌지를 검사하
        printf("파일 열기 실패\n");    여야 한다. 파일을 여는 경우에는 여러 가지의 이유들로 인하
        return 1;           여 파일이 열리지 않는 경우도 매우 흔하기 때문이다.
    }
    else
        printf("파일 열기 성공\n");

                            fopen()을 호출하였으면 반드시 fclose()를 호출하여 파일을
    fclose(fp);             닫아야 한다.
    return 0;
}
```

🐤 **중간점검**

1. 파일은 일련의 연속된 _____라고 생각할 수 있다.
2. 파일에는 사람이 읽을 수 있는 텍스트가 들어 있는 _____ 파일과 사람은 읽을 수 없으나 컴퓨터는 읽을 수 있는 _____ 파일이 있다.
3. 파일을 여는 라이브러리 함수는 _____이다.
4. fopen()은 _____을 가리키는 포인터를 반환한다.

4. 텍스트 파일 읽고 쓰기

이번 절에서는 텍스트 파일에 입출력하는 방법을 살펴보자. 파일 입출력에 관계되는 라이브러리 함수들은 다음과 같이 몇 가지 카테고리로 나누어진다.

종류	입력 함수	출력 함수
문자 단위	int fgetc(FILE *fp)	int fputc(int c, FILE *fp)
문자열 단위	char *fgets(char *buf, int n, FILE *fp)	int fputs(const char *buf, FILE *fp)
형식화된 입출력	int fscanf(FILE *fp, ...)	int fprintf(FILE *fp,...)

fgetc()와 fputc()는 파일에 하나의 문자를 쓰고 읽는다. fgets()와 fputs()는 문자열을 파일에 쓰고 읽는다. 이들 함수들은 성공적으로 읽거나 쓴 항목의 개수를 반환한다. 따라서 반환되는 값이 0이면 입출력이 실패했다는 것을 의미한다. 입출력이 실패하는 이유는 여러 가지인데, 오류가 발생할 수도 있고, 파일이 끝났을 수도 있다. 오류의 종류를 자세히 알려면 feof()나 ferror()를 호출하면 된다.

fprintf()와 fscanf()는 정수나 실수를 문자열로 바꾸어서 파일에 쓰거나 읽을 때 사용한다. 예를 들어서 정수를 문자열로 변환하여 파일에 저장하거나 파일에서 문자열을 읽어서 정수로 변환할 때 사용한다.

한 글자씩 쓰기

텍스트 파일에 한 글자씩 쓰는 함수는 fputc()이다.

간단한 예제로 "alphabet.txt"라는 이름의 파일을 쓰기 모드로 열어서 'a', 'b', 'c',...'z'까지를 써보자.

```
fputs.c
```

```c
#include <stdio.h>

int main(void)
{
    FILE *fp = NULL;

    fp = fopen("alphabet.txt", "w");   // 파일을 쓰기 모드로 연다.
    if (fp == NULL) {
        fprintf(stderr, "파일 alphabet.txt를 열 수 없습니다.\n");
        return 1;
    }

    char c;
    for (c = 'a'; c <= 'z'; c++)        // 'a'부터 'z'까지 파일에 쓴다.
        fputc(c, fp);

    fclose(fp);
    return 0;
}
```

한 글자씩 읽기

파일에서 하나의 문자를 읽을 때는 fgetc() 함수를 사용한다.

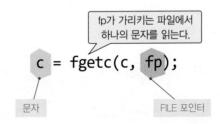

fp가 가리키는 파일에서
하나의 문자를 읽는다.

c = fgetc(c, fp);

문자   FILE 포인터

이번에는 fgetc()를 사용하여서 앞에서 생성한 파일 "alphabet.txt"의 내용을 읽어서 화면에 표시하여 보자. fgetc()가 반환하는 값의 자료형이 32비트 정수임에 유의하자. 32비트 정수값을 반환하는 이유는 EOF(End Of File)와 일반적인 문자를 구분하기 위해서이다. 일반적인 문자는 32비트 중에서 하위 8비트(0x00000000에서 0x000000FF)만을 사용한다. 파일의 끝을 나타내는 EOF는 32비트 0xffffffff(−1) 값이다.

```c
#include <stdio.h>

int main(void)
{
    FILE *fp = NULL;
    int c; // 정수 변수에 주의한다.

    fp = fopen("alphabet.txt", "r");
    if (fp == NULL) {
        printf("원본 파일 alphabet.txt를 열 수 없습니다.\n");
        return 1;
    }

    while ((c = fgetc(fp)) != EOF)
        putchar(c);

    fclose(fp);
    return 0;
}
```

fgetc()는 fp가 가리키는 파일에서 하나의 문자를 읽어서 int형으로 반환한다. 만약 오류가 발생하거나 파일의 끝에 도달하였으면 EOF를 반환한다. EOF(End of File)는 파일의 끝을 나타내는 특수 문자이다. EOF는 stdio.h에 정의되어 있으며, 32비트 −1(0xffffffff)이다. 일반적인 문자는 32비트 중에서 하위 8비트만을 사용한다. 일반적인 문자는 −1 값이 될 수 없으므로 이것은 파일의 끝을 나타내는 기호로 사용될 수 있다.

실행결과

```
abcdefghijklmnopqrstuvwxyz
```

한 줄씩 읽기

파일에서 한 줄을 읽으려면 fgets()를 사용한다. 문자열이 저장되는 문자 배열의 크기도 전달하여야 한다.

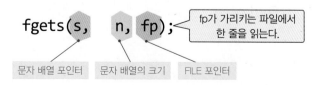

앞에서 저장하였던 "alphabet.txt" 파일을 fgets()를 이용하여 한 번에 읽어보자.

```
#include<stdio.h>

int main(void)
{
    FILE* fp;
    char str[100];

    fp = fopen("alphabet.txt", "r");

    if (fp == NULL) {
        printf("원본 파일 alphabet.txt를 열 수 없습니다.\n");
        return 1;
    }

    fgets(str, sizeof(str), fp);
    printf("%s \n", str);
    fclose(fp);
    return 0;
}
```

실행결과

abcdefghijklmnopqrstuvwxyz

한 줄씩 쓰기

파일에 한 줄을 쓰려면 fputs()를 사용한다.

fputs(s, fp);

문자열

FILE 포인터

fp가 가리키는 파일에
문자열 s를 파일에 쓴다.

| 난이도 ★★　　주제 파일에서 텍스트 읽고 쓰기 |

파일 입출력 함수를 이용하여 텍스트 파일을 복사하여 보자. 앞에서 생성한 "alphabet.txt" 파일을 "copy.txt" 파일로 복사해보자. 원본 파일에서 한 문자씩 읽은 후에, 이 문자를 새로운 파일에 저장한다.

---

copyfile.c

```c
#include <stdio.h>

int main(void)
{
    FILE* fp1, * fp2;

    fp1 = fopen("alphabet.txt", "r");
    fp2 = fopen("copy.txt", "w");
    if (fp1 == NULL || fp2 == NULL) {
        printf("파일을 열 수 없습니다.\n");
        return 1;
    }

    int c;
    // fp1에서 한 글자씩 읽어서 fp2로 쓴다.
    while ((c = fgetc(fp1)) != EOF)
        fputc(c, fp2);

    fclose(fp1);
    fclose(fp2);

    return 0;
}
```

alphabet.txt

abcdefghijklmnopqrstuvwxyz

copy.txt

abcdefghijklmnopqrstuvwxyz

도전문제

1. 사용자로부터 파일 이름을 입력받도록 수정한다.
2. fgets()와 fputs()를 사용해서도 파일을 복사할 수 있을까?

파일에서 특정 문자열 탐색

| 난이도 ★★★   주제 파일 처리, strstr() 함수 |

텍스트 파일에서 특정 문자열을 탐색하는 프로그램을 작성하여 보자. 사용자로부터 입력 텍스트 파일 이름과 탐색할 문자열을 받는다. 파일을 열어서 한 줄씩 문자 배열로 읽어 들인 후에, strstr() 라이브러리 함수를 이용하여 문자 배열 안에 찾고자 하는 문자열이 있는지를 검사한다. 만약 발견되면 현재 라인의 번호를 화면에 출력한다.

실행 결과

```
입력 파일 이름을 입력하시오: proverbs.txt
탐색할 단어를 입력하시오: man
proverbs.txt: 16 Behind every good man is a good woman.
proverbs.txt: 41 A dog is a man's best friend.
proverbs.txt: 57 Early to bed and early to rise makes a man healthy, wealthy, and wise.
```

search.c

```c
#include <stdio.h>
#include <string.h>

int main(void)
{
    FILE *fp;
    char fname[128], buffer[256], word[256];
    int line_num = 0;

    printf("입력 파일 이름을 입력하시오:  ");
    scanf("%s", fname);

    printf("탐색할 단어를 입력하시오:  ");
    scanf("%s", word);

    if( (fp = fopen(fname, "r")) == NULL ) {
        printf("파일 %s을 열 수 없습니다.\n", fname);
        return 1;
    }

    while( fgets(buffer, 256, fp) ) {
        line_num++;
        if( strstr(buffer, word) )
            printf("%s: %d %s", fname, line_num, buffer);
    }
    fclose(fp);
    return 0;
}
```

사용자로부터 텍스트 파일 이름과 탐색할 단어를 입력받는다.

파일을 읽기 모드로 연다. 오류로 인하여 파일을 열 수 없으면 프로그램을 종료한다.

while 루프를 이용하여 파일로부터 한 라인씩 입력받아서 그 안에 탐색 단어가 있는지를 검사한다. 문자열 라이브러리 함수 중에서 strstr()을 사용한다. 이 함수는 문자열 안에 다른 문자열이 있는지를 검사한다. 만약 발견되면 그 문자열이 발견된 위치를 반환한다. 발견되지 않으면 NULL 값을 반환한다. 따라서 NULL이 아닌 다른 값이 발견되면 문자열이 발견된 것이다. 따라서 그 경우에는 파일 이름과 라인 번호를 출력한다. fgets()가 0이면 파일에 더 이상의 줄이 없다는 것을 의미한다. 따라서 반복을 종료한다.

5. 형식화된 입출력

텍스트 파일에는 모든 것이 문자열로 바뀌어서 저장된다. 파일에 문자열을 기록하는 경우에는 앞의 fputs()를 사용하면 된다. 하지만 정수나 실수를 저장하는 경우에는 어떤 함수를 사용하여야 하는가?

텍스트 파일인 경우에는 정수나 실수를 문자열로 바꾸어서 저장하는 것이 보통이다. 즉, 정수 10은 파일에도 문자열 "10"으로 변환하여 저장한다. 읽을 때는 반대 상황이 된다. 파일에 저장된 문자열 "10"을 정수 10으로 변환시켜야 한다. 이런 종류의 입출력을 형식화된 입출력이라고 한다. 형식화된 입출력은 프로그래머가 특정 형식을 지정하고 이 형식으로 파일 입출력을 하는 것이다. 파일에 대한 형식화된 입출력은 fprintf()와 fscanf()를 이용하여 이루어진다.

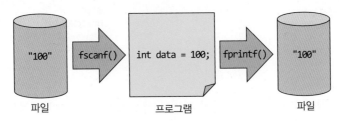

fprintf()와 fscanf()는 우리가 콘솔에서 입출력할 때 사용하였던 printf()와 scanf()와 아주 유사하다. 입출력의 대상이 파일이라는 점만 다르다.

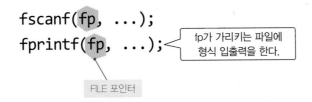

예제 #1
정수형 변수의 값을 문자열로 바꾸어서 파일에 저장해보자. fprintf()를 이용한다.

```c
fprintf.c

#include <stdio.h>

int main(void)
{
        FILE* file = fopen("output.txt", "w");
        if (file == NULL) {
```

```
                    printf("파일을 열 수 없습니다.");
                    return 1;
            }

        int num = 42;
        float f = 3.14;
        char str[] = "HelloWorld!";


        fprintf(file, "%d\n", num);
        fprintf(file, "%.2f\n", f);
        fprintf(file, "%s\n", str);

        fclose(file);
        return 0;
}
```

output.txt

```
42
3.14
HelloWorld!
```

위의 프로그램을 실행하면 오른쪽과 같이 파일이 생성된다. 즉 변수에 저장된 값들이 문자열로 변경되어서 파일에 저장된다.

예제 #2

파일에 저장된 문자열을 읽어서 값으로 변환하여 보자. fscanf()를 이용한다.

fscanf.c

```
#define _CRT_SECURE_NO_WARNINGS
#include <stdio.h>

int main(void)
{
        FILE* file = fopen("output.txt", "r");
        if (file == NULL) {
                printf("파일을 열 수 없습니다.");
                return 1;
        }

        int num;
        float f;
        char str[20];
```

```
                                          파일에서 문자열을 읽어서 정수로 변환하고 이것을 변수
        fscanf(file, "%d", &num);         data에 저장한다. fscanf() 함수로도 변수의 주소를 보내야
                                          한다.
        fscanf(file, "%f", &f);

        fscanf(file, "%s", str);
                                               ┌─────────────────────────┐
                                               │ output.txt              │
        fclose(file);                          ├─────────────────────────┤
                                               │ 42                      │
        printf("정수: %d\n", num);             │ 3.14                    │
        printf("부동 소수점: %.2f\n", f);       │ HelloWorld!             │
        printf("문자열: %s\n", str);           └─────────────────────────┘

                                           ┌──────────┐
        return 0;                          │ 실행결과 │
                                           └──────────┘
                                           ┌─────────────────────────────┐
                                           │ 정수: 42                    │
                                           │ 부동 소수점: 3.14           │
                                           │ 문자열: HelloWorld!         │
                                           └─────────────────────────────┘
```

중간점검

1. fgetc()의 반환형은 _____형이다.
2. 파일에서 하나의 라인을 읽어서 반환하는 함수는 _____이다.
3. 텍스트 파일에 실수나 정수를 문자열로 변경하여 저장할 때 사용하는 함수는 _____이다.
4. 텍스트 파일에서 실수나 정수를 읽는 함수는 _____이다.

Lab 파일에 저장된 성적 처리

| 난이도 ★★   주제 fprintf()와 fscanf() |

학생들의 시험 성적이 다음과 같이 파일에 저장되어 있다고 하자. 이 성적을 읽어서 평균을 계산하는 프로그램을 작성해보자.

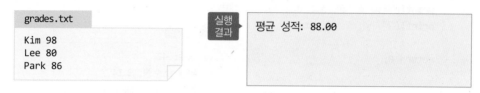

grades.txt

```
Kim 98
Lee 80
Park 86
```

실행
결과

평균 성적: 88.00

---

fscore.c

```c
#include <stdio.h>

int main(void)
{
        FILE* file;
        char name[20];
        int score, count = 0, total = 0;

        file = fopen("grades.txt", "r");
        if (file == NULL) {
                printf("파일을 열 수 없습니다.\n");
                return 1;
        }

        while (fscanf(file, "%s %d", name, &score) != EOF) {
                count++;
                total += score;
        }

        fclose(file);
        if (count > 0)
                printf("평균 성적: %.2f\n", (float)total / count;);
        else
                printf("성적 데이터가 없습니다.\n");
        return 0;
}
```

6. 이진 파일

여기서 다시 한 번 텍스트 파일과 이진 파일의 차이점을 살펴보자. 텍스트 파일(text file)에서는 모든 정보가 문자열로 변환되어서 파일에 기록되었다. 즉, 정수값도 fprintf()를 통하여 문자열로 변환된 후에 파일에 쓰였다. 즉 123456와 같은 정수값을 화면에 출력하려면 6개의 문자 '1', '2', '3', '4', '5', '6'으로 변환하여 출력하였다. 이 변환은 fprintf() 함수가 담당하였다. 마찬가지로 파일에서 숫자를 읽을 때도 파일의 문자를 읽어서 fscanf()가 숫자로 변환된다.

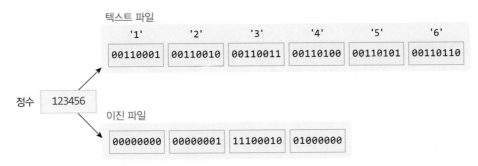

그림 12.10 정수 123456을 텍스트 파일에 저장하는 경우와 이진 파일에 저장하는 경우의 비교

이진 파일(binary file)은 이진 데이터가 직접 저장되어 있는 파일이다. 즉, 정수 123456은 문자열로 변환되지 않고 이진수 형태로 그대로 파일에 기록되는 것이다. 하나의 정수는 4-바이트로 표현되므로 4-바이트가 파일에 저장된다. 이진 파일의 장점은 효율성이다. 텍스트 파일에서 숫자 데이터를 읽으려면 fscanf()를 사용하여 문자열을 숫자로 변환하여야 한다. 따라서 시간이 많이 걸리며 비효율적이다. 이진 파일을 사용하면 이러한 변환 과정 없이 파일에서 바로 숫자 데이터를 읽을 수 있으며, 텍스트 파일에 비하여 저장 공간도 더 적게 차지한다.

이진 파일의 단점은 인간이 파일의 내용을 확인하기가 힘들다는 점이다. 텍스트 데이터가 아니므로 모니터나 프린터로 출력하는 것이 불가능하다. 또한 텍스트 파일은 컴퓨터의 기종이 달라도 파일을 이동할 수 있다. 왜냐하면 아스키 코드로 되어 있기 때문에 다른 컴퓨터에서도 읽을 수 있기 때문이

각 픽셀의 밝기를 이진수로 나타낸다.

다. 그러나 이진 파일의 경우, 정수나 실수 데이터를 표현하는 방식이 컴퓨터 시스템마다 다를 수 있기 때문에 이식성이 떨어진다. 따라서 이식성이 중요하다면 약간 비효율적이더라도 텍스트 형식의 파일을 사용하는 것이 좋다. 하지만 데이터가 상당히 크고 실행 속도가 중요하다면 이진 파일로 하는 것이 좋을 것이다. 사운드 파일, 이미지 파일 등이 이진 파일의 대표적인 예이다.

이진 파일 열기

이진 파일을 생성하려면 fopen()을 호출할 때 파일 모드에 "b"를 붙이면 된다. 즉, 쓰기 전용 파일을 열려면 "wb"로, 읽기 전용 파일을 열려면 "rb"로, 추가 모드로 파일을 열려면 "ab"로, 읽고 쓰기를 동시에 하려면 "rb+"로 해주면 된다.

파일 모드	설명
"rb"	읽기 모드 + 이진 파일 모드
"wb"	쓰기 모드 + 이진 파일 모드
"ab"	추가 모드 + 이진 파일 모드
"rb+"	읽고 쓰기 모드 + 이진 파일 모드
"wb+"	쓰고 읽기 모드 + 이진 파일 모드

이진 파일에서 데이터 읽기

fread() 함수는 C언어의 표준 라이브러리 함수 중 하나로 파일에서 이진 데이터를 읽는 데 사용된다. fread() 함수는 주어진 파일에서 지정된 크기의 데이터를 읽고, 읽은 데이터를 메모리 버퍼에 저장한다.

- buffer: 읽은 데이터가 저장될 메모리 버퍼의 시작 주소를 가리키는 포인터이다.
- size: 각 데이터 항목의 크기이다.
- count: 읽을 데이터 항목의 개수이다.
- fp: 데이터를 읽을 스트림의 FILE 포인터이다.

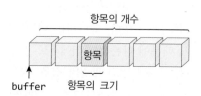

fread() 함수는 읽은 데이터 항목의 개수를 반환한다. 반환 값은 실제로 읽은 항목의 개수와 count 값 중 작은 값이다. 따라서 반환 값이 count와 다르다면 파일의 끝에 도달했거나 읽기 오류가 발생했음을 나타낸다. 예를 들어서 이진 파일에서 정수 1개를 읽으려면 다음과 같은 코드가 필요하다.

```
int x;
fread(&x, sizeof(int), 1, fp);
```

이진 파일에서 정수 10개를 읽으려면 다음과 같은 문장을 사용한다.

```
int buffer[10];
fread(buffer, sizeof(int), 10, fp);
```

이진 파일에서 데이터 쓰기

이진 파일에 데이터를 쓰는 함수는 fwrite()로서 fread()와 완전히 동일한 인수들을 가진다. fwrite() 함수는 size 크기의 데이터 count개를 출력 스트림 fp에 쓴다. fwrite() 함수는 성공적으로 쓰여진 전체 항목의 수를 반환하며, 오류가 발생하면 count보다 더 적을 수 있다.

예를 들어서 이진 파일에서 정수 1개를 쓰려면 다음과 같은 코드가 필요하다.

```
int x = 123456;
fwrite(&x, sizeof(int), 1, fp);
```

예제 #1

배열에 저장된 정수값들을 이진 파일 "binary.bin"에 저장하여 보자. 이진 파일은 특히 대량의 데이터를 한 번에 기록할 때 편리하다.

binary1.c

```c
#include <stdio.h>
#define SIZE 10

int main(void)
{
    int buffer[SIZE] = { 10, 20, 30, 40, 50, 60, 70, 80, 90, 100 };
    FILE *fp = NULL;

    fp = fopen("binary.bin", "wb");
    if (fp == NULL) {
        printf("binary.bin 파일을 열 수 없습니다.");
        return 1;
    }

    fwrite(buffer, sizeof(int), SIZE, fp);
    fclose(fp);

    return 0;
}
```

SIZE 개수의 정수를 이진 파일에 쓴다.

예제 #2

앞에서 기록하였던 binary.bin 파일은 텍스트 에디터로 읽을 수 없다. 이 파일을 읽어서 화면에 표시하는 프로그램을 작성하여 보자.

binary2.c

```c
#include <stdio.h>
#define SIZE 10

int main(void)
{
    int buffer[SIZE];
    FILE *fp = NULL;
    int i;

    fp = fopen("binary.bin", "rb");
    if (fp == NULL)  {
        fprintf(stderr, "binary.bin 파일을 열 수 없습니다.");
        return 1;
    }
```

```
    fread(buffer, sizeof(int), SIZE, fp);
    for (i = 0; i<SIZE; i++)
        printf("%d ", buffer[i]);

    fclose(fp);
    return 0;
}
```

실행결과

```
10 20 30 40 50 60 70 80 90 100
```

buffer는 파일로부터 읽어오는 데이터를 저장할 메모리 블록의 시작 주소가 된다. sizeof(int)는 int형의 크기를 계산하여 반환한다. SIZE는 항목의 개수이다.

 중간점검

1. 문자 데이터가 아니고 이진 데이터가 저장되어 있는 파일을 _____ 파일이라고 한다.
2. 이진 파일을 생성할 때 사용하는 함수는 _____이다.
3. 읽기 전용 이진 파일을 생성할 때 사용하는 파일 모드는 _____이다.

Lab 이진 파일에 학생 정보 저장하기

| 난이도 ★★★   주제 이진 파일 처리 |

우리는 파일을 이용하여 간단한 데이터베이스 시스템을 흉내 낼 수 있다. 데이터베이스란 데이터를 모아 놓은 것으로 손쉽게 검색할 수 있도록 해주는 저장 기법이다. 데이터베이스의 저장 단위는 레코드(record)라고 부른다. 레코드는 구조체로 구현할 수 있다. 여기서는 학생들의 데이터베이스를 만들어보자. 학생들의 정보 중에서 중요한 것만을 구조체로 정의하였다. 학생들의 정보를 이진 파일에 저장하고 다시 읽어서 화면에 출력하는 프로그램을 작성하여 보자.

실행
결과

```
학번 = 1, 이름 = Kim, 평점 = 3.99
학번 = 2, 이름 = Min, 평점 = 2.68
학번 = 3, 이름 = Lee, 평점 = 4.01
```

binary_file.c

```c
#include <stdio.h>
#include <stdlib.h>
#define SIZE 3
```

학생에 대한 데이터를 구조체로 정의한다. 구조체의 배열을 생성하여 학생 3명의 데이터로 초기화시킨다.

```c
struct student {
    int number;        // 학번
    char name[20];     // 이름
    double gpa;        // 평점
};

int main(void)
{
    struct student table[SIZE] = {
        { 1, "Kim", 3.99 },
        { 2, "Min", 2.68 },
        { 3, "Lee", 4.01 }
    };
    struct student s;
    FILE *fp = NULL;
    int i;
```

student.dat란 이름으로 이진 파일을 생성한다. 'wb'는 쓰기 모드와 이진 파일 모드를 의미한다. 반환값이 NULL이면 파일 생성 과정에서 오류가 발생한 것이다.

```c
    // 이진 파일을 쓰기 모드로 연다.
    if( (fp = fopen("student.dat", "wb")) == NULL )
    {
        printf("출력을 위한 파일을 열 수 없습니다.\n");
        return 1;
    }
```

```
// 배열을 파일에 저장한다.
fwrite(table, sizeof(struct student), SIZE, fp);
fclose(fp);
```

fwrite()를 이용하여 구조체의 배열을 파일에 저장한다. 한 항목의 크기는 sizeof(struct student)로 계산한다. 항목의 개수는 3으로 고정되어 있다. 일단 파일을 닫는다.

```
// 이진 파일을 읽기 모드로 연다.
if( (fp = fopen("student.dat", "rb")) == NULL )
{
    printf("입력을 위한 파일을 열 수 없습니다.\n");
    return 1;
}
```

동일한 파일을 다시 연다. 이번에는 "rb"로 하여 읽기 모드와 이진 파일 모드를 지정한다.

```
for(i = 0;i < SIZE; i++)
{
    fread(&s, sizeof(struct student), 1, fp);
    printf("학번 = %d, 이름 = %s, 평점 = %.2f\n", s.number, s.name, s.gpa);
}
fclose(fp);

    return 0;
}
```

fread()를 이용하여 한 번에 하나의 레코드를 읽는다. fread()나 fwrite()는 몇 번이고 원하는 만큼 호출될 수 있다.

 도전문제

1. 이진 파일에 읽은 데이터를 구조체의 배열에 저장하도록 위의 코드를 수정해보자.

이진 파일의 가장 전형적인 예는 이미지 파일이다. 이미지 파일 안에는 픽셀값들이 이진값으로 저장된다. 많은 이미지 파일은 앞에 헤더가 있어서 헤더를 해석해야만 픽셀값들을 꺼내서 사용할 수 있다. 다행하게도 RAW 파일 형식은 이미지 헤더가 없고 바로 픽셀값부터 시작한다. 따라서 쉽게 읽어서 처리할 수 있다. "lena(256x256).raw" 파일을 읽어서 화면에 표시하는 프로그램을 작성해보자. "lena(256x256).raw" 파일은 출판사 홈페이지나 인터넷에서 구할 수 있다. 이 예제는 윈도즈 운영 체제에서만 실행이 가능하다. 이점 많은 양해 부탁한다.

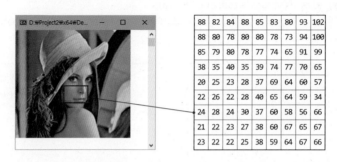

그레이스케일 이미지(검정색, 흰색, 회색만 있는 이미지)만을 생각하자. 이미지는 많은 점(픽셀)들로 되어 있고 이들 점의 밝기는 파일 안에 위의 그림과 같이 8비트 정수로 저장되어 있다. 픽셀값을 화면에 그릴 때는 다음과 같은 함수를 사용한다.

```
SetPixel(hdc, x, y, RGB(red, green, blue));
```

Solution 이미지 파일 읽어서 표시하기

imagedisp.c

```c
#include <windows.h>
#include <stdio.h>

int main(void)
{
    HDC hdc = GetWindowDC(GetForegroundWindow());

    FILE* fp = fopen("lena(256x256).raw", "rb");
    if (fp == NULL) {
        printf("lena(256x256).raw 파일을 열 수 없습니다.");
        return 1;
    }
    char image[256][256];
    fread(image, 1, 256 * 256, fp);
    fclose(fp);

    while (1) {
        int r, c;
        for (r = 0; r < 256; r++) {
            for (c = 0; c < 256; c++) {
                int red = image[r][c];
                int green = image[r][c];
                int blue = image[r][c];
                SetPixel(hdc, c, r, RGB(red, green, blue));
            }
        }
        Sleep(1000);
    }
    return 0;
}
```

현재 윈도우의 디스플레이 컨텍스트를 구한다. 이것이 있어야 그림을 그릴 수 있다.

프로젝트 폴더에 이미지가 있다고 가정한다.

이미지를 1초에 한 번씩 화면에 다시 그려준다.

도전문제

1. 이미지의 일부분을 0 값으로 만들어서 다른 파일 이름으로 저장해보자.
2. 이미지를 출력할 때 다음과 같이 코드를 변경하면 이미지가 어떻게 출력되는가? 설명해보자.

```c
SetPixel(hdc, c, r, RGB(255, green, blue));
```

Coding Test 파일 암호화하기

파일 암호화는 일상생활에서도 많이 사용되는 기술이다. 민감한 개인 정보가 들어 있는 파일은 반드시 암호화를 시키는 것이 좋다. 이번 장에서 기초적인 암호화 기술을 사용하여서 파일을 암호화해 보자. 어떤 암호화 기

술을 사용하여도 좋다. 권장하는 암호화 방법은 XOR 암호화 방법이다. 이 알고리즘에서는 파일 안의 모든 문자에 대하여 암호키와 비트 XOR 연산자를 적용한다. 출력을 해독하려면 동일한 키를 사용하여 XOR 함수를 다시 적용하면 된다.

예를 들어서 암호화키 "0123456789"를 이용하여 왼쪽의 텍스트 파일을 암호화하면 오른쪽 파일처럼 된다.

7. 임의 접근

순차 접근과 임의 접근

지금까지의 파일 입출력 방법은 파일의 처음부터 순차적으로 읽거나 기록하는 것이었다. 이것을 **순차 접근**(sequential access) 방법이라고 한다. 이러한 방법은 한 번 읽은 데이터를 다시 읽으려면 현재의 파일을 닫고 파일을 다시 열어야 한다. 또한 앞부분을 읽지 않고 중간이나 마지막으로 건너뛸 수도 없다. 이 문제를 해결할 수 있는 **임의 접근**(random access) 방법이 있다. 임의 접근 방법은 파일의 어느 위치에서든지 읽기와 쓰기가 가능하다.

순차 접근 파일   임의 접근 파일

그림 12.11 순차 접근 파일과 임의 접근 파일의 비교

임의 접근의 원리

모든 파일에는 현재 입출력이 발생하는 위치를 나타내는 파일 포인터(file pointer)라는 것이 존재한다. 파일 포인터는 64비트의 값으로 읽기와 쓰기 동작이 현재 어떤 위치에서 이루어지는지를 나타낸다. 새 파일이 만들어지면 파일 포인터는 값이 0이고 파일의 시작 부분을 가리킨다. 기존 파일의 경우, 추가 모드에서 열렸을 경우에는 파일의 끝이 되고, 다른 모드인 경우에는 파일의 시작 부분을 가리킨다.

0   파일 포인터   파일의 끝(EOF)

파일에서 읽기나 쓰기가 수행되면 파일 포인터가 갱신된다. 예를 들어, 읽기 모드로 파일을 열고, 100바이트를 읽었다면 파일 포인터의 값이 100이 된다. 다음에 다시 200바이트를 읽었다면 파일 포인터는 300이 된다. 우리가 입출력 함수를 사용하면 그 함수의 내부에서 파일 포인터의 값이 변경된다. 사실 프로그래머는 파일 포인터에 대하여 크게 신경 쓸 필요는 없다.

보통 순차적으로 데이터를 읽게 되면 파일 포인터는 파일의 시작 위치에서 순차적으로 증가하여 파일의 끝으로 이동한다. 그러나 만약 파일의 데이터를 전체를 다 읽지 않고 부분적으로 골라서 읽고 싶은 경우에는 파일 포인터를 이동시켜서 임의 파일을 액세스할 수 있다. 임의(random)라는 말은 임의의 위치에서 데이터를 읽을 수 있다는 의미이다. 예를 들어서 데이터를 파일의 시작 부분으로부터 1,000바이트 위치에서 읽었다가 다시 시작 위치로부터 500바이트 떨어진 위치에서 읽어야 하는 경우도 있다. 즉, 데이터를 임의의 위치에서 읽는 기능이 필요한 경우도 있는 것이다. 이때는 파일 포인터를 조작하여야만 파일을 원하는 임의의 위치에서 읽을 수 있다. 파일 포인터를 조작하는 함수는 fseek()이다. 현재의 파일 포인터는 ftell(fp)을 호출하면 알 수 있다.

파일 포인터 관련 함수

fseek() 함수를 이용하면 파일 포인터를 원하는 값으로 설정할 수 있다. fseek() 함수의 원형은 다음과 같다.

fp는 FILE 포인터이다. offset은 기준 위치로부터 파일 포인터가 이동하는 거리를 나타낸다. offset은 long형이므로 정수 상수를 인수로 사용하는 경우에는 3000L과 같이 L을 붙이는 것이 좋다. offset이 양수이면 앞으로 가고 음수이면 뒤로 간다. origin은 기준 위치를 나타낸다. origin에는 다음과 같은 값 중에서 하나를 사용할 수 있다.

상수	값	설명
SEEK_SET	0	파일의 시작
SEEK_CUR	1	현재 위치
SEEK_END	2	파일의 끝

fseek()는 성공하면 0을 반환하고 실패한 경우에는 0이 아닌 값을 반환한다. 파일이 열렸을 경우, 파일 포인터의 초깃값은 0이다. fseek()를 이용하는 전형적인 몇 가지의 예를 들어 보자.

```
fseek(fp, 0L, SEEK_SET);        // 파일의 처음으로 이동
fseek(fp, 0L, SEEK_END);        // 파일의 끝으로 이동
fseek(fp, 100L, SEEK_SET);      // 파일의 처음에서 100바이트 이동
fseek(fp, 50L, SEEK_CUR);       // 현재 위치에서 50바이트 이동
fseek(fp, -20L, SEEK_END);      // 파일의 끝에서 20바이트 앞으로 이동
```

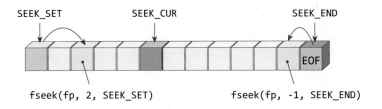

fseek(fp, 2, SEEK_SET)   fseek(fp, -1, SEEK_END)

도대체 어떤 경우에 순차 접근이 아닌 임의 접근을 할 필요가 있을까? 음악 파일을 듣거나 동영상 파일을 보는 경우, 중간을 건너뛰고 뒷부분으로 가는 경우가 있다. 보통 멀티미디어 파일들은 그 크기가 커서 메모리에 전부 적재하지 못한다. 따라서 그런 경우에는 파일의 파일 포인터를 뒷부분으로 보낸 후에 그 위치부터 읽으면 될 것이다.

파일 포인터를 파일의 시작 위치로 설정하려면 fseek()를 사용하여도 되지만, rewind() 라이브러리 함수도 마찬가지의 역할을 한다.

```
rewind(fp);
```

rewind()가 호출되면 파일 포인터가 0으로 설정된다. 주로 rewind()는 파일을 읽은 다음, 다시 읽고자 할 때 사용된다.

파일 포인터의 현재 위치를 알아내려면 ftell()을 사용한다. ftell()은 현재 파일 포인터의 값을 long형으로 반환한다. long형으로 반환하는 이유는 때에 따라서는 파일이 매우 클 수 있고 그런 경우에는 파일 포인터의 값이 long형으로만 표시될 수 있기 때문이다. 만약 오류가 발생하면 −1L을 반환한다.

long ftell(FILE *fp);

거리   FILE 포인터

예제 #1

fseek()를 사용하면 파일의 크기를 알 수 있다. fseek(fp, 0L, SEEK_END);를 이용하여 파일의 끝으로 간 후에 ftell()로 현재의 파일 포인터를 출력하면 된다.

```c
#include <stdio.h>
#include <stdlib.h>

int main(void)
{
    long length;

    FILE * fp = fopen("lena(256x256).raw", "rb");
    if (fp == NULL) {
        printf("lena(256x256).raw 파일을 열 수 없습니다.");
        return 1;
    }
    fseek(fp, 0, SEEK_END);

    length = ftell(fp);
    printf("파일 크기=%d 바이트\n", length);
    fclose(fp);
    return 0;
}
```

실행결과

파일 크기=65536 바이트

예제 #2

텍스트 파일에 "ABCDEFGHIJKLMNOPQRSTUVWXYZ"를 기록한 후에 이 파일을 다시 읽기 모드로 연다. fseek()에 적절한 값을 넣어서 호출한 후에 fgetc()를 호출하여 반환값을 화면에 출력한다.

실행
결과

```
fseek(fp, 3, SEEK_SET) = D
fseek(fp, -1, SEEK_END) = Z
```

```c
#include <stdio.h>

int main (void)
{
    FILE *fp;
    char buffer[100];

    fp = fopen("sample.txt", "wt");
```

```
    if (fp == NULL) {
        printf("파일을 열 수 없습니다.\n");
        return 1;
    }
    fputs( "ABCDEFGHIJKLMNOPQRSTUVWXYZ" , fp );
    fclose(fp);

    fp = fopen("sample.txt", "rt");
    if (fp == NULL) {
        printf("파일을 열 수 없습니다.\n");
        return 1;
    }
    fseek( fp , 3 , SEEK_SET );
    printf("fseek(fp, 3, SEEK_SET) = %c \n", fgetc(fp));

    fseek( fp , -1 , SEEK_END );
    printf("fseek(fp, -1, SEEK_END) = %c \n", fgetc(fp));

    fclose(fp);
    return 0;
}
```

> 파일의 처음에서 3바이트만큼 떨어진 위치로 이동한다.
> 파일 위치 표시자는 D를 가리킨다.

> 파일의 끝(EOF)에서 앞으로 한 바이트 이동한다. 파일 위치 표시자는 Z를 가리킨다.

중간점검

1. 파일의 처음부터 순차적으로 읽거나 쓰는 방법을 _____이라고 한다.
2. 파일의 어느 위치에서나 읽고 쓰기가 가능한 방법을 _____이라고 한다.
3. 파일에서 읽기나 쓰기가 수행되면 파일의 현재의 위치를 표시하는 _____가 갱신된다.
4. 파일의 파일 포인터를 알아내는 함수는 _____이다.

| 난이도 ★★★   주제 파일 처리, 구조체 |

자신과 친한 사람들의 정보를 저장하고 업데이트할 수 있는 간단한 프로그램을 작성하여 보자. 입력하거나 업데이트한 데이터는 파일로 저장된다. 저장된 데이터에 대하여 검색할 수 있다. 자기에게 필요한 여러 가지 사항들을 저장할 수 있도록 하자. 즉 자신만의 간단한 데이터베이스 시스템을 작성하여 보자.

```
====================
  1. 전체출력
  2. 추가
  3. 수정
  4. 검색
  5. 종료
====================
정수값을 입력하시오: 2
이름: 홍길동
주소: 서울시 종로구 1번지
휴대폰: 010-1234-5678
특징: 초능력 슈퍼 히어로
```

먼저 파일 모드를 어떻게 해야 할까? 우리는 주로 데이터를 파일에 추가하거나 아니면 검색하게 된다. 따라서 가장 적합한 것은 "a+" 모드이다. "a+" 모드는 추가 모드이며, 우리가 파일에 쓰면 무조건 파일의 맨 끝에 추가된다. 그리고 파일에서 읽을 수도 있는데, 읽기 전에 무조건 fseek()을 해주어야 한다. 즉 fseek()을 하지 않으면 모드가 변경되지 않는다. 주의하여야 한다. 수정은 약간 복잡한데 파일이 오픈된 상태에서 중간만 변경하는 것보다는 차라리 새로운 파일을 생성하여서 거기에 전체를 다시 기록하는 것이 낫다. 예전 파일은 삭제하고 이름을 바꾸면 된다.

연락처 데이터는 물론 구조체로 나타내는 것이 좋다. 구조체를 파일에 쓰려면 이진 파일 모드가 적당하다. 한 사람분의 데이터가 입력되면 무조건 파일에 쓴다. 따라서 구조체의 배열은 필요 없고 한 개의 구조체만 있으면 된다. 검색할 때도 파일을 오픈한 상태에서 fread()를 호출하여서 하나씩 구조체로 불러들여서 이름을 비교한다. 다음 코드를 참조하여 작성한다.

```
#define SIZE 100

typedef struct person {        // 연락처를 구조체로 표현한다.
    char name[SIZE];           // 이름
    char address[SIZE];        // 주소
    char mobilephone[SIZE];    // 휴대폰
    char desc[SIZE];           // 특징
} PERSON;

...
// 데이터를 추가한다.
void add_record(FILE *fp)
{
    PERSON data;
    data = get_record();       // 사용자로부터 데이터를 받아서 구조체에 저장한다.
    fseek(fp, 0, SEEK_END);    // 파일의 끝으로 간다.
    fwrite(&data, sizeof(data), 1, fp);   // 구조체 데이터를 파일에 쓴다.
}
...
```

1 다음 중 표준 파일 스트림이 아닌 것은?

① stdin   ② stdout   ③ stderr   ④ stdcon

2 파일의 시작 부분으로 파일 포인터를 이동시키는 문장은?

① fseek(fp, 0L, SEEK_END);

② fseek(fp, 0L, SEEK_START);

③ fseek(fp, 0L, SEEK_SET);

④ fseek(fp, −1L, SEEK_SET);

3 기존의 이진 파일을 새로운 데이터로 업데이트하고자 한다. 파일 오픈 시에 필요한 파일 모드는?

① w   ② rb   ③ wb   ④ t

4 다음 중에서 이진 파일에서 올바르게 읽은 문장을 모두 선택하시오.

```
FILE *fp=fopen("TEST.DAT", "rb");
char buffer[200];
```

① fread(fp, buffer, 100, 1);

② fread(buffer, 100, 1, fp);

③ fread(buffer, 1, 300, fp);

④ fread(fp, buffer, 1, 100);

5 다음 코드에서 fopen()에서 "rb"가 의미하는 것은 무엇인가?

```
FILE *fp;
fp = fopen("source.txt", "rb");
```

6 다음은 표준 입출력 함수들에 대한 설명이다. 설명에 가장 일치하는 함수를 아래의 보기에서 골라서 쓰시오.

1) _____: 텍스트 파일에서 하나의 줄을 입력받는 함수

2) _____: 파일의 끝을 검사하는 함수

3) _____: 형식 제어 문자열을 사용하여서 파일에 정수나 실수를 읽는 함수

feof() fgetc() fscanf() fgets() fflush() ftell() fprintf() fseek()

Programming

| 난이도 ★ 주제 텍스트 파일 읽기 |

1 텍스트 파일 proverbs.txt를 읽어서 각 줄의 앞에 줄 번호를 붙여서 화면에 출력하는 프로그램을 작성하라.

```
1: Absence makes the heart grow fonder.
2: Actions speak louder than words.
3: All for one and one for all.
4: All's fair in love and war.
5: All work and no play makes Jack a dull boy.
...
```

> HINT 텍스트 파일을 한 줄씩 읽어서 화면에 쓸 때 앞에 printf()를 이용하여서 줄 번호를 적어주면 된다.

| 난이도 ★ 주제 텍스트 파일 읽기 |

2 텍스트 파일을 서로 비교하는 프로그램을 작성하여 보자. 파일의 이름은 사용자에게 입력받는다. 만약 두 개의 파일이 일치하면 "파일은 서로 일치함"을 출력하며, 일치하지 않으면 일치하지 않는 첫 번째 문장을 다음과 같이 출력한다.

```
첫 번째 파일 이름:  proverbs.txt
두 번째 파일 이름:  test2.txt
<< Absence makes the heart grow fonder.
>> ABSENCE MAKES THE HEART GROW FONDER.
```

> HINT 텍스트 파일이므로 fgets()와 fputs()를 사용한다. strcmp()를 이용하여서 2개의 문자열을 비교한다.

| 난이도 ★ 주제 텍스트 파일 읽기 |

3 텍스트 파일 내의 숫자를 읽어 들여서 오름차순으로 정렬하여 새 파일에 저장하는 프로그램을 작성하라. 버블 정렬을 이용하거나 C언어의 정렬 알고리즘을 사용할 수 있다.

```
30                           10
20                           20
10              →            30
90                           60
60                           90
```

4 큰 텍스트 파일을 작은 크기의 파일들로 분할하는 프로그램을 작성하라. 사용자로부터 분할할 파일 크기를 입력받아 원본 파일을 해당 크기에 맞게 여러 개의 작은 파일로 분할해야 한다.

> 분할할 파일: proverbs.txt
> 분할 크기(바이트): 1024
>
> proverbs1.txt, proverbs2.txt, proverbs3.txt로 분할되었습니다.

실행 결과

5 CSV 형식의 파일을 읽고 데이터를 처리하는 프로그램을 작성해보자. CSV 파일은 각 필드가 쉼표(,)로 구분된 형식의 텍스트 파일이다. CSV 파일을 읽어 데이터를 화면에 출력하는 예제를 작성해보자.

data.csv

이름,	나이,	점수
Kim,	25,	85.5
Lee,	22,	78.3
Park,	30,	92.1

→

학생 정보		
이름	나이	점수
Kim	25	85.5
Lee	22	78.3
Park	30	92.1

6 정수들이 저장된 파일 numbers.txt에서 모든 정수를 읽어서 정수의 개수, 합계, 평균을 출력하는 프로그램을 작성하라.

> 정수의 개수: 3
> 정수의 합계: 60
> 정수의 평균: 20.0

7 사용자로부터 받은 파일 이름으로 텍스트 파일을 연 후에 파일 안에 들어 있는 문자들의 개수와 단어들의 개수를 계산하여 출력하라.

> 파일 이름: proverbs.txt
> 문자의 개수는 718
> 단어의 개수는 36

HINT 인쇄 가능한 문자는 isprint(c)로 검사할 수 있다.

| 난이도 ★ 주제 텍스트 파일 처리 |

8 두 개의 텍스트 파일을 비교하여 같은지 다른지를 알려주는 프로그램을 작성하라.

```
첫 번째 파일: scores.txt
두 번째 파일: sales.txt
두 파일은 서로 다릅니다.
```

| 난이도 ★★★ 주제 텍스트 파일 읽기 |

9 2개의 텍스트 파일을 합하여 하나의 파일로 저장하는 프로그램을 작성하시오.

```
첫 번째 파일: hello.c
두 번째 파일: main.c
합칠 파일 이름: dst.c
hello.c 파일과 main.c 파일을 합하여 dst.c 파일로 저장합니다.
```

| 난이도 ★★ 주제 텍스트 파일 읽기 |

10 텍스트 파일 proverbs.txt를 읽어서 사용자가 지정하는 줄을 삭제하는 프로그램을 작성하라.

```
삭제를 원하는 줄 번호: 2
test.txt로 저장되었습니다.
```

HINT 파일에서 특정한 내용을 삭제할 때는 원본을 변경하지 말고, 원본에 해당 줄만 빼고 나머지를 모두 다른 파일에 저장하는 편이 편리하다.

| 난이도 ★★★ 주제 텍스트 파일 읽기 |

11 텍스트 파일에서 특정한 단어를 찾아서 다른 단어로 변경하여 출력 파일에 쓰는 프로그램을 작성하라.

```
Android 4.1, Jelly Bean, is the
fastest and smoothest version of
Android yet.
```
→
```
안드로이드 4.1, Jelly Bean, is the
fastest and smoothest version of
Android yet.
```

HINT 역시 다양한 방법으로 할 수 있다. 파일에서 한 줄씩 읽어서 strstr()이나 strtok()를 사용하여 단어를 분리한 후에 단어를 변환하여 출력 파일에 쓴다.

12 사용자가 지정하는 텍스트 파일을 읽어서 시저 암호 방법으로 암호화된 파일을 생성하는 프로그램을 작성하라.

> 파일 이름을 입력하시오: test.txt
> 이동 거리를 입력하시오: 3
> 암호화된 파일은 test_enc.txt입니다.

HINT 시저 암호 방법은 문자 코드에 일정한 값을 더하는 암호화 방법이다.

13 int형의 이진 파일을 읽어서 short형의 이진 파일로 다시 쓰는 프로그램을 작성한다. 원본 이진 파일은 int형이지만, 모든 데이터는 −32768 ~ 32767 범위에 있다. 따라서 short형의 2바이트로도 저장이 가능하다. 이 프로그램은 원본 이진 파일을 원래 크기의 50%로 압축한다.

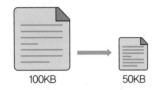

14 소규모의 데이터베이스 프로그램과 자기가 소유하고 있는 도서를 관리하는 프로그램을 작성하여 보자. 다음과 같은 메뉴 화면을 가진다.

> ===================
>   1. 추가
>   2. 출력
>   3. 검색
>   4. 종료
> ===================
> 정수값을 입력하시오 : 1
> 도서의 이름: Introduction to Heros
> 저자: 홍길동
> 출판사: 히어로출판사

HINT 책의 이름이나 저자는 gets_s()를 사용하여 입력받는다. 정수값을 입력받은 후에 문자열을 입력받아야 할 때는 엔터키를 없애기 위하여 getchar()를 한 번 호출해주자.

13

동적 메모리

CHAPTER 13 동적 메모리

1. 이번 장에서 만들 프로그램

이번 장에서는 동적 메모리를 할당받아서 동적 배열을 만들어보자.

(1) 동적 메모리 할당의 가장 큰 장점은 사용자가 원하는 크기의 배열을 만들 수 있다는 점이다. 이번 실습에서는 사용자에게 원하는 항목의 개수를 물어보고 그 크기의 배열을 동적으로 생성하자. 동적 배열에 사용자가 입력하는 데이터를 저장하고 다시 출력해보자.

```
정수의 개수: 3
정수를 입력하시오: 10
정수를 입력하시오: 20
정수를 입력하시오: 30

입력된 값은 다음과 같습니다.
10 20 30
```

(2) 크기가 1,000인 동적 배열을 생성하고 난수로 채운 후에 최댓값을 계산해보자.

```
최댓값=32757
```

2. 동적 할당 메모리란?

프로그램이 메모리를 할당받는 방법에는 정적(static)과 동적(dynamic)의 2가지 방법이 있다. 정적 메모리 할당이란 프로그램이 시작되기 전에 미리 정해진 크기의 메모리를 할당받는 것이다. 이 경우, 메모리의 크기는 프로그램이 시작하기 전에 결정되며, 프로그램의 실행 도중에 크기를 변경할 수 없다. 예를 들면, 다음과 같이 배열을 선언하면 정적으로 메모리를 할당받는 것이다.

```
int sarray[10];
```

정적 메모리 할당은 간편하지만, 경우에 따라 비효율적일 수 있다. 예를 들면, 프로그램이 처리해야 하는 입력의 크기를 미리 알 수 없는 경우에는 비효율적이다. 만약 처음에 결정된 크기보다 더 많은 입력이 들어온다면 처리하지 못할 것이고, 더 적은 수의 입력이 들어온다면 메모리 공간이 낭비될 것이다.

메모리도 필요할 때마다 요청해서 사용하면 좋은데…

그림 13.1 동적 메모리의 필요성

동적 메모리 할당(dynamic memory allocation)이란 다음과 같이 프로그램이 실행 도중에 동적으로 메모리를 할당받는 것이다.

```
int *darray = (int *)malloc(10 * sizeof(int));
```

위의 문장에서는 10개의 정수를 저장할 수 있는 공간을 동적으로 할당받고 있다. 동적 메모리 할당에서는 필요한 만큼의 메모리를 시스템으로부터 할당받아서 사용하고, 사용이 끝나면 시스템에 메모리를 반납한다. 필요한 만큼만 할당을 받고 또 필요한 때에 사용하고 반납하기 때문에 메모리를 매우 효율적으로 사용할 수 있다. 동적 메모리는 malloc() 계열의 라이브러리 함수를 사용하여 할당받을 수 있다. 프로그램이 수행되다가 malloc() 함수를 만나면 운영체제가 호출되어서 필요한 만큼의 동적 메모리를 할당하게 된다.

동적 메모리는 프로그램 실행 중에 필요한 메모리를 할당하고 해제하는 기능을 제공한다. 이는 프로그래머가 실행 시간에 메모리를 동적으로 관리할 수 있게 해주며, 효율적인 메모리 사용과 유연한 프로그래밍을 가능하게 한다.

어디서 할당될까?

동적 메모리는 프로그램의 힙(heap) 영역을 사용하여 할당된다. 힙은 프로그램 실행 중에 동적으로 크기가 조정되는 데이터를 저장하기 위한 영역으로, 전역 변수나 지역 변수와는 달리 메모리의 크기와 수명을 프로그래머가 직접 제어할 수 있다.

3. 동적 메모리의 사용

동적 메모리 할당은 도서관에서 책을 빌리는 절차와 비슷하다. 도서관에서는 필요한 책을 신청하고 책이 준비되면 받아오는 단계가 필요하다. 책의 사용이 끝나면 책을 다시 도서관으로 반납하는 단계가 필요하다. 동적 메모리 할당도 마찬가지이다. 먼저 얼마나 할당을 받을 것인지를 결정하고 라이브러리 함수를 호출하여 운영체제에 메모리를 요청하는 단계가 필요하다. 만약 충분한 메모리가 존재하면 그 요청은 승인되고 메모리가 할당된다. 프로그램이 할당된 메모리를 사용한다. 사용이 끝나면 메모리를 다시 운영체제에 반납하는 단계가 필요하다. 할당된 메모리를 프로그램이 명시적으로 해제하지 않으면 메모리 누수가 발생할 수 있다. 따라서 프로그래머는 메모리를 더 이상 사용하지 않을 때는 항상 free() 함수를 사용하여 해당 메모리를 해제해야 한다. 이렇게 함으로써 해제된 메모리는 다시 사용 가능한 상태가 되어 다른 메모리 할당에 활용될 수 있게 된다.

동적 메모리 할당　　　　　　　동적 메모리 사용　　　　　　　동적 메모리 반납

그림 13.2 동적 메모리 사용 단계

동적 메모리 할당

동적 메모리를 할당하는 가장 기본적인 함수인 malloc(size)는 바이트 단위로 메모리를 할당한다. 여기서 인수 size는 할당받고 싶은 바이트의 수이다. malloc()은 〈stdlib.h〉에 원형이 정의되어 있다.

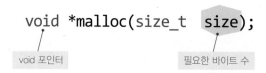

void *malloc(size_t size);

void 포인터　　　　　　　　　필요한 바이트 수

malloc() 함수는 동적 메모리의 주소를 반환한다. 따라서 이 주소를 이용하여서 동적 메모리를 사용하면 된다. 예를 들어서 100개의 정수를 저장할 수 있는 공간을 할당받아 보자. 100개의 정수는 몇 바이트일까? 정수 하나가 sizeof(int)만큼의 바이트이므로 100개의 정수는 100*sizeof(int)가 될 것이다. 물론 100*4라고 하여도 되지만 컴퓨터에 따라서 정수의 크기가 다를 수도 있으므로 sizeof(int)를 사용하는 것이 안전하다.

malloc()이 반환하는 반환형은 void *이다. void 포인터를 반환하는 이유는 malloc() 함수 입장에서는 프로그래머가 할당받은 메모리 블록을 어떤 자료형으로 사용할지 알 수 없기 때문이다. 프로그래머는 void 포인터를 자신이 원하는 포인터 타입으로 바꾸어서 사용하면 된다.

```
int *score;                   int 포인터로 변환
score = (int *)malloc(100*sizeof(int));

if( score == NULL ){          메모리가 올바르게 할
    ... // 오류 처리           당되었는지를 체크
}
```

malloc()은 메모리가 부족하면 NULL을 반환하므로 항상 반환값이 NULL이 아닌지도 체크하여야 한다. malloc()이 할당한 동적 메모리는 초기화되어 있을까? malloc()은 효율성을 위하여 동적 메모리를 초기화하지 않는다. 따라서 쓰레기값이 들어 있다고 생각하여야 한다. 자신이 원하는 값으로 초기화시키면 된다.

동적 메모리 사용

할당받은 공간은 어떻게 사용하면 좋을까? 포인터가 반환되므로 포인터를 이용하여서 동적 메모리를 사용하여야 한다. 따라서 2가지 방법 중에서 하나를 사용한다. 첫 번째는 * 연산자를 사용하는 방법이다.

```
*score = 100;        ◄──── 동적 배열의 첫 번째 정수
*(score+1) = 200;
*(score+2) = 300;
...
```

두 번째 방법은 동적 메모리를 배열과 같이 취급하여서 [ ] 연산자를 사용하는 것이다.

```
score[0] = 100;      ◄──── 동적 배열의 첫 번째 정수
score[1] = 200;
score[2] = 300;
...
```

동적 메모리를 동적 배열처럼 생각하고 두 번째 방법처럼 사용하는 것이 약간은 편리하다.

동적 메모리 해제

free()는 동적으로 할당되었던 메모리 블록을 시스템에 반납한다. 다음과 같은 함수 원형을 가

지며, 여기서 p는 동적 할당된 메모리를 가리키는 포인터이다.

$$free(void \ *p);$$

동적 메모리를 가리키는 포인터

프로그램에서 동적으로 할당 가능한 메모리는 제한되어 있다. 따라서 할당받은 메모리의 사용이 끝났을 경우에는, 다른 곳에서 다시 사용할 수 있도록 반납하여야 한다. free()를 호출할 때는 할당된 메모리를 가리키는 포인터를 인수로 하여 호출하여야 한다. 따라서 malloc()이 반환한 포인터는 절대로 잊어버리면 안 된다.

예제 #1

정수 1개, 실수 1개, 문자 1개를 저장할 수 있는 공간을 할당받아서 사용한 후에 반납하는 코드를 작성해보자.

malloc1.c

```
#include <stdio.h>
#include <stdlib.h>
```
두 개의 헤더 파일을 포함하고 있다. printf() 함수를 위한 stdio.h 그리고 malloc()과 free()를 위한 stdlib.h를 반드시 포함시켜야 한다.

```
int main(void)
{
    int *pi;
    double *pf;
    char *pc;
    pi = (int *)malloc(sizeof(int));        // 동적 메모리 할당
    pf = (double *)malloc(sizeof(double));
    pc = (char *)malloc(sizeof(char));
    if (pi == NULL || pf == NULL || pc == NULL) {  // 반환값이 NULL인지 검사
        printf("동적 메모리 할당 오류\n");
        return 1;
    }                                       // 동적 메모리 사용
    *pi = 100;      // pi[0] = 100;
    *pf = 3.14;     // pf[0] = 3.14;
    *pc = 'a';      // pc[0] = 'a';
    free(pi);
    free(pf);                               // 동적 메모리 반납
    free(pc);
    return 0;
}
```

예제 #2

100개의 문자를 저장할 수 있는 동적 메모리 공간을 할당받고 여기에 문자 'a'를 저장한 다음, 화면에 출력하여 보자.

malloc2.c

```
#include <stdio.h>
#include <stdlib.h>        ● malloc(), free(), exit()가 정의되어 있다.

int main(void)
{
        char* pc;

        pc = (char*)malloc(100 * sizeof(char));    ● malloc(100)으로 하여도 된다.
        if (pc == NULL) {
                printf("메모리 할당 오류\n");        ● 항상 체크하여야 한다.
                return 1;
        }

        for (int i = 0; i < 100; i++)              ● 포인터가 가리키는 곳에 문
                pc[i] = 'a';                          자 'a'를 저장한다.
        for (int i = 0; i < 100; i++)
                printf("%c", pc[i]);

        free(pc);
        return 0;
}
```

실행결과

```
aaaaaaaaaaaaaaaaaaaaaaaaaaaaaaaaaaaaaaaaaaa
aaaaaaaaaaaaaaaaaaaaaaaaaaaaaaaaaaaaaaaaaaa
aaaaaaaaaaaaaaaaaaaa
```

예제 #3

정수 10, 20, 30을 저장할 수 있는 동적 메모리를 생성해보자.

malloc3.c

```
#include <stdio.h>        두 개의 헤더 파일을 포함하고 있다. printf() 함수를 위한 stdio.h 그리
#include <stdlib.h>       고 malloc()과 free()를 위한 stdlib.h를 반드시 포함시켜야 한다.

int main(void)
{
    int *list;
    list = (int *)malloc(3 * sizeof(int));    ● 동적 메모리 할당
    if (list == NULL) {          // 반환값이 NULL인지 검사
```

```
        printf("동적 메모리 할당 오류\n");
        return 1;
    }
    list[0] = 10;
    list[1] = 20;        ─── 동적 메모리 사용
    list[2] = 30;

    free(list);  ───  동적 메모리 반납
    return 0;
}
```

Q 동적으로 1차원 배열은 생성할 수 있다. 하지만 2차원 배열은 불가능하다. 동적으로 2차원 배열을 생성하는 방법은 없는가?

A 2차원 동적 배열을 생성할 수 있다. 가장 일반적인 방법은 이중 포인터 배열을 만들고 각 포인터가 동적 할당된 메모리를 가리키도록 초기화하는 것이다. 간략한 예제는 다음과 같다. 영상 처리에서 많이 사용된다.

```
// row와 column은 2차원 배열의 열의 개수와 행의 개수
int **image = malloc(rows * sizeof(int *));
for(i = 0; i < rows; i++)
    image[i] = malloc(columns * sizeof(int));
// 2차원 배열의 사용
image[0][0] = 255;
...
```

중간점검

1. 프로그램의 실행 도중에 메모리를 할당받아서 사용하는 것을 _____이라고 한다.
2. 동적으로 메모리를 할당받을 때 사용하는 대표적인 함수는 _____이다.
3. 동적으로 할당된 메모리를 해제하는 함수는 _____이다.
4. 동적 메모리 함수의 원형은 헤더파일 _____에 정의되어 있다.

| 난이도 ★★ 주제 malloc()과 free() 사용 |

동적 메모리 할당의 가장 큰 장점은 사용자가 원하는 크기의 배열을 만들 수 있다는 점이다. 성적 처리 프로그램을 작성한다고 하자. 사용자한테 학생이 몇 명인지를 물어보고 적절한 동적 메모리를 할당한다. 사용자로부터 성적을 받아서 저장하였다가 평균을 계산하여 출력한다. 학생들의 수에 따라 적절한 동적 배열을 생성할 수 있다.

실행 결과

```
학생의 수: 3
학생 #1 성적: 10
학생 #2 성적: 20
학생 #3 성적: 30
성적 평균=20.00
```

darray1.c

```c
#include <stdio.h>
#include <stdlib.h>

int main(void)
{
    int *list;
    int i, students, sum=0;

    printf("학생의 수: ");
    scanf("%d", &students);
    list = (int *)malloc(students * sizeof(int));   // 학생의 수만큼 동적 메모리를 할당한다.
    if (list == NULL) {          // 반환값이 NULL인지 검사
        printf("동적 메모리 할당 오류\n");
        return 1;
    }
    for (i = 0; i<students; i++) {
        printf("학생 #%d 성적: ", i+1);
        scanf("%d", &list[i]);   // 동적 메모리에 성적을 저장한다.
    }
    for (i = 0; i<students; i++)
        sum += list[i];
    printf("성적 평균=%.2f \n", (double)sum/students);
    free(list);
    return 0;
}
```

크기가 1,000인 동적 배열을 생성하고 동적 배열을 난수로 채워보자. 동적 배열의 원소 중에서 최댓값을 계산하여 출력하여 본다.

```
최댓값=32757
```

실행
결과

---

darray2.c

```c
#include <stdio.h>
#include <stdlib.h>
#define SIZE 1000

int main(void)
{
    int *p = NULL;
    int i = 0;

    p = (int *)malloc(SIZE * sizeof(int));      ← 동적 메모리 할당
    if (p == NULL) {
        printf("메모리 할당 오류\n");
        return 1;
    }

    for (i = 0; i < SIZE; i++)                  ← 동적 메모리를 난수로 초기화한다.
        p[i] = rand();

    int max = p[0];
    for (i = 1; i < SIZE; i++) {                ← 동적 메모리에서 최댓값을 찾는다.
        if (p[i] > max)
            max = p[i];
    }

    printf("최댓값=%d \n", max);
    free(p);

    return 0;
}
```

4. calloc()과 realloc()

calloc()

calloc()은 0으로 초기화된 동적 메모리를 할당한다. 따라서 초기화된 메모리 블록을 얻을 때는 calloc()을 사용하는 것이 편리하다. 또 바이트 단위가 아닌 항목 단위로 메모리를 할당한다.

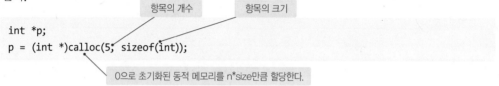

```
int *p;
p = (int *)calloc(5, sizeof(int));
```

위의 코드에서 각 항목의 크기가 sizeof(int)이고, 항목의 개수가 5이다.

그림 13.3 malloc()과 calloc()의 비교

realloc()

realloc() 함수는 이름 그대로, malloc()으로 할당받았던 메모리 블록의 크기를 변경할 때 사용한다.

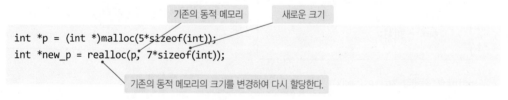

```
int *p = (int *)malloc(5*sizeof(int));
int *new_p = realloc(p, 7*sizeof(int));
```

realloc()의 첫 번째 매개 변수는 기존에 동적 할당된 메모리 블록을 가리키는 포인터이다. realloc()의 두 번째 매개 변수는 새로운 크기(바이트 단위)이다. 동적 메모리 안의 기존 데이터 값은 유지된다.

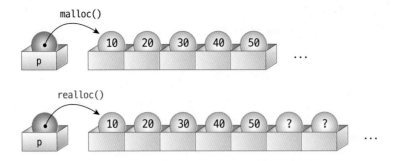

예제 #1

동적 배열의 크기를 증가시키는 전형적인 코드를 살펴보자. 먼저 5개의 정수만을 저장할 수 있는 동적 메모리를 할당받고 나중에 이 메모리 공간을 정수 10개를 저장할 수 있는 공간으로 확장한다. 기존의 데이터들은 보존되기 때문에 따로 복사할 필요는 없다.

```c
realloc.c
#include <stdio.h>
#include <stdlib.h>

int main(void)
{
        int* ptr;
        int n = 5;

        // 초기 메모리 할당
        ptr = (int*)malloc(n * sizeof(int));
        if (ptr == NULL) {
                printf("메모리 할당에 실패했습니다.\n");
                return 1;
        }

        // 메모리 재할당
        int new_size = 10;
        int* new_ptr = (int*)realloc(ptr, new_size * sizeof(int));
        if (new_ptr == NULL) {
                printf("메모리 재할당에 실패했습니다.\n");
                free(ptr);
                return 1;
        }

        // 새로운 메모리 블록으로 업데이트된 포인터 사용
        ptr = new_ptr;
```

```
    // 업데이트된 메모리 사용
    for (int i = 0; i < new_size; i++) {
            ptr[i] = i;
    }

    // 메모리 해제
    free(ptr);

    return 0;
}
```

5. 구조체를 동적 생성해보자

구조체를 저장할 수 있는 공간도 다음과 같이 할당받을 수 있다. 만약 구조체의 배열이 필요하면 구조체의 크기에다 필요한 개수를 곱해주면 된다. 예를 들어서 자신이 시청한 모든 영화에 대한 정보를 구조체의 배열에 저장하고 싶다고 하자. 사용자에게 영화의 개수를 입력받아, 구조체 배열을 동적 생성하고 여기에 영화 정보를 저장해보자. 영화는 다음과 같은 구조체로 표현한다.

```
struct Movie
{
    char title[100]; // 영화 제목
    double rating;   // 영화 평점
};

struct Movie *list;
list = (struct Book *)malloc(size * sizeof(struct Book));
```

동적으로 생성된 구조체 배열은 포인터를 통해서만이 접근할 수 있는 점에 유의하라. list[0]는 첫 번째 구조체이고 list[1]은 두 번째 구조체이다.

2개의 영화 정보를 받아서 동적 할당된 구조체 배열에 저장해보자.

```
영화의 개수: 2

영화 제목:사운드 오브 뮤직
영화 평점:9.0

영화 제목:백 투더 퓨처
영화 평점:9.0


=====================
영화 제목: 사운드 오브 뮤직
영화 평점: 9.000000
영화 제목: 백 투더 퓨처
영화 평점: 9.000000
=====================
```

darray_movie.c

```c
#define _CRT_SECURE_NO_WARNINGS
#include <stdio.h>
#include <stdlib.h>

struct movie
{
    char title[100]; // 영화 제목
    double rating;   // 영화 평점
};

int main(void)
{
    struct movie* ptr;
    int i, size;

    printf("영화의 개수: ");
    scanf("%d", &n);
    getchar(); // 줄바꿈 문자 제거

    ptr = (struct movie*)malloc(n * sizeof(struct movie));
    if (ptr == NULL) {
        printf("메모리 할당 오류\n");
        return 1;
    }

    for (i = 0; i < n; i++) {
```

```
        printf("\n영화 제목:");
        gets_s( ptr[i].title, 100 );    // 중간에 공백이 있는 제목도 받을 수도 있어야 한다.
        printf("영화 평점:");
        scanf("%lf", &ptr[i].rating);
        getchar();    // 줄바꿈 문자 제거
    }

    printf("\n=====================\n");
    for (i = 0; i < n; i++) {
        printf("영화 제목: %s \n", ptr[i].title);
        printf("영화 평점: %lf \n", ptr[i].rating);
    }
    printf("=====================\n");
    free(ptr);
    return 0;
}
```

6. 연결 리스트란?

연결 리스트의 개념

우리는 지금까지 대량의 데이터를 저장하는 데 주로 배열을 이용하였다. 배열은 장점과 단점을 가진다. 장점은 구현이 간단하고 빠르다는 것이다. 단점으로는 먼저 크기가 고정된다. 즉 동적으로 크기가 늘어나거나 줄어들 수 없다. 따라서 만약 데이터를 추가하고 싶은데 더 이상 남은 공간이 없다면 문제가 발생한다. 물론 더 큰 배열을 만들어서 기존의 배열에 있는 데이터들을 전부 복사하면 되지만, 이것은 많은 CPU 시간을 낭비한다. 또한, 중간에 새로운 데이터를 삽입하거나 삭제하기 위해서는 기존의 데이터들을 이동하여야 한다. 예를 들어서 [그림 13.4]처럼 a[0]와 a[1] 사이에 새로운 데이터를 넣으려면 a[1]부터 하나씩 뒤로 밀어서 빈 공간을 만든 후에 새로운 데이터를 a[1]에 넣어야 한다.

그림 13.4 배열의 문제점

연결 리스트(linked list)는 이러한 단점을 보완하기 위한 자료 구조이다. 연결 리스트는 각각의 요소가 포인터를 사용하여 다음 요소의 위치를 가리킨다. 포인터를 사용하여 자료들을 연결하는 방법은 매우 널리 사용되며, 연결 리스트에만 사용되는 것이 아니고 다른 여러 가지의 자료 구조, 즉 스택, 큐, 트리, 그래프 등을 구현하는 데 널리 사용된다.

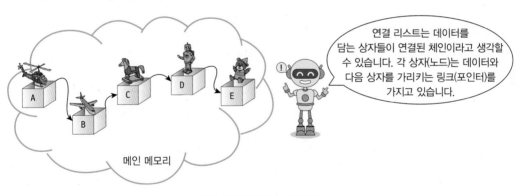

그림 13.5 연결 리스트의 구조

연결 리스트는 [그림 13.5]와 같이 줄로 연결된 상자라고 생각할 수 있다. 상자 안에는 데이터가 들어가고 상자에 연결된 줄을 따라가면 다음 상자를 찾을 수 있다. 연결 리스트는 일단 데이터를 한군데 모아두는 것을 포기하는 것이다. 데이터들은 메인 메모리의 어디에나 흩어져서 존재할 수 있다. 그러면 데이터들 사이의 순서는 어떻게 알 수 있을까? 데이터들의 순서를 유지하기 위하여 앞의 데이터는 뒤의 데이터를 가리키는 줄을 가진다. 앞의 데이터에서 다음 데이터를 찾아가려면 앞의 데이터의 줄을 따라가면 된다.

연결 리스트란 바로 이런 식으로 물리적으로 흩어져 있는 자료들을 서로 연결하여 하나로 묶는 방법이다. C에서는 상자를 연결하는 줄을 **포인터(pointer)**로 구현한다. 포인터를 사용하면 하나의 자료에서 다음 자료를 쉽게 가리킬 수 있다. 연결 리스트를 사용하면 어떤 장점이 있을까? 앞에서 등장하였던 배열의 중간에 데이터를 삽입, 삭제하는 문제를 살펴보자. 연결 리스트에서는 앞뒤에 있는 데이터들을 이동할 필요가 없이 줄만 변경시켜주면 된다. [그림 13.6]에서 데이터 N이 B와 C 사이에 삽입되며, 실선은 삽입 전이고 점선은 삽입 후이다.

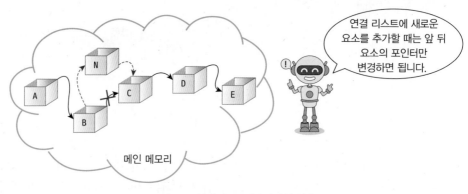

그림 13.6 연결 리스트에서의 삽입 연산

삭제 시에도 마찬가지이다. [그림 13.7]과 같이 항목 C를 삭제하려고 하면 데이터들을 옮길 필요가 없이 그냥 데이터들을 연결하는 줄만 수정하면 된다.

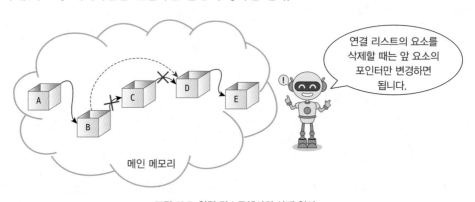

그림 13.7 연결 리스트에서의 삭제 연산

연결 리스트의 또 하나의 장점은 데이터를 저장할 공간이 필요할 때마다 동적으로 공간을 만들어서 쉽게 추가할 수 있다는 것이다. 이것은 배열에 비하여 상당한 장점이 된다. 그러나 장점만 있는 것은 아니고 배열에 비하여 상대적으로 구현이 어렵고 오류가 나기 쉬운 것은 단점이라 할 수 있다.

연결 리스트의 구조

앞의 그림에서의 상자를 **노드**(node)라고 부른다. 연결 리스트는 이들 노드들의 집합이다. 노드는 [그림 13.8]과 같이 **데이터 필드**(data field)와 **링크 필드**(link field)로 구성되어 있다.

그림 13.8 노드의 구성

데이터 필드에는 우리가 저장하고 싶은 데이터가 들어간다. 데이터는 정수가 될 수도 있고 학번, 이름, 전화번호가 들어있는 구조체와 같은 복잡한 데이터가 될 수도 있다. 링크 필드에는 다른 노드를 가리키는 포인터가 저장된다. 이 포인터를 이용하여 다음 노드로 건너갈 수 있다. 연결 리스트에서는 연결 리스트의 첫 번째 노드를 알아야만 전체의 노드에 접근할 수 있다. 따라서 연결 리스트마다 첫 번째 노드를 가리키고 있는 변수가 필요한데 이것을 **헤드 포인터**(head pointer)라고 한다. 연결 리스트의 이름은 바로 이 헤드 포인터의 이름과 같다고 생각하면 된다. 연결 리스트에 노드가 하나도 없으면 헤드 포인터는 NULL값을 가지게 되고 공백 연결 리스트라고 한다. 연결 리스트의 마지막 노드의 링크 필드는 NULL로 설정되는데, 이는 더 이상 연결된 노드가 없다는 것을 의미한다.

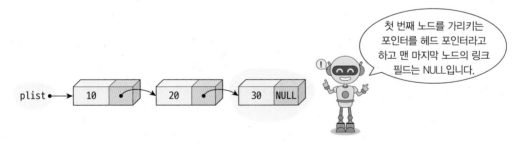

연결 리스트에서 노드들은 메모리상의 어떤 곳에나 위치할 수 있다. 즉 노드들의 순서가 리스트상의 순서와 동일하지 않을 수 있다는 특징을 가지고 있다. 연결 리스트를 사용하면 연속적인 공간이 없어도 데이터를 저장하는 것이 가능하고 미리 메모리 공간을 확보할 필요도 없다. 필요할 때마다 노드를 동적으로 생성하여 연결하면 된다.

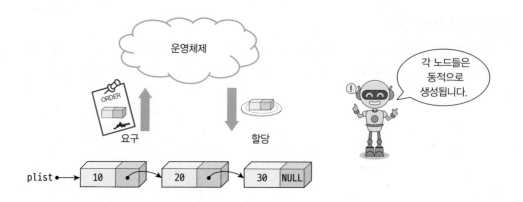

그러나 장점만 있는 것은 아니고 단점도 있다. 첫째로 링크 필드를 위한 추가 공간이 필요하게 되고 둘째로 연산의 구현이나 사용 방법이 배열에 비해 복잡해진다는 점이다. 따라서 프로그래밍 에러가 발생할 가능성도 많아진다.

자기 참조 구조체

연결 리스트를 구현하려면 먼저 자기 참조 구조체를 알아야 한다. **자기 참조 구조체(self-referential structure)**는 특별한 구조체로서 구성 멤버 중에 같은 타입의 구조체를 가리키는 포인터가 존재하는 구조체를 말한다. 다음의 예를 보자.

```
struct NODE {
    int data;
    struct NODE *link;        현재 구조체를 가리킬 수 있는 포인터
};
```

위의 문장은 NODE라는 구조체를 정의하고 있다. 구조체 NODE는 정수형 변수 data와 포인터 변수 link로 구성되어 있다. link는 바로 지금 정의하고 있는 구조체 NODE를 가리키는 포인터로 정의되고 있다.

자기 참조 구조체는 포인터를 이용하여 다른 구조체와 연결될 수 있다. 자기 참조 구조체는 자료 구조 중에서 연결 리스트나 트리를 구성할 때 많이 등장한다. 일반적으로 항목의 개수를 미리 예측할 수 없는 경우에 자체 참조 구조체를 정의해 놓고 동적으로 기억 장소를 할당받아서 이들을 포인터로 연결하여 자료 구조를 구성한다. 자기 참조 구조체를 포인터로 연결하여 자료를 저장하게 되면 중간에 새로운 자료를 삽입하기가 용이해진다.

보통 자기 참조 구조체는 typedef를 이용하여 새로운 타입으로 정의하는 것이 보통이다. typedef를 이용하게 되면 매번 struct 키워드를 써주지 않아도 된다. typedef를 이용하여 생

성된 새로운 타입의 이름은 대문자로 하였다.

```
typedef struct NODE {
    int data;
    struct NODE *link;
} NODE;
```

typedef로 자기 참조 구조체를 새로운 자료형 NODE로 정의한다.

연결 리스트 생성의 예

간단한 연결 리스트를 생성하여 보자. 노드의 구조는 구조체를 이용하여 앞에서와 같이 정의되었다고 가정한다.

```
typedef struct NODE {
    int data;
    struct NODE *link;
} NODE;
```

노드의 구조는 정의되었지만, 아직 노드는 생성되지 않았음에 주의하여야 한다. 일반적으로는 연결 리스트에서는 필요할 때마다 동적 메모리 할당을 이용하여 노드를 동적으로 생성한다. 다음의 코드에서는 포인터 변수 p1을 만들고 malloc() 함수를 이용하여 노드 크기만큼의 동적 메모리를 할당받는다. 이 동적 메모리가 노드가 되는 것이다.

```
NODE *p1;
p1 = (NODE *)malloc(sizeof(NODE));
```

다음 절차는 새로 만들어진 노드에 데이터를 저장하고 링크 필드를 NULL로 설정하는 것이다.

```
p1->data = 10;
p1->link = NULL;
```

일반적으로 연결 리스트에는 여러 개의 노드가 서로 연결되어 있다. 따라서 똑같은 방식으로 두 번째 노드도 역시 동적으로 생성하고 첫 번째 노드의 링크 필드가 두 번째 노드를 가리키도록 하여 두 개의 노드를 서로 연결하여 보자.

```
NODE *p2;
p2 = (NODE *)malloc(sizeof(NODE));
p2->data = 20;
p2->link = NULL;
p1->link = p2;
```

노드를 더 생성하고 싶으면 이상의 과정을 원하는 만큼 반복하면 된다. 한 가지 주의할 점은 동적 메모리 할당을 이용하였기 때문에 사용이 끝나면 반드시 메모리를 해제해 주어야 한다. 즉, 사용이 끝나면 다음의 코드를 수행하여야 한다.

```
free(p1);
free(p2);
```

보통 연결 리스트에 삽입과 삭제하는 함수를 따로 작성하여서 이 함수를 호출하여 노드 삽입과 삭제를 수행하는 것이 보통이다.

중간점검

1. 연결 리스트에서 다음 노드는 _____로 가리킨다.
2. 연결 리스트의 일반적인 노드는 _____ 필드와 _____ 필드로 구성되어 있다.
3. 구조체의 멤버 중에 자기 자신을 가리키는 포인터가 존재하는 구조체를 _____라고 한다.
4. 배열과 연결 리스트의 가장 큰 차이점은 무엇인가?

| 난이도 ★★★   주제 포인터, 동적 메모리 할당 |

중요한 자료 구조 중 하나인 연결 리스트(linked list)에서는 동적 메모리 할당을 필수적으로 사용한다. 연결 리스트는 크기 제한 없이 정보를 저장할 수 있다. 반면에 배열은 항상 크기의 제한이 있다. 연결 리스트의 크기가 부족하면 동적 메모리 할당을 이용하여 노드를 추가로 생성하여 연결하면 된다.

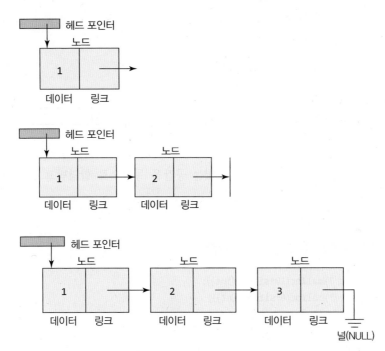

구체적으로 연결 리스트는 다음과 같은 구조체를 포인터로 연결한 것이다.

```
struct NODE {
    int data;
    struct NODE *link;
};
```

위의 그림과 같이, 정수 1, 2, 3을 저장하고 있는 연결 리스트를 생성해보자.

1 C언어에서 동적으로 메모리를 할당하는 올바른 함수는?

① new()   ② malloc()   ③ create()   ④ get_mem()

2 C언어에서 동적 메모리를 반납하는 올바른 함수는?

① free()   ② delete()   ③ clear()   ④ remove()

3 다음 문장에서 오류를 찾아서 수정하시오.

```
int *pi;                              _____
pi = malloc(sizeof(int), 10);         _____
```

4 100개의 double형 실수를 저장할 수 있는 공간을 동적으로 할당받고 반납하는 문장을 작성하여 보라.

5 다음과 같은 코드의 문제점은 무엇인가?

```
int* A = (int *)malloc(10*sizeof(int));
int* B = (int *)malloc(6*sizeof(int));
B = A;
```

6 다음 코드에서 무엇이 잘못되었는가? 올바르게 고쳐보자.

```
char* answer;
printf("문자열을 입력하시오: ");
gets_s(answer);
printf("입력한 것=%s \n", answer);
```

7 다음 코드에서는 s가 가리키는 문자열을 p가 가리키는 곳으로 복사하려고 한다. 무엇이
   잘못되었는가?

```
char *s="abcdef";
char *p = (char *)malloc(strlen(s)).
strcpy(p, s);
```

Programming

| 난이도 ★   주제 동적 메모리 할당 |

1 사용자가 입력한 n개의 실수의 합을 계산하기 위한 C 프로그램을 작성하라. 사용자로부터 실수의 개수를 먼저 입력받도록 하라. 실수의 개수만큼 동적 메모리를 할당하고, 실수들을 동적 메모리에 저장한다.

```
정수의 개수: 3
실수를 입력하시오: 1.2
실수를 입력하시오: 1.3
실수를 입력하시오: 1.4
합은 3.9입니다.
```

HINT 실수를 저장할 수 있는 동적 메모리는 malloc(sizeof(double)*size)를 호출하면 할당받을 수 있다. 동적 메모리는 배열처럼 사용할 수 있다.

| 난이도 ★   주제 동적 메모리 할당 |

2 malloc() 함수를 사용하여 문자열을 저장할 수 있는 동적 메모리를 생성하고 사용자가 입력한 문자열을 저장한 후에 화면에 출력한다. 문자열을 입력받기 전에 문자열의 최대 길이를 먼저 입력받는다.

```
문자열의 최대 길이를 입력하시오: 100
문자열을 입력하시오: This is a computer.

입력된 문자열은 This is a computer. 입니다.
```

| 난이도 ★   주제 동적 메모리 할당 |

3 처음에 20바이트를 동적 할당받아서 "hangookuniv"를 저장한다. realloc()을 이용하여 동적 할당 메모리의 크기를 30바이트로 증가시키고, 이미 있던 문자열에 ".com"을 추가해보자. 저장된 문자열과 동적 할당 메모리의 주소를 출력해보자.

```
문자열 = hangookuniv,   주소 = 1320282688
문자열 = hangookuniv.com,   주소 = 1320269648
```

HINT realloc()을 사용해보자.

4 다음과 같은 구조체를 동적 메모리 할당으로 생성하는 프로그램을 작성해보자. 동적으로 생성된 구조체에는 { 10, 3.14, 'a' }를 저장한다.

```
typedef struct rec {
        int i;
        float PI;
        char A;
} my_record;
```

```
i = 10
PI = 3.14
A=a
```

5 성적을 나타내는 구조체가 다음과 같다. 사용자에게 구조체의 개수를 입력하도록 요청하고 개수만큼의 동적 메모리를 할당받은 후에 구조체에 값을 저장한다. 입력이 끝나면 구조체에 저장된 값을 화면에 출력한다.

```
struct course {
    char subject[30];    // 과목 이름
    double marks;        // 학점
};
```

```
구조체의 개수: 3
과목 이름과 성적: C언어 4.0
과목 이름과 성적: 자료구조 3.9
과목 이름과 성적: 파이썬 3.8

C언어      4.0
자료구조    3.9
파이썬      3.8
```

6 사용자로부터 정수들을 입력받아서 연결 리스트에 저장하고, 결과를 다음과 같이 출력
하는 프로그램을 작성하라.

```
양의 정수를 입력하시오(종료 -1): 10
양의 정수를 입력하시오(종료 -1): 10
양의 정수를 입력하시오(종료 -1): 10
양의 정수를 입력하시오(종료 -1): -1
10->20->30->NULL
```

HINT 연결 리스트는 노드들로 구성되고 노드들은 포인터로 연결되어 있다.

7 전화번호부를 연결 리스트를 이용하여 만들어 보자. 사용자가 전화번호를 입력하면 연결
리스트의 끝에 추가한다. 탐색 기능도 추가하라.

```
전화번호부 메뉴
----------------------------------------
1. 초기화
2. 전화번호 추가
3. 전화번호 탐색
4. 종료
----------------------------------------
번호를 입력하시오: 2
이름: Kim
번호: 010-1234-5678
추가되었습니다.
...
```

HINT 구조체의 연결 리스트를 만들어본다.

전처리기와 분할 컴파일

CHAPTER **14** 전처리기와 분할 컴파일

1. 이번 장에서 만들 프로그램

이번 장에서 전처리기 기능과 여러 개의 소스 파일을 사용하는 방법을 학습할 것이다. 다음과 같은 프로그램을 작성해본다.

(1) && 연산자와 || 연산자를 and와 or로 바꾸어서 사용해본다.

```
지금까지 획득한 학점을 입력하시오: 125
토익 성적을 입력하시오: 900

졸업 가능합니다.
```

(2) 함수처럼 인수를 받을 수 있는 함수 매크로를 정의하고 사용해본다.

```
SQUARE(3) = 9
SQUARE(1.2) = 1.440000
SQUARE(2+3) = 25
x = 2
SQUARE(x) = 4
SQUARE(++x) = 16
```

(3) 정수의 거듭제곱을 구하는 프로그램을 2개의 소스 파일로 나누어서 작성해본다.

```
x의 값을 입력하시오:9
y의 값을 입력하시오:2
9의 2제곱값은 81.000000
```

2. 전처리기란?

전처리기(preprocessor)는 본격적으로 컴파일하기에 앞서서 소스 파일을 전처리하는 컴파일러의 일부이다. 전처리기는 소스 파일을 처리하여 수정된 소스 파일을 생산한다. 이 수정된 소스 파일은 컴파일러에 의하여 본격적으로 컴파일된다. 보통 이 수정된 소스 파일은 컴파일 과정이 끝난 다음에 삭제되기 때문에 사용자에게는 보이지 않는다.

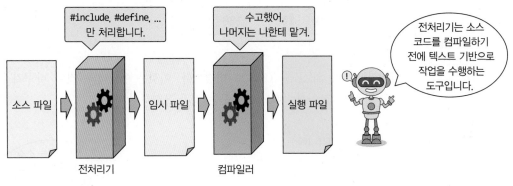

그림 14.1 전처리기의 개념

전처리기에서는 몇 가지의 전처리기 지시자들을 처리한다. 이들 지시자들은 # 기호로 시작한다. # 기호는 문장의 첫 번째 문자이어야 한다. 우리가 헤더 파일을 포함하기 위하여 사용하였던 #include가 바로 전처리기 지시어이다. 자세히 다루기 전에 아래의 표에서 전처리기에서 사용되는 지시자들을 요약하였다.

표 14.1 전처리기 지시자

지시어	의미
#define	매크로 정의
#include	파일 포함
#undef	매크로 정의 해제
#if	조건이 참일 경우
#else	조건이 거짓일 경우
#endif	조건 처리 문장 종료
#ifdef	매크로가 정의되어 있는 경우
#ifndef	매크로가 정의되어 있지 않은 경우
#line	행 번호 출력
#pragma	시스템에 따라 의미가 다름

많이 사용되는 것을 중심으로 살펴봅니다.

3. 단순 매크로

#define 지시자를 이용하면 숫자 상수에 의미 있는 이름을 부여할 수 있다. #define 문을 이용하여 숫자 상수를 기호 상수로 만든 것을 **단순 매크로(macro)**라고 한다. 예를 들어, 다음 문장은 100이라는 정수 상수를 MAX_SIZE라는 기호 상수로 정의한다.

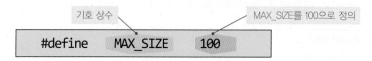

전처리기는 소스 파일에서 MAX_SIZE를 100으로 변경한다. 이것은 에디터의 '찾아 바꾸기' 기능을 사용하여 MAX_SIZE를 찾아서 100으로 바꾸는 것과 유사하다.

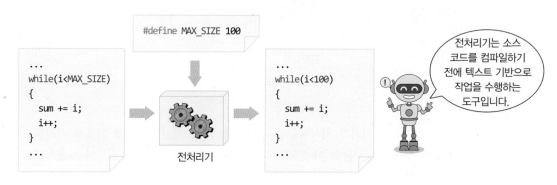

숫자 상수 100을 구태여 MAX_SIZE라는 기호 상수로 표시하려는 이유는 무엇인가? 첫째는 기호 상수를 사용하는 편이 프로그램의 가독성을 높인다는 것이다. 숫자 100보다는 MAX_SIZE라는 기호가 더 많은 정보를 준다. 둘째는 값의 변경이 용이하다는 점이다. 만약 다음과 같이 MAX_SIZE가 여러 곳에서 사용되고 있는 경우, 이 값을 100에서 200으로 변경하려면 #define 문장만 변경하면 된다.

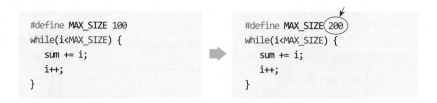

반면에 기호 상수를 사용하지 않고 숫자를 그대로 사용하는 경우에는 일일이 그 위치를 찾아다니면서 바꾸어 주어야 한다. 예제에서는 한 곳이지만, 실제로는 훨씬 많을 수 있다.

#define은 반드시 숫자 상수를 기호 상수로만 바꾸는 데 한정되지 않는다. 사실 어떤 텍스트도 다른 텍스트로 바꿀 수 있다. 많이 사용되는 매크로의 예를 살펴보면 다음과 같다.

```
#define PI          3.141592        // 원주율
#define EOF         (-1)            // 파일의 끝 표시
#define EPS         1.0e-9          // 실수의 계산 한계
#define DIGITS      "0123456789"    // 문자 상수 정의
#define BRACKET     "(){}[]"        // 문자 상수 정의
#define getchar()   getc(stdin)     // stdio.h에 정의
#define putchar()   putc(stdout)    // stdio.h에 정의
```

예제 #1

#define 지시자를 사용하면 연산자 &&와 ||을 and와 or로 바꾸어서 사용할 수도 있다. 어느 학교에서 학생이 졸업하려면 120학점 이상을 취득하고 토익 성적이 600점 이상이어야 한다고 하자. 학점과 토익 성적을 물어봐서 졸업 여부를 판정하는 프로그램을 작성하자. 단, &&나 || 대신에 and와 or을 사용한다.

```
지금까지 획득한 학점을 입력하시오: 125
토익 성적을 입력하시오: 900

졸업 가능합니다.
```

define1.c

```c
#include <stdio.h>

#define and   &&          &&와 ||을 and와 or로 각각 정의한다.
#define or    ||

int main(void)
{
    int credits, toeic;

    printf("지금까지 획득한 학점을 입력하시오: ");
    scanf("%d", &credits);
    printf("토익 성적을 입력하시오: ");
    scanf("%d", &toeic);

    if (credits >= 120 and toeic >= 600)     // && 대신에 and를 사용하였다.
```

```
        printf("졸업 가능합니다. \n");
    else
        printf("좀 더 다녀야 합니다. \n");

    return 0;
}
```

4. 함수 매크로

함수 매크로(function-like macro)란 매크로가 함수처럼 매개 변수를 가지는 것이다. 함수 매크로를 사용하면 함수와 유사한 매크로를 작성할 수 있다. 하나의 예로 주어진 수의 제곱을 계산하는 매크로를 작성해보면 다음과 같다.

위의 문장은 SQUARE라는 매크로를 정의하고 있다. SQUARE는 x라는 매개 변수를 가진다. 전처리기가 소스 코드에서 SQUARE를 발견하게 되면 정의된 텍스트로 변환하고 인수를 x 자리에 치환한다.

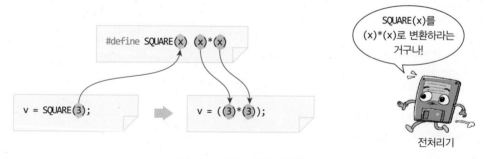

그림 14.2 #define 지시자의 개념

함수 매크로에서는 매개 변수의 자료형을 써주지 않는다. 따라서 어떠한 자료형에 대해서도 적용이 가능하다. SQUARE 매크로는 정수를 제곱할 때도 사용될 수도 있고 실수를 제곱할 때도 사용될 수도 있다. 따라서 이것은 상당한 장점이다. 함수와는 다르게 자료형에 따라서 매크로를 여러 개 만들 필요가 없는 것이다.

```
v = SQUARE(7);      // 정수형 제곱 7*7
v = SQUARE(1.23);   // 실수형 제곱 1.23*1.23
```

함수 매크로는 여러 개의 매개 변수를 가질 수 있다.

```
#define SUM(x, y)       ((x) + (y))
#define MAX(x,y)        ((x) > (y)) ? (x) : (y)
#define MIN(x,y)        ((x) < (y)) ? (x) : (y)
#define HALF(x)         ((x) / 2))

// 정해진 구간 안에서 난수를 발생하는 매크로
#define getrandom(min, max) \
    ((rand()%(int)(((max) + 1)-(min)))+ (min))
```

변수를 포함한 수식도 매크로의 매개 변수가 될 수 있다.

```
v = SQUARE(a+b); // 수식의 제곱   ((a+b)*(a+b))
```

함수 매크로 정의 시 주의할 점

함수 매크로에서는 매개 변수가 기계적으로 대치되기 때문에 매크로를 정의하는 경우에 반드시 매개 변수들을 괄호로 묶어주어야 한다.

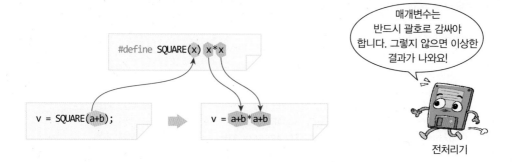

매개변수는 반드시 괄호로 감싸야 합니다. 그렇지 않으면 이상한 결과가 나와요!

전처리기

만약 괄호로 묶지 않았을 경우, 어떤 일이 발생하는지를 살펴보자. 만약 SQUARE 매크로가 다음과 같이 정의되었다고 가정하자.

```
#define SQUARE(x)   x*x         // 위험 !!
```

위와 같이 정의된 함수 매크로를 다음과 같이 사용하였다고 하자.

```
v = SQUARE(a+b);
```

위의 코드를 작성한 사람의 원래 의도는 (a+b)의 제곱을 계산하자는 것이었다. 그러나 a+b가 x 자리에 기계적으로 대치되기 때문에 원래 의도와는 달리 다음과 같이 확장된다.

```
v = a + b*a + b;
```

따라서 원래의 의도인 v = (a + b)*(a + b)와는 차이가 있다. 따라서 반드시 함수 매크로의 매개 변수들은 반드시 괄호로 묶어야 한다.

```
#define SQUARE(x) ((x) * (x))
```

예제 #1

매크로는 함수와 비슷하기는 하나 완전히 같지 않다. 다음 예제에서 SQUARE 매크로를 다양하게 실험해보자.

```
macro1.c
```

```
1    #include <stdio.h>
2    #define SQUARE(x)  ((x) * (x))
3
4    int main(void)
5    {
6        int x = 2;
7
8        printf("SQUARE(3) = %d\n", SQUARE(3));        // 상수에도 적용 가능
9        printf("SQUARE(1.2) = %f\n", SQUARE(1.2));    // 실수에도 적용 가능
10       printf("SQUARE(2+3) = %d\n", SQUARE(2 + 3));  // 수식에도 적용 가능
11
12       printf("x = %d\n", x);                         // 변수에도 적용 가능
```

```
13      printf("SQUARE(x) = %d\n", SQUARE(x));          // 변수에도 적용 가능
14      printf("SQUARE(++x) = %d\n", SQUARE(++x));       // 논리 오류
15
16      return 0;
17  }
```

```
SQUARE(3) = 9
SQUARE(1.2) = 1.440000
SQUARE(2+3) = 25
x = 2
SQUARE(x) = 4
SQUARE(++x) = 16
```

프로그램 설명

실행 결과를 보면 14번째 줄을 제외하고는 별 문제가 없어 보인다. 11번째 줄에서 매크로의 장점을 알 수 있다. 함수와는 다르게 매크로는 여러 가지 자료형에 대하여 적용할 수 있다.

14번째 줄의 경우 예상했던 값은 9였을 것이다. 즉 x의 값이 1 증가되어 3이 되고 이것을 제곱하면 9가 된다. 하지만 실행 결과는 16이다. 이렇게 된 이유는 전처리기에 의하여 SQUARE(++x)가 다음과 같이 확장되었기 때문이다.

    ++x * ++x

결과적으로 x의 값이 두 번 증가하게 된다. 일반적으로 증가나 감소 연산자를 매크로와 함께 사용하면 안 된다. 만약 SQUARE가 함수였다면 이러한 문제는 발생하지 않는다.

내장 매크로

내장 매크로란 컴파일러가 제공하는 몇 개의 미리 정의되어 있는 매크로이다. 많이 사용하는 것은 다음의 4가지이다.

표 14.2 내장 매크로

내장 매크로	설명
__DATE__	이 매크로를 만나면 컴파일된 날짜(월 일 년)로 치환된다.
__TIME__	이 매크로를 만나면 컴파일된 시간(시:분:초)으로 치환된다.
__LINE__	이 매크로를 만나면 소스 파일에서의 현재의 라인 번호로 치환된다.
__FILE__	이 매크로를 만나면 소스 파일 이름으로 치환된다.

만약 프로그래머가 이들 매크로를 사용하면 전처리기에 의하여 미리 정의된 코드로 치환된다. 예를 들어서 __DATE__ 매크로를 사용하면 소스 코드를 컴파일하는 날짜가 입력된다. 따라

서 프로그램을 실행시킬 때 이 프로그램을 언제 컴파일했는지를 알 수 있다. 이것은 프로그램이 최신 버전인지 아닌지를 구분하는 데 도움을 준다.

```
printf("컴파일 날짜=%s\n", __DATE__);
```

__LINE__와 __FILE__는 주로 디버깅에 관한 정보를 출력할 때 사용된다. 오류가 발생했을 경우, __LINE__와 __FILE__를 출력해주면 어떤 소스 파일의 몇 번째 라인에서 발생한 오류인지를 쉽게 알 수 있다.

```
printf("치명적 오류 발생 파일 이름=%s 라인 번호= %d\n", __FILE__, __LINE__);
```

여기서 __LINE__ 매크로는 정수를 반환하므로 출력할 때는 %d를 사용하여 출력하여야 한다.

예제 #2

프로그램을 디버깅할 때 자주 사용되는 ASSERT 매크로를 작성해보자. ASSERT는 어떤 전제 조건을 검사하는 데 사용된다. 예를 들어서 프로그래머는 소스의 어떤 위치에서는 변수 i의 값이 0이라고 확신한다. 그러나 논리적인 버그로 인하여 i의 값이 0이 아닐 수도 있다. 이런 경우에 ASSERT 매크로가 사용되었다면, 만약 가정이 잘못되면 ASSERT는 __LINE__와 __FILE__ 내장 매크로를 이용하여 소스 파일의 이름과 행 번호를 출력하고 종료하게 된다.

가정(sum == 0)이 소스 파일 C:\Users\chun\source\repos\Project21\Project21\macro4.c 12번째 줄에서 실패.

macro2.c

```
#include <stdio.h>

#define ASSERT(exp) { if (!(exp)) \
    { printf("가정(" #exp ")이 소스 파일 %s %d번째 줄에서 실패.\n"\
    __FILE__, __LINE__), exit(1);}}
int main(void)
{
    int sum = 100;

    ASSERT(sum == 0);    // sum의 값이 0인지를 확인한다.
    return 0;
}
```

매크로 정의를 연장할 때 \ 기호 사용

위의 소스에서 인수를 문자열로 변환하기 위하여 # 연산자를 사용하였다.

내장 매크로: 라인 번호

내장 매크로: 소스 파일 이름

컴파일러가 제공하는 assert 매크로

assert 매크로는 상당히 유용해서 C 컴파일러는 assert 매크로를 기본으로 제공한다. assert 매크로는 프로그램의 특정 조건이 참인지 검사하고, 조건이 거짓이면 프로그램 실행을 중단시키는 역할을 한다. assert 매크로는 디버깅 목적으로 주로 사용되며, 코드의 논리적인 오류를 감지하고 신속하게 수정할 수 있도록 도와준다. assert 매크로는 〈assert.h〉 헤더 파일에 정의되어 있다.

```c
#include <assert.h>

int divide(int dividend, int divisor) {
    assert(divisor != 0);   // divisor가 0이 아니어야 함을 검사
    return dividend / divisor;
}
```

위의 예제에서 assert 매크로는 divisor가 0이 아닌지 확인한다. 만약 divisor가 0이라면, assert 매크로는 프로그램 실행을 중단시키고 오류 메시지를 출력한다. 이를 통해 개발자는 프로그램 실행 중에 잘못된 상태를 신속하게 감지하고 수정할 수 있게 된다. assert 매크로는 일반적으로 디버그 빌드에서만 동작하며, 릴리스 빌드에서는 비활성화될 수 있다. 따라서 assert 문은 개발 및 테스트 단계에서 사용하는 것이 좋다.

함수 매크로 vs 함수

함수 매크로는 함수와 비슷한 점이 많다. 그렇다면 매크로를 함수 대신 사용하면 어떤 장점과 단점이 있을까? 함수 매크로의 장점은 함수에 비하여 수행 속도가 빠르다는 것이다. 함수 매크로는 함수 호출이 아니라 코드가 그 위치에 삽입되는 것이기 때문에 함수 호출의 복잡한 단계를 거칠 필요가 없다. 함수 호출을 하기 위해서는 인수와 복귀 주소를 시스템 스택에 저장하는 복잡한 절차들이 필요한데 함수 매크로는 이러한 절차들이 전혀 필요 없다. 따라서 실행 속도가 빠르다.

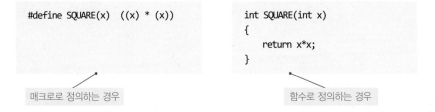

```c
#define SQUARE(x)  ((x) * (x))
```

매크로로 정의하는 경우

```c
int SQUARE(int x)
{
    return x*x;
}
```

함수로 정의하는 경우

그렇다면 함수 매크로의 단점은 무엇인가? 코드의 길이를 어느 한도 이상 길게 할 수 없다. 많은 경우 한 줄이고 두세 줄까지가 한계이다. 그 이상도 물론 가능하지만, 상당히 복잡해진다. 또한 함수 매크로가 발견될 때마다 정의된 코드가 삽입되므로 전체 소스의 길이가 길어진다. 만약 30개의 함수 매크로가 있다면 30개의 동일한 코드가 프로그램에 존재하게 된다. 함수의 경우에는 단 하나의 코드만을 가지고 있다. 따라서 함수 매크로를 사용하면 소스 파일의 크기가 커진다. 따라서 프로그램의 크기와 실행 속도 중에서 어떤 것이 더 중요한지를 따져보고 함수 매크로와 함수 중에서 선택하여야 한다. 다음과 같은 간단한 기능은 함수보다는 함수 매크로를 사용하는 편이 낫다.

```
#define MIN(x, y)    ((x) < (y) ? (x) : (y))
#define ABS(x)       ((x) > 0 ? (x) : -(x))
```

만약 함수 매크로가 전체 프로그램을 통하여 한 번만 사용된다면 큰 효과는 기대하기 힘들다. 하지만 함수 매크로가 중첩 반복 루프 안에 있었다면, 실행 속도가 개선될 가능성이 높다.

팁: 매크로를 멀티 라인으로 만들 수 있나요?

매크로를 멀티 라인으로 작성하려면 라인의 끝에 \을 사용하면 된다. 예를 들면 다음과 같다.

```
#define PRETTY_PRINT(s)    \
   printf ("Message: \"%s\"\n",
```

중간점검

1. 함수 매크로는 함수보다 속도가 느린가?
2. 3제곱을 수행하는 함수 매크로를 정의하여 보자.

Lab 비트 조작 매크로

| 난이도 ★★   주제 함수 매크로, 비트 연산 |

아두이노는 최근에 여러 가지 목적으로 많이 사용되는 조그마한 보드이다. 아두이노 같은 경우에는 모든 입출력 자체가 비트 단위로만 가능하다. 따라서 비트 연산은 아두이노에서 매우 중요하다. 특정한 위치의 비트를 1로 만드는 연산이나 특정 비트를 0으로 만드는 연산을 함수 매크로로 구현하여 보자. C언어의 비트 연산자는 & , |, ~과 같은 기호를 사용하여 비트 AND, 비트 OR, 비트 NOT 연산을 제공한다. 잘 기억나지 않으면 4장을 참조하도록 하자.

```
#define SETBIT(x, n)   ((x) |= (1<<(n)))     // 변수 x의 비트 위치 n을 1로 만든다.
#define CLEARBIT(x, n) ((x) &= ~(1<<(n)))    // 변수 x의 비트 위치 n을 0으로 만든다.
#define TESTBIT(x, n)  ((x) & (1<<(n)))      // 변수 x의 비트 위치 n을 검사한다.
```

위의 매크로를 다음과 같이 테스트하는 프로그램을 작성하라.

```
SETBIT(x, 8)전 변수 x = 0x1011
SETBIT(x, 8)후 변수 x = 0x1111
CLEARBIT(x, 8)전 변수 x = 0x1111
CLEARBIT(x, 8)후 변수 x = 0x1011
```

실행
결과

---

bit_macro.c

```c
#include <stdio.h>

#define SETBIT(x, n)   ((x) |= (1<<(n)))
#define CLEARBIT(x, n) ((x) &= ~(1<<(n)))
#define TESTBIT(x, n)  ((x) & (1<<(n)))

int main(void)
{
    int x = 0x1011;

    printf("SETBIT(x, 8)전 변수 x = %#x\n", x);
    SETBIT(x, 8);
    printf("SETBIT(x, 8)후 변수 x = %#x\n", x);

    printf("CLEARBIT(x, 8)전 변수 x = %#x\n", x);
    CLEARBIT(x, 8);
    printf("CLEARBIT(x, 8)후 변수 x = %#x\n", x);

    return 0;
}
```

5. #ifdef, #endif

#ifdef

#ifdef은 조건부 컴파일을 지시하는 전처리 지시자이다. 조건부 컴파일이란 어떤 조건이 만족되는 경우에만 지정된 소스 코드 블록을 컴파일하는 것이다. #ifdef는 #ifdef 다음에 있는 매크로를 검사하여 매크로가 정의되어 있으면 #if와 #endif 사이에 있는 모든 문장들을 컴파일한다. 그렇지 않으면 문장들은 컴파일되지 않아서 실행 코드에 포함되지 않는다(아예 없는 것으로 취급한다).

> 매크로가 정의되어 있으면 #ifdef와 #endif
> 사이에 있는 모든 문장들을 컴파일한다.

```
#ifdef DEBUG
    printf("x=%d, y=%d\n", x, y);
#endif
```

위의 문장은 DEBUG라는 매크로가 정의되어 있으면 컴파일된다. DEBUG 매크로가 선언되어 있지 않다면 아예 컴파일에 포함되지 않는다. 그렇다면 DEBUG라는 매크로는 어디서 정의하는가? 보통은 소스 코드의 첫 부분에서 정의하거나 컴파일할 때 옵션으로 제공하기도 한다.

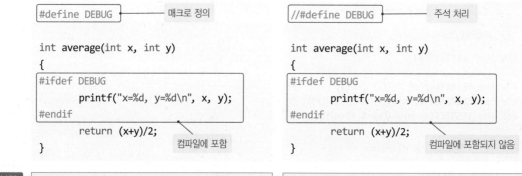

#define DEBUG ← 매크로 정의	//#define DEBUG ← 주석 처리

```
int average(int x, int y)
{
#ifdef DEBUG
        printf("x=%d, y=%d\n", x, y);
#endif
        return (x+y)/2;          컴파일에 포함
}
```

```
int average(int x, int y)
{
#ifdef DEBUG
        printf("x=%d, y=%d\n", x, y);
#endif
        return (x+y)/2;      컴파일에 포함되지 않음
}
```

실행 결과
```
x=100, y=100
```

실행 결과
```

```

아마 조건부 컴파일이 많이 사용되는 경우는 디버깅일 것이다. 디버깅은 디버거 등을 이용하여 할 수도 있지만, 아직도 전통적이고 간편한 방법은 중간 중간 중요한 값들을 printf()를 이용하여 화면에 출력해보는 것이다. 문제는 이러한 디버깅을 위한 출력문은 제품이 출시될 때는 소스 코드에서 삭제되어야 한다. 이러한 경우에 조건부 컴파일은 제격이다. 즉, 프로그램 개발 과정에서는 DEBUG라는 기호 상수를 정의하여 디버깅용 출력문을 포함시켜서 컴파일하다가 제

품 출시 때는 DEBUG 정의를 삭제하여 디버깅용 출력문을 컴파일에서 제외시킨다.

#ifndef, #undef

#ifndef는 "if not defined"라는 의미이다. 즉 #ifdef의 반대 의미로 사용된다. #undef은 이전의 매크로 정의를 취소한다.

```
undef.c
```

```c
#include <stdio.h>
#define DEBUG

int main(void)
{
#ifdef DEBUG
    printf("디버그 모드입니다. \n");
#endif


#undef DEBUG

#ifndef DEBUG
    printf("디버그 모드가 해제되었습니다. \n");
#endif
    return 0;
}
```

실행결과

```
디버그 모드입니다.
디버그 모드가 해제되었습니다.
```

예제 #1

예를 들면 어떤 회사에서 리눅스와 윈도우 버전의 프로그램을 개발하였다고 하자. 유닉스와 윈도우 버전 소스를 따로 유지할 수도 있지만, 상당히 번거로워진다. 이런 경우에 소스 코드는 하나로 하고 조건에 따라서 다르게 컴파일하여 서로 다른 실행 파일을 만들어 낼 수 있다면 상당히 편리할 것이다. 조건부 컴파일은 이와 같이 다양한 상황에 맞추어서 소스를 서로 다르게 컴파일할 때 사용된다. #else를 사용할 수도 있다. #else를 사용하면 매크로가 정의되지 않았을 경우 컴파일되는 문장들이 들어간다. 마이크로소프트사의 윈도우를 대상으로 하는 컴파일러 대부분은 _WIN32를 정의한다. 이것을 이용하면 윈도우 운영체제와 유닉스 운영체제를 구분할 수 있다.

```
┌─────────────┐
│  macro3.c   │
└─────────────┘
#include <stdio.h>

#ifdef _WIN32
#define FILE_PATH "C:\\ProgramData\\file.txt"
#elif __unix__
#define FILE_PATH "/var/data/file.txt"
#else
#error "Unsupported operating system"
#endif

int main(void)
{
        FILE* file = fopen(FILE_PATH, "r");

        if (file == NULL) {
                printf("파일 %s 열기에 실패하였습니다.\n", FILE_PATH);

        }
        else {
                printf("파일 %s 열기에 성공하였습니다.\n", FILE_PATH);
                fclose(file);
        }
        return 0;
}
```

실행결과

> 파일 C:\ProgramData\file.
> txt 열기에 실패하였습니다.

위의 예제에서는 _WIN32 매크로와 __unix__ 매크로를 사용하여 윈도우와 유닉스 운영체제를 구분한다. 이러한 매크로는 각각 해당 운영체제에서 자동으로 정의된다. #ifdef와 #elif를 사용하여 각 운영체제에 따라 다른 파일 경로를 정의하고, 해당 경로를 FILE_PATH 매크로에 할당한다. 만약 지원되지 않는 운영체제일 경우 #error 지시문을 사용하여 컴파일 오류를 발생시킨다. 위의 예제를 윈도우 운영체제에서 컴파일하고 실행하면 C:\ProgramData\file.txt 파일을 열려고 시도하고, 유닉스 운영체제에서 컴파일하고 실행하면 /var/data/file.txt 파일을 열려고 시도한다.

예제 #2

유닉스 운영체제에서는 아직도 scanf() 함수를 그대로 사용한다. 반면에 윈도우 운영체제에서 비주얼 스튜디오를 사용한다면 scanf_s()를 사용하여야 한다. 이 문제를 전처리기를 이용하여 해결해보자.

```
#include <stdio.h>

int main(void)
{
        int n;
#ifdef __unix__
        printf("리눅스 버전입니다. \n");
        printf("정수를 입력하시오:");
        scanf("%d", &n);
#ele
        printf("윈도우 버전입니다. \n");
        printf("정수를 입력하시오:");
        scanf_s("%d", &n);
#endif
        return 0;
}
```

실행결과

```
윈도우 버전입니다.
정수를 입력하시오:20
```

 중간점검

1. 전처리기 지시자 **#ifdef**를 사용하여 TEST가 정의되어 있는 경우에만 화면에 **"TEST"**라고 출력하는 문장을 작성하여 보자.

Lab 전처리기의 사용

| 난이도 ★★   주제 단순 매크로, 함수 매크로 |

여러 가지 매크로들을 사용하여서 구의 표면적과 부피를 계산하는 프로그램을 작성해보자.

```
#define PI 3.141592
#define SQUARE(x)    ((x)*(x))
#define CUBE(x)  ((x)*(x)*(x))
#define KOREA
```

구의 반지름을 입력하시오: 30.0
구의 표면적: 11309.731200
구의 부피: 113097.312000

---

debug.c

```c
#include <stdio.h>

#define PI 3.141592
#define SQUARE(x)    ((x)*(x))
#define CUBE(x)  ((x)*(x)*(x))
#define KOREA

int main(void)
{
        double radius, area, volume;
        printf("구의 반지름을 입력하시오: ");
#ifdef _WIN32
        scanf_s("%lf", &radius);
#else
        scanf("%lf", &radius);
#endif

        area = 4.0 * PI * SQUARE(radius);
        volume = (4.0 / 3.0) * PI * CUBE(radius);

#ifdef KOREA
        printf("구의 표면적: %f\n구의 부피: %f\n", area, volume);
#else
        printf("surface area of sphere: %f\nvolume of sphere: %f\n", area, volume);
#endif
        return 0;
}
```

6. #if와 #endif

앞 절에서 학습한 #ifdef는 매크로의 값에는 상관하지 않는다. 즉, 매크로가 정의만 되어 있으면 된다. 하지만 #if는 매크로의 값에 따라서 컴파일 여부를 결정한다. 간단한 예를 들어 보자.

DEBUG 값이 1이면 #ifdef와 #endif
사이에 있는 모든 문장들을 컴파일한다.

```
#if     DEBUG==1
    printf("x=%d, y=%d\n", x, y);
#endif
```

== 연산자뿐만 아니라 〉나 〈 연산자도 사용이 가능하다. 다만 정수 상수만 연산에 사용할 수 있다. 다른 매크로와 비교하는 것도 가능하다. 그리고 간단한 사칙 연산 및 논리 연산자도 가능하다. 하지만 매크로를 실수나 문자열과 비교할 수는 없다.

```
#if (AUTHOR == KIM)                        // 가능!! KIM은 다른 매크로
#if (VERSION*10 > 500 && LEVEL == BASIC)   // 가능!!
#if (VERSION > 3.0)                        // 오류!! 버전 번호는 300과 같은 정수로 표시
#if (AUTHOR == "CHULSOO")                  // 오류!!
```

그리고 defined 연산자를 사용하여 매크로가 정의되었는지를 알 수 있다. 아래의 문장은 '버전이 300 이상이거나 DELUXE 매크로가 정의되어 있으면'의 의미이다.

```
#if (VERSION > 300 || defined(DELUXE) )
```

예제 #1

만약 어떤 게임 업체에서 국내 버전과 미국 버전, 일본 버전을 동시에 작업하고 있다면 다음과 같이 하여서 국가에 따라서 서로 다른 메시지가 출력되도록 할 수 있다. #elif는 #else if를 줄인 것이다. #if 문은 상수식만을 사용할 수 있다.

```
#include <stdio.h>

#define NATION 1

int main(void)
{
#if NATION == 1
        printf("안녕하세요, 대한민국!\n");
#elif NATION == 2
        printf("Hello, USA!\n");
#elif NATION == 3
        printf("こんにちは、日本!\n");
#else
        printf("Hello, World!\n");
#endif
        return 0;
}
```

실행결과

안녕하세요, 대한민국!

예제 #2

아주 많이 사용되는 것이 #if 0이다. #if 0은 어떤 코드 블록을 잠시 주석 처리하고 싶은 경우에 많이 사용된다. /*와 */을 사용할 수도 있으나 중간에 다른 /*와 */가 있는 경우에는 사용이 어렵다. 이때 #if 0을 사용하면 손쉽게 주석을 만들 수 있다.

if0.c

```
#include <stdio.h>

int main(void)
{
        printf("이 코드는 항상 실행됩니다.\n");

#if 0
        printf("이 코드는 주석 처리되었습니다.\n");        ──── 주석 처리된다.
        printf("실행되지 않습니다.\n");
#endif

        printf("프로그램은 여기서 계속 실행됩니다.\n");

        return 0;
}
```

실행결과

이 코드는 항상 실행됩니다.
프로그램은 여기서 계속 실행됩니다.

#if 0 블록 내의 코드는 주석 처리되어 있으므로, 해당 코드는 컴파일되지 않고 실행되지 않는다. 이렇게 코드 블록을 주석 처리하면 해당 코드를 비활성화할 수 있으며, 주석을 제거하여 다시 활성화할 수 있다. 이는 코드를 임시로 비활성화하고 테스트하거나 디버깅할 때 유용하다.

중간점검

1. #if를 사용하여 DEBUG가 2일 경우에만 "DEBUG"가 출력되도록 문장을 작성하라.

| 난이도 ★   주제 매크로 응용 |

실수로 헤더 파일이 중복하여 소스 파일에 포함되면 예기치 못한 컴파일 오류를 발생시킨다. 예를 들어서 구조체 Student 정의가 들어 있는 헤더 파일을 실수로 소스 파일에 2번 포함시키면 컴파일 오류가 발생한다. 이것을 막기 위하여 #ifndef 지시어를 사용할 수 있다. #ifndef 지시어는 '특정한 기호 상수가 정의되어 있지 않으면'을 나타낸다.

student.h

```
#ifndef STUDENT_H
#define STUDENT_H

struct Student
{
        int number;
        char name[10];
        double grade;
};
#endif
```

맨 처음에 #ifndef STUDENT_H 전처리기 문장이 있다. 이 문장이 의미하는 바는 만약 STUDENT_H라는 기호 상수가 아직까지 정의되지 않았다면 아래를 컴파일하라는 것이다. 만약 헤더 파일이 처음으로 포함되는 경우라면 STUDENT_H가 정의되었을 리가 없다. 따라서 아래에 있는 문장들을 컴파일하게 된다. 컴파일되는 첫 번째 문장은 STUDENT_H를 정의하는 문장이다. 따라서 이후에 실수로 다시 한 번 student.h를 포함하더라도 이번에는 STUDENT_H가 정의되어 있으므로 student.h를 컴파일하지 않고 그냥 지나갈 것이다.

팁

최근의 C언어에서는 다음과 같은 문장을 헤더 파일의 첫 부분에 추가하여도 동일한 효과를 낸다. 비주얼 스튜디오에서 헤더 파일을 추가하면 자동으로 첫 부분에 추가된다.

```
#pragma once
```

7. 다중 소스 파일

우리가 지금까지 실습한 C 프로그램은 모두 하나의 소스 파일로만 되어 있었다. 그러면 모든 C 프로그램은 하나의 파일로만 되어 있는 것일까? 복잡한 프로그램의 경우(10,000 라인 이상), 하나의 파일에 모든 코드를 저장한다면 파일의 크기가 너무 커질 것이다. 파일을 편집하는 것도 쉽지 않을 것이다. 그리고 크기 문제가 아니라도 소프트웨어 공학적으로 하나의 소스 파일로만 만드는 것은 좋지 않다. C에서는 하나의 프로그램이 여러 소스 파일로 이루어질 수 있다.

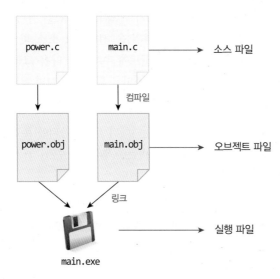

그림 14.3 하나의 프로그램은 여러 개의 소스 파일로 이루어질 수 있다

그렇다면 왜 소스 파일을 여러 개를 만드는 것일까? 서로 관련된 함수들을 모아서 독립적인 소스 파일에 저장시켜 놓으면 다음에 재사용할 수 있기 때문이다. 예를 들어 현재의 프로젝트에서 정수의 거듭 제곱 x^y을 구하는 함수 power(int x, int y)가 필요하여 작성하였다고 가정하자. 공교롭게도 다음 프로젝트에서도 거듭 제곱 함수가 필요하다면 소스 파일에서 power() 함수만을 분리하는 작업을 해야 할 것이다. 만약 거듭 제곱을 계산하는 함수가 별도의 소스 파일로 독립되어 있었다면 다음 프로젝트에 이 파일을 끌어와서 추가하면 된다.

구체적인 예를 들어보자. 9의 제곱을 계산하여 화면에 출력하는 다음과 같은 프로그램을 작성해보자.

```
x의 값을 입력하시오:9
y의 값을 입력하시오:2
9의 2제곱값은 81.000000
```

그다지 어려워 보이지 않는 프로그램이다. 하지만 소스 파일을 2개로 분리하여 작성해보자. 첫 번째 소스 파일 power.c에는 거듭 제곱을 구하는 함수 power()를 넣는다. power() 함수의 원형은 헤더 파일 power.h에 저장한다. 이어서 두 번째 소스 파일 main.c 파일을 작성하고 여기에서 main() 함수를 작성한다.

우리는 이제까지 비주얼 스튜디오를 사용할 때, 항상 하나의 소스 파일만을 생성하였다. 비주얼 스튜디오에서 여러 개의 소스 파일을 생성하고 이것들을 컴파일하여 하나의 실행 파일을 생성하려면 어떻게 하면 되는가? 아주 간단하다. 하나의 프로젝트 안에 여러 개의 소스 파일을 추가하면 된다. 아래 그림과 같이 솔루션 탐색기 안의 [소스 파일] 폴더 위에서 마우스 오른쪽 버튼을 눌러서 [추가] → [새항목] → [C++ 파일]을 선택하고 소스 파일 이름을 적으면 된다. main.c와 power.c 파일을 이런 식으로 프로젝트에 추가하면 다음 그림과 같이 될 것이다. 이 상태에서 왼쪽 솔루션 탐색기 안에 소스 파일 폴더를 확장시켜 보면 우리가 생성한 두 개의 소스 파일이 존재하는 것을 알 수 있다.

헤더 파일도 같은 식으로 추가하지만, 이번에는 [헤더 파일] 폴더에 추가하면 된다. 솔루션 탐색기 안의 [헤더 파일] 위에서 마우스 오른쪽 버튼을 눌러서 [추가] → [새항목] → [헤더 파일]을 선택하고 헤더 파일 이름 power.h를 적으면 된다.

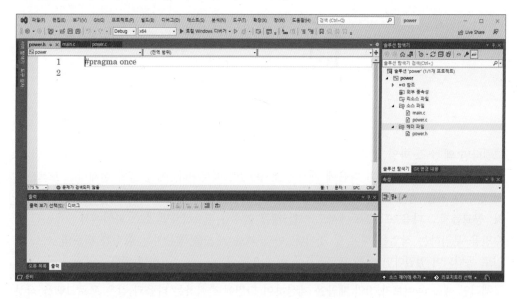

솔루션 탐색기를 보면 현재 프로그램은 두 개의 소스 파일 main.c, power.c와 하나의 헤더 파일 power.h로 구성되어 있다는 것을 알 수 있다. 다음과 같은 코드를 해당되는 헤더 파일과 소스 파일에 추가하고 빌드 메뉴를 이용하여 하나의 실행 파일 power.exe를 만들어 보자.

```
// power.c에 대한 헤더 파일
#ifndef POWER_H
#define POWER_H

double power(int x, int y);

#endif
```

```
// 다중 소스 파일
#include "power.h"

double power(int x, int y)
{
    double result = 1.0;
    int i;

    for (i = 0; i < y; i++)
        result *= x;

    return result;
}
```

```
// 다중 소스 파일
#include <stdio.h>
#include "power.h"          사용자가 만든 헤더 파일을 포함
                            시키려면 "..."을 사용한다.

int main(void)
{
    int x, y;

    printf("x의 값을 입력하시오:");
    scanf("%d", &x);
    printf("y의 값을 입력하시오:");
    scanf("%d", &y);
    printf("%d의 %d 제곱값은 %f\n", x, y, power(x, y));

    return 0;
}
```

```
x의 값을 입력하시오:9
y의 값을 입력하시오:2
9의 2제곱값은 81.000000
```

프로그램 설명

현재 여기서는 소스 파일은 두 개이다. 하나는 main() 함수를 포함하고 있는 main.c이고 다른 하나는 power() 함수를 포함하고 있는 power.c이다. 이 두 개의 소스 파일이 하나의 프로그램을 만든다. 추가로 하나의 헤더 파일 power.h가 있다. 이 헤더 파일은 power()에 대한 원형을 가지고 있어서 power() 함수를 사용하려는 모듈이라면 반드시 포함시켜야 한다. power.c에는 power() 함수가 정의되어 있다. 먼저 #include와 큰따옴표를 이용하여 power.h를 포함하고 있다. 큰따옴표는 현재 디렉토리에서 헤더 파일을 찾으라는 의미이다. power() 함수 안에서는 for 루프를 이용하여 x를 y번 곱하게 된다. result 변수를 double 선언하고 1.0으로 초기화한다. 여기서는 result에 x를 y번 곱해야 하므로 result의 초기값은 0.0이 아닌 1.0이어야 한다. 0.0이면 무조건 아무리 다른 수를 곱해도 결과는 0이 되기 때문이다. for 루프 안에서는 i를 0에서부터 y-1까지 증가시키면서 result에 x를 곱한다. 곱하는 문장에서 단축 대입 연산을 사용하였다. result *= x;는 result = result *x;와 같다.

파일 main.c에는 power.h를 포함한다. main()에서는 사용자로부터 값을 입력 받은 뒤에 x의 y제곱 값을 power() 함수를 호출하여 계산한다.

 참고

사용자가 만든 헤더 파일을 포함할 때는 다음 문장과 같이 "와 "을 사용한다.

```
#include "power.h"
```

반면에 컴파일러가 제공하는 헤더 파일을 포함할 때는 <와 >을 사용한다.

```
#include <stdio.h>
```

헤더 파일을 사용하는 이유

왜 헤더 파일을 사용하는 것이 좋은지를 살펴보자. 헤더 파일을 사용하지 않으려면 다른 소스 파일에서 제공하는 함수를 사용하기 전에 함수 원형을 소스 파일 첫 부분에서 선언하여야 한다. 만약 소스 파일이 여러 개라면 동일한 내용이 복사되어서 들어가게 된다.

예를 들어서 그래픽 기능을 제공하는 함수들이 graphics.c에 모여 있다고 가정하자. 이 함수들을 사용하려면 다른 소스 파일에서는 이들 함수의 원형을 소스 파일 첫 부분에서 선언하여야 한다. 하지만 이것은 상당히 번거로운 일이고 소스 파일이 많다면 같은 내용이 중복된다.

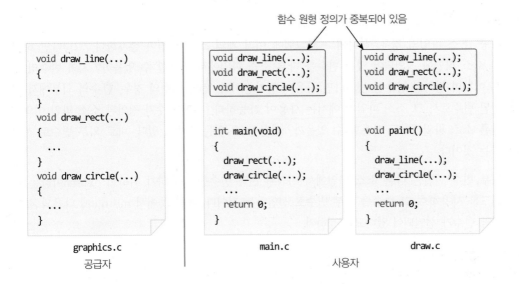

함수 원형 정의가 중복되어 있음

```
void draw_line(...)
{
  ...
}
void draw_rect(...)
{
  ...
}
void draw_circle(...)
{
  ...
}
```

graphics.c
공급자

```
void draw_line(...);
void draw_rect(...);
void draw_circle(...);

int main(void)
{
  draw_rect(...);
  draw_circle(...);
  ...
  return 0;
}
```

main.c

```
void draw_line(...);
void draw_rect(...);
void draw_circle(...);

void paint()
{
  draw_line(...);
  draw_circle(...);
  ...
  return 0;
}
```

draw.c

사용자

이런 경우에 헤더 파일을 작성하여서 여기에 함수들의 원형을 넣어두고 다른 소스 파일에서는 이 헤더 파일을 포함하는 것이 좋다.

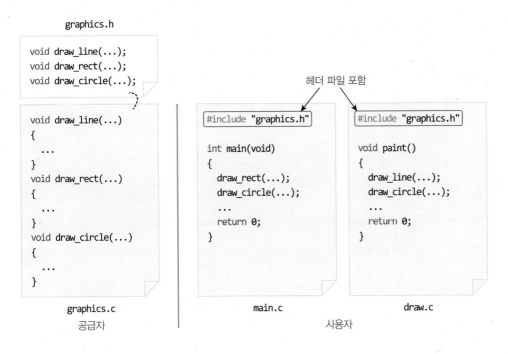

graphics.h

```
void draw_line(...);
void draw_rect(...);
void draw_circle(...);
```

헤더 파일 포함

```
void draw_line(...)
{
  ...
}
void draw_rect(...)
{
  ...
}
void draw_circle(...)
{
  ...
}
```

graphics.c
공급자

```
#include "graphics.h"

int main(void)
{
  draw_rect(...);
  draw_circle(...);
  ...
  return 0;
}
```

main.c

```
#include "graphics.h"

void paint()
{
  draw_line(...);
  draw_circle(...);
  ...
  return 0;
}
```

draw.c

사용자

헤더 파일에는 어떤 내용들을 넣으면 좋을까? 일반적으로는 함수의 원형 또는 구조체 정의, 매크로 정의, typedef의 정의를 넣어주면 좋다.

extern 키워드

다중 소스 파일의 경우, 하나의 프로그램에 여러 개의 소스 파일이 존재한다. 그렇다면 하나의 소스 파일에 정의되어 있는 변수를 다른 소스 파일에서 사용할 수 있을까? 지역 변수의 경우 어차피 정의된 함수를 벗어나면 사용이 불가능하다. 전역 변수의 경우, 함수의 외부에서 선언된 변수로서 그 소스 파일 안에서는 사용이 가능하다. 전역 변수가 정의된 소스 파일 이외의 다른 소스 파일에서도 사용할 수 있을까? 사용할 수 있는 방법이 있다. 바로 외부 변수로 선언하는 것이다.

외부 변수 선언은 다른 소스 파일에서 정의된 전역 변수를 사용하기 위하여 extern이라는 키워드를 사용하여 그 변수를 외부 변수로 선언하는 것이다. 예를 들어서 main.c에 다음과 같이 전역 변수가 선언되어 있다고 가정하자.

```
double gx, gy;
```

만약 power.c 파일에서 이 파일을 사용하려면 먼저 다음과 같이 소스 파일의 처음 부분에서 외부 변수로 선언하여야 한다.

```
extern double gx, gy;
```

외부 변수로 선언되면 power.c에서는 gx, gy를 사용할 수 있다. extern 키워드는 변수가 외부 파일에 선언되어 있다는 것을 컴파일러에 알려주는 역할을 한다. extern으로 선언된 변수는 전역 변수처럼 소스 파일의 모든 함수에서 사용할 수 있다.

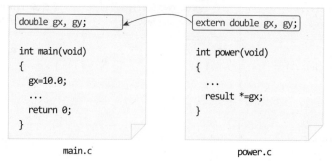

외부 소스 파일에 선언된 변수를 사용
하려면 extern을 사용한다.

8. 비트 필드 구조체

우리는 가끔 몇 개의 비트만 있으면 충분히 나타낼 수 있는 데이터들이 있음을 알 수 있다. 예를 들면, 남녀의 성별을 구별하는 데는 하나의 비트만 있으면 충분하다. 하나의 비트는 0 또는 1의 값을 가질 수 있으므로 남성이면 0으로 하고 여성이면 1로 하면 된다. 비트 필드(bit field) 구조체는 이러한 경우에 사용할 수 있는 구조이다.

비트 필드 구조체는 구조체의 일종으로서 멤버의 크기가 비트로 정의되어 있는 구조체를 의미한다. 비트 필드를 사용하면 꼭 필요한 만큼의 비트만을 사용할 수 있어서 메모리를 효율적으로 사용하는 것이 가능하다. 간단한 예로 상품 정보를 저장하는 비트 필드 구조체를 만들어 보자.

```
struct product {
    unsigned style : 3;
    unsigned size  : 2;       ──── 비트 필드 구조체
    unsigned color : 1;
};
```

product 구조체에는 style, size, color의 3개 비트 필드가 정의되어 있다. 이들은 각각은 3, 2, 1비트로 되어 있다. 이들 비트 필드의 크기는 멤버 이름 다음에 콜론(:)을 사용하여 나타낸다. 여기서 주의할 점은 "unsigned style : 3;"이라는 문장이 unsigned가 3개 있다는 뜻이 아니라는 점이다. unsigned 중에서 3개의 비트만을 사용한다는 것을 나타낸다. 이 비트 필드의 크기를 나타내는 숫자는 0에서 unsigned 자료형이 가지는 비트 수 사이의 값이어야 한다. 비주얼 스튜디오에서는 unsigned 자료형이 32비트로 표현되므로 0에서 32까지의 숫자를 사용할 수 있다.

style 멤버는 3비트로 정의되었으므로 0에서 7까지의 값을 가질 수 있다. 같은 식으로 size 멤버는 2비트이므로 0에서 3까지의 값을 가질 수 있고, color 멤버는 1비트이므로 0 아니면 1만을 가질 수 있다. 따라서 만약 각 멤버가 가질 수 있는 값의 범위가 부족하면 비트의 수를 늘려야 한다.

그렇다면 이런 비트 필드는 메모리에는 어떤 식으로 저장되는가? 비트 필드는 선언된 순서대로 unsigned 자료형 안에 하위 비트에서부터 순차적으로 저장된다.

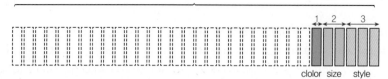

그림 14.4 비트 필드의 구현

다음의 예제를 참조하라.

bit_field.c

```c
// 비트 필드 구조체
#include <stdio.h>

struct product {
    unsigned style : 3;
    unsigned size  : 2;
    unsigned color : 1;
};

int main(void)
{
    struct product p1;

    p1.style = 5;
    p1.size = 3;
    p1.color = 1;

    printf("style=%d size=%d color=%d\n", p1.style, p1.size, p1.color);
    printf("sizeof(p1)=%d\n", sizeof(p1));
    printf("p1=%x\n", p1);

    return 0;
}
```

main() 함수의 외부에서 비트 필드 구조체를 정의하였다.

main() 함수 안에서는 이 비트 필드 구조체의 정의를 이용하여 구조체 변수 p1을 정의하였다.

p1의 style, size, color 멤버에 각각 5, 3, 1이라는 값을 대입하였다. 일반적으로 32비트의 중간에 위치한 비트에 값을 대입하려면 앞에서 학습하였던 비트 이동 연산자 및 비트 AND 연산 등을 이용하여야 하는데 비트 필드를 이용하면 이러한 것들은 모두 컴파일러가 자동으로 수행한다.

sizeof 연산자를 비트 필드 구조체에 적용하면 전체 unsigned int 형의 크기가 반환된다. 또 비트 필드 구조체를 16진수로 출력해보면 앞의 3바이트는 쓰레기값이 들어가 있다. 이것은 지역변수라서 초기화가 안 되었기 때문이다. 마지막 1바이트는 우리가 대입한 대로 되어 있는 것을 알 수 있다.

실행결과

```
style=5 size=3 color=1
sizeof(p1)=4
p1=cccccccfd
```

 중간점검

1. 구조체의 일종으로 멤버들의 크기가 비트 단위로 나누어져 있는 구조체는 _____이다.
2. 비트 필드 구조체를 정의하는 경우, 자료형은 _____이나 _____을 사용하여야 한다.

9. 프로그램 인수

main()도 함수이므로 매개 변수와 반환값을 가질 수 있다. 지금까지는 다음과 같은 형태만을 사용하였다. 이 형태에서는 매개 변수 선언 위치에 void가 있어서 매개 변수를 전달받지 못했다.

```
int main(void)
{
    ...
}
```

하지만 다른 형태의 main() 함수 정의도 사용할 수 있다. 이 정의에서는 매개 변수를 전달받는 것이 가능해진다.

```
int main(int argc, char *argv[])
{
    ..
}
```

위의 형태에서는 두 개의 매개 변수가 선언되어 있다. argc는 프로그램 실행 시 전달되는 인수의 개수를 의미한다. argv는 명령어 안에 있는 단어들을 전달한다. 여기서 argv는 문자형 포인터의 배열임을 유의하라.

우리가 만든 프로그램은 최종적으로 확장자가 exe인 실행 프로그램이 되어서 하드디스크에 저장된다. 명령 프롬프트에서 이 프로그램의 이름을 입력하게 되면 프로그램을 실행시킬 수 있다. 만약 우리가 만드는 프로그램의 이름이 mycopy.exe라면 다음과 같이 입력하면 mycopy 프로그램이 실행된다.

```
D: \mycopy\Debug> mycopy  [enter]
```

만약 mycopy 프로그램이 파일 복사를 하는 프로그램이고 다음과 같이 명령어 프롬프트 상에서 원본 파일 이름과 복사본 파일 이름을 받아들일 수 있다고 가정하자.

```
D: \mycopy\Debug> mycopy src dst [enter]
```

이와 같은 경우에 운영체제는 src와 dst라는 명령어의 인수를 프로그램으로 전달할 것이다. 하지만 어떤 방법으로 전달하는가? 바로 이전에 잠깐 등장하였던 argc와 argv를 통하여 전달된다. argc는 명령어 라인에 존재하는 모든 단어들의 개수를 전달한다. 위의 예제의 경우, 프로그램의 이름도 포함되므로 argc는 3이 된다.

argv는 문자형 포인터의 배열이다. 따라서 argv는 여러 개의 문자열을 가리킬 수 있다. 다음 그림을 참조하라.

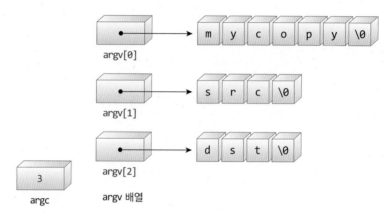

그림 14.5 argc와 argv[]의 의미

argv[] 배열의 배열 원소들은 명령어 라인의 각각의 단어에 해당하는 문자열의 주소를 가지게 된다. main 함수에서는 argv[] 배열을 통하여 명령어 프롬프트에서 입력된 단어들을 알 수 있다. 문자열은 항상 맨 끝에 NULL 문자를 가진다는 것을 잊지 말자. 예제로 main()으로 전달되는 인수들을 출력하는 프로그램을 살펴보자. 프로젝트 이름을 mycopy로 하고 디렉토리 d:\에 프로젝트를 생성한다.

mycopy.c

```
1    #include <stdio.h>
2
3    int main(int argc, char *argv[])        인수의 개수 / 문자 포인터의 배열
4    {
5        int i = 0;
6
7        for(i = 0;i < argc; i++)
8            printf("명령어 라인에서 %d번째 문자열 = %s\n", i, argv[i]);
9
10       return 0;
11   }
```

3   main 함수를 정의할 때 기존과는 다른 정의를 사용하고 있다. 이번에는 두 개의 인수를 전달받는다.

7-8   for를 사용한 반복 루프에서 i가 0에서부터 argc보다 작을 때까지 argv[i]를 문자열 형태로 출력한다. 현재 argc
      가 3이므로 i값이 0에서 2까지 반복되고 따라서 argv[0]부터 argv[2]가 가리키는 문자열이 출력된다.

위의 프로그램을 실행시킬 때는 명령 프롬프트를 사용한다. 컴파일/링크가 끝난 뒤에 d:\
mycopy 디렉토리로 가서 해당 실행 파일이 존재하는지를 확인한 다음에 다음과 같이 직접 입
력한다.

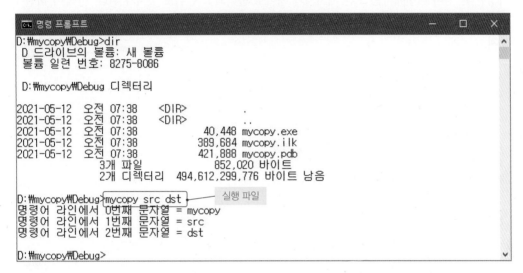

 중간점검

1. 다음 문장의 참 거짓을 말하라. "여러 소스 파일을 이용하는 것보다 하나의 소스 파일로 만드는 편이 여러모
로 유리하다."
2. 팩토리얼을 구하는 함수가 포함된 소스 파일과 관련된 헤더 파일을 제작하여 보자.

Mini Project　다국어 버전 만들기

| 난이도 ★★　주제 함수 매크로, 각종 전처리기 사용 |

C언어에서 전처리기를 잘 사용하면 여러 가지 버전을 한 번에 처리할 수 있다. 여기서는 간단하게 원의 면적을 구하는 프로그램(다국어 버전)을 작성하여 보자. 원의 면적을 구하기 위해서는 파이를 사용하여야 한다. 만약 파이가 선언되어 있지 않다면 파이를 기호 상수로 선언하자. 또 DEBUG가 선언되면 자세한 정보를 화면에 출력하도록 하자. 또 영어 버전과 한국어 버전을 작성한다. 영어 버전에서는 모든 메시지가 영어로 출력되고 단위도 인치가 된다. 한국어 버전에서는 모든 메시지가 한글로 출력되고 단위도 cm가 된다. SQUARE() 함수 매크로도 사용하여 보자.

```
원의 반지름을 입력하시오(cm): 5.0
area(5.00)가 호출되었음
원의 면적은 78.54입니다.
```

```
Please enter radius of a circle(inch): 5.0
area(5.00) is called
area of the circle is 78.54
```

 중간점검

1. 중국어 버전도 추가해 보자. 메시지를 중국어로 번역하는 작업은 구글 번역기를 이용하자.
2. 버전을 나타내는 매크로를 정의하고 버전이 **100** 이하이면 원의 면적을 계산할 수 없다는 메시지를 출력하고 종료하게끔 위의 프로그램을 수정하여 보자.
3. __DATE__와 __LINE__를 출력하여 보자.

1 #define을 이용하여서 단순 매크로 SIZE를 10으로 올바르게 정의한 것을 모두 고르시오.

    ① #define SIZE=10   ② #define SIZE(x) 10

    ③ #define SIZE==10   ④ #define SIZE 10

2 다음의 설명에 부합하는 매크로를 정의하여 보라.

    (a) 첫 번째 매개 변수 x가 두 번째 y보다 작거나 세 번째 매개 변수 z보다 크면 0을 반환하고 그렇지 않으면 1을 반환하는 매크로 RANGE(x, y, z)

    (b) x가 홀수이고 y보다 크면 1을 반환하는 매크로 ODD_GT(x, y)

    (c) c가 대문자이면 참을 반환하는 매크로 IS_UPPER(c)

3 다음 프로그램에서 논리적으로 잘못된 부분을 찾아서 올바르게 수정하시오.

```c
#define AREA(x, y) x*y
int main(void)
{
    int w=10;
    printf("%d\n", AREA(w+1, 10));
    return 0;
}
```

4 다음 프로그램의 결과를 예측하시오.

```c
#define DEBUG 0
int main(void)
{
#ifdef DEBUG
    printf("DEBUG 버전\n");
#else
    printf("정식 버전\n");
#endif
    return 0;
}
```

5 다음 프로그램의 결과는?

```c
#define x 5+2
int main(void)
{
    int i;
    i=x*x*x;
    printf("%d",i);
     return 0;
}
```

Programming

| 난이도 ★   주제 단순 매크로 사용 |

1 주어진 배열의 평균을 계산하는 함수를 작성하고 만약 DEBUG 매크로가 정의되어 있으면 함수의 매개 변수, 중간 단계에서의 변수들의 값을 출력하도록 하라.

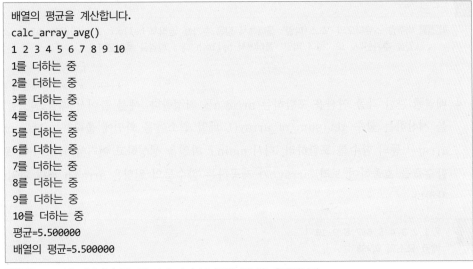

```
배열의 평균을 계산합니다.
calc_array_avg()
1 2 3 4 5 6 7 8 9 10
1를 더하는 중
2를 더하는 중
3를 더하는 중
4를 더하는 중
5를 더하는 중
6를 더하는 중
7를 더하는 중
8를 더하는 중
9를 더하는 중
10를 더하는 중
평균=5.500000
배열의 평균=5.500000
```

HINT DEBUG가 정의되어 있으면 여러 가지 부가적인 정보를 출력해보자.

| 난이도 ★   주제 분할 컴파일 |

2 다음과 같은 2개의 파일로 이루어진 프로그램을 작성하고 컴파일하여 실행해보자.

• 정수 2개를 받아서 합계를 반환하는 함수 add(int x, int y)를 가지고 있는 add.c
• add()를 호출하여 10과 20의 합을 계산하는 문장이 포함된 main.c

```
합계=30
```

HINT 비주얼 스튜디오의 '소스 파일' 폴더에서 항목 추가를 눌러서 add.c 소스 파일과 main.c 소스 파일을 추가한다.

3 다음과 같은 3개의 파일로 이루어진 프로그램을 작성하고 컴파일하여 실행해보자.

- 사람 이름을 받아서 "안녕 ..."이라고 출력하는 함수 hello(char *name)을 가지고 있는 hello.c
- 함수 hello(char *name)의 원형이 정의된 hello.h
- hello()를 호출하여 "안녕 철수"라고 출력하는 문장이 포함된 main.c

 실행 결과

> 안녕 철수

HINT 비주얼 스튜디오의 '소스 파일' 폴더에서 항목 추가를 눌러서 `hello.c` 소스 파일과 `main.c` 소스 파일을 추가한다. 또 '헤더 파일' 폴더에서 `hello.h` 헤더 파일을 추가한다.

4 배열에 관한 각종 연산을 포함하는 array.c를 작성한다. 예를 들어서 배열 원소들의 합을 계산하는 함수 get_sum_of_array(), 배열 원소들을 화면에 출력하는 함수 print_array() 등의 함수를 포함하라. 다시 main.c 파일을 생성하고 여기서 array.c에 포함된 함수들을 호출하여 보라. array.c가 제공하는 함수들의 원형은 array.h 헤더 파일에 저장한다.

 실행 결과

> [1 2 3 4 5 6 7 8 9 10]
> 배열 요소의 합=55

HINT `get_sum_of_array(int a[], int size)`, `print_array(int a[]. int size)`

5 배열 원소의 값을 모두 지정된 값으로 초기화하는 매크로 ARRAY_INIT(array, size, value)를 작성하여 테스트하여 보자.

실행 결과

> [0 0 0 0 0 0 0 0 0 0]

HINT 매크로 안에서도 얼마든지 변수를 선언할 수 있다. 예를 들어서 다음과 같은 문장도 가능하다.
`#define ARRAY_INIT(array, size, value) { int i; for(i=0; i<size; i++) ... }`

6 정수값을 받아서 2진수 형태로 출력하는 함수 display_bit(int value)를 작성하여 보자. 본문에서 정의한 함수 매크로 GET_BIT(n, pos)를 사용한다.

> 정수값을 입력하시오: 10
> 00000000000000000000000000001010

HINT 다음의 코드를 참조한다.

```
for(i=0;i<32;i++)
    if( GET_BIT(n, i) )
        printf("1");
    else
        printf("0");
```

7 사용자로부터 입력받은 정수를 비트 이동시키는 프로그램을 작성하여 보자. 먼저 정수 변수의 값을 입력받은 후에 이동시킬 방향, 이동할 거리를 사용자로부터 입력받는다. 비트 이동 전후에 정수의 값을 비트로 출력하도록 한다. 앞 문제에서 작성한 display_bit() 함수를 사용한다.

> 정수값을 입력하시오: 10
> 왼쪽 이동은 0, 오른쪽 이동은 1을 입력하시오: 0
> 이동시킬 거리: 3
> 이동 전: 00000000000000000000000000001010
> 이동 후: 00000000000000000000000001010000

8 하나의 파일을 다른 파일로 복사하는 DOS 명령어 copy가 있다. copy와 유사한 copyfile이라는 실행 파일을 만들어보자. copyfile은 main() 함수의 인수를 사용하여 다음과 같이 실행된다. 실제로 이진 파일을 복사하여야 한다.

> D:\copyfile\Debug> copyfile cat.png dog.png
> cat.png를 dog.png로 복사하였음
>
> D:\copyfile\Debug>

HINT 비주얼 스튜디오가 실행 파일을 어디에 두는지를 알아야 한다. 비주얼 스튜디오의 경우, 프로젝트 폴더가 d:\copyfile이면 d:\copyfile\Debug에 실행 파일이 생성된다.

9 이제까지 학습한 내용을 바탕으로 화면에 달력을 출력하는 프로그램을 만들어보자. 화면에 현재 월을 출력한다. 전처리기를 사용하여서 영어 버전과 한국어 버전을 작성해본다.

```
연도를 입력하시오 : 2021
월을 입력하시오 : 8

    일   월   화   수   목   금   토
    1    2    3    4    5    6    7
    8    9   10   11   12   13   14
   15   16   17   18   19   20   21
   22   23   24   25   26   27   28
   29   30   31
```

```
Enter year : 2021
Enter month : 8

SUN  MON  TUE  WED  THU  FRI  SAT
    1    2    3    4    5    6    7
    8    9   10   11   12   13   14
   15   16   17   18   19   20   21
   22   23   24   25   26   27   28
   29   30   31
```

15

SDL을 이용한 게임 작성

▷ 간단한 게임을 설계할 수 있나요?
▷ SDL을 이용하여 간단한 게임을 작성할 수 있나요?

CHAPTER 15 SDL을 이용한 게임 작성

1. SDL을 이용한 게임 작성

여러분들은 C언어를 학습하였다. C언어를 이용하여 간단한 기말 프로젝트를 수행할 수 있다면 좋을 것이다. 콘솔 프로그래밍이 아닌 GUI를 사용하는 프로그램이라면 더욱 좋을 것이다. 적합한 라이브러리가 있다. SDL은 "Simple DirectMedia Layer"의 약어로 크로스 플랫폼 멀티미디어 라이브러리이다. SDL은 비디오, 사운드, 입력 장치 등 다양한 멀티미디어 기능을 제공하여 게임 및 멀티미디어 응용프로그램의 개발을 용이하게 한다. SDL은 저수준의 하드웨어 접근을 추상화하여 개발자가 여러 플랫폼에서 일관된 인터페이스로 작업할 수 있도록 한다. 이러한 특징은 크로스 플랫폼 개발에 유용하며, 윈도즈, macOS, Linux, iOS, Android 등 다양한 운영체제에서 사용할 수 있다.

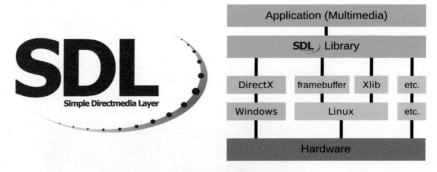

그림 15.1 SDL 라이브러리(출처: 위키미디어)

SDL은 내부적으로 C언어로 작성되었으며, C언어 API를 기본으로 제공한다. 또한 C++ 래퍼(wrapper)와 다른 언어를 위한 바인딩(binding)도 제공한다. 따라서 C/C++뿐만 아니라 파이썬을 비롯한 여러 프로그래밍 언어로도 SDL을 사용할 수 있다. 또한, 안드로이드, MacOS에서도 사용할 수 있다. SDL의 기능은 다음과 같다.

- 비디오 출력: 2D 그래픽 렌더링을 지원하며, 여러 가속화 기술(예: OpenGL, DirectX)을 사용하여 더 빠른 그래픽 처리를 제공한다.
- 사운드 출력: 다양한 오디오 형식과 장치를 지원하며, WAV, MP3, Ogg 등의 오디오 파일

을 재생할 수 있다.
- 입력 처리: 키보드, 마우스, 조이스틱 등의 입력 장치를 처리하고, 다중 입력과 이벤트 처리를 지원한다.
- 타이머 및 딜레이: 시간 기반 이벤트 처리를 위한 타이머와 딜레이 함수를 제공한다.

SDL은 간단하고 직관적인 API를 제공하여 초보자도 쉽게 배울 수 있다. 또한 활발한 개발자 커뮤니티와 다양한 예제와 튜토리얼이 제공되어 있어 개발을 지원한다.

2. 게임 설계

게임을 본격적으로 작성하기 전에 우리가 만들 게임을 설계하여 보자. 이번 장에서는 "갤러그"와 유사한 게임을 제작하여 보자. 이제까지 우리가 학습한 모든 것을 사용하여 보자. **갤러그**는 유명한 아케이드 게임으로 일본 게임사 남코에 의하여 1982년에 처음으로 배포되었으며, 사용자는 우주선의 포를 발사하여서 외계인들의 침공으로부터 지구를 구하는 게임이다.

- 게임의 목표는 주인공 우주선이 미사일로 외계 우주선을 격추하는 것이다.
- 주인공 우주선은 화면의 하단에서 왼쪽이나 오른쪽으로만 화살표 키를 이용하여서 이동한다.
- 외계 우주선은 왼쪽에서 오른쪽으로, 위에서 아래로 자동으로 이동한다.
- 주인공 우주선은 스페이스 키를 눌러서 미사일을 발사할 수 있다.
- 미사일에 외계 우주선에 맞으면 점수가 1만큼 증가하고 외계 우주선이 초기화된다.

어떤 변수가 필요한가?

우리는 함수와 변수만을 사용하여 게임을 작성할 것이다. 주요 변수는 다음과 같다.

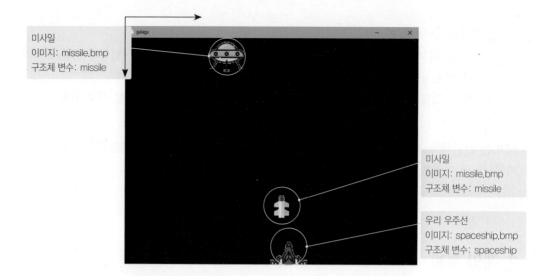

미사일
이미지: missile.bmp
구조체 변수: missile

미사일
이미지: missile.bmp
구조체 변수: missile

우리 우주선
이미지: spaceship.bmp
구조체 변수: spaceship

- 각 객체의 정보는 구조체 안에 들어 있다.
- 각 객체의 현재 위치는 구조체 안의 x, y 변수로 나타낸다.
- 각 객체의 현재 속도는 구조체 안의 dx, dy 변수로 나타낸다. dx는 x 방향 속도를 의미한다. dy는 y 방향 속도를 의미한다. 게임 루프가 한 번 반복될 때마다 ...dx와 ...dy 변수 값이 ...x와 ...y 변수에 더해진다.

이 책에서 사용한 아이콘들은 모두 www.flaticon.com에서 다운로드받은 것이다. www.flaticon.com에 감사드린다.

구현 단계

이번 장에서는 게임을 순차적으로 구현한다. 구체적으로 다음과 같은 단계로 설명하고자 한다.

Step #1: SDL을 이용하여 빈 화면을 생성한다.

Step #2: 화면에 우리 우주선을 추가하고 방향키로 우주선을 움직인다.

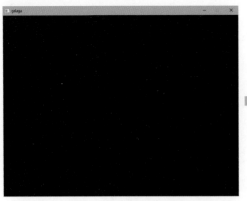

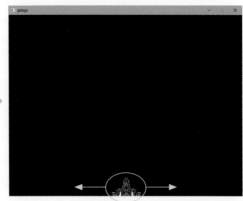

Step #3: 외계 우주선을 생성하여서 자동으로 움직이게 한다.

Step #4: 우리 우주선에서 미사일을 발사하도록 한다.

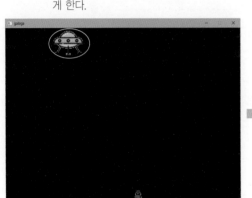

S+ep #5: 외계 우주선이 미사일에 맞으면 점수를 하나 증가하고 외계 우주선을 초기화한다.

Step #6: 외계 우주선을 여러 개 생성한다. 미사일에 맞으면 사라진다.

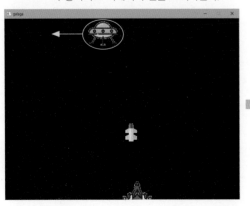

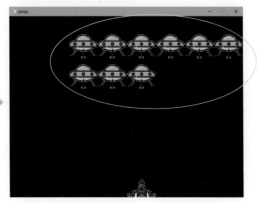

3. 비주얼 스튜디오를 위한 SDL 설치

SDL2를 비주얼 스튜디오에서 사용하려면 다음 단계를 따라 설치해야 한다. 만약 이 절차가 귀찮은 독자들은 출판사 홈페이지에서 제공하는 소스의 chap15 아래에 있는 프로젝트들을 다운로드해서 그대로 사용하면 된다.

SDL2 라이브러리 다운로드

SDL2 공식 웹 사이트(https://github.com/libsdl-org/SDL/releases/tag/release-2.28.1)에서 개발 중인 플랫폼에 맞는 최신 버전의 SDL2 라이브러리를 다운로드한다.

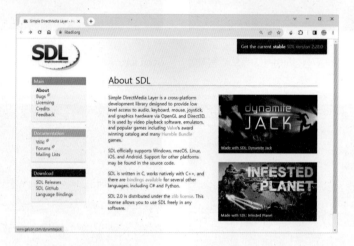

윈도우용으로 개발하려면 "SDL2-devel-2.28.1-VC.zip" 버전을 선택한다. 압축을 풀어서 프로젝트 폴더에 넣는다.

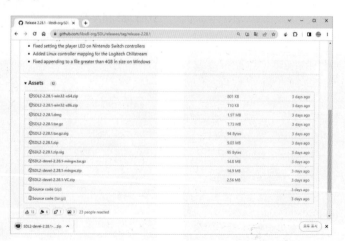

SDL2 라이브러리 압축 해제

다운로드 받은 파일의 압축을 해제하면 다음과 같은 폴더들이 생성된다.

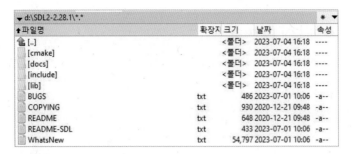

라이브러리의 위치는 어디라도 좋다. 즉, C 드라이브에 두어도 되고 아니면 프로젝트 폴더에 두어도 된다. 우리는 프로젝트 폴더에 두도록 하자.

새로운 프로젝트 생성

비주얼 스튜디오를 열고, 이제까지와 동일하게 프로젝트 dslgame을 생성한다. 다음과 같은 소스를 입력한다.

위의 소스를 보면 #include 〈SDL.h〉 문장에 빨간 줄이 그어진 것을 볼 수 있다. 이것은 비주얼 스튜디오가 SDL 헤더 파일을 어디서 찾아야 할지 모르기 때문이다. 실제로는 헤더 파일 뿐만이 아니고 라이브러리 파일이 있는 위치도 알려줘야 올바르게 링크가 된다. 우리가 SDL 라이브러리를 사용하기 위해서는 비주얼 스튜디오에 4개의 폴더를 알려주어야 한다. 이것은 라이브러리를 비주얼 스튜디오에 연결할 때 해야 하는 필수적인 작업이다.

비주얼 스튜디오와 SDL의 연결

(1) 압축을 해제한 라이브러리를 솔루션 폴더로 복사한다. 폴더의 이름을 간단하게 [SDL]로 변경한다.

(2) 솔루션 탐색기에서 프로젝트를 마우스 오른쪽 버튼으로 클릭하고 "속성"을 선택한다.

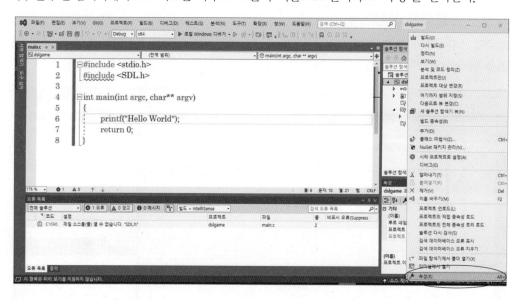

(3) "속성" 대화상자에서 "VC++ 디렉터리"를 선택한다. "포함 디렉터리"를 편집하고, 다음과 같이 입력한다. 여기서 $(ProjectDir)은 현재 프로젝트 디렉터리를 가리킨다.

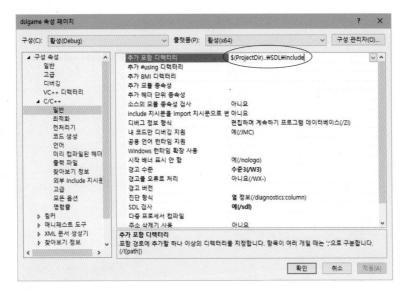

(4) 속성 대화 상자에서 "속성" 대화상자에서 "링커"를 선택하고 "추가 라이브러리 디렉터리"를 편집하여 SDL 라이브러리의 lib 폴더 경로를 추가한다.

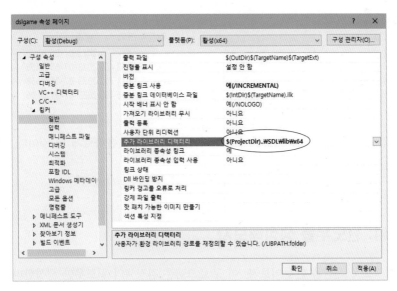

(5) "속성" 대화상자에서 "링커"를 선택하고 "입력"을 선택한 다음, "추가 종속성"을 편집하여
SDL2.lib 및 SDL2main.lib를 추가한다.

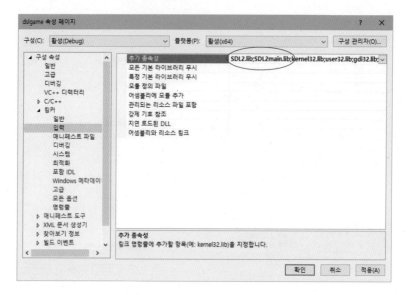

(6) SDL\lib\x64 디렉토리 안에 있는 SDl2.dll 파일을 솔루션 디렉토리 안의 x64\Debug 안
에 복사한다.

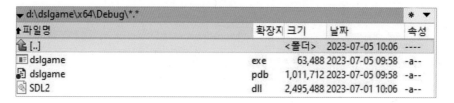

(7) 우리의 간단한 프로그램을 실행하여 문제가 없으면 설치가 올바르게 된 것이다.

4. Step #1: 윈도우를 생성해보자

우리는 단계적으로 게임을 만들어보자. 이 프로그램은 검정색의 윈도우만 생성한다.

```c
1   #include <stdio.h>
2   #include <SDL.h>
3
4   // 화면 크기
5   #define WIDTH 800
6   #define HEIGHT 600
7
8   // 전역 변수
9   SDL_Window* window;
10  SDL_Renderer* renderer;
11
12  int main(int argc, char** argv)
13  {
14     SDL_Event event;
15     int quit = 0;
16     SDL_Init(SDL_INIT_VIDEO);
17
18     // 원칙적으로 반환된 값이 NULL인지를 검사하여야 한다. 이 코드에서는 생략하였다.
19     window = SDL_CreateWindow("galaga", SDL_WINDOWPOS_CENTERED, SDL_WINDOWPOS_
    CENTERED, 800, 600, 0);
20     renderer = SDL_CreateRenderer(window, -1, 0);
21
22     while (!quit) {
23        // 이벤트 처리
24        while (SDL_PollEvent(&event)) {
25           if (event.type == SDL_QUIT) { // 윈도우의 x 표시를 누르면
26              quit = 1;
27           }
28        }
29        // 화면 지우기
30        SDL_SetRenderDrawColor(renderer, 0, 0, 0, 255);    // 검정색
31        SDL_RenderClear(renderer);                         // 지정된 색상으로 칠한다.
32        SDL_RenderPresent(renderer);
33     }
34     SDL_DestroyRenderer(renderer);
35     SDL_DestroyWindow(window);
36     SDL_Quit();
37     return 0;
38  }
```

처음 등장하는 소스이므로 자세하게 설명해 보자.

1. **#include <stdio.h>:** 표준 입력 및 출력 함수를 사용하기 위한 헤더 파일을 포함한다.

2. **#include <SDL.h>:** SDL 라이브러리의 기능을 사용하기 위한 헤더 파일을 포함한다.

5, 6. **#define WIDTH 800**와 **#define HEIGHT 600:** 화면의 너비와 높이를 상수로 정의한다.

9, 10. **SDL_Window* window;**와 **SDL_Renderer* renderer;:** SDL 창과 렌더러를 가리키는 포인터 변수를 선언한다.

16. **SDL_Init(SDL_INIT_VIDEO);:** SDL을 초기화한다. **SDL_INIT_VIDEO**는 비디오 서브 시스템을 초기화하는 플래그이다.

19. **window = SDL_CreateWindow("galaga", SDL_WINDOWPOS_CENTERED, SDL_WINDOWPOS_CENTERED, 800, 600, 0);:** "galaga"라는 제목의 가운데 정렬된 윈도우를 생성한다.

20. **renderer = SDL_CreateRenderer(window, -1, 0);:** 윈도우에 대한 렌더러를 생성한다. 렌더러는 그래픽 요소를 그리기 위해 사용된다.

22. **while (!quit) { ... }:** 게임 루프이다. **quit** 변수가 1이 되면 루프를 종료한다.

24. **while (SDL_PollEvent(&event)) { ... }:** 이벤트 처리 루프이다. 현재 발생한 모든 이벤트를 처리한다.

25. **if (event.type == SDL_QUIT) { quit = 1; }:** 만약 이벤트의 종류가 **SDL_QUIT**인 경우(윈도우의 x 표시를 누른 경우) **quit** 변수를 1로 설정하여 게임 루프를 종료한다.

30. **SDL_SetRenderDrawColor(renderer, 0, 0, 0, 255);:** 렌더러의 그리기 색상을 검정색으로 설정한다.

31. **SDL_RenderClear(renderer);:** 렌더러에 현재 설정된 색상으로 화면을 지운다.

32. **SDL_RenderPresent(renderer);:** 렌더러에 그려진 내용을 실제 화면에 표시한다.

34. **SDL_DestroyRenderer(renderer);**와 **SDL_DestroyWindow(window);:** 렌더러와 윈도우를 해제한다.

36. **SDL_Quit();:** SDL을 종료하고 관련된 리소스를 해제한다.

게임 루프

거의 모든 게임은 반복 루프를 사용하여 게임 플레이를 제어한다. 이것을 게임 루프(game loop)라고 한다. 게임 루프는 다음과 같은 네 가지 중요한 작업을 처리한다. 게임 루프의 하나의 사이클을 프레임(frame)이라고 하며, 사이클을 빠르게 수행할수록 게임 실행 속도가 빨라진다.

- 사용자의 입력을 처리한다.
- 모든 게임 객체의 상태를 업데이트하고 이 동시킨다.
- 화면을 다시 그린다.
- 게임의 속도를 조절한다.

현재까지의 코드에서는 사용자가 종료 버튼을 눌렀는지만 검사하고 검정색으로 화면을 칠하는 동작만을 되풀이하고 있다.

5. Step #2: 우주선 움직이기

이번 절에서는 화면에 우리의 우주선을 표시하고 키보드의 화살표 키를 이용하여 움직여보자.

pygame2.py

```
#include <stdio.h>
#include <SDL.h>

// 화면 크기
#define WIDTH 800
#define HEIGHT 600

// 전역 변수
SDL_Window* window;
SDL_Renderer* renderer;
```

```
struct Spaceship {
    SDL_Rect rect;
    int dx, dy;
    int health;
    SDL_Texture* texture;
} spaceship = { {WIDTH / 2, HEIGHT - 60, 100, 100}, 0, 0, 0 , NULL };
```
(1)

```
int main(int argc, char** argv)
{
    SDL_Event event;
    int quit = 0;
    SDL_Init(SDL_INIT_VIDEO);

    // 원칙적으로 반환된 값이 NULL인지를 검사하여야 한다. 이 코드에서는 생략하였다.
    window = SDL_CreateWindow("galaga", SDL_WINDOWPOS_CENTERED, SDL_WINDOWPOS_CENTERED,
800, 600, 0);
    renderer = SDL_CreateRenderer(window, -1, 0);
```

```
    SDL_Surface* bmp = SDL_LoadBMP("spaceship.bmp");
    spaceship.texture = SDL_CreateTextureFromSurface(renderer, bmp);
    SDL_FreeSurface(bmp);
```
(2)

```
    while (!quit) {
        // 이벤트 처리
        while (SDL_PollEvent(&event)) {
            if (event.type == SDL_QUIT) {
                quit = 1;
```

```
        }
            else if (event.type == SDL_KEYDOWN) {
                if (event.key.keysym.sym == SDLK_RIGHT)
                    spaceship.rect.x += 10;                          (3)
                if (event.key.keysym.sym == SDLK_LEFT)
                    spaceship.rect.x -= 10;
            }
        }
        // 화면 지우기
        SDL_SetRenderDrawColor(renderer, 0, 0, 0, 255);
        SDL_RenderClear(renderer);

        SDL_RenderCopy(renderer, spaceship.texture, NULL, &(spaceship.rect));
        SDL_Delay(10);                                              (4)
        SDL_RenderPresent(renderer);
    }
    SDL_DestroyRenderer(renderer); // 렌더러 파괴
    SDL_DestroyWindow(window); // 윈도우 파괴
    SDL_Quit(); // SDL 종료
    return 0;
}
```

이 코드는 이전에 작성한 SDL 게임 루프 코드를 확장하여 우주선을 표시하고 사용자의 입력에 따라 우주선을 이동시키는 기능을 추가한 예제이다. 이미지들은 프로젝트 폴더에 있어야 한다. 주요 변경 내용은 다음과 같다.

(1) struct Spaceship 구조체: 우주선을 표현하기 위한 구조체로, rect 멤버는 우주선의 위치와 크기를 저장한다. dx와 dy는 우주선의 이동 속도를 나타낸다. health는 우주선의 체력을 나타낸다. texture는 우주선 이미지의 텍스처를 저장하는 SDL_Texture 포인터이다. spaceship 변수: struct Spaceship 형태의 전역 변수로 우주선의 상태를 저장한다. 초기 위치와 크기, 이동 속도, 체력은 초기화되며, 텍스처는 SDL_LoadBMP 및 SDL_CreateTextureFromSurface 함수를 사용하여 로드한다.

(2) while (event.type == SDL_KEYDOWN) { ... }: 사용자가 키를 누르는 이벤트를 처리하는 부분이다. 만약 눌린 키가 오른쪽 화살표면 spaceship.rect.x를 10만큼 증가시키고, 왼쪽 화살표면 10만큼 감소시킨다.

(3) SDL_RenderCopy(renderer, spaceship.texture, NULL, &(spaceship.rect))::
spaceship.texture에 저장된 텍스처를 렌더러에 복사하여 우주선을 그린다. spaceship.rect는 우주선의 위치와 크기를 나타내는 사각형이다.

(4) SDL_Delay(10);: 게임 루프의 각 반복 사이에 10밀리초의 딜레이를 추가한다. 이를 통해 게임의 프레임 속도를 조절할 수 있다.

이제 코드는 화면에 검은색 배경 위에 움직일 수 있는 우주선을 표시하며, 오른쪽 화살표 키를 누르면 우주선이 오른쪽으로 이동하고, 왼쪽 화살표 키를 누르면 좌측으로 이동한다.

6. Step #3: 외계인 우주선 생성

이제는 외계인 우주선을 화면의 상단에 만들어보자. 외계인 우주선을 나타내는 이미지를 공개 이미지 사이트에서 다운로드한다. 외계인 우주선은 사용자의 키에 따라서 움직이는 것이 아니고 NPC처럼 자율적으로 움직여야 한다. 따라서 우리의 코드에 외계인 우주선을 움직이는 코드를 추가하자.

pygame2.py

```
#include <stdio.h>
#include <SDL.h>

// 화면 크기
#define WIDTH 800
#define HEIGHT 600

// 전역 변수
SDL_Window* window;
SDL_Renderer* renderer;

struct Spaceship {
    SDL_Rect rect;
    int dx, dy;
    int health;
    SDL_Texture* texture;
} spaceship = { {WIDTH / 2, HEIGHT - 60, 100, 100}, 0, 0, 0 , NULL };

struct Alien {
    SDL_Rect rect;
    int dx, dy;
    int health;
    SDL_Texture* texture;
} alien = { {0, 0, 100, 100}, 1, 1, 0 , NULL };
```

(1)

```
int main(int argc, char** argv)
{
    SDL_Event event;
    int quit = 0;
    SDL_Init(SDL_INIT_VIDEO);

    // 원칙적으로 반환된 값이 NULL인지를 검사하여야 한다. 이 코드에서는 생략하였다.
    window = SDL_CreateWindow("galaga", SDL_WINDOWPOS_CENTERED, SDL_WINDOWPOS_CENTERED,
800, 600, 0);
    renderer = SDL_CreateRenderer(window, -1, 0);

    SDL_Surface* bmp = SDL_LoadBMP("spaceship.bmp");
    spaceship.texture = SDL_CreateTextureFromSurface(renderer, bmp);
    SDL_FreeSurface(bmp);

    bmp = SDL_LoadBMP("alien.bmp");
    alien.texture = SDL_CreateTextureFromSurface(renderer, bmp);      (2)
    SDL_FreeSurface(bmp);

    while (!quit) {
        // 이벤트 처리
        while (SDL_PollEvent(&event)) {
            if (event.type == SDL_QUIT) {
                quit = 1;
            }
            else if (event.type == SDL_KEYDOWN) {
                if (event.key.keysym.sym == SDLK_RIGHT)
                    spaceship.rect.x += 10;
                if (event.key.keysym.sym == SDLK_LEFT)
                    spaceship.rect.x -= 10;
            }
        }
        alien.rect.x += alien.dx;
        if (alien.rect.x <= 0 || alien.rect.x > WIDTH) {        (3)
            alien.dx *= -1;
            alien.rect.y += 10;
        }
        // 화면 지우기
        SDL_SetRenderDrawColor(renderer, 0, 0, 0, 255);
        SDL_RenderClear(renderer);

        SDL_RenderCopy(renderer, spaceship.texture, NULL, &(spaceship.rect));
        SDL_RenderCopy(renderer, alien.texture, NULL, &(alien.rect));      (4)
```

```
        SDL_Delay(10);
        SDL_RenderPresent(renderer);
    }
    SDL_DestroyRenderer(renderer); // 렌더러 파괴
    SDL_DestroyWindow(window); // 윈도우 파괴
    SDL_Quit(); // SDL 종료
    return 0;
}
```

이 코드는 이전의 예제를 확장하여 적 외계인을 추가하고 외계인이 좌우로 움직이는 동작을 구현한 예제이다. 주요 변경 내용은 다음과 같다.

(1) struct Alien 구조체: 적 외계인을 표현하기 위한 구조체이다. rect 멤버는 외계인의 위치와 크기를 저장한다. dx와 dy는 외계인의 이동 속도를 나타낸다. health는 외계인의 체력을 나타낸다. texture는 외계인 이미지의 텍스처를 저장하는 SDL_Texture 포인터이다.

(2) alien 변수: struct Alien 형태의 전역 변수로, 외계인의 상태를 저장한다. 초기 위치와 크기, 이동 속도, 체력은 초기화되며, 텍스처는 SDL_LoadBMP 및 SDL_CreateTexture FromSurface 함수를 사용하여 로드한다.

(3) alien.rect.x += alien.dx;: 외계인의 이동을 처리하기 위해 alien.rect.x에 alien.dx 값을 더한다. 이를 통해 외계인이 좌우로 움직이다.
if (alien.rect.x <= 0 || alien.rect.x > WIDTH) { ... }: 외계인이 화면의 좌우 경계에 도달하면 방향을 바꾸고 약간 아래로 이동한다. alien.dx *= -1;은 이동 방향을 반전시키는 역할을 한다.

(4) SDL_RenderCopy(renderer, alien.texture, NULL, &(alien.rect));: 외계인의 텍스처를 렌더러에 복사하여 외계인을 그린다.

이제 코드는 화면에 검은색 배경 위에 움직일 수 있는 우주선과 좌우로 움직이는 외계인을 표시한다. 오른쪽 화살표 키를 누르면 우주선이 오른쪽으로 이동하고, 왼쪽 화살표 키를 누르면 좌측으로 이동한다. 외계인은 좌우로 움직이며, 화면 경계에 도달하면 방향을 바꾸고 아래로 이동한다.

7. Step #4: 미사일 만들기

미사일도 이미지를 구해서 화면에 표시한 후에 이미지의 위치를 변경해주면 된다. 미사일의 경우에는 발사 전과 발사 후를 구분하여야 한다. 발사 전에는 미사일을 숨기고, 미사일을 움직이지 않는다. 미사일이 발사되면 미사일을 움직인다. 따라서 미사일은 2가지의 상태가 있어야 한다. 미사일의 show 변수가 1이면 화면에 미사일이 보인다. 반대로 show 변수가 0이면 미사일은 화면에서 보이지 않는다.

pygame2.py

```c
#include <stdio.h>
#include <SDL.h>

// 화면 크기
#define WIDTH 800
#define HEIGHT 600
// 전역 변수
SDL_Window* window;
SDL_Renderer* renderer;

struct Spaceship {
    SDL_Rect rect;
    int dx, dy;
    int health;
    SDL_Texture* texture;
} spaceship = { {WIDTH / 2, HEIGHT - 60, 100, 100}, 0, 0, 0 , NULL };

struct Alien {
    SDL_Rect rect;
    int dx, dy;
    int health;
    SDL_Texture* texture;
} alien = { {0, 0, 100, 100}, 1, 1, 0 , NULL };

struct Missile {
    SDL_Rect rect;
    int dx, dy;
    int show;
    SDL_Texture* texture;
} missile = { {WIDTH / 2, HEIGHT - 60, 60, 60}, 1, 1, 0 , NULL };
```
(1)

```c
int main(int argc, char** argv)
{
```

```
    SDL_Event event;
    int quit = 0;
    SDL_Init(SDL_INIT_VIDEO);

    // 원칙적으로 반환된 값이 NULL인지를 검사하여야 한다. 이 코드에서는 생략하였다.
    window = SDL_CreateWindow("galaga", SDL_WINDOWPOS_CENTERED, SDL_WINDOWPOS_CENTERED,
800, 600, 0);
    renderer = SDL_CreateRenderer(window, -1, 0);

    SDL_Surface* bmp = SDL_LoadBMP("spaceship.bmp");
    spaceship.texture = SDL_CreateTextureFromSurface(renderer, bmp);
    SDL_FreeSurface(bmp);

    bmp = SDL_LoadBMP("alien.bmp");
    alien.texture = SDL_CreateTextureFromSurface(renderer, bmp);
    SDL_FreeSurface(bmp);

    bmp = SDL_LoadBMP("missile.bmp");
    missile.texture = SDL_CreateTextureFromSurface(renderer, bmp);          (2)
    SDL_FreeSurface(bmp);

    while (!quit) {
        // 이벤트 처리
        while (SDL_PollEvent(&event)) {
            if (event.type == SDL_QUIT) {
                quit = 1;
            }
            else if (event.type == SDL_KEYDOWN) {
                if (event.key.keysym.sym == SDLK_RIGHT)
                    spaceship.rect.x += 10;
                if (event.key.keysym.sym == SDLK_LEFT)
                    spaceship.rect.x -= 10;
                if (event.key.keysym.sym == SDLK_SPACE) {
                    missile.show = 1;
                    missile.rect.x = spaceship.rect.x;                      (3)
                    missile.rect.y = spaceship.rect.y;
                }
            }
        }
        alien.rect.x += alien.dx;
        if (alien.rect.x <= 0 || alien.rect.x > WIDTH) {
            alien.dx *= -1;
            alien.rect.y += 10;
```

```
    }
    if (missile.show == 1) {
        missile.rect.y -= missile.dy;
        if (missile.rect.y < 0)
            missile.show = 0;
    }                                                              (4)



    // 화면 지우기
    SDL_SetRenderDrawColor(renderer, 0, 0, 0, 255);
    SDL_RenderClear(renderer);
    SDL_RenderCopy(renderer, spaceship.texture, NULL, &(spaceship.rect));
    SDL_RenderCopy(renderer, alien.texture, NULL, &(alien.rect));
    if (missile.show == 1) {
        SDL_RenderCopy(renderer, missile.texture, NULL, &(missile.rect));     (5)
    }
    SDL_Delay(10);
    SDL_RenderPresent(renderer);
    }
    SDL_DestroyRenderer(renderer); // 렌더러 파괴
    SDL_DestroyWindow(window); // 윈도우 파괴
    SDL_Quit(); // SDL 종료
    return 0;
}
```

이 코드는 이전의 예제를 확장하여 미사일을 추가한 예제이다. 이제 우주선이 미사일을 발사할 수 있다. 주요 변경 내용은 다음과 같다.

(1) struct Missile 구조체: 미사일을 표현하기 위한 구조체이다. rect 멤버는 미사일의 위치 와 크기를 저장한다. dx와 dy는 미사일의 이동 속도를 나타낸다. show는 미사일이 화면에 표시되는지 여부를 나타내는 플래그이다. texture는 미사일 이미지의 텍스처를 저장하는 SDL_Texture 포인터이다.

(2) missile 변수: struct Missile 형태의 전역 변수로 미사일의 상태를 저장한다. show 플래 그를 통해 미사일의 표시 여부를 제어하고, 초기 위치와 크기, 이동 속도는 초기화되며, 텍 스처는 SDL_LoadBMP 및 SDL_CreateTextureFromSurface 함수를 사용하여 로드 한다.

(3) else if (event.type == SDL_KEYDOWN) { ... }: SDL_KEYDOWN 이벤트를 처리하는 부분에 추가한 코드이다. 사용자가 스페이스 바 키를 누르면 미사일이 발사된다. missile. show를 1로 설정하여 미사일을 표시하고, spaceship.rect.x와 spaceship.rect.y의 값을

missile.rect.x와 missile.rect.y로 복사하여 미사일의 초기 위치를 설정한다.

(4) if (missile.show == 1) { ... }: 미사일이 표시되는 경우에 대한 처리이다. missile.rect. y를 감소시켜 미사일을 위로 이동시킨다. 만약 미사일이 화면 위쪽 경계를 벗어나면 missile.show를 0으로 설정하여 미사일을 숨긴다.

(5) SDL_RenderCopy(renderer, missile.texture, NULL, &(missile.rect));: 미사일의 텍스처를 렌더러에 복사하여 미사일을 그린다. 이는 missile.show가 1인 경우에만 수행된다.

이제 코드는 화면에 검은색 배경 위에 움직일 수 있는 우주선과 좌우로 움직이는 외계인, 그리고 스페이스 바를 누를 때 발사되는 미사일을 표시한다. 오른쪽 화살표 키를 누르면 우주선이 오른쪽으로 이동하고, 왼쪽 화살표 키를 누르면 좌측으로 이동한다. 외계인은 좌우로 움직이며, 화면 경계에 도달하면 방향을 바꾸고 아래로 이동한다. 스페이스 바 키를 누르면 우주선에서 미사일이 발사되고, 미사일은 화면 위쪽으로 이동한다.

8. Step #5: 충돌 감지

충돌 감지는 게임에서 아주 중요한 문제이다. 충돌 감지는 객체를 둘러싸는 사각형이 겹치는지 겹치지 않는지를 알고리즘으로 검사하면 된다. 간단하게 함수를 만들어서 사용하자.

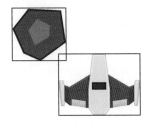

pygame2.py

```c
#include <stdio.h>
#include <SDL.h>

// 화면 크기
#define WIDTH 800
#define HEIGHT 600

// 전역 변수
SDL_Window* window;
SDL_Renderer* renderer;

struct Spaceship {
    SDL_Rect rect;
    int dx, dy;
    int health;
    SDL_Texture* texture;
} spaceship = { {WIDTH / 2, HEIGHT - 60, 100, 100}, 0, 0, 0 , NULL };

struct Alien {
    SDL_Rect rect;
    int dx, dy;
    int health;
    SDL_Texture* texture;
} alien = { {0, 0, 100, 100}, 1, 1, 0 , NULL };

struct Missile {
    SDL_Rect rect;
    int dx, dy;
    int show;
    SDL_Texture* texture;
} missile = { {WIDTH / 2, HEIGHT - 60, 60, 60}, 1, 10, 0 , NULL };
```

```c
int checkCollision(SDL_Rect rect1, SDL_Rect rect2) {
    // 두 개의 바운딩 박스가 서로 겹치는지 확인
    if (rect1.x + rect1.w >= rect2.x &&
        rect2.x + rect2.w >= rect1.x &&
        rect1.y + rect1.h >= rect2.y &&
        rect2.y + rect2.h >= rect1.y) {
        // 충돌 발생
        return 1;
    }
    // 충돌하지 않음
```

(1)

```
        return 0;
}

int main(int argc, char** argv)
{
    SDL_Event event;
    int quit = 0;
    SDL_Init(SDL_INIT_VIDEO);

    // 원칙적으로 반환된 값이 NULL인지를 검사하여야 한다. 이 코드에서는 생략하였다.
    window = SDL_CreateWindow("galaga", SDL_WINDOWPOS_CENTERED, SDL_WINDOWPOS_CENTERED,
800, 600, 0);
    renderer = SDL_CreateRenderer(window, -1, 0);

    SDL_Surface* bmp = SDL_LoadBMP("spaceship.bmp");
    spaceship.texture = SDL_CreateTextureFromSurface(renderer, bmp);
    SDL_FreeSurface(bmp);

    bmp = SDL_LoadBMP("alien.bmp");
    alien.texture = SDL_CreateTextureFromSurface(renderer, bmp);
    SDL_FreeSurface(bmp);

    bmp = SDL_LoadBMP("missile.bmp");
    missile.texture = SDL_CreateTextureFromSurface(renderer, bmp);
    SDL_FreeSurface(bmp);

    while (!quit) {
        // 이벤트 처리
        while (SDL_PollEvent(&event)) {
            if (event.type == SDL_QUIT) {
                quit = 1;
            }
            else if (event.type == SDL_KEYDOWN) {
                if (event.key.keysym.sym == SDLK_RIGHT)
                    spaceship.rect.x += 10;
                if (event.key.keysym.sym == SDLK_LEFT)
                    spaceship.rect.x -= 10;
                if (event.key.keysym.sym == SDLK_SPACE) {
                    missile.show = 1;
                    missile.rect.x = spaceship.rect.x;
                    missile.rect.y = spaceship.rect.y;
                }
            }
```

```
        }
        int collision = checkCollision(alien.rect, missile.rect);        (2)
        if (collision) {
            missile.show = 0;
            missile.rect.y = spaceship.rect.y;                           (3)
            alien.rect.x = alien.rect.y = 0;
            alien.dx = alien.dy = 1;
        }
        alien.rect.x += alien.dx;
        if (alien.rect.x <= 0 || alien.rect.x > WIDTH) {
            alien.dx *= -1;
            alien.rect.y += 10;
        }
        if (missile.show == 1) {
            missile.rect.y -= missile.dy;
            if (missile.rect.y < 0)
                missile.show = 0;
        }

        // 화면 지우기
        SDL_SetRenderDrawColor(renderer, 0, 0, 0, 255);
        SDL_RenderClear(renderer);

        SDL_RenderCopy(renderer, spaceship.texture, NULL, &(spaceship.rect));
        SDL_RenderCopy(renderer, alien.texture, NULL, &(alien.rect));
        if (missile.show == 1) {
            SDL_RenderCopy(renderer, missile.texture, NULL, &(missile.rect));
        }

        SDL_Delay(10);
        SDL_RenderPresent(renderer);
    }
    SDL_DestroyRenderer(renderer); // 렌더러 파괴
    SDL_DestroyWindow(window); // 윈도우 파괴
    SDL_Quit(); // SDL 종료
    return 0;
}
```

변경된 부분은 다음과 같다.

(1) checkCollision 함수는 두 개의 사각형이 충돌했는지를 확인하는 함수이다. 함수는 두 개의 SDL_Rect 구조체를 매개 변수로 받는다. 함수 내부에서는 두 개의 사각형의 바운딩 박

스가 서로 겹치는지를 확인한다. 바운딩 박스는 각각의 사각형을 둘러싸는 가장 작은 사각형을 말한다. 겹치는지 여부를 확인하기 위해 다음과 같은 조건문을 사용한다.

```
if (rect1.x + rect1.w >= rect2.x &&
    rect2.x + rect2.w >= rect1.x &&
    rect1.y + rect1.h >= rect2.y &&
    rect2.y + rect2.h >= rect1.y) {
    // 충돌 발생
    return 1;
}
```

만약 위 조건문이 참이면, 함수는 1을 반환하여 충돌이 발생했음을 알려준다. 조건문이 거짓이면, 함수는 0을 반환하여 충돌이 발생하지 않았음을 알려준다. 따라서 checkCollision 함수는 두 개의 사각형이 충돌했는지를 확인하여 결과를 반환하는 기능을 수행한다. 이 함수를 이용하여 외계인과 미사일의 충돌을 감지할 수 있다.

(2) collision 변수가 추가되었다. 이 변수는 checkCollision 함수를 사용하여 외계인과 미사일의 충돌 여부를 확인한다.

(3) 충돌이 감지되면 missile의 show 값을 0으로 설정하여 미사일을 사라지게 하고, missile의 rect.y 값을 우주선의 위치로 초기화한다. 또한, 외계인의 위치와 이동 방향을 초기화하여 다시 왼쪽 상단에서 이동을 시작하도록 설정한다. 이러한 변경으로 코드는 외계인과 미사일의 충돌을 감지하고 처리할 수 있게 되었다.

9. Step #6: 여러 개의 외계 우주선 생성

우주선의 개수를 늘리려면 어떻게 하면 좋을까? 변수보다는 구조체 배열을 사용해야 한다. 외계인 우주선을 나타내는 구조체의 배열을 생성한다.

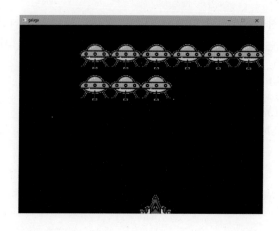

앞의 소스에서는 변수였던 것이 구조체의 배열이 되었으므로 모든 외계 우주선을 구조체의 배열에서 하나씩 꺼내서 처리하도록 변경하면 된다.

```c
#include <stdio.h>
#include <SDL.h>

// 화면 크기
#define WIDTH 800
#define HEIGHT 600

// 전역 변수
SDL_Window* window;
SDL_Renderer* renderer;

struct Spaceship {
        SDL_Rect rect;
        int dx, dy;
        int health;
        SDL_Texture* texture;
} spaceship = { {WIDTH / 2, HEIGHT - 60, 100, 100}, 0, 0, 0 , NULL };

struct Alien {
        SDL_Rect rect;
        int dx, dy;
        int health;
        int show;
        SDL_Texture* texture;
} aliens[10]; // 외계인 우주선 배열
```

```
struct Missile {
        SDL_Rect rect;
        int dx, dy;
        int show;
        SDL_Texture* texture;
} missile = { {WIDTH / 2, HEIGHT - 60, 60, 60}, 1, 10, 0 , NULL };

int checkCollision(SDL_Rect rect1, SDL_Rect rect2) {
        // 두 개의 바운딩 박스가 서로 겹치는지 확인
        if (rect1.x + rect1.w >= rect2.x &&
                rect2.x + rect2.w >= rect1.x &&
                rect1.y + rect1.h >= rect2.y &&
                rect2.y + rect2.h >= rect1.y) {
                // 충돌 발생
                return 1;
        }
        // 충돌하지 않음
        return 0;
}

int main(int argc, char** argv)
{
        SDL_Event event;
        int quit = 0;
        SDL_Init(SDL_INIT_VIDEO);

        // 원칙적으로 반환된 값이 NULL인지를 검사하여야 한다. 이 코드에서는 생략하였다.
        window = SDL_CreateWindow("galaga", SDL_WINDOWPOS_CENTERED, SDL_WINDOWPOS_
CENTERED, 800, 600, 0);
        renderer = SDL_CreateRenderer(window, -1, 0);

        SDL_Surface* bmp = SDL_LoadBMP("spaceship.bmp");
        spaceship.texture = SDL_CreateTextureFromSurface(renderer, bmp);
        SDL_FreeSurface(bmp);

        bmp = SDL_LoadBMP("alien.bmp");
        for (int i = 0; i < 10; i++) { // 외계인 우주선 배열 초기화
                aliens[i].texture = SDL_CreateTextureFromSurface(renderer, bmp);
        }
        SDL_FreeSurface(bmp);

        bmp = SDL_LoadBMP("missile.bmp");
        missile.texture = SDL_CreateTextureFromSurface(renderer, bmp);
```

```c
SDL_FreeSurface(bmp);

// 외계인 우주선 위치 초기화
int alienX = 50;
int alienY = 50;
for (int i = 0; i < 10; i++) {
        aliens[i].rect.w = aliens[i].rect.h = 100;
        aliens[i].dx = aliens[i].dy = 1;
        aliens[i].show = 1;
        aliens[i].rect.x = alienX;
        aliens[i].rect.y = alienY;
        alienX += 100;
        if (alienX >= WIDTH - 100) {
                alienX = 50;
                alienY += 100;
        }
}

while (!quit) {
        // 이벤트 처리
        while (SDL_PollEvent(&event)) {
                if (event.type == SDL_QUIT) {
                        quit = 1;
                }
                else if (event.type == SDL_KEYDOWN) {
                        if (event.key.keysym.sym == SDLK_RIGHT)
                                spaceship.rect.x += 10;
                        if (event.key.keysym.sym == SDLK_LEFT)
                                spaceship.rect.x -= 10;
                        if (event.key.keysym.sym == SDLK_SPACE) {
                                missile.show = 1;
                                missile.rect.x = spaceship.rect.x;
                                missile.rect.y = spaceship.rect.y;
                        }
                }
        }
        for (int i = 0; i < 10; i++) {
                if (aliens[i].show == 0) continue;
                aliens[i].rect.x += aliens[i].dx;
                if (aliens[i].rect.x <= 0 || aliens[i].rect.x > WIDTH) {
                        aliens[i].dx *= -1;
                        aliens[i].rect.y += 10;
                }
```

```
                if (missile.show == 0) continue;
                int collision = checkCollision(aliens[i].rect, missile.rect);
                if (collision) {
                        missile.show = 0;
                        aliens[i].show = 0;
                        missile.rect.y = spaceship.rect.y;
                }
        }
        if (missile.show == 1) {
                missile.rect.y -= missile.dy;
                if (missile.rect.y < 0)
                        missile.show = 0;
        }

        // 화면 지우기
        SDL_SetRenderDrawColor(renderer, 0, 0, 0, 255);
        SDL_RenderClear(renderer);
        SDL_RenderCopy(renderer, spaceship.texture, NULL, &(spaceship.rect));

        // 외계인 우주선 그리기
        for (int i = 0; i < 10; i++) {
                if (aliens[i].show == 1)
                                SDL_RenderCopy(renderer, aliens[i].texture, NULL,
&(aliens[i].rect));
        }

        if (missile.show == 1) {
                        SDL_RenderCopy(renderer, missile.texture, NULL, &(missile.
rect));
        }

        SDL_Delay(10);
        SDL_RenderPresent(renderer);
    }
    SDL_DestroyRenderer(renderer); // 렌더러 파괴
    SDL_DestroyWindow(window); // 윈도우 파괴
    SDL_Quit(); // SDL 종료
    return 0;
}
```

여기서 추가된 핵심적인 코드는 다음과 같다.

```
for (int i = 0; i < 10; i++) {
    if (aliens[i].show == 0) continue;
    aliens[i].rect.x += aliens[i].dx;
    if (aliens[i].rect.x <= 0 || aliens[i].rect.x > WIDTH) {
        aliens[i].dx *= -1;
        aliens[i].rect.y += 10;
    }
    if (missile.show == 0) continue;
    int collision = checkCollision(aliens[i].rect, missile.rect);
    if (collision) {
        missile.show = 0;
        aliens[i].show = 0;
        missile.rect.y = spaceship.rect.y;
    }
}
```

이 코드는 외계인 우주선들을 이동시키고 충돌 감지를 처리하는 부분이다. 다음과 같은 동작을 수행한다.

- for 루프를 사용하여 0부터 9까지의 인덱스를 반복한다. 이는 aliens 배열에 저장된 외계인 우주선들을 하나씩 처리하기 위한 것이다.

- if (aliens[i].show == 0) continue; 구문은 aliens[i].show 값이 0인 경우 해당 외계인 우주선을 처리하지 않고 다음 우주선으로 넘어간다. aliens[i].show가 0인 경우는 충돌로 인해 이미 제거된 우주선을 의미한다.

- aliens[i].rect.x += aliens[i].dx; 구문은 aliens[i]의 rect의 x 좌표에 aliens[i].dx 값을 더하여 외계인 우주선을 수평으로 이동시킨다.

- if (aliens[i].rect.x <= 0 || aliens[i].rect.x > WIDTH) 구문은 외계인 우주선이 화면의 좌측 끝에 도달하거나 우측 끝을 넘어가면 방향을 반대로 변경하고 아래로 이동시킨다. aliens[i].dx 값에 −1로 곱하여 이동 방향을 반대로 전환하고, aliens[i].rect.y 값을 10만큼 증가시켜 아래로 이동한다.

- if (missile.show == 0) continue; 구문은 missile.show 값이 0인 경우, 즉 미사일이 화면에 표시되지 않은 경우 해당 외계인 우주선과의 충돌 감지를 처리하지 않고 다음 우주선으로 넘어간다.

- int collision = checkCollision(aliens[i].rect, missile.rect); 구문은 aliens[i].rect 와 missile.rect 사이의 충돌 여부를 확인하기 위해 checkCollision 함수를 호출한다. checkCollision 함수는 두 개의 바운딩 박스가 서로 겹치는지 확인하고, 충돌이 발생하면 collision 변수에 1을, 충돌하지 않으면 0을 반환한다.

- if (collision) { ... } 구문은 충돌이 발생한 경우를 처리한다. 충돌이 발생하면 미사일과 외계인 우주선을 초기화하고, 미사일을 다시 우주선의 높이(spaceship.rect.y)로 위치시킨다. 이로써 충돌로 인해 우주선과 미사일이 제거되고, 미사일을 다시 발사할 수 있게 된다.

도전문제

1. 화면에 게임 점수를 표시해보자. 외계인 우주선을 추락시킬 때마다 **1**점씩 올라간다고 하자.
2. 우주선이 미사일에 파괴될 때 사운드를 발생시켜 보자. 인터넷에서 찾아본다.

찾아보기